21 世纪普通高等教育规划教材 · 市场营销系列

U1004701

市场营销学

（第三版）

主　编　黄金火

副主编　陆　榕　江　晓　旷虎兵

上海财经大学出版社

图书在版编目(CIP)数据

市场营销学/黄金火主编．—3版．—上海：上海财经大学出版社，2016.4

（21世纪普通高等教育规划教材·市场营销系列）

ISBN 978-7-5642-2381-6/F·2381

Ⅰ.①市…　Ⅱ.①黄…　Ⅲ.①市场营销学-高等学校-教材
Ⅳ.①F713.50

中国版本图书馆CIP数据核字(2016)第048245号

□责任编辑　袁　敏
□封面设计　晨　宇

SHICHANG YINGXIAO XUE

市 场 营 销 学

（第三版）

主　编　黄金火

副主编　陆　榕　江　晓　旷虎兵

上海财经大学出版社出版发行
（上海市中山北一路369号　邮编200083）
网　　址：http://www.sufep.com
电子邮箱：webmaster @ sufep.com
上海同济印刷厂有限公司印刷
上海叶大印务发展有限公司装订
2016年4月第3版　2018年3月第3次印刷

787mm×1092mm　1/16　16印张　409千字
印数：65 001—69 000　定价：35.00元

本书配套习题集下载地址：www.sufep.com/教学资源。

21世纪普通高等教育规划教材
21 SHI JI PU TONG GAO DENG JIAO YU GUI HUA JIAO CAI

编委会

BIAN WEI HUI

第三版前言

高等院校在各类人才培养中发挥着越来越重要的作用。同时，由于市场营销学具有较强的实践性和操作性，市场营销课程的建设与改革必须围绕培养实用型市场营销人才这个中心，使课程体系、教学内容和方式进一步得到改善，从而推动专业建设和教学改革的全面展开。

本教材是在围绕高等院校人才培养目标与规格的要求，立足于对学生营销创新能力和实践能力的培养的指导思想下而编写的。本教材的编写是在认真总结本课程教学改革与实践的基础上，重新构建了该课程的结构体系；在充分吸收国内外有关本学科理论研究和实践的新成果与新材料的基础上，对市场营销的基本理论、基本原理、基本策略和基本方法进行了准确的阐述。参加本教材编写的教师均具有十几年的专业教学经验，对该课程的结构体系及其适用内容有着较客观和实际的认识。本次第三版修订，保留了前几版的写作特点：(1)基础性。在保持学科本身的基本原理和基本结构的同时，一方面删除那些通俗的、过时的、不太必要的理论，另一方面借鉴发达国家营销学的发展，结合我国企业营销的实践，吸收了营销领域研究的最新成果，使之更基础、更实用。(2)应用性。遵循高校财经类专业学生的培养规律与要求，适应培养学生实际操作能力的需要，在对基本原理与基本知识进行阐述时，更偏重于引导学生掌握方法和技巧，培养学生分析问题、解决问题的能力；在每章内容的开头给出教学“三点”，即教学要点、教学重点和教学难点，便于教学的合理处理。(3)可读性。在写作过程中，突破了传统写作模式，运用图表、案例等形式，通过真实的事例，增强学生对市场营销原理的感性认识，让理论与实践融为一体，并大大增强了教材的可读性。同时，本次修订一方面将前几版中表述欠准确、重复或疏漏之处进行了订正，对部分内容进行了删改；另一方面为了便于师生教学而增加了同步案例，每章后面给出一个案例分析。

《市场营销学》(第三版)是集体智慧的结晶，由来自湖北经济学院、武汉体育学院、武汉软件学院、中南财经政法大学武汉学院、汉口学院等院校多年从事高校财经类专业教育与教学的专家、学者修订编写而成。各章的撰写分工是：第一章、第三章、第九章、第十二章由湖北经济学院黄金火修订撰写；第二章、第四章、第五章、第六章由湖北经济学院陆榕修订撰写；第七章、第八章由武汉体育学院经济与管理学院段艳玲修订撰写；第十章由中南财经政法大学武汉学院江晓修订撰写；第十一章由汉口学院旷虎兵修订撰写；第十三章由武汉软件学院方志勇修订撰写。全书由黄金火任主编，陆榕、江晓、旷虎兵任副主编。黄金火负责修订编写工作的组织，并对全书各章节进行审稿修改与统编定稿。

《市场营销学》(第三版)在修订编写过程中，直接或间接地参考了大量国内外学者的科研成果和科研资料；在出版过程中，得到了湖北众邦文化传播有限公司的大力帮助和支持；出版社责任编辑认真负责，对书稿的审校一丝不苟，在此一并表示诚挚的谢意。

由于《市场营销学》是一门实践性较强的应用学科，研究的问题会随着时代发展而不断更新，加之编写者水平有限，该书修订后还难免有错误或不足之处，敬请同行专家和读者批评指正。

编　者

2016年1月

目　录

第三版前言

第一章　绪论

第一节　市场营销及其相关概念 …… 1

第二节　营销学的产生与发展 …… 5

第三节　营销学的研究对象与方法 …… 10

案例分析 …… 12

第二章　市场分析

第一节　市场的含义与特征 …… 14

第二节　消费者市场分析 …… 18

第三节　生产者市场分析 …… 21

案例分析 …… 26

第三章　营销观念

第一节　现代营销观念的形成 …… 28

第二节　新旧营销观念比较 …… 32

第三节　营销观念的发展 …… 36

案例分析 …… 39

第四章　消费者需求

第一节　消费者需求的一般特征 …… 41

第二节　消费者心理分析 …… 45

第三节　消费者购买动机分析 …… 51

第四节　消费者购买行为分析 …… 53

案例分析 …… 60

第五章　营销环境

第一节　营销环境概述 …… 62

第二节　营销的微观环境 …… 64

第三节　营销的宏观环境 …… 68

第四节 环境分析、评价及对策 …… 75
案例分析 …… 79

第六章 营销调研
第一节 营销信息系统 …… 81
第二节 营销调研的基本程序及方法 …… 85
第三节 营销预测的基本程序及方法 …… 93
案例分析 …… 99

第七章 目标市场
第一节 市场细分 …… 100
第二节 目标市场选择 …… 104
第三节 市场定位 …… 108
案例分析 …… 111

第八章 产品策略
第一节 产品整体概念 …… 112
第二节 新产品开发 …… 114
第三节 产品生命周期 …… 117
第四节 品牌、商标与包装策略 …… 120
第五节 产品经营策略 …… 126
案例分析 …… 132

第九章 定价策略
第一节 企业定价依据 …… 133
第二节 企业定价方法 …… 137
第三节 企业定价策略 …… 142
第四节 企业定价技巧 …… 148
案例分析 …… 150

第十章 分销渠道策略
第一节 分销渠道概述 …… 151
第二节 客户分析 …… 156
第三节 销售代理实务 …… 162
第四节 分销形式 …… 172
案例分析 …… 177

第十一章 促销策略

第一节 促销与促销组合 …… 179
第二节 人员推销 …… 183
第三节 销售促进 …… 188
第四节 商业广告 …… 192
第五节 公共关系 …… 196
案例分析 …… 199

第十二章 营销管理

第一节 市场营销组织 …… 202
第二节 市场营销计划 …… 207
第三节 市场营销控制 …… 211
第四节 市场需求管理 …… 222
案例分析 …… 224

第十三章 营销新概念

第一节 服务营销 …… 225
第二节 绿色营销 …… 229
第三节 关系营销 …… 231
第四节 网络营销 …… 236
第五节 诚信营销与营销道德 …… 239
案例分析 …… 244

参考文献

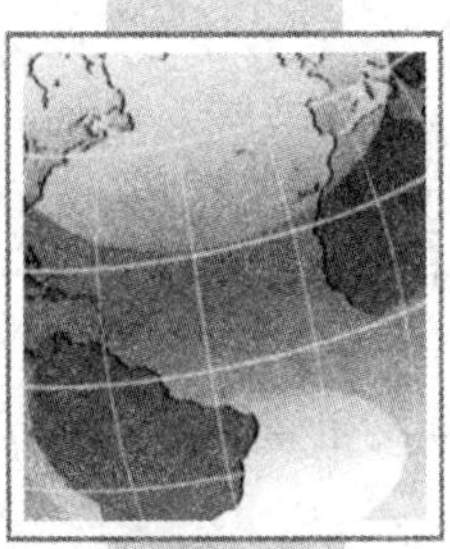

第一章 绪 论

教学要点

与营销相关的概念、营销的含义、营销学的产生与发展过程、营销学在中国的传播与发展、营销学的研究对象、营销学的理论构架、营销学的研究方法。

教学重点

营销的含义、营销学的研究对象。

教学难点

与营销相关的概念、营销的含义、营销学的研究对象。

第一节 市场营销及其相关概念

市场营销学是20世纪发展速度最快、应用范围最广的管理学科之一，是一门建立在经济科学、行为科学、现代管理理论基础之上的综合性的应用科学。市场营销学研究以满足消费者需求为中心的企业营销活动及其规律性。它起源于美国，后传播到世界各地，目前在我国市场经济建设中发挥着越来越重要的作用。面对经济全球化和经营管理知识化的全面挑战，营销的理论与实践也在不断创新、发展，以适应新的、更为急剧变化的世界市场环境要求。营销在一般意义上可以理解为与市场有关的人类活动，对企业来说营销是企业的基本职能之一，而且企业的一切营销活动都是在特定的市场环境下发生的，并在方方面面受到市场因素的影响和制约。因此，研究营销活动，必须先了解与营销相关的概念。

一、与市场营销相关的概念

（一）需要、需求

需要是指没有得到的某些基本满足的感受。例如，人们因为饥饿就想食品，因为寒冷就想衣物，因为休息就想房屋，等等。它是一种人类与生俱来的、潜伏着的感受，存在于人们自身生理和社会之中，市场营销只可能唤起、激发需要，但不可能创造需要。

欲望是指想得到上述基本需要的具体满足品的愿望，是个人受不同社会及文化环境影响而表现出来的对基本需要的特定追求。例如，为了满足“解渴”的生理需要，人们可能选择水、茶、汽水、果汁或者其他解渴之物。

需求则是指人们对某些特定产品及服务的欲望与渴求，而市场营销学意义上的需求通常是指有现实或潜在支付能力的需求。市场营销不可能创造需要，但可能唤起、激发需要，成为欲望，进而变成为企业市场营销的可计算或衡量的需求。

【同步案例 1-1】

马戏场里免费送花生

第一次世界大战时，轰动世界的宣传奇才美国人哈利，当他十五六岁在马戏团做童工的时候就非常懂得做生意的要诀，善于吸引顾客前来光临。

“来，来，来，看马戏的人我们赠送一包顶好吃的花生！”

哈利使尽浑身的力气大声喊叫。观众就好像被磁石吸引上一般，涌向马戏场来看戏。

这些客人吃了花生后觉得口干舌燥时，哈利就适时叫卖柠檬冰。说真的，哈利在炒花生时就加了多量的盐，所以越吃口越干，这样，柠檬冰的生意自然就会好。

从小时候就懂得这样制造机会、善于做生意的哈利，他的收入比一个马戏团演员要高好几倍。

(二)产品、效用

产品是指能够用以满足人们某种需要和欲望的任何“东西”。通常是人们劳动的结果，是有形的产品或无形的服务，如汽车、住房、面包和音乐会。

效用是人们对产品满足其需要的整体能力的评价。人们购买小汽车主要是为了得到它所提供的交通功效；人们购买面包主要是为了得到它的果腹功效；人们参加音乐会主要是为了得到它的艺术功效。市场营销学意义上的产品更多只是消费者所想得到的或能满足需要的功效的一种载体，消费者购买商品，不是购买产品本身，而是为了购买产品所能提供的功效。

(三)交换、市场

交换是指人们从他人取得所需之物，而以其自身拥有之物作为回报的行为。人们为了满足需求或欲望之物，可以通过多种方式取得。广义的交换包括自己生产、强取豪夺、乞讨和等价交换等方式。营销学上的交换是狭义的交换，是一种自愿、平等、等价、双赢的交换。

在日常生活中，人们习惯将市场看作是商品买卖的场所，如集市、超市、商场等。这是一个时空概念，也是最为古老和朴素的概念。我国古代“日中为市，致天下之民，聚天下之货，交易而退，各得其所”的记载(《易・系辞下》)就是这种在一定时间和地点进行商品买卖的市场情境。如果站在社会大角度或社会再生产角度而言，市场是整个流通领域。当我们抽象掉具体的交换对象(商品)，抽象掉具体的活动主体(买者或卖者)，剩下的就是买卖行为和交换关系的总和了。因此，市场是商品交换的场所，市场是流通领域，是买卖行为和交换关系的总和。

经济学家用“市场”一词来泛指交易某类产品的买方与卖方的集合，如汽车市场、钢材市场、蔬菜市场等。但是，市场营销者却认为卖方组成行业，买方组成市场。也就是说，市场是指消费者群。菲利普・科特勒指出：“市场是由一切具有特定欲望和需求并且愿意和能够以交换来满足这些需求的潜在顾客所组成的。”

因此，市场包括三个主要因素：人口、购买力和购买意向。可用公式表示为：市场＝人口＋购买力＋购买意向。

只有具备了这三个要素的市场才是一个现实有效的市场。人口是市场的首要因素，有人才有消费，才有对消费品的需求，进而有对工业用品的需求。中国是一个拥有十几亿人口的大国，世界知名的跨国企业纷纷大举进入中国市场，正是看中了中国人口众多、消费潜力大的国情。

购买力和购买欲望也是市场的必备因素。购买力指人们购买商品的货币支付能力。显然，具备购买力的需求才能形成真正意义上的市场。例如，目前中国汽车市场还不够发达，每年的销售量远远落后于欧美国家。但这并不是因为中国消费者不想买汽车，而是相当部分的消费者不具备购买能力。影响购买力的主要因素是人们的收入，收入越高，购买力越强。

购买欲望是人们购买商品的动机、愿望和要求，它是潜在购买需求转变为现实购买行为的重要条件。人的购买欲望受多方面因素的影响，其中，价格是影响购买欲望的重要因素。一般而言，价格越低，人们的购买欲望越强烈；价格越高，人们的购买欲望越低。正是因为大多数的企业都清楚地认识到了这一点，所以它们频频采用降低商品价格、折扣、优惠等手段刺激需求，提高人们的购买欲望，最终促进产品销售。市场反应表明，这确实是屡试不爽的好办法。

（四）商人、营销人员

买者通常是拥有货币而且需要找到自己需要或是能满足自己的产品或劳务的人；卖者则通常是拥有商品而且以此商品换回自己需要的或是能满足自己的产品或劳务的人；商人是随着人类历史上的第三次社会大分工而出现的，他们完全脱离了商品的生产，只专门从事商品的买卖；他们，既买又卖，完成了买者购买商品与卖者出售商品的两类人的工作；只是他们卖的商品不是自己生产的，而是从其他人手里购买的，是为了卖才买，只是商人利用自己所拥有的知识、信息，调剂商品生产者与消费者在时间和空间上的矛盾，并唤起消费者的购买欲望，这也就是商人存在的意义；而且，他们这种商品的过手，就是要将商品加价后卖掉，即贱买贵卖，商人从中获取差价，这也就是商人活动的目的所在。

商人更多是买卖商品或提供劳务，而营销人员则是从事企业的市场调研、产品设计、上市策划、售后服务以及意见反馈等过程。营销的职能更多、更广泛，涉及企业的方方面面，涉及活动的自始至终。因此，要求营销人员立足点更高、知识面更广、考虑问题更全面。

二、营销的含义

营销对我们来说并不陌生，它就在我们的周围。无论你在做什么，你几乎都处在营销的包围之中。但是，营销远非消费者的眼睛随意看到的这些。在这一切的背后，是一个庞大的人员网以及为获得你的注意而进行的大量活动。

（一）营销的由来

营销源自企业的营销活动和实践。因此，它的含义也会随着企业营销活动和实践的发展而发展。早期的营销活动仅限于流通领域，对营销概念的理解也是狭义的，仅限于广告和推销，20 世纪 50 年代后，营销活动已突破了流通领域，向生产领域和消费领域延伸，与此相适应，营销的含义也随之改变。

“营销”是从 marketing 这个英文词汇翻译过来的。这个英文词汇有两种中文译法：一是把它作为一种经济活动，译为“营销”；二是把它作为一种学科名称，译为“市场学”、“市场营销学”或“营销学”。当然，除此以外，此前还有一些其他译名，如译作“市场营运”、“推销”、“行销”、“销售”等，这些译名的使用者当然都是按照自己的理解，尽量使其译名符合“信、达、雅”的要求，各有一定的道理。不过对于将 marketing 译作“销售”、“推销”和“销售学”，我国台湾的营销学者早已有过争议，并大多认为这种译法不甚确切。因为不论中国、美国、日本或其他国家的许多 marketing 教科书，都曾开宗明义地说明 marketing 不是推销活动（selling），更不是销售（sales），推销和销售只不过是 marketing 中的一部分功能而已。至于“营销”，按中文的含义则较为完备和传神，因“营”者乃计划、组织、协调、控制、决策等活动；“销”者乃上市、发售、推广之谓也。产品或劳务必须经过缜密的研究计划，再经组织、协调，然后开始全面销售——人员及非人员销售、售后服务、再销售等。因此，“营销”一词较完备地包括了 marketing 一词的主要活动。我们基本也持这一观点；此外，随着学科的扩展，出现了社会营销、绿色营销、网络营销、知识营销等，我们认为，在当今将这种经济活动称为“营销”，将这一学科称为“营销学”更为准确、明了。因此，本书统一使用“营销”和“营销学”这一译名。

(二)营销的含义

美国市场学家史丹顿(W. T. Stanton)说：“一个推销员或销售经理谈到营销，他真正讲到的可能是销售(selling)；一个广告客户业务员所说的营销可能就是广告活动；百货企业部门经理谈到的可能是零售商品计划。他们都谈到了营销，但是，都只谈到了整个营销活动的一部分。”

不少市场学家曾对“营销”一词也下过各种不同的定义，并力图使自己的定义能恰如其分地表达出营销的实际科学含义。而由于各人的观点和出发点不同，“营销”一词出现了各种各样的概述，但可大致把它区分为两大类：古典的(窄派)定义和现代的(宽派)定义。

1. 古典的窄派定义

较具代表性的有如下两则：

(1)1948年由美国市场学会定义委员会主席拉尔夫·亚历山大提出，1960年该委员会重新下的定义是：营销是引导产品及服务由生产者流向消费者或使用者的企业活动。

(2)1957年由美国人罗伊·奥德森提出的定义是：营销是消费者群体和供应者群体之间进行的交换。

2. 现代的宽派定义

如下两例较有代表性：

(1)由雷·科利提出的是：营销包括企业创造性地、有效益地使自己适应所处环境的一切活动。

(2)由菲利普·科特勒在1997年出版的《市场营销管理》一书中所下的定义是：营销是个人和集体通过创造、提供出售，并自由地同别人交换产品和价值，满足需要和欲求的社会和管理过程。

古典的窄派定义主要是它们过分看重实体分配和营销渠道的作用，而低估营销中的定价、促销和新产品计划的作用。它们还忽视了政府和非营利机构的活动，实际上这些机构也都参与了营销活动。另外，这种定义还会引人误解，以为营销仅是将企业生产出来的产品送达消费者手中的活动，使营销等同于一般商业工作，使营销人员等同于一般销售人员。

现代的宽派定义刚好可以克服上述古典窄派定义中的各种弱点。它首先精确地表明营销活动的范围并不仅限于已制成的产品到送达最终消费者之间的商业经营过程，而是远在市场调研、产品筛选、原材料准备、产品制造时即已开始。例如，研究考虑某种产品是否应该生产，产品如何设计，用什么品牌、商标和包装，如何制定价格等，都应在产品制造前或产品制造过程中预先决定。另外，营销的终点也并不限于产品送达消费者或使用者手中，还应了解产品出售后是否能使消费者满意，消费者是否会继续购买和使用，消费者是否会向其亲友推荐，从而增加产品的销路或企业的信誉，以及向消费者进一步提供产品售后服务等。

当然，一个恰当的营销定义要精确地界定其较宽阔的活动范围，不仅不能只局限于商品和服务的营销，而且还应包括机构、人物、地点和观念等。另外，任何一个营销的定义还必须把顾客导向置于中心地位，企业只有通过满足顾客需求才能达到自己的目的，同时，营销不仅仅是关心扩大需求，还要设法使需求与供给相协调。

因此，本书将使用一个较宽、较具综合性的营销定义，即采用菲利普·科特勒在《营销管理》(第10版)中对营销做出的定义：营销是个人和集体通过创造，提供出售，并自由地同别人交换产品和价值，以获得其所需所欲之物的一种社会和管理过程。

【同步案例 1-2】

斑点苹果成奇货

苹果本来是以外表取胜。有一年美国大量种植的苹果由于电、霜的交替侵袭，果皮上出现了点点斑痕，大大降低了销售量。

水果商布朗面对这种不可抗拒的天灾，关起门来，面壁苦思，终于找到了一线反败为胜的曙光。他在店门口竖立一块巨大的招牌，招牌上写"苹果上应该有斑痕，因为那是下冰雹时碰到的痕迹。它证明：这些苹果都生长在寒冷的高山上，而唯有寒冷的高山上才能生长出这般香甜爽口、清脆多汁的苹果。请您来品尝这特殊口味的高山苹果吧！"

布朗也把他的创意大量登在报纸上，竟然得到了广大消费者的认可，不消几天就销售一空。斑点苹果遂成为独特美味苹果的代名词，有趣的是，有些果贩还预约明年一定要买这种苹果呢！

(1)营销是一种创造性行为。有些营销者把响应营销与创造营销区别开来。响应营销是寻找已存在的需要并满足它；创造营销是发现和解决顾客并没有提出要求但他们会热情响应的问题。创造营销是营销的核心内容。

(2)营销是一种自愿的交换行为。英国古典哲学家、西方经济学的奠基人之一亚当·斯密曾说过，世界上从来也没有看见狗在交换骨头，只有人才具有交换的本领。交换是出自人的需要而产生的自觉的行为，也是构成营销活动的基础。

(3)营销是一种满足人们需要的行为。人类的各类需要和欲望是营销工作的出发点，在这里，人们的各种需要指的是他们没有得到满足的感受状态，营销的目的就是满足需要。

(4)营销是一种管理过程。营销是分析、计划、执行和控制的过程管理。具体来说，它主要包括两方面的工作：一是研究市场，即研究顾客的需要和需求量，从而作出经营什么、经营多少等决策；二是开展整合营销活动，即通过生产和经营适销对路的产品，选择适当的分销网络，以适当的价格并应用适当的传播手段在满足顾客的同时获取利益。

(5)营销是一种企业参与社会的纽带。营销是连接企业与社会的纽带。营销工作者在制定营销政策时必须权衡三方面的利益，即企业利润、顾客需要和社会利益，只有同时满足这三者利益的企业才能长久地获得营销成功。

第二节 营销学的产生与发展

一、营销学的产生与发展过程

营销学是在19世纪末、20世纪初自由竞争资本主义向垄断资本主义过渡、资本主义基本矛盾日益尖锐化的基础上产生的，创建于美国，后来流传到欧洲、日本和其他国家，并在实践中不断完善和发展。

(一)形成阶段

人类的市场经营活动，从市场出现就开始了；但作为研究市场销售及其管理活动的学科，营销学却直到19世纪末、20世纪初才开始形成。伴随资本主义经济的发展，资本主义的矛盾日趋尖锐，频频爆发的经济危机，迫使企业日益关心产品销售，千方百计地应付竞争，并在实践中不断探索市场营运的规律。到19世纪末、20世纪初，世界主要资本主义国家先后完成了"工业革命"，从自由竞争向垄断资本主义过渡，垄断组织加快了资本的积聚和集中，使生产规模扩大。这一时期，泰罗以提高劳动生产率为主要目标的"科学管理"理论、方法应运而生，受到普遍重视。一些大型企业实施科学管理的结果使产品迅速增加，要求对流通领域有更大影响、对相对狭小的市场有更精细的经营。同时，科学技术的发展，也使企业内部计划与组织变得更为严密，从而有可能运用现代化的调查研究方法，预测市场变化趋势，制订有效的生产计划和销售计划，控制和调节市场销售量。在这种客观需要与可能条件下，营销学作为一门独立的经营管理学科诞生了。

在这一阶段，美国学者先后发表和出版了一些论著，分别论述产品分销、推销、广告、定价、产品设计和实体分配等专题。到20世纪初，一些学者如阿克·肖(Arch W. Shaw)、爱德华·琼斯(Edward D. Jones)、拉尔夫·斯达·巴特勒(Ralph Starr Butler)、詹姆斯·海杰蒂(James E. Hagerty)等将上述问题综合起来，形成一门营销学科。1902～1905年，密歇根大学、加利福尼亚大学、伊利诺伊大学和俄亥俄大学相继开设了类似于市场营销的课程。1910年，执教于威斯康星大学的巴特勒教授正式出版《营销方法》一书，首先使用营销(marketing)作为学科名称。1912年，第一本以分销和广告为主要内容的《营销学》教科书在美国哈佛大学问世，这是营销学从经济学中分离出来的起点，是营销学发展的里程碑。但这一时期的市场营销学的内容局限于流通领域，局限于产品销售，主要研究有关推销术、分销及广告等方面的问题，真正的市场营销观念尚未形成。而且仅限于某些大学的课堂中，并未引起社会的重视，也未应用于企业营销活动。然而，将营销从企业生产活动中分离出来进行专门研究，无疑是一个创举。

(二)成熟阶段

1929～1933年资本主义国家爆发了严重的经济危机，生产过剩，产品大量积压，因而，企业产品如何转移到消费者手中，就很自然地成了企业和市场学家们认真思考和研究的课题，市场营销学也因此从课堂走向了社会实践，并初步形成体系。这时，企业界广泛关心的首要问题已经不是扩大生产和降低成本，而是如何把产品销售出去。为了争夺市场，解决产品实现问题，企业家开始重视市场调查，提出了"创造需求"的口号，致力于扩大销路并在实践中积累了丰富的资料和经验。与此同时，市场营销学理论研究迅速大规模展开。一些大学的相关教授将市场营销研究深入到各个问题，调查和运用大量实际资料，形成了许多新的原理。如弗莱德·克拉克和韦尔法在其《农产品市场营销》(1932年)中指出：农产品市场营销系统包括集中(农产品收购)、平衡(调节供求)和分散(化整为零销售)三个相互关联的过程。营销者在其中执行7种市场营销职能：集中、储存、融资、承担风险、标准化、销售和运输。拉尔夫·亚历山大(Ralph S. Alexander)等学者在1940年出版的《市场营销》一书中则强调营销的商品化职能包含适应顾客需要的过程，销售是"帮助或说服潜在顾客购买商品或服务的过程"。1937年，美国营销学和广告学教师协会及美国营销学会合并组成现在的美国营销学会(AMA)。该学会在美国设立了几十个分会，从事营销理论研究和营销人才的培训工作，出版营销专著和营销调研专刊，对营销学的发展起了重要作用。理论与实践的结合促进了企业营销活动的发展，同时，也促进了营销学的发展。直到第二次世界大战结束，营销学才得到长足发展，并在企业经营实践中广泛应用。但这一阶段的营销仍局限于产品的推销、广告宣传、推销策略等，仅处于流通领域，应用范围基本上仍局限于商品流通领域。

(三)变革阶段

20世纪50年代,随着第三次科技革命的发展,劳动生产率空前提高,社会产品数量剧增,花色品种不断翻新,市场供过于求的矛盾进一步激化,原有的用以研究产品生产出来后如何推销的市场营销学,在概念与内容等方面都已越来越不能适应新形势的要求。许多市场学者纷纷提出了生产者的产品或劳务要适合消费者的需求与欲望以及营销活动的实质就是企业对于动态环境的创造性的适应的观点,并通过他们的著作予以论述。1947年,迭迪和雷博赞的《市场学——体系的形成》的出版改变了孤立研究商品推销与价格的状况,从经济、社会诸方面综合分析了商品销售变化的规律。奥尔德逊和科克斯首先对以往的市场营销学提出了批评:"(过去的)营销学著作向读者提供的只是很少的重要原则和原理,现在的理论不能满足研究者的需要,因为这些理论既未能说明,也未能分析流通领域内的各种现象。"他们在《市场营销学原理》一书中对营销赋予了新的概念:"广义的营销概念,包含生产者和消费者之间实现商品和劳务的潜在交换的任何一种活动。"所谓"潜在交换",就是生产者的产品或劳务要符合潜在消费者的需求与欲望。按照过去营销学的概念,市场是生产过程的终点,营销的职能只是推销已经生产出来的产品或劳务,而奥尔德逊和科克斯提出的新概念则强调买方的需求、潜在的需求,市场成为生产过程的起点。美国哥伦比亚大学教授约翰·H. 霍华德在《营销管理:分析和决策》一书中,从管理角度来研究营销,提出了营销管理的实质是企业对于动态环境的创造性的适应。E. 杰罗姆·麦克卡瑟(美国密歇根州大学)在《基础市场学》一书中强调营销的核心是明确目标市场,提出以消费者为中心的营销组合策略(即4Ps),通过营销组合的实施,适应外部环境,满足目标市场顾客的需求,从而形成以市场为导向的指导思想,使营销学发生了第一次革命。这里强调:营销不仅在于推销商品,而首先应该调查、分析、判断顾客的需求,将信息传递到生产部门,据此生产适销对路的产品,使潜在交换得以实现,由此获得利润。营销学这次从传统的营销学向现代营销学的转变,就是企业的经营观点从"以生产为中心"转为"以消费者为中心",市场也就成了生产过程的起点而不仅仅是终点,营销也就突破了流通领域,延伸到生产过程及售后过程;营销活动不仅是推销已经生产出来的产品,而是通过消费者的需要与欲望的调查、分析和判断,通过企业整体协调活动来满足消费者的现实需求和潜在需求。

(四)发展阶段

20世纪60年代以来,营销学与经济学、管理学、心理学、社会学、哲学、数学及统计学学科的结合越来越密切,成为一门综合型、边缘型、应用型的经营管理学科,引起了社会的广泛重视。美国一家大企业经理在全国市场营销学学会上说:"通过未来市场的信息保证,为掌握未来市场而制定最佳营销战略,从而提高企业的经营效果,在这方面市场营销学是行之有效的,而且作出了贡献。"由于营销学适应市场经济的需要,因而逐渐从美国传播到日本、西欧、苏联、东欧和中国,并得到了迅速的发展。在日本,电通企业的经理认为:目前在日本,如果企业没有营销学的思想,就很难生存下去,我们认为,对外国商品来讲也是如此。目前,国内外高校都普遍开设了营销学课程,工商界的高级管理人员都把营销学当作必修课程。菲利普·科特勒1967年出版的《营销管理:分析、计划、执行和控制》一书,对营销原理做了精辟的阐述,成为欧美和日本大学最为普遍使用的教科书,已被译成多种文字,多次再版,标志着营销学进入成熟阶段,菲利普·科特勒也因此被誉为"营销学之父"。20世纪80年代菲利普·科特勒又提出了大市场营销观念,将营销组合由4Ps扩展为6Ps和11Ps。20世纪90年代以来,营销的含义进一步扩大,营销学的研究范围也在进一步拓宽,相继出现了网络营销、绿色营销、文化营销、整合营销等新的研究领域。

二、营销学在中国的传播与发展

20 世纪三四十年代，营销学在中国曾有一轮传播。现存最早的营销学教材是复旦大学出版社于 1933 年出版的丁馨伯编译的《市场学》。当时一些大学的商学院开设了市场学课程，教师主要是欧美留学归来的学者。由于长期战乱及半封建半殖民主义经济发展水平的限制，其研究和应用有很大的局限性。新中国成立后，在很长一段时间内，由于我国实行高度集中的计划经济体制，商品经济受到否定和抵制，营销学的研究在中国内地基本中断。在这长达 30 年的时间里，中国内地学术界对国外迅速发展的营销学知之甚少。目前，我国对于营销学的研究、应用和发展已取得了可喜的成绩。从营销学在中国改革开放后的整个发展过程来看，其大致经历了以下几个阶段(见图 1—1)。

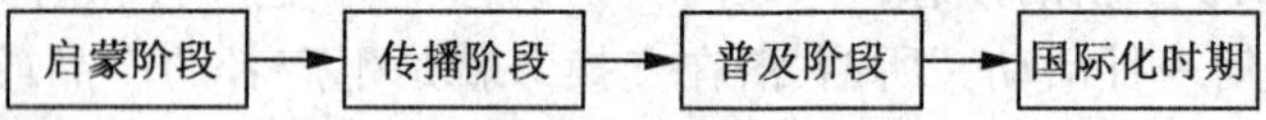

图 1—1 营销学在中国的传播与发展

(一)启蒙阶段

1978～1983 年，是营销学再次引进中国并初步传播时期。中共十一届三中全会后，中国确定了以经济建设为中心、对外开放、对内搞活的方针。经济学界努力为商品生产恢复名誉，改革开放的实践则不断冲击着旧体制，逐步明晰了以市场为导向，建立社会主义市场经济体制的改革目标，从而为我国重新引进和研究市场营销学创造了良好条件。期间，北京、上海和广州等地的学者对国外营销学的研究、应用和人才培养做了大量工作。通过论著、教材翻译评介，到国外访问、考察和学习，邀请境外专家学者来华讲学等方式，系统介绍了当代营销的理论和方法，组织了第一批营销学的讲座(1979 年部分大专院校和外贸部等聘请外国专家开展市场学讲座)，成立了第一个“市场学”方面的培训中心(1980 年，国家经委与美国政府合作举办了以厂长、经理为培训对象的大连市场学培训中心)，输送了第一批营销学的师资(1981 年暑期中国人民银行在陕西财经学院举办了市场学师资班)，编写了第一批营销学的教材，在综合性大学和财经院校开设了第一组营销学的课程(1979 年暨南大学、哈尔滨工业大学率先开设了《市场学》课程等)。所有这些对营销理论在中国的重新引入和营销观念的先行启蒙都起到了重要的推动作用。

(二)传播阶段

1984～1991 年，是营销在中国进一步传播与应用时期。1984 年，经济体制改革的重点由农村转入城市，企业的目标是建立“自主经营、自负盈亏”的企业体制，同时，多种经济成分并存的所有制结构初步形成，市场供求格局开始由卖方市场向买方市场转换等。国内经济快速成长和市场竞争加剧的环境，企业界营销管理意识也开始形成。营销的运用从外贸企业、商业企业、乡镇企业逐步扩展到国有企业；从消费品市场扩展到产业用品市场。能源、原材料、交通、通信企业也开始接受市场营销概念。营销热点也开始从沿海向内地推进。社会对市场营销知识和管理人才提出了旺盛的需求。

1984 年 1 月，为加强学术与教学研究，推进营销学的普及与发展，全国高等综合大学、财经院校市场学教学研究会成立(1987 年改名为中国高等院校市场学研究会)。研究会聚集了全国 100 多所高校的营销学者，每年定期交流研讨，公开出版论文集，对营销学的传播、深化和创新运用作出了积极贡献。在以后的几年时间里，全国各地各种类型的市场营销学研究团体如雨后春笋般纷纷成立。各团体在做好学术研究和学术交流的同时，还做了大量的传播工作。在此期间，营销学在学校教学中也开始受到重视，有关营销学的著作、教材、论文在数量上和质量上都有很大提高。

1984 年起，开设营销学课程的高等院校日渐增多，到目前为止，几乎所有大专院校、中专学校无一例外地开设营销学的课程。作为专业设置虽然较晚，但不少院校在 1984 年前就开设了市场营销专业或专业方向。1984 年广西商业高等专科学校开设第一个市场营销专科专业；1988 年山东大学开设第一个市场营销本科专业；1984 年北京商学院等第一批招收市场营销方向硕士研究生；1992 年中南财经政法大学、武汉大学、南开大学等开始培养第一批市场营销方向博士研究生。“全国高等综合大学、财经院校市场营销学教学研究会”也于 1987 年 8 月更名为“中国高等院校市场学研究会”。学者们已不满足于仅仅对市场营销一般原理的教学研究，而对其各分支学科的研究日益深入，并取得了一定的研究成果。1991 年 3 月，中国市场学会在北京成立。该学会成员包括高等院校和科研机构的学者、国家经济管理部门官员和企业经理人员。中国高等院校市场学研究会、中国市场学会同时开展了一系列活动，促进学术界和企业界、理论与实践的结合，为企业提供营销管理咨询服务和培训服务，建立对外交流渠道，做了大量卓有成效的工作。

（三）普及阶段

1992 年以后，是营销理论研究结合中国实际推广普及的阶段。邓小平南方讲话奠定了建立社会主义市场经济体制的改革基调。改革进一步加速并全方位展开，国内经济结构发生了进一步变化，外资企业大量而快速涌入，买方市场特征日益明显，中国市场竞争进一步加剧。

在这种形势下，强化营销和营销创新成为企业的重要课题。一方面，中国营销学术界通过举办一系列市场营销国际学术会议，加强了国际沟通，同时，通过中国高等院校市场学研究会及其多种方式，展开了“从计划经济向市场经济转变，从粗放经营向集约化经营转变”为主题的营销创新研究，以及以“跨世纪的中国市场营销”为主题的营销创新研究。在这一阶段，出现了一批颇有价值的研究成果。

另一方面，因市场竞争的需要，越来越多的企业、社团组织等都无一例外地重视营销理论研究与实际运用，更多的企业和营销人借助网络平台、通过网络媒体和公共活动等途径的宣传与传播，了解到了营销的基础知识，经典的营销理论、方法和手段，以及最新的营销观点和营销动态。同时通过营销案例的分析、热点问题的讨论以及互动方式的交流，激发了企业、社团组织等社会各部门人士的深层次思考，共同探索了适合中国企业和职业营销人的成长道路，有力地推动了整个社会的进步。至此，“市场营销”一词，已经前所未有地深入到中国社会各阶层，使营销进入全面普及阶段。

（四）国际化时期

1995 年 6 月，由中国人民大学、加拿大麦吉尔大学和康克迪亚大学联合举办的第五届市场营销与社会发展国际会议在北京召开。中国高等院校市场学研究会等学术组织作为协办单位，为会议的召开作出了重要的贡献。来自 46 个国家和地区的 135 名外国学者和 142 名国内学者出席了会议。25 名国内学者的论文被收录《第五届市场营销与社会发展国际会议论文集》（英文版），6 名中国学者的论文荣获国际优秀论文奖。从此，中国市场营销学者开始全方位、大团队地登上国际舞台，与国际学术界、企业界的合作进一步加强。在发展外向型经济的过程中，企业开始致力于国际市场营销原理与策略的应用，我国企业的国际营销活动正在全面地向纵深发展。中国加入 WTO,经济地位在国际上的提升以及与他国之间商务活动的进一步频繁,我国的大中小型企业都在努力使自己的营销策略能适应国际形势,迎接新的挑战,中国企业走上了国际化大舞台。与之相适应,致力于 WTO 框架下的营销为主题的中国营销研究,加速了营销科学化的进程,中国营销学及其学者也开始全面走上了国际化营销的大舞台。

第三节　营销学的研究对象与方法

一、营销学的研究对象

"Marketing"一词在英文中既作营销解释,同时也作营销学解释,但这是两个既有联系又有区别的不同概念。营销是企业的经营、销售活动,营销学则是研究营销活动及其规律的科学。它的研究对象是:企业在动态市场上如何有效地管理其营销活动,提高企业的经济效益,求得生存和发展,实现企业的目标。因此,营销学的全部研究都是以消费者为中心,通过运用产品策略、定价策略、渠道策略、促销策略等生产经营适销对路产品、扩大市场销售为手段而展开的,并为此提供理论、思路和方法。

营销学的研究对象是营销活动及其规律,即研究企业如何识别、分析评价、选择和利用市场机会,从满足目标市场顾客需求出发,有计划地组织企业的整体活动,通过交换,将产品从生产者手中转向消费者手中,以实现企业的营销目标。

(一)满足消费者需求与欲望是企业营销的出发点与中心

这包括以下几层含义:①消费者所购买的不是物品和劳务本身,而是欲望的满足。②满足消费者的需求不仅包括现实的需求,还包括潜在的需求。现实的需求表现为对已有产品的一种准备购买倾向;潜在的需求则表现在为了获得某种需要的满足而对尚未问世产品的一种期望。企业应在市场调查和预测的基础上运用各种营销手段开发新产品,并不断激发消费者的购买欲望,调动消费者的购买行为。③从消费者需求出发,不是指从市场上所有消费者的需求或消费者的所有需求出发,而是指通过市场细分,选择目标市场,从目标市场的消费者需求出发。④满足消费者的需求时,要根据不同目标市场的消费者,采取不同的市场营销策略。如对不同的消费者提供不同的产品,制定不同的产品价格,选择不同分销渠道,采取不同的促销手段,即采取不同的市场营销组合。⑤满足消费者的需求还包括从企业实际条件出发,合理组织企业的人、财、物等资源,为目标市场提供适销对路的产品。

(二)有计划地组织企业的整体活动是满足消费者需求及实现企业目标的手段

企业的整体活动包括以下含义:①企业的整体活动是销售活动。销售活动是营销活动的出发点与归宿点,只有通过销售活动才能满足消费者的需求和欲望及实现企业的盈利目标。②将市场营销四大因素即产品、定价、分销及促销进行最佳组合,以保证企业从整体上满足消费者的需求,即企业不仅生产质量好的产品,而且要适时适地以适当价格来满足消费者的需求。从一定意义上说,市场营销四大因素是企业营销整体活动的主要部分。尽管销售很重要,但它只是市场营销几种职能之一,而且只要企业能很好把握消费者的需求,并根据其需求来设计产品、制定价格、选择分销途径及促销策略,一般来说,产品销售就较容易实现。③市场营销部门在企业中起着指挥与协调企业各职能部门的作用。如协调生产部门、供应部门、财务部门、人事部门等,使各职能部门相互配合,保证企业营销活动顺利地进行。

(三)获得利润是企业营销的目的

需要说明的是,企业利润的获得并不是不择手段的,而是以满足消费者需求为前提的,满足消费者需求是实现企业利润的根本手段;企业通过有效的营销活动,能够实现消费者需求满足与企业利润获取的和谐统一。

二、营销学的理论构架

营销学是以营销活动及其规律性为研究对象的科学,本教材根据企业营销活动的主要内容和目的来构建其理论框架,其主要内容大体可以归纳成四个部分:营销理论、营销实务、营销管理以及营销创新。

第一部分内容包括第一章到第五章。主要分析营销学的一些最为基本的概念、现代营销理念、企业与市场的关系、影响和制约企业营销活动的各种环境因素、各类购买者的行为等营销基础理论,阐述了市场营销的若干基本原理和基本思路。

第二部分内容包括第六章到第十一章。是企业营销活动与营销策略研究,是市场营销学的核心内容。其任务在于论述企业如何认识市场、如何选择目标市场、如何进行市场营销组合。企业在认识市场的基础上选择好目标市场,围绕目标市场进行产品、价格、分销渠道及促销四大策略的最佳组合,以保证从整体上满足顾客的需求,实现企业的营销目标。

第三部分内容为第十二章。关于营销的管理问题,主要阐述了企业站在战略高度把握其营销活动,以及为了保证营销活动的成功而应在计划、组织、控制等方面采用的措施与方法。

第四部分内容为第十三章。关于营销学的新发展研究,主要介绍了营销学观念的更新、方法的拓展,以了解营销学界的最新动态和发展。

三、营销学的研究方法

(一)传统营销的研究方法

在20世纪50年代前,对营销学的研究主要采用传统的研究方法,包括产品研究法、机构研究法、职能研究法。

1. 产品研究法

这是以产品为中心的研究方法。以产品为主体,对某类产品诸如农产品、工业品、矿产品、消费品及劳务等分别进行研究。主要研究这些产品的设计、包装、厂牌、商标、定价、分销、广告及各类产品的市场开拓。这种研究方法可详细地分析研究各类产品市场营销中遇到的具体问题,但需耗费巨大人力、物力和财力,而且重复性很大。

2. 机构研究法

它是一种以人为中心的研究方法。这种方法以研究市场营销制度为出发点,即研究渠道制度中各个环节及各种类型的市场营销机构,如代理商、批发商、零售商等市场营销问题。

3. 职能研究法

这是从营销的各种职能——诸如交换功能(购买与销售)、供给功能(运输与储存)、便利功能(资金融通、风险承担、市场信息等)以及企业执行各种功能中必定或可能遇到的问题——来研究和认识市场营销问题。

(二)现代营销的研究方法

20世纪50年代以后,营销学从传统营销学演变为现代营销学,研究方法主要是现代科学方法,包括管理研究法、系统研究法及社会研究法。

1. 管理研究法

这是一种从管理决策的角度来分析、研究营销问题的方法，它综合了产品研究法、机构研究法和功能研究法。从管理决策的观点看，企业营销受两大因素的影响：一是企业不可控制因素，如人口、经济、政治、法律、物质、自然、社会文化等因素；二是企业可控因素，即产品、价格、分销及促销。企业营销管理的任务在于全面分析外部不可控制因素的作用，针对目标市场需求特点，结合企业目标和资源，制定出最佳的营销组合策略，实现企业盈利目标。

2. 系统研究法

这是系统理论具体应用的一种研究方法，是从企业内部系统、外部系统，以及内部和外部系统如何协调来研究营销学的。企业内部系统主要是研究企业内部各职能部门，如生产部门、财务部门、人事部门、销售部门等如何协调，以及企业内部系统同外部系统的关系如何协调。后者主要研究企业同目标顾客外部环境的关系。内部与外部系统又是通过商品流程、货币流程、信息流程连接起来的。只有市场营销系统的各组成部分相互协调，才能产生较高的营销效益。

3. 社会研究法

它主要是研究企业营销活动对社会利益的影响。企业的营销活动一方面带来了社会经济繁荣，提高了社会及广大居民的福利；另一方面造成了某些负面效应，如污染社会及自然环境、破坏生态平衡。因此，有必要通过社会研究方法，寻求使营销的负面效应减少到最低限度的途径。

案例分析

增加乘客开拓市场

小林一三毕业于日本庆应义塾（日本庆应大学的前身）。毕业后，就职于三井银行，从总店的秘书做起，后任职于大阪、名古屋分店的调查征信科。在此期间，他结识了岩下清周、平贺敏两个知己。1907 年，小林 34 岁时，辞去了三井银行工作，加入箕面有马电轨公司（后更名为阪神特快电车会社），就任总经理。这份工作是在岩下的劝导下而接受的。岩下先前也是三井的职员，后来离开三井加入北滨银行，做过总经理，后来提升为董事长。箕面有马电轨公司就是岩下上任后所投资的第一家公司。

这家公司虽然已经成立，但是它只是一个小地方的铁路公司，和拥有以人口密集区为基本地盘的都市铁道是不同的，它的发展有许多的困难及障碍。

但是，不管如何，首先得让经营步上正轨，因此必须提高收入。提高收入有两个途径：一是增加乘客人数，二是提高收费。提高收费对原本搭乘铁路人口就少的地区是行不通的，因为这样一来可能会造成乘客人数更加减少。所以，小林只能在“如何吸引更多乘客”这点上动脑筋，他想出了一种办法，那就是先开发铁路沿线的住宅区。关于这个办法，《日本的企业(3)》这本书中曾提到：“在开发住宅区时，小林采取住宅的出租及以 10 年期付款的销售方式，这种划时代的做法果真扩大了住宅区的范围。”

除了要增加沿线住民的搭乘量，更要吸引其他地区的人也来搭乘，这可是件颇为费事的工作。

1910 年 3 月 10 日，宝冢线及箕面线比预定日期提前 20 天通车。同时，小林也公开了如何增加乘客数量的新构想——1910 年 11 月在箕面公园中开设动物园；1911 年在宝冢设立新温泉区；1912 年建设丰中运动场。小林原来预定在箕面设立游乐区，但是自从宝冢新温泉开设后，就将箕面的各种措施迁移过去，而改在宝冢设立游乐区。1912 年又在宝冢新温泉区里建造一栋名为“乐园”的西式建筑物，里面有游泳池及其他各项娱乐设施，但是由于经营不善，很快就结束营业了。后来，他将它改为博览会的会场。1913 年在温泉区的游乐场组织少女合唱团，也就是后来的少女歌剧团。宝冢新温泉区又陆续增加了剧场、动物园、植物园、餐厅等设施，成了一个度假及休闲的中心。

其中，宝冢少女歌剧团的表演更是深获各界好评，1914 年前去观摩的民众多达 19 万人，1918 年更激增至 43 万人，这样一年一度增加人数，对铁路增加搭乘量是十分有帮助的。

1926 年，小林又在车站设立百货销售部门，增加沿线居民利用铁路的机会，并且将那些百货用品的工厂设在铁路沿线地区（如纤维、糖果、食品、药剂等工厂），以谋求乘客人数的增加。

【思考问题】

结合此例简述人口与市场的关系。

第二章 市场分析

教学要点

市场的基本概念、市场的特征和功能、市场的基本模式、消费者市场的概念及构成、消费品的分类、消费者市场的需求特点、消费者市场发展的新趋势、生产者市场的分类与特征、影响生产者购买决策的因素、生产者的购买过程、针对生产者的市场营销方法。

教学重点

市场的基本概念、市场的基本模式、消费者市场的需求特点、消费者市场发展的新趋势、影响生产者购买决策的因素、针对生产者的市场营销方法。

教学难点

市场的基本模式、消费者市场发展的新趋势、影响生产者购买决策的因素、针对生产者的市场营销方法等理论和实际操作。

第一节 市场的含义与特征

企业开展营销活动，必须认真研究各类市场的特点，以便企业能准确地把握市场，更有针对性地满足市场需求，提高营销活动的有效性。

一、市场的基本概念

市场是社会分工和商品生产的产物，市场是一种以商品交换为内容的经济联系形式，它随着社会分工和商品生产的发展而不断发展。

(一)市场形成的基本条件

由于市场的基本经济内容是商品供求和商品买卖，因此，狭义上市场就是进行商品交换的场所。市场形成必须基于以下三个基本条件，商品的交换才能成为现实，市场也才有实际意义。

1. 市场是进行商品交换的场所

从空间上看，市场内存在着商品买卖双方和进行商品交换的地点或区域。

2. 市场是某种商品需求的总和

任何一种商品的需求，都是通过顾客的需求体现出来的，即表现为某种商品的所有现实顾客和潜在顾客的总体需求。从商品供给者的角度来认识市场，将顾客作为市场主体，明确产品的市场规模和构成状况是企业做好市场营销的前提。

3. 市场是商品交换关系的总和

以货币为媒介的商品交换包含着两个阶段的形态变化。首先是从 W(商品)到 G(货币)，然后又从 G(货币)到 W(商品)。商品的形态变化构成了许多循序发生、彼此连接的商品交换过程，形成商品流通全局。而各种不同的商品市场也就不可分割地连接在一起，形成了有机的整体市场。企业在整体市场上开展营销活动，必须时刻与市场保持着良性的交换关系，因此，整体市场体现的是众多商品生产者之间的交换关系的总和。

现实的市场，已经不再局限于一般意义上的场所和区域，在现代信息社会中，市场具有超时空性质。例如，占世界商品贸易总量60%的期货交易的买卖双方与交易所之间只有电信上的往来，而参与者却能遍及世界各地。现代市场营销学经过了产品导向型、销售导向型和市场导向型三个发展阶段，因此现代市场营销是从卖方的角度来研究买方市场的过程，企业只有对市场做出科学的分析，并根据消费者的需求和欲望决定自己的生产销售策略，才能使市场营销具有针对性，才能在竞争中求得生存和发展。

(二)市场构成的基本要素

市场是由人口因素、购买力和购买动机有机组成的总和，因此市场可以用“市场＝人口因素＋购买力＋购买动机”的公式进行表述。

1. 人口

人口因素是影响国民经济发展的关键因素之一，人口变动与经济发展的关系是相辅相成、相互促进的。人口数量、人口素质、人口结构和人口分布的不断变化都影响着国民经济的发展。我国在改革开放期间，实施了社会主义经济调节机制、稳定人口数量和提高人口素质的政策、转变经济增长方式等策略，保证了我国国民经济的持续稳定增长。

2. 购买力

购买力是在一定时期内用于购买商品的货币总额，它反映了一段时期内全社会的市场容量。由于购买力是指对商品的购买能力，因此，一切不通过货币结算的实物收支和不是用来购买商品和劳务的货币支出，如归还借款、支付会员费、缴纳税金等，均不属于社会商品购买力范围。购买力是通过社会总产品与国民收入的分配和再分配形成的，它来源于各种经济成分的职工工资收入、其他职业的劳动者的劳动收入、居民从财政方面得到的补贴或奖励、银行和信用单位的贷款、预购定金净增加额、居民其他收入、社会集团购买消费品的货币。对于中国社会而言，社会购买力主要由三部分组成：居民购买消费品的货币支出、社会集团购买力、农民购买农业生产资料的货币支出。

另一种社会购买力的含义指单位货币能买到商品或劳务的数量，即货币购买力。它决定于货币本身的价值，商品的价值或劳务费用的高低。购买力的大小，取决于社会生产的发展和国民收入的分配。社会购买力随着社会生产的增长而不断提高，而国民收入中积累与消费比例关系的变化也对购买力产生直接的影响。

3. 购买动机

购买动机是使消费者做出购买某种商品决策的内在驱动力，是引起行为的原因，也是引起购买行为的前提。动机分为两类：一类是生理性动机，如肚子饿了会产生对食物的需要，口渴了会产生对水的需要。这些生理需要不是营销研究的对象，企业只能去适应它；第二类是心理性动机，它可以通过市场营销来改变其动机状态，因而也是我们研究的重点。

心理性购买动机可以分为三种，即感情动机、理智动机、信任动机。感情动机就是由人的感情需要而引发的购买欲望，它可以细分为两种情况：一种是情绪动机，另一种是情感动机。情绪动机是由于人们情绪的喜、怒、哀、乐的变化所引起的购买欲望。针对这种购买动机，在促销时就要营造顾客可以接受的情绪背景。情感动机就是由人们的道德感、友谊感等情感需要所引发的动机。理智动机就是消费者由理性的需要所引发的购买欲望，它基于消费者对某种商品有了清楚的了解和清醒的认知。持有理智动机的顾客会基于对商品比较熟悉的基础上，然后进行的理性抉择和购买行为。拥有理智动机的往往是那些具有比较丰富的生活阅历、有一定的文化修养、比较成熟的顾客，他们在生活实践中养成了爱思考的习惯，并把这种习惯转化到商品的购买当中。信任动机就是基于对某个品牌、某个产品或者某个企业的信任所产生的重复性的购买动机。对于培养客户忠诚而言，培养信任动机是市场营销工作的重要组成部分。

对市场来说，人口因素、购买力和购买动机这三大要素互相制约、缺一不可，只有将这三者结合起来才能构成现实的市场，决定市场的规模和容量。实际上，对于市场营销的研究，就是从对上述三方面进行定性和定量的研究出发，从而建立起整个学科体系的有关理论框架。

二、市场的特征和功能

(一)市场的基本特征

市场作为商品交换的场所，包含了有形商品和无形的服务的交换活动。通过对经济的范畴内的市场进行研究，总结出市场具有以下四个特征。

1. 市场形成的基本条件

存在着可供交换的商品、存在提供商品的卖方和具有购买欲望与购买能力的买方、具备买卖双方都能够接受的交易价格及其他条件。以上三个条件是实现商品让渡，形成有意义的、现实市场的基本条件。

2. 实现购买行为的必要条件

市场活动的中心是商品交换，要实现购买行为就必须同时具备消费者、购买欲望和购买能力三个必要条件。没有消费者就谈不上购买欲望和购买力，但如果消费者缺乏购买欲望和购买力，也同样不能形成现实的市场。

3. 交换顺利进行的必要条件

现代市场交易活动的主体，主要分为生产者、消费者和中间商三类。他们在市场活动中的地位不同，有着不同的目的和要求，其经济利益也各不相同，只有当各方的经济利益都得到兼顾时，商品交换活动才能顺利进行。

4. 调节市场的经济规律

市场经济受到多种经济规律影响，如价值规律、供求规律、竞争规律等。任何经济运行形式，都有其内在规律，它们共同作用，调节着经济的运转。

(二)市场的基本功能

市场的功能就是市场机体所具有的客观职能，它通过市场运行中的各种具体活动表现出来，如交换商品、传递信息等。市场功能主要有交换功能、结合功能、引导功能和比较功能四个方面。

1. 交换功能

市场是有形商品和无形的服务进行交换的场所。各种商品进入市场后，在货币媒介的借助下，采取一定的价格形式完成商品所有权的转移。与此同时，通过市场上的各种流通渠道，进行商品的储存和运输。此外为了使商品真正从生产领域经由流通领域进入消费领域，每个商品生产者都必须在市场上完成这种交换，以保证其再生产和生活的需要。因此，完成商品实体在时间和空间上的转移，实际上是为了实现其商品价值的过程，交换功能也成为市场的基本功能。

2. 结合功能

社会分工使各个商品生产者成为独立的经济实体，但如果他们不通过社会分工和相互协作而紧密结合在一起，社会生产就无法维持。市场既是社会分工的产物，又是社会分工得以存在和发展的必要条件。商品生产者通过在市场上销售商品和购买他人商品的过程而相互结合，在社会分工日益细致的情况下，市场在经济生活中的地位越来越重要，同时商品经济越发展，市场作为社会经济的枢纽作用就越突出。

3. 引导功能

市场的引导功能表现为两方面。其一，市场需求结构引导和制约着产品生产结构。各种产品的生产都必须符合消费需求，即消费者需要什么，生产者才能生产什么。不符合消费需要的产品是无法在市场上实现其价值的。其二，市场需求规模引导和制约着产品的生产规模。产品的需求规模变大，产品生产就可以扩大规模进行再生产；需求规模变小，生产规模也必然受到影响。超出市场需求规模的产品生产，其价值得不到社会承认，生产者为此而付出的劳动也无法转化为价值。这种无视社会需求而盲目生产所造成的损失必将由生产者自己来承担。

4. 比较功能

由于各个商品生产者在生产技术、劳动熟练程度、经营管理水平等方面的差异，他们生产同种商品所耗费的劳动时间是各不相同的，因此，商品的个别价值也就各不相同。但同种商品在市场上出售只能有一种价值，这就是社会必要劳动时间所决定的市场价值。如果劳动者的个别价值等于或低于市场价值，他就能获得平均利润甚至超额利润；反之则有可能亏本。只有通过市场才能对各个商品生产者的劳动进行比较，市场的这种劳动比较功能，促使商品生产者不断采用新技术、新方法，不断提高自己的劳动效率，降低生产成本，以取得较好的经济效益，它在客观上促进了社会生产力的发展和社会经济效益的提高。

三、市场的基本模式

市场内的竞争环境纷繁复杂，但就市场模式而言可以归纳为纯粹垄断市场、寡头垄断市场、垄断性竞争市场和完全竞争性市场，每一个企业应当正确地分析自己所处的市场模式，从而针对市场环境实施相应的营销策略。

（一）纯粹垄断市场

在纯粹垄断市场环境下不存在或基本不存在竞争。在这种市场上一个行业只有一家企业进行产品的生产和经营，没有或基本没有其他的替代者。这类市场往往存在于一些典型的社会公用事业部门，如电力、自来水、煤气、铁路运输等。当一家企业独自拥有制造某种产品的全部或绝大部分原料或材料时，该产品的市场也属于纯粹垄断市场，同时，通过专利取得垄断地位，同样属于纯粹垄断市场。

（二）寡头垄断市场

寡头垄断市场是由少数几家大企业控制的市场。在这种市场上少数几家大企业控制了某一种产品绝大部分的生产量和销售量。该市场往往存在于那些资源有限、技术先进及资本规模大、追求规模经济效益的行业，如汽车市场。在寡头垄断市场，控制市场的几家大企业相互依存、相互制约，其中任何一家市场营销策略的变化都会对其他几家产生重大影响，并引起相关反应。寡头垄断市场的竞争往往采取非价格竞争策略，同时注重树立企业形象和产品附加价值。

(三)垄断性竞争市场

垄断性竞争市场是指在某一行业中有许多企业生产和销售同一种产品,且每个企业的产量只占总产量的一小部分,有少量的较大型企业占有一定份额的市场。在这种市场上由于同行业企业很多,产品替代性很大,因而竞争激烈。由于所有企业都没有控制市场价格的能力,因此新企业较容易进入该行业成为新的竞争对手。这种市场大量存于食品、服装、百货等行业之中。竞争的手段主要采取部分价格竞争,注重产品质量和营销策略。

(四)竞争性市场

竞争性市场是指某一行业中有非常多的独立生产者,每个企业规模都比较小,并且都以相同的方式向市场提供同类的、标准化的产品。由于对产品的需求没有太大差异,每个生产者提供的产量只占总产量的很小一部分,因此,市场竞争主要表现为价格竞争,而广告宣传等其他策略并不受重视。

上述市场分类的依据是市场营销活动的特点,以竞争为中心来划分市场。按市场竞争态势的类型来规划产品生产和销售,有利于企业根据外在环境的不同特点,采取不同的市场营销策略,以便更好地发展自身、满足市场需求。此外,企业还需要把握消费者的基本模式及其特点,因地制宜地推出产品和服务,达到社会效益与经济效益最大化的目标。

为了方便研究市场,需要对市场进行分类。从不同的角度进行分析,市场划分的方法也有所不同。根据市场范围划分,可以分为国内市场和国际市场;根据市场客体划分,可以分为生产资料市场和生活资料市场;根据市场状况划分,可以分为卖方市场和买方市场;根据商品流通环节划分,可以分为批发市场和零售市场;根据市场交换方式划分,可以分为易货交易市场、现货交易市场和期货交易市场;根据市场出现的先后划分,可以分为现实市场、潜在市场和未来市场。科学地划分市场的类型,对于正确地认识市场的特点和作用、搞好企业市场营销工作,有着十分重要的意义。

第二节　消费者市场分析

根据购买者购买商品的目的和特点可以把市场划分为消费者市场与生产者市场两部分。消费者市场是为满足消费者个人生活需要而购买商品的个人和家庭,它是整个经济活动中各种市场服务的最终目的,同时也是为个人提供最终直接消费品的市场。全社会有近八成的最终产品是提供给消费者市场的,因此,研究消费者市场是市场营销工作的基础。

一、消费者市场的概念及构成

消费者市场是以满足个人或家庭生活需要而产生的市场,且以消费为目的的最终市场。因此,又称最终消费者市场。

按商品交易内容划分,消费者市场可分为商品市场和服务市场。商品市场是各种生活资料交易的市场,这是消费者市场的主要构成部分。按照不同的标准,可将商品市场划分为不同的类型。按商品的用途,可分为日用百货市场、食品市场、家具市场、文教用品市场等;按市场服务对象,可将其分为妇女用品市场、儿童用品市场、中老年用品市场等。服务市场是为消费者提供劳务服务的市场,一般不涉及产品的转移,或者产品的转移居次要地位。服务市场主要包括文化教育、交通运输、医疗卫生、广告娱乐、公共事业、旅游服务以及日常生活服务市场等。在现代,服务市场的发达程度与一个国家商品经济发展的程度是大体适应的。经济越发展,生活水平越高，服务市场也就越发达。

二、消费品的分类

从消费者市场的主体特点和购买特点而言，可将消费品分为三种类型，即日用消费品、选购消费品和特殊消费品。

（一）日用消费品

日用消费品指满足消费者日常生活需要的基本生活资料及各种小商品，如主副食品、日用百货、书报文具等。这类商品内容广泛、品种繁多、价格低、体积小、使用寿命短。消费者对此类低值易耗商品的生产厂家、商标、包装等一般不特别注意，仅要求经济实用、购买方便。对此类商品的经营，应多设分销网点，方便消费者购买。

（二）选购消费品

选购消费品指消费者要经过多次挑选比较后再进行购买的消费品。如服装、家具、手表、自行车、皮鞋等。这类商品价格较高、使用寿命较长，消费者在购买时对商品的品牌、款式、价格等较为注意，会用一定时间进行选择和思考。此类商品的生产经营者应对商品的质量、价格、服务等方面多加关注，多创名牌产品，并在市场上树立良好的企业形象，以争取更多的顾客。

（三）特殊消费品

特殊消费品主要指高档消费品，如家用电器、高档服装和家具、轿车、电脑、商品房等。这类商品价格高、使用寿命长，而且有些商品的技术性含量很高，需专门的安装或维修服务。此类商品价格昂贵，消费者往往要经过反复思考和比较，经过严格的挑选之后才决定购买。此类商品的品牌、信誉、质量、售后服务的好坏往往在销售中起着关键作用。

三、消费者市场的需求特点

消费者市场的需求由于受到外在环境多方面的影响，从而呈现复杂多变的状况。但就其总体而言，消费者市场中各种需求之间依然存在某些共性，这就是消费者市场需求的特点：

（一）需求的无限性

随着社会经济的发展和消费者收入的提高，商品和劳务的需求也在不断增长，可见，只要外在环境不断优化发展，消费者市场的需求是无止境的。例如，过去在我国未曾有过的高档消费品，现在已经开始进入消费领域；过去由家庭承担的劳务，现在已部分转向由社会服务行业来承担。消费者的一种需求满足了，又会产生出新的需求，循环往复，不断有新的需求出现代替原有需求从而成为市场的主要焦点。因此，市场营销者要不断开拓新市场，开发新产品。

（二）需求的层次性

消费者需求总是在一定的支付能力和其他条件的基础上形成的。人们的需要应根据个人的可自由支配收入、偿还能力和外在条件的可能，根据需要的轻重缓急，有序地逐步实现。这便是消费者需求的多层次性。在同一商品市场上，不同消费者群体由于社会地位、收入水平和文化素养的差异，其需求也会表现出多层次性的特点。

（三）需求的多变性

消费者市场的人口基数巨大，需求的差异性也各有不同，由于各种因素的影响，市场供给和需求也是千差万别。由于消费者各方面的条件不同，对于生活类消费品有着自己与众不同的要求和标准。而且，随着生产的发展、消费水平的提高和社会习俗的变化，消费者需求在总量、结构和层次上也将不断发展，表现出日益多样化的发展特点。消费者需求的多样化特征，要求企业在对消费市场进行细分的基础上，根据自身条件准确地选择目标市场。

(四)需求的可诱导性

消费者需求的产生有些是本能的，但绝大多数是与外界的刺激诱导有关系的。面对纷繁复杂的消费品市场，消费者一般缺少关于商品或市场方面的专门知识，其购买活动的实现，大多在外界因素影响下进行。因此，企业的广告宣传和促销活动会对消费需求产生较大的作用，因而呈现出非专家型购买的特点。经济政策的变动、营销活动的影响、广告宣传等，都会使消费者的需求发生变化或转移，使潜在的需求可以变为现实的需求。可见，消费者需求是可诱导和可调节的，具有较大的弹性。消费者需求的这一特征，要求市场营销者不仅要适应和满足消费者的需求，而且应该通过各种促销途径正确地影响和引导消费。

(五)购买者的分散性

购买者的分散性指消费者人数众多分布面广，每次购买量较少而购买频率较高。以个人或家庭作为基本单位生产出来的消费品，许多本身具有不耐储藏、时令性强等特点，因此，此类消费品的购买规模一般较小，且分散进行，而购买次数却比较频繁，有些商品需经常甚至天天购买。针对这一特点，营销者应采取灵活多样的服务方式，不断提高为消费者服务的质量。

四、消费者市场发展的新趋势

(一)消费水平持续稳步上升，消费需求层次不断提高

随着国民经济的持续健康发展和人均收入的逐步增加，我国消费水平持续稳步上升，消费结构已经发生了较大的变化。恩格尔系数进一步下降，居民消费总支出中用于食物的支出不断减少，用于住房、耐用消费品、化妆品、服饰及教育、通信、旅游、健身、娱乐、休闲、美容、保险、家政等服务性消费的支出快速增长。

与此同时，人们的消费需求层次不断提高，追求和向往高质量的生活，对吃、穿、用等满足最基本生活需求的商品以及其他各种商品的质量要求提高，品牌意识增强，认牌购买、购买名牌优质商品的消费者数量增多。

社会公众日益重视环境保护问题，逐步做到与自然界和谐共存，各种绿色产品的需求增加。越来越多的消费者追求个性发展，以个性观念指导生活需求，为自己设计有个性的生活方式，由此带来多元化、差异化、层次化的消费行为。

(二)不同层次消费者的消费档次进一步拉开，各消费层次的特点更加明显

分配制度的改革以及家庭和个人投资观念、投资方式和投资行为的变化，使人们收入水平的差距继续扩大。与此相适应，消费需求的档次进一步拉开，处于同一收入、同一阶层的消费需求趋同化趋势加强，不同收入、不同阶层的消费者的需求差异更加明显。高、中、低档次的需求同时增加，中低档消费需求具有最为广阔的市场。

(三)消费模式由节俭型、温饱型向舒适型、享乐型和发展型转化

我国人民尤其是中老年人有艰苦朴素的优良传统，形成了独特的节俭型消费模式。随着经济的发展，收入水平的提高及发达国家生活方式的示范效应，人们的消费观念发生了较大变化，追求并向往高质量生活。消费模式逐渐由节俭型、温饱型向舒适型、享乐型和发展型转化。

(四)购物方式由少批量、多频率的零星交易向“一站式”购买转化

在生活节奏加快、人们对休闲娱乐等要求提高的推动下，个人和家庭的生活价值观以及购买行为也发生了重大的变化，由传统的小批量、高频率的零星购物逐渐转化为“一站式”购足，购物次数减少，一次性购买数量及购买商品的品种增加，以减少购买时间，提高购买效率。邮购、电话购物、电视购物、网上购物等无店铺销售方式也将逐步推广，人们去商店购物将更多的是一种对商店购物环境、购物氛围、购物乐趣的体验，也有的是一种休闲和社交活动。

【同步案例 2－1】

急速增长的中国电影市场

根据电影调查公司艺恩咨询的统计，2015 年 1～6 月中国的电影票房总收入为 32.6 亿美元，同比增加 49%。虽仍不及世界最大电影市场北美的 55.5 亿美元，但春节所在的 2 月份，单月的票房收入首次超过了北美，其差距在不断缩小。有人预测，在不远的将来，中国将成为全球第一的电影市场。为了开拓中国电影市场，大连万达集团等企业通过并购等方式在各地新开电影院。还有一些企业看中好莱坞大片的人气，参与共同制作。

支撑起电影市场的除了年轻人以外，还有那些有孩子的家庭。28 岁的孙博拥有一个三口之家，周末他们一家人经常去大型购物中心，购物吃饭后会顺便在商场的影院里看个动画电影，消磨一天的时间。中国经济虽然传递出了放缓之感，但电影已经成为普通消费者常见的一种娱乐休闲方式，电影市场的竞争将愈演愈烈。

第三节　生产者市场分析

生产者市场，又称产业市场，是指一切购买产品或服务并将之用于生产其他产品或服务，以供销售、出租或供应给他人的个人和组织。生产者是指工业企业和商业服务企业等生产性集团用户。生产者市场的概念与一般生产资料市场有所不同。生产资料市场主要指生产资料的交换，而生产者市场除了生产资料之外，还包括劳务和各单位进行生产或业务工作所需要的日用品的交换。生产者市场又称工业市场，是指工商企业或机关团体组织为生产其他产品或开展业务而购买商品或劳务的市场。与消费者市场相比，两者都是由人做出购买决策并担当购买者，但由于生产者购买商品是用于生产消费，因而他们的购买行为与最终消费者的购买行为有明显区别。

一、生产者市场的分类与特征

（一）生产者市场的分类

生产者市场的购买者主要由工矿企业组成，按照所购产品参与生产过程的不同情况，可将工业品分为两类，即直接工业品和间接工业品。直接工业品指完全参与生产过程、用以制造其他产品并构成新产品实体的工业品。它包括原料、半制成品与零件。间接工业品指部分参与生产过程，虽然不构成新产品实体，但又是新的生产过程或管理工作不可缺少的那部分工业品。它包括主要设备、次要设备和供应品。

生产者市场根据其企业产品和劳务需求在市场上的需求对象可分为三种类型，即产业市场、转卖者市场和政府市场。

1. 产业市场

产业市场也称为生产者市场或企业市场，指所购买的一切产品和服务将用于生产其他产品或劳务，以供销售、出租或供应给他人的个人和组织。产业市场通常由以下产业所组成：农业、林业、水产业、制造业、建筑业、通信业、公用事业、金融业、保险业和其他服务业等。

2. 转卖者市场

转变者市场指那些通过购买商品和劳务以转售或出租给他人获取利润为目的的个人和组织。转卖者不提供形式效用，而是提供时间效用、地点效用和占有效用。转卖者市场由各种批发商和零售商组成。批发商的主要业务是购买商品和劳务并将之转卖给零售商和其他商人以及产业用户、公共机关用户和商业用户等，但它不把商品大量卖给最终消费者；而零售商的主要业务则是将商品或劳务直接卖给消费者。

3. 政府市场

政府市场由那些执行政府主要职能而购买或租赁产品的各级政府机构组成。由于拥有税收等财政来源，各级政府掌握着很大一部分国民收入，为许多公司带来大量的销售机会。为了成功地向政府销售，卖方必须要知道政府购买的特点，如确认决策人。在一般情况下，无论是中央政府还是地方政府都有自己专门的采购部门。另外还必须识别影响购买者行为的各种因素，了解他们的购买决策过程。

与消费者和其他团体购买者一样，政府购买者也被环境、组织、人际关系和个人因素影响着。政府采购商品和服务目的在于维持政府机构运转，加强国防建设，改善基础设施，扶持关键产业以及加强社会福利事业等。政府在进行采购活动时必须兼顾经济和社会效益。一方面要买得经济合理，另一方面常常受政治的、道义的等非经济因素的支配。在采购方式上，政府采购者通常采用议定合同或公开招标等方式。

【同步案例 2-2】

国务院鼓励利用电商平台进行采购

国务院日前印发《关于大力发展电子商务加快培育经济新动力的意见》(以下简称《意见》)，部署进一步促进电子商务创新发展。其中提出，要进一步加大政府利用电子商务平台进行采购的力度。

《意见》明确了三点原则。一是积极推动。主动作为、支持发展。积极协调解决电子商务发展中的各种矛盾与问题。在政府资源开放、网络安全保障、投融资支持、基础设施和诚信体系建设等方面加大服务力度。推进电子商务企业税费合理化，减轻企业负担。进一步释放电子商务发展潜力，提升电子商务创新发展水平。二是逐步规范。简政放权、放管结合。法无禁止的市场主体即可为，法未授权的政府部门不能为，最大限度减少对电子商务市场的行政干预。在放宽市场准入的同时，要在发展中逐步规范市场秩序，营造公平竞争的创业发展环境，进一步激发社会创业活力，拓宽电子商务创新发展领域。三是加强引导。把握趋势、因势利导。加强对电子商务发展中前瞻性、苗头性、倾向性问题的研究，及时在商业模式创新、关键技术研发、国际市场开拓等方面加大对企业的支持引导力度，引领电子商务向打造“双引擎”、实现“双目标”发展，进一步增强企业的创新动力，加速电子商务创新发展步伐。

(二)生产者市场的特征

1. 需求重计划

生产者购买的目的是为了生产消费品获得企业利润，因而必须使企业的各种资源得到最佳配置，加强企业经营各环节的管理，才可能获取较好的经济效益。

2. 需求弹性化

企业的生产能力一旦形成，在一定时期内具有相对稳定性，因而对各种生产资料的需求也是相对稳定的。同时，生产者对所使用的各种工业品的要求比较严格，一般不能或不肯轻易更换。由此表现出购买者的数量少而购买规模大，地理位置适中，需求具有派生性和波动性，并且缺乏弹性。

3. 购买专业化

用于生产过程的工业品的质量、性能等，会直接影响新产品的生产。产业用户的购买行为都是以盈利为目的，均属理性行为，基本上没有冲动性的购买。决策的过程要比消费者决策复杂许多，要涉及许多复杂的技术问题和经济问题，往往需要花费很多时间进行反复的论证。

4. 需求派生化

市场上的客户对各种工业品和服务的需求，是由消费者对最终产品和服务的需求派生出来的。如果消费者对某种产品的需求下降，这种产品的生产厂家不得不缩减生产计划，而其作为用户在工业品市场上的购买量也必然随之减少。因此，当消费品市场发生较大变动时，必然会波及整个市场。

5. 用户集中化

因为工业品因其使用方向专一，而且产业市场上买卖双方倾向于建立长期的业务关系，相互依托。因而，购买者人数比消费品购买者要少得多。同时，由于资源、交通等因素影响，工业品市场的设置也应与产业用户的不均匀分布相适应。

二、影响生产者购买决策的因素

产业购买者在做购买决策时，会受到一系列因素的影响，影响生产者购买行为的因素有以下四个。

(一)环境因素

团体购买者很大程度上要受现实的和预测中的环境因素的影响，如一个国家的经济前景、市场需求、技术发展变化、市场竞争、政治法律等情况。例如，当经济不稳定时，团体购买者会削减新的投资，努力减少库存。

(二)组织因素

企业的目标、政策、组织结构、系统等企业本身的因素称为组织因素。显然，这些组织因素也会影响产业购买者的购买决策和购买行为。生产者市场营销人员应该了解并掌握企业的采购部门在企业里是处于什么位置，它们的购买决策权是集中还是分散，在决定购买的过程中哪些因素影响最后的决策等。

(三)人际因素

生产资料的购买决定，是由公司的各个部门不同层次的人员组成的“采购中心”作出的。“采购中心”的成员由质量管理者、采购申请者、财务主管者、工程技术人员等组成。这些参与者在企业中的地位、职权、说服力以及他们之间的关系是有所不同的，这种人际关系也会影响产业购买者的购买决策、购买行为。

(四)个人因素

购买过程中的每个人都带有个人动机、感觉和偏好。这些因素会受个人情况的影响，如年龄、收入、教育、专业、个性和对风险的态度。这种个人因素会影响各个参与者对要采购的产业用品和供应商的感觉和看法。此外，购买者还有不同的风格，有的属于技术型购买者，有的属于直觉型购买者，凭直觉选择销售商。

三、生产者的购买过程

表 2—1 列出了团体购买过程中的八个阶段。购买者如果是面对一项新的购买工作，常常

需要经过全部八个阶段。如果是调整后的重购或直接重购，购买者可能会跳过一些阶段。

表 2—1　　生产者购买的一般过程

购买过程中的阶段	购买状况		
	新购	调整后的重购	重购
确认需要	是	可能	否
描述基本需要	是	可能	否
确定产品性能	是	是	是
寻找供应商	是	可能	否
提出方案	是	可能	否
选择供应商	是	可能	否
选择订货程序	是	可能	否
检查运行情况	是	是	是

(一)确认需要

确认需要的过程可以由内部或外部的刺激引起。从内部来说，公司可能决定生产一种新产品，需要新设备或材料；或者机器出现故障，需要新零件等；也可能销售经理对目前供应商的产品质量、服务或价格不满意等。从外部来说，购买者可能从展览会或广告中获得信息，或是从某个推销员的电话里得知有物美价廉的产品。

(二)描述基本需要

认识到需要后，购买者下一步要描述基本需要，决定所需商品的特点和数量。对于一般性项目，如购买标准品，这个过程并没有什么问题。如果是复杂项目，购买者需要和工程师、操作人员或顾客等共同确定。

(三)确定产品性能

确定产品性能常常需要一个工程小组进行价值分析。价值分析的目的是降低成本。这项工作要对产品各个部分仔细研究，看看是否能重新设计、实行标准化或用成本低一些的方法来制造等。小组要决定产品的性能，并仔细加以说明。

(四)寻找供应商

寻找供应商就是通过各种途径搜寻有关供应商的信息，将那些信誉良好、符合要求的供应商列为备选对象。工作越新、项目越复杂、成本越高，购买者寻找供应商所花的时间也就越多。

(五)提出方案

在提出方案阶段，团体购买者向那些备选的供应商征求有关方案，以便进行比较和筛选。供应商一般只提供产品目录或派一个销售员。不过，当项目复杂或价格很高时，购买者时常要求每个可能的供应商提供书面方案或正式文件。

(六)选择供应商

在选择供应商阶段，团体购买者通常需要做一个表格，列出令人满意的供应商的重要特征，如产品质量和服务、交货及时性、公司行为的规范性、交易中的信誉、价格的竞争性、维修和服务能力、技术支援和指导、地理位置、历史业绩等。购买核心的成员将为这些特征进行分析，并定出每个特征的相对重要性。做出最后选择之前，购买者可能要与自己中意的供应商洽谈，以获得更好的价格或条款。最后,他们可能选择一个或几个供应商。

(七)选择订货程序

采购经理开出订货单给选定的供应商,在订单上列举技术说明、需要数量、期望交货期等。购买者常常需要准备常规订货的明细文件,包括最后选定的供应商、技术特性、质量要求、预定的交货时间、退货政策和保证等。

(八)检查运行情况

购买者可以与使用人员联系,看他们如何评价,也要检查和评估各个供应商履行合同情况。运行情况检查可导致购买者继续、修订或放弃购买。

四、针对生产者的市场营销方法

许多大型企业为了更好地处理与生产者市场购买者的关系,往往建立一个全国性的专门部门,对于规模小一点的企业,通常由企业高层主管人员亲自处理。由于大部分的生产者市场的购买行为都很复杂,花费时间长、成本高,因此团体购买者一般不会频繁地更换供应商,而是力求建立长期的合作关系。对于供应商来说,一旦与某一生产者建立了长期合作关系,将在竞争中占有很大的优势。

生产企业要与客户结成长期的合作伙伴,就要不断地协调二者之间的关系。一方面,要弄清客户的需求,诸如对交货批量、批次、周期和价格等方面的期望,客户是否希望企业代为培训推销员和进行市场调查等;另一方面,要了解自己满足客户的需求程度,根据实际情况,将二者的需求结合起来,建立一个有计划的、垂直的联合销售系统,与团体购买者一起提高最终顾客的满意度,这是建立信任与合作关系的最好方法。

供应商可以从以下几个方面着手,提高团体购买者的满意度,以建立长期合作关系:

(一)保证货源充足

团体购买者的订购量较大,满足他们对产品的数量及系列化的要求,是建立合作关系的第一步。尤其是在销售上存在淡旺季的产品,营销人员要随时了解客户的销售与库存情况,及时与客户就市场发展趋势、合理的库存量及客户在销售旺季的需货量进行商讨,在销售旺季到来之前,协调好生产及运输等部门,保证团体购买者在旺季的货源需求。

(二)关注客户行为

生产者市场购买者的产品开发和营销活动常常需要得到供应商的合作。生产者希望在新产品开发之初,供应商就能够参与进来,新产品和原材料可以一起开发,大大节约了新产品开发时间。

(三)与客户保持联系

一个有着良好营销业绩的公司的营销主管,每年约有1/3的时间是在拜访客户中度过的,而大客户正是他们拜访的主要对象。拜访不仅仅是为了加深感情,也是为了及时了解客户存在的问题和要求。保证与团体购买者之间的信息传递及时、准确。只有保持信息的及时畅通,才能对客户的要求做出及时反应。每年组织一次座谈会,通过座谈会听取大客户对企业产品、服务、营销、产品开发等方面的意见和建议,预测未来市场,对企业下一步的发展计划进行研讨等。

与消费者市场广泛依赖各种中间商进行销售不同,在团体购买市场中,较少用到中间商,而是需要依靠企业自己的营销人员去了解客户需求、与客户谈判、提供服务,将产品销售出去。营销人员是生产厂商与团体购买者之间联系的桥梁。培养一支优秀的营销队伍对开拓团体购买市场十分重要。一个好的营销人员不仅要有很好的交际能力，而且需要有较深的专业知识，这样才能为客户提供满意的咨询和服务。

为了加强销售队伍的建设，企业有必要经常征求客户对营销和销售人员的意见，及时调整营销人员队伍。市场营销人员是企业的代表，市场营销人员工作的好坏是决定企业与客户关系的一个极为重要的因素。市场营销人员的文化水平、生活阅历、性格特性、自我管理能力等方面的差别，也决定了市场营销人员素质的不同，企业对负责团体购买业务的营销人员，不仅要协助，而且要监督与考核，及时安排合适的人选。

案例分析

互联网金融已让市场上的金融消费者发生了巨大变化

互联网金融拉近了像天上的星星一样分散在四处的金融消费者：那些进入银行保险大厅只是办理信息变更的人，那些只去ATM机办理业务的人，那些认为银行客户经理高大上而与自己的小金库实在难以拉近距离的人，那些喜欢玩中学、玩中干、像玩一样的投资者，那些自认为传统机构低效率而难以满足自己快节奏、高回报追求的人。盘点2014年活跃在互联网金融市场上的客群，我们发现了以下8个变化：

一、“等不了”的消费者

零存整取，曾经是一个时代的特征，每个月拿了工资就到银行存起来，从年头到年尾绝对不会取出来花掉它。现在是提前消费时代，发了工资后既想着钱生钱，也得随时变现消费，不能让钱锁在银行里不动，所以互联网宝宝类产品盛行了。再比如网点排队取号，在当年解决网点排队难的问题时还是一种非常受欢迎的创新方式，至少有座位、有叫号、有预期可以等待。而在今天，我们的时间以分秒计算，上班忙，下班玩，最好在线办理或者上门服务，如果一定要去实体网点，也不希望等待，甚至不在乎坐着，如果可以立等可取，宁愿如此。正如QQ浏览器的广告所说“我要的现在就要”是年轻人的常态，不是真的等不起，而是已经不习惯等待了。普通线下货币基金产品资金赎回到账时间一般为1～3天，有些产品资金甚至多达5天才能到账，这也使得视效率为生命的投资者们大呼“等不起”。

二、“没有经验”的手机支付

手机作为移动金融的媒介，已逐渐改变人们在传统的线下机构、线上金融交易的行为和习惯，移动金融是一个逐渐融入生活的工具。比如我们的生活中所应用的支付，都是由大件低频支付和小额高频支付组成的，经过这样的细分之后，很容易看到移动支付的终端商户的特征以及消费者的特征，我们有望让那些喜欢新鲜事物的消费者从此扔掉厚厚的钱包，只拿一个手机就能去吃午餐、看电影、买爆米花、逛超市了。在移动金融领域，它不再依附于用户对电脑的使用经验与金融交易经验，电脑在线交易用户群也不再完全覆盖手机在线交易用户群，一些新进入的消费者进行在线交易时直接通过手机，而这些消费者以前从未使用过电脑交易。

三、接受不完美的新金融服务

目前微信支付、微信银行的用户界面和功能并不是完美的，这也跟互联网即用即体验即进化的精神有关，这样的友好型必然是缺失的。但是当你依赖上一种工具时，你就很难会说不喜欢，即便不喜欢也离不开。当一种支付工具与已有的生活工具连接在一起的时候，你会更习惯用这样的方式来处理生活中高频发生的事情，所以微信支付工具已经被60%的用户熟知并使用。

四、逐利的70后、60后也在参与

一直以来，外界对互联网金融的猜想是为“屌丝”、为80后和90后而生的，而现实中这一领域已经发展得如此细分，比如有针对低收入者的移动金融多用于购买游戏币、视频下载、扑克牌筹码，还有针对白领、专业人才、金领、企业拥有者这一社会中坚阶层的P2P投资，他们在涉足P2P之前有一定程度的投资理财经验，而且在部分尝试替代银行理财产品、存款、基金、股票的投资份额。虽然P2P平台标榜着最低100元也可以投资，但实际上多数参与游戏者都不是“屌丝”一族，投资者不仅是将这块投资看成时尚、体验，而且强大的利益吸引着他们向里面走，他们已经将家庭财产的10%～30%放进P2P平台商投资，因此，我们也看到这是一个80后、70后、60后共同活跃的市场，他们是热衷于逐利的中层收入人群，由于对传统金融服务的效率不满意才转而寻找互联网金融产品。

五、喜欢分享的投资者

我们或许还记得以前PC端的网银用户，由于涉及私密信息与资金安全，是缺乏分享和推荐的，致使网银用户只能在自有知识框架下独立完成金融交易。现在的宝宝类产品，由于其产品单一、收益表达简单、多种移动端可显示产品动态，使得投资分享变得更加自然和便利，在一定程度上加大了粉丝之间的互动推广力度。调查显示，超过九成的投资者会选择向他人推荐互联网货币基金产品，这在以前是无法想象的。

六、渐趋理性的投资者

对比资本市场的投资收益率而言，P2P投资者对利益的追求已经趋于理性，经过2013年的P2P爆发期与倒闭潮，他们认为投资比投机更重要。调查显示，与以往P2P市场利用30%～50%的收益率吸引用户相比，现在大部分P2P投资者可接受的年化收益率是7%～15%。

七、富有研究精神的投资者

对于传统金融机构的理财产品说明、保险产品说明、各种金融协议，购买者会去认真查看的极少。对于金融机构、互联网公司，或许你们把互联网金融产品当成一块“实验田”，但是消费者把这看做是一种投资、一种自己特别爱惜与喜欢的投资方式。调查显示，绝大多数购买互联网货币基金的投资者都会仔细研究产品服务条款和协议，同时有四成的投资者还对产品业绩排名非常关注。这不是一群大家认为的无知的、跟风的投资者，他们是怀着拥抱互联网的心情、拿着自己微薄的工资并希望拥有自己独特的生活方式的一群人。

八、虚拟的金融需要真实的“卷入”式教育

互联网金融就像一阵风，当你激起了它的热情之后，浇灭它是很困难的。今天，所有的互联网金融产品的供应商都在共同培育金融消费者，让更多的消费者卷入真实的体验，这比任何一个机构去单独做消费者培训、知识普及来得更快。

2013年，“互联网金融元年”来临，余额宝点燃了全民理财的热情，P2P也形成了“担保＋风险准备金垫付”的主流模式，平台数量和投资人群迅速爆发，年度总交易额疯狂增长到1 000亿元以上。

进入2014年，“宝宝类”货币基金的收益率不断下滑，但全民理财热情不减，截至2014年6月，P2P网贷平台数量达到1 263家，半年成交金额接近1 000亿元人民币。在此过程中，参与者减少了“学习成本”，更自然地融入其中；未参与者也受其感染，无形中接受了互联网金融信息的扫盲。而互联网金融产品的同质化在某种程度上并不是坏事，同质化是一种产品成熟的标志，同质化说明市场已经引导到足够大的规模，消费者通过卷入、反复对比而被教育得足够好了，这时候才会让市场主体形成诞生下一个新产品、新业态的动力和压力。

未来的新金融主体毫无疑问是属于那些敢于细分、敢于场景化的企业的，他们的内心清楚地知道，产品创新不是创造一个从未问世过的产品，而是从用户对金融的认知基础出发的创新，是基于用户特定金融服务的特殊需求研发的，是对陷入互联网生活的用户思维习惯的深入理解而来的，是行业生态圈对金融行业的态度和定位决定的，这是一个不再被垄断的、多元化发展的市场。

案例来源：http://www.tmtpost.com/182857.html。

【思考问题】

互联网金融背景下，中国的金融消费者发生了什么变化？对金融行业的从业企业有何启示？

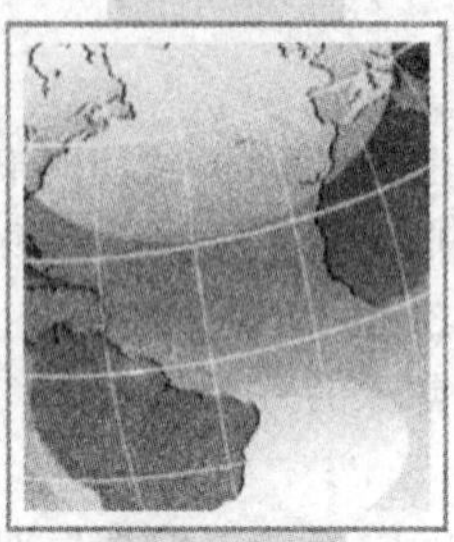

第三章 营销观念

教学要点

营销观念的含义与特点、传统商业观念的演变、现代营销观念的形成、新旧营销观念的区别、新观念的优越性、旧观念的局限性、社会营销观念、大市场营销观念、我国营销观念的演变。

教学重点

现代营销观念的形成、新旧营销观念的区别、社会营销观念、大市场营销观念。

教学难点

传统商业观念的演变、现代营销观念的形成、新旧营销观念的区别、我国营销观念的演变。

第一节　现代营销观念的形成

一个企业以什么样的观念指导营销活动，这是企业营销管理中一个关键性的问题。我们知道，思想是行动的指南，没有正确思想指导的实践是盲目的实践。一个企业的营销管理水平如何往往取决于营销观念的正确与否。正确的营销观念是营销活动取得成功的前提，而不正确的营销观念则在营销活动开始之前就埋下了失败的种子。

一、营销观念的含义与特点

(一)营销观念的含义

观念是一种态度、一种意识、一种思维方式。营销观念，又称营销理念、经营宗旨，是指企业开展营销活动的基本指导思想，是企业对特定市场的现状及其发展趋势的根本看法和根本态度。营销观念概括了一个企业的经营态度和思维方式，是企业开拓市场、实现经营管理和销售目标的根本指导思想。任何企业的营销活动都是在特定的指导思想或观念指导下进行的，确立正确的营销观念，对企业经营成败具有决定性意义。

(二)营销观念的特点

1. 营销观念的全局性

营销观念是工商企业对市场现状及其发展趋势的一定看法，但这种看法不是一般表面的看法，而是对市场现状及其发展趋势本质的根本看法以及相应表现出来的根本态度，因而是企业拓展市场营销的一种商业哲学理念。工商企业按一定的营销观念拓展市场营销活动，形成该企业一切工作的指导思想。当这种思想形成后，它会指导企业营销活动的全过程，贯穿于企业营销活动的始终。因此，营销观念是带有全局性特点的哲学理念，具有一定的系统性，不是企业临时营销活动所制定的方针和某项具体活动的指导思想，它决定了企业营销行为的性质。

2. 营销观念的指导性

观念是先导。有什么样的营销观念,就有什么样的营销思路;有什么样的营销思路,就有什么样的营销行为和策略。企业的营销战略和策略的制定,建立在企业决策者对市场运行规律的领悟、对营销环境的客观认识和分析的基础上,是他们思维方式的体现。企业的决策者若缺乏现代市场营销观念,思想观念陈旧、僵化保守,不敢开拓创新,是无法适应现代市场经济发展的。

3. 营销观念的变化性

随着经济的发展和社会的进步,企业所处的市场环境不断地发生变化,企业的营销活动和实践也随之不断地发生变化,作为企业营销活动的指导思想的营销观念也必然随之不断地变革、发展。进行营销行为的变革关键是观念的转变。企业的营销观念自产生至今已经经历了几个发展阶段,其发展变化过程是与社会生产力的发展、市场形势的变化紧密联系在一起的。

二、传统商业观念的演变

(一)生产观念

生产观念是指企业以生产为中心,以求实现开拓市场的一种营销观念。它是西方企业采用的旧的市场经营及管理的指导思想。这种观念是在 19 世纪末、20 世纪初逐步形成的。当时,先进工业国家经过了两次技术革命,先后完成了产业革命,生产形势发生了巨大变化。在这个阶段,工业发达国家企业的生产力还没有高度发展,经济技术发展水平还相对比较落后,很多企业只生产品种比较单一的产品,劳动生产率不高,消费者的购买比例不大,但社会总产品供应仍不足。因此,市场的性质仍然属于"卖方市场"。在当时卖方市场的形势下,一些企业认为,无论生产什么产品,一般都能销售出去,因而它们把工作重点放在降低成本、增加产值上。而处于流通领域的商业企业也认为,只要拥有商品都能卖得出好价钱,因而不重视市场需求研究,不关心消费者的需求和利益。它们的生产或销售活动还是以企业的利益为中心,从方便企业出发,"想生产什么,就生产什么,想生产多少,就生产多少","想卖什么,就卖什么"。这样不少企业就形成了以自身利益为中心,不关心消费者利益的"生产观念",并用来指导生产经营活动。这种生产什么就能销掉什么的状况,一直持续到 20 世纪 20 年代末。例如,美国的皮尔斯堡公司,从 1869 年成立后 50 多年中,一直以生产观念指导企业经营。当时这家公司的经理提出的口号是:"本公司旨在制造面粉。"这就是说,公司的经营宗旨在于发展生产,增加产值,而不管消费者是否满意。这种生产观念是典型的"以产定销思想"。

由此可见,生产观念的核心是从企业的利益出发生产或销售产品的思想。它是以产品供不应求为存在条件的。只要市场出现供不应求的状况,工商企业就可能产生"生产观念"。这种观念在人们物质生活还不够丰富时推动了生产的发展,但随着社会生产力的发展和市场竞争的加剧,企业仍用"生产观念"指导生产或销售活动,将难以继续开拓市场,扩大销售。因此,当市场商品出现供过于求时,工商企业应及时进行"观念诊断",端正指导思想。

(二)产品观念

产品观念是与生产观念相依存的一种古老的经营管理思想。这种观念是指企业实施以产品质量为中心的一种营销观念。持有产品观念的企业认为,消费者需要购买的是那些质量好、价格合理的产品,因此,企业经营管理工作的核心是在提高产品质量的前提下大力提高生产率。只要企业的产品物美价廉,消费者必然会主动找上门选购,企业无须大量开展推销工作。比较起来,企业的产品观念相对于生产观念是一个很大的进步,因为它毕竟考虑到消费者对产品质量、性能、价格等方面的需求和愿望。但消费者的需求和利益是多方面的,并且是随着社会经济的迅速发展而不断发展变化的。此外，科学技术进步的加快，使产品的市场生命周期越来越短，从而促使消费者的需求变化进一步加快。在市场需求变化加快的新形势下，企业只注意产品质量本身，而不研究市场需求变化的特征，就很难适应市场形势，从而将被市场淘汰。

不少西方企业生产经营兴衰成败的实践证明，在竞争的动态市场上，企业如果奉行“产品观念”，一味地迷恋于已取得的产品产量，根本不考虑产品的销路，企业一定会走向失败。因为这种观念的实质仍是从企业利益出发，不关心消费者的利益，因而仍属于“以产定销”的旧式商业经营思想范畴。工商企业如果长期采用这种观念指导经营活动，就会使消费者常存戒心，发展到一定程度，必然会损害企业的形象和声誉，从而使企业丧失已获得的市场。

产品观念容易导致“市场营销近视症”(marketing myopia)，即在市场营销管理工作中缺乏远见，只看见自己的产品质量好，看不见市场需求在变化，结果必然把自己引入困境。

(三)推销观念

20 世纪 20 年代末，资本主义市场形势逐步发生了变化，由于生产力不断提高，社会产品数量迅速增加，花色品种增多，市场上许多商品开始供过于求，因此企业之间的竞争开始加剧。特别是 1929～1933 年，资本主义国家发生了震撼世界的经济危机，企业愈加意识到竞争的威胁，西方工商企业为了争得生存，在开辟和运用销售渠道方面做了许多工作。例如，为了方便顾客购买，西方市场现在习以为常的“超级市场”便是美国在 1930 年开始创立的。不少企业在实践中逐步认识到，人们的需求需要引导、需要培养，于是开始着手研究各式各样的推销方法和广告技巧，营销学称之为“推销观念”的思想开始出现。在这种观念指导下的企业经营管理思想具体表现为“我们推销什么，人们就购买什么”。尽管这时候的市场基本上还是卖方市场，但有的企业为了招徕顾客，开始重视运用积极的推销方法，大肆兜售其产品，以求在同业竞争中取得优势。例如，美国皮尔斯堡面粉公司在 1930 年左右把经营口号改变为“本公司旨在推销面粉”，寻求得力的中间商，扩大销售，并且第一次在公司内部成立了商情调研部门，派出大量推销人员从事推销业务。

推销观念的形成和适用的条件有两个：第一，当从事产品生产的企业在生产能力过大，或批发商和零售商的商品库存过多时，企业往往奉行推销观念，实施强化推销；第二，当消费者对产品缺乏认识而不主动购买时，企业也常采用推销观念指导经营，千方百计加强推销。但是，它只能获得短期减少积压或滞销所带来的部分利益，不利于长期的战略开发。

从生产观念到推销观念的变化，提高了销售在企业经营管理中的地位，但是从广义上说，推销观念仍是建立在“企业生产什么，就卖什么”的观念基础上，这时的推销是传统意义上的推销，是对现有产品的推销，所以营销学家还是把推销观念归结在“以产定销”的生产导向时期的营销观念中。

三、现代营销观念的形成

现代营销观念是在第二次世界大战后，随着各国各地区商品生产和商品交换的飞跃发展，市场竞争日趋激烈，企业不得不采用以消费者利益为中心的新兴的营销观念。这一观念最终形成于 20 世纪 50 年代西方发生的“营销革命”之后，具有划时代的意义。从此，西方发达国家的企业开始进入以现代营销观念指导其营销活动的时期。因此，所谓现代营销观念即以顾客为中心的一系列营销观念的总称，它的形成以市场营销观念的产生为标志。

(一)市场营销观念的产生过程

市场营销观念是指企业以消费者利益为中心指导生产和销售活动，以求不断开拓市场的一种营销观念。这种观念是在第二次世界大战后，特别是在20世纪五六十年代期间逐步形成和发展起来的。第二次世界大战后，随着科学技术的进步，社会生产力出现了飞跃，产品数量激增，花色品种不断翻新，市场竞争更加激烈。与此同时，主要资本主义国家相继推行了“高工资，高消费，高物价”政策，消费者的收入需求特征也随之不断变化。在这种新的市场形势下，许多工商企业家认识到“买方市场”已经形成，消费者的需要是推动企业营销活动的轴心，只有主动了解消费者现实需求和潜在需求，并相应采取一系列营销措施来影响和满足消费者的需求，企业才能有效拓展市场，确保企业的效益。因此，一些工商企业不得不把“生产观念”、“产品观念”和“推销观念”改变为“市场营销观念”来指导企业的营销活动。这种观念的核心是：企业必须以消费者的利益为中心，千方百计满足消费者的要求，并采取有效措施使他们满意；同时必须废除过去那种只从企业利益出发，千方百计把现有商品推销出去，根本不考虑消费者利益的营销观念。市场营销观念是一种新兴的市场开发观念，其主要特征表现为：“消费者需要什么，我们就生产什么”；“消费者需要买什么，我们就卖什么”；“哪里有消费者的需要，哪里就有我们拓展市场营销的机会”。这种承认并接受以满足用户需求为企业经营管理核心的指导思想就是“市场营销观念”。

【同步案例 3－1】

野泽悦子的“投币浴室”

在日本东京都世界田谷区的松原有个“索萁泰姆投币浴室”，每天趋者如骛。走进投币浴室的大门，人们就可以看见一个个隔成盒子式的洗浴间。在顶部，设有放衣服的架子，还有一个淋浴的喷头，洗浴者只要往投币口投入一枚100日元的硬币，喷头就会立刻喷出5分钟的温水。据估计，每人平均淋浴时间为10分钟，这就是说，花200日元就能痛痛快快地洗上一个澡。这间自动浴室24小时连续服务，人们随来随洗，既方便又实惠。这间自动浴室的女老板名叫野泽悦子，她说：“在学生时代我就有个想法，那就是如何能随时随地洗个热水澡，这该有多好……这个想法，也就是投币浴室诞生的前奏。”由于自动浴室价廉、卫生、使用方便，恰好能满足学生的需要。因而门庭若市，尤其受学生欢迎。据统计，顾客的平均年龄只有22岁，女性约占20%，夏天的生意特别好。从利润上看，每天平均有2万日元的净收入，约为熟练技术工人日工资的2倍，尤其是自动浴室不需要专人管理，几乎是无人操作，经营起来十分轻松。

野泽悦子独到的构思，使她的生意获得成功并不断发展。从1983年第一间投币浴室开业到现在，她的公司已发展成拥有30多间投币浴室的连锁公司了。

（二）市场营销观念的基本要点

企业的营销观念经历了从生产观念、推销观念到市场营销观念的转变，不仅是形式上的变化，而且更重要的是指导思想的本质变化，是企业从“以产定销”向“以销定产”的转变，是旧的商业经营思想向以消费者利益为中心的现代营销观念发展的进步，因而是企业生产经营思想的一次质的飞跃。

企业的指导思想从旧式商业经营思想向市场营销思想的转变，使消费者真正成了市场的“上帝”，“上帝”信任企业，企业就更加要注意满足与开拓“上帝”的潜在需求，不断优化总体市场营销活动，坚持“顾客第一”、“质量第一”、“服务第一”、“信誉第一”的宗旨，充分满足消费者的需求，确保实现高效营销。在这样的指导思想下，“顾客至上”、“顾客是上帝”、“顾客永远是正确的”、“爱你的顾客而非产品”、“顾客是企业的衣食父母”成为企业家的口号和座右铭。

市场营销观念的出现是企业经营思想史上一场真正的革命。传统的经营思想都是以生产为中心，以卖方为中心，着眼于把已经生产出来的商品变成货币。而市场营销观念则是以需求为中心，即以市场、顾客、消费者为中心，市场需要什么，企业生产销售什么，是按需生产的"市场中心论"。营销企业通过向顾客提供各种服务和保证，力求比竞争者更有效，更充分地满足顾客的一切需要，通过满足顾客的需要来获取顾客信任和企业自身的长远利益。在这里，市场成了生产经营的逻辑起点和自然终点，营销活动从识别市场需要开始，到满足市场需要完成一个相对的循环。

市场营销观念包括四个基本支柱：定义目标市场、顾客需求导向、整合营销的方法和双赢的盈利模式。

1. 定义目标市场

营销观念提出了企业必须定义自己的目标市场。所谓目标市场是指营销企业所选定的准备为之提供服务的顾客群体，定义目标市场就是要明确企业的目标市场之所在，只有这样才能更好地研究目标市场的需求特点，更好地满足顾客需要。

2. 顾客需求导向

营销观念提出了企业经营活动的顾客需求导向。认为对顾客需求的正确把握与满足是一切工作的中心点。在现代市场环境下，企业存在的合理性就表现为为顾客需要提供满足的能力。

顾客的需要是十分复杂的。如果顾客说，他要一辆不贵的汽车。他到底需要什么呢？这需要营销者的认真分析：他可能是要售价低（表明了的需求）；或者他可能是要运营成本低而非售价低（真正的需求）；或者他可能是要有完美的售后服务（未表明的需求）；或者他可能是希望在购买时能得到精美赠品（令人愉悦的需求）；或者他可能只是希望得到相同价值取向的朋友的认同（秘密的需要）。营销者的水平在很大程度上表现为对顾客需要的正确把握。同时，顾客需求又是多变的。

现代营销对需求的正确把握有了进一步的深入，把营销区分为以下几种："响应营销"，寻找已存在的需要并满足它；"预知营销"，营销企业要走在顾客之前，能比顾客更了解他（她）自己，能在他（她）还没有意识到某种需求时已先他（她）认识到他（她）的某种需求的存在，并做好满足其需求的营销工作；"创造营销"，发现和解决顾客并没有提出，但他们会热情响应的需要。索尼的盛田昭夫说"我们不仅服务于市场，而且创造顾客"。随身听、摄像机、录像机、CD 机都是"创造营销"的杰作。

3. 整合营销的方法

将企业所有部门都整合到为顾客利益服务上来，这就是整合营销。整合营销包括两个含义：一是各种营销职能的整合；二是各个部门的整合。

4. 双赢的盈利模式

市场营销观念强调营销活动必须是一种顾客和营销企业双赢的营销结局。因为只有这样的营销结局才能使企业和顾客之间的交易活动持续下去，否则只能是一种短期的交易行为。

第二节 新旧营销观念比较

在"营销革命"过程中，许多营销学者经过潜心研究，提出了一系列新的观点。其中之一就是将"潜在需求"纳入市场概念，即把过去对市场"是卖方与买方之间的产品或劳务交换"的旧观念，发展成为"市场是卖方促使买方实现其现实的和潜在的需求的任何活动"（奥尔德逊和科克斯,《市场营销原理》)。这样,凡是为了保证通过交换实现消费者需求而进行的一切活动,都纳入到营销学的研究范围。这也就要求企业将传统的"生产—市场"关系颠倒过来,即将市场由生产过程的终点,置于生产过程的起点。这样,也就从根本上解决了企业必须根据市场需求来组织生产及其他企业活动,确立以消费者为中心而不是以生产者为中心的观念问题。为了从本质上把握传统商业观念与现代营销观念的区别,我们必须将二者加以对比分析。

一、新旧营销观念的区别

按历史进程出现的生产观念、产品观念和推销观念等都是以企业的利益为中心,不关心消费者的利益,因而属于旧式商业经营观念。市场营销观念以及后来提出用以作为市场营销观念补充的生态营销观念、社会营销观念、系统营销观念等都强调以消费者的利益为中心,因而属于新兴的现代营销观念。它们之间有着本质的区别。

(一)出发点和重点不同

旧式商业经营观念都从方便企业经营出发,相应安排市场经营活动。企业的工作重点主要放在生产产品和寻找产品上。他们认为市场是"卖方市场",很少甚至不考虑消费者的需要;认为只要拥有物美价廉的产品,就会有消费者购买,就能获得利润。因而企业多从自己的利益出发,很少考虑甚至不考虑消费者的需求和欲望。商业企业也是从方便自己出发,消极被动采购商品,销售商品,不考虑消费者的需要,不讲究全心全意为消费者提供优质服务的宗旨。新观念指导下的一切营销活动,要求企业从方便消费者出发,以消费者的需要和利益为重点,千方百计满足消费者的需要,坚定实施"消费者需要什么,就及时安排生产什么"。生产企业在开发设计产品时,必须考虑到市场的需求和消费者的利益。商业企业同样也要从满足消费者需要出发,以消费者的利益为中心,按市场需要组织货源,严格把关,力求适销对路,确保提高经济效益和企业形象。从社会制度方面分析,新观念的出发点和重点更能体现我国社会主义制度的要求,有利于贯彻社会主义生产目的,充分发扬社会主义制度的优越性。

(二)方法与手段不同

旧观念指导下的商业经营活动和新观念指导下的市场营销活动都必须解决商品的销售问题。因为工商企业只有把商品销售出去,才能实现商品的价值,获得一定利润,从而为企业不断发展提供资金。但是,如何才能迅速把产品推销出去实现其市场价值,新旧观念实施的方法和手段是不同的。在旧观念指导下,由于在"卖方市场"的观点指导下,企业关心的是生产或寻找产品,销售只是业务工作的一个环节,不受重视。因此,在经营方法与手段上,生产企业一般重生产、轻流通;商业企业则重收购,轻销售,认为只要有货,"皇帝女儿不愁嫁",有东西就可以卖得好价钱,是"利大大干,利小小干、无利不干",等客上门,不重视市场调查,不研究市场发展趋势。在新观念指导下,企业为了竞争取胜、实现营销目标,坚持一切营销活动以消费者的需要和利益为中心,"顾客需要什么,就生产和销售什么";同时实行总体市场营销策略,在深入调查与预测的基础上,制订战略营销计划,既满足消费者的现实需要,更重视开发其潜在需要的新产品,为消费者提供多方面的优质服务。

(三)要求与结果不同

新旧观念指导下的企业经营目标都是希望通过不断扩大销售来获得理想的利润。但是,如何扩大销售获得理想的利润呢?新旧营销观念所采取的方法、手段和策略是不同的,结果也必然不同。在旧观念指导下,企业单纯追求商品的销售量,目光短浅,斤斤计较每一笔交易的得失,急功近利,结果事与愿违,只获得有限的利润。而在新观念指导下,企业的一切营销活动都是坚持以消费者的利益为中心，通过千方百计满足消费者的需要和要求来不断开拓市场、扩大销售，因而效益节节上升。因为，企业着眼于整体市场，站得高，看得远，从总体市场出发，一切营销活动和局部利益服从长远的战略利益，从全方位入手为消费者提供优质服务，不斤斤计较一时一地的得失，因而唤起了广大消费者不断增加的信任购买，企业销售形势良好，经济效益和社会效益越来越好。

【同步案例 3—2】

因小得大

“顾客就是上帝”，这是中外生意人的共识。下面这个小故事，说的是“仆人”们在“上帝”做错事时处理问题的手段，值得国内同仁借鉴。

中国驻外代表蔡君夫妇对美国商界“顾客就是上帝”这句话感受颇深。有一次，蔡君夫妇在纽约市一家超级商场购物。蔡太太推着购物车只顾浏览货架上琳琅满目的商品，一不小心购物车撞在货架上，“叭”的一声，两瓶茅台酒应声落地。散发着浓醇香味的茅台酒和白色的瓷瓶碎片溅满一地。蔡太太顿时惊得面色煞白。蔡君亦手足无措，暗自嘀咕：“糟了！赔款事小，这回准得挨一顿训！”两人惴惴不安地向售货小姐道歉，表示愿意赔偿。没想到那位小姐不但没有责怪，反而连声说：“对不起，非常对不起，由于我们没能照顾好先生和夫人，让你们受惊了。”她立即打电话向经理通报事故。少顷，一位 40 来岁的经理满脸微笑地走来，并谦恭地说：“我从闭路电视中看到了刚才发生的一切。我的职员没有将货架放稳，令二位受惊了，责任在我。”当看到蔡君的裤腿上还残留着点点酒斑时，他立即从西装口袋里掏出雪白的手帕替蔡君擦拭，并一再致歉。不仅没有让蔡君赔偿损失，还亲自陪同蔡君夫妇购物，最后热情地送他俩离开商场。

也许是出于对经理的回报，这一次蔡君夫妇几乎将囊中所有全花在这家商场里，回家时装了满满一车货物。此后每周一次购物，他俩不用商议，就驾车直奔这家超级商场而来。当他们离开纽约时，粗略估算了一下，他们花在这家商场的钱比两瓶茅台酒的价值多出何止百倍。

营销学家西奥多·莱维特曾对推销观念和市场营销观念作过深刻的比较，指出：推销观念注重卖方需要；市场营销观念则注重买方需要。推销观念以卖主需要为出发点，考虑如何把产品变成现金；而市场营销观念则考虑如何通过制造、传送产品以及与最终消费产品有关的所有事物，来满足顾客的需要。从本质上说，市场营销观念是一种以顾客需要和欲望为导向的哲学，是消费者主权论在企业市场营销管理中的体现。市场营销与推销的区别如表 3—1 所示。

表 3—1　　市场营销与推销的区别

	市场营销(marketing)	推销(selling)
次序	市场—产品	产品—市场
出发点	从顾客的需求出发	从企业已有的产品出发
目的	满足顾客需求，实现企业目标	推销产品
手段	营销组合(整合营销)	销售推广
内部组织	协调配合	各自为政
顾客反应	需求被满足，满意	强制性接受产品，可能不满意

现代企业开展的营销活动包括市场营销研究、市场需求预测、新产品开发、定价、分销、物

流、广告、人员推销、销售促进、售后服务等，而推销仅仅是现代企业营销活动的一部分，而且不是最重要的部分。海尔总裁张瑞敏指出："促销只是一种手段，但营销是一种真正的战略。"营销意味着企业应该"先开市场，后开工厂"。

二、新观念的优越性

新观念即现代营销观念，是现代工商企业竞争取胜、不断拓展市场必须牢固树立的新兴指导思想。它要求企业策划一切营销活动时，必须首先肯定消费者是市场主人，在这一根本性认识的基础上，坚持以消费者的利益为中心，根据自身的优势开发市场所需商品，并且在开发商品和开拓市场过程中，认真维护和发展社会公众利益，不污染环境和危害人民的生活。现代市场营销观念是一种真正关心消费者需求和维护消费者利益的观念，是企业为消费者提供优质服务、以实现不断开拓市场的正确指导思想。所以，新观念对企业有效开发营销、优化形象、拓展市场、提高效益都具有许多优势。

（一）有利于企业深化改革、强化管理，不断开发新产品，充分满足消费者的需求

企业牢固树立了新观念后，就会自觉认识到满足消费者需要，引导、启发、刺激产生新的消费需求是企业不断开拓市场的重要保证，而消费者的需要与利益又随着社会生产的发展、社会文化和科学技术的进步而不断地变化，因而企业不能满足于已经取得的业绩，停滞不前，而应深化改革，开拓奋进，争取更大的成就。因此，企业必须自觉地不断改进老产品，积极开发新产品，优化代销手段，以适应市场不断发展的新形势，确保企业不断开拓前进。可见，工商企业牢固树立新观念，是实现高效营销的重要保证，是美化企业形象的根本出发点。

（二）有利于企业不断发掘和创造市场机会

消费者的现实需求是企业实现近期效益的重要机会，消费者的潜在需求是企业发展壮大、实现高效营销的动力。由于现代营销观念强调必须以消费者的利益为中心，充分满足消费者的需求和愿望，因此企业以新观念指导营销活动，自然要重视消费者需求现状的调查及其发展趋势的研究，从中发掘市场尚未满足的需求，并及时制订或修订营销计划，采取有效措施，迅速占领市场，巩固市场，发展市场，不断提高市场占有率。

（三）有利于正确确定企业的营销方向

现代市场营销观念否定了企业从自身利益出发，以企业为主，重生产、重产品的做法，坚持以消费者需求为出发点和归宿，围绕消费者开展营销活动，组织生产、经营消费者需要的商品，使商品适销对路，从而为占领市场提供有利的物质条件，使企业沿着正确的经营方向发展。

（四）有利于树立企业的良好形象，争取更多的顾客

奉行现代市场营销观念，能协调企业与顾客、企业与社会公众之间的利益关系，以良好的经营作风真诚地为消费者服务，在社会公众中树立良好形象，取得顾客的信任，从而使企业扎根于广大消费者的厚爱之中，获得真正的发展动力。

三、旧观念的局限性

旧式商业经营观念指导下的一切经营活动都以自身利益为中心，事事从方便企业出发，斤斤计较企业的利益得失，从不关心消费者的需求和利益；认为只要产品"物美价廉"就必然会受到消费者欢迎，就能卖得好价钱，取得利润。因此，企业在生产和销售活动中，往往凭主观片面意见决策，不重视市场调查研究，不分析消费者需求的特征及其发展变化趋势，盲目生产和盲目销售，效率低，效益差，前景危险。在我国社会主义市场经济新形势下，"科技兴国、兴省、兴企业”的浪潮一浪高过一浪，市场商品日益增多，企业竞争日益激烈，消费者购物的选择性加强，企业如果仍用旧观念指导经营活动，不仅不能获得利润，而且还有破产倒闭的危险。总之，旧观念指导下的企业，在“卖方市场”条件下一般还可以取得一定的经济利益，旧观念的劣势不易暴露出来，但随着社会经济迅速发展，“卖方市场”让位于“买方市场”，消费者成为真正的“上帝”，这时，仍坚持旧观念的企业就会失去消费者的信任，失去市场而被淘汰。

第三节　营销观念的发展

以消费者需求为中心的市场营销观念确立后，在指导企业有效开展营销活动中无疑起到了重大的作用。但进入 20 世纪 70 年代后，西方资本主义国家所面临的形势发生了一系列重大变化，企业单纯依靠贯彻市场营销观念往往会引发各种矛盾，不利于企业营销活动的健康进行和企业的良性发展。因此，现代营销观念进入了一个修正、补充和完善的发展时期。

一、社会营销观念

从 20 世纪 70 年代起，在西方市场营销学界提出了一系列新的观念，如人类观念、理智消费观念、生态准则观念等，其共同点是认为企业生产经营不仅要考虑消费者需要，而且要考虑企业自身的实力与条件、考虑消费者和整个社会的长远利益。这类营销观念包括生态营销观念、系统营销观念和社会营销观念。

(一)生态营销观念

生态营销观念是指企业以生态平衡理论为指导以求不断开拓市场的一种营销观念。这种观念是在 20 世纪六七十年代形成的。20 世纪 70 年代以后，西方一些经济发达国家或地区的企业引进市场营销观念，取得了很好的效益，因而刺激了不少企业“赶浪潮”，生产或销售某些紧俏商品。由于他们忽视了本身的资源和能力，结果追逐生产的不是自己专长的产品，与竞争者相比质量相差甚远，因而难以适应市场形势，产品滞销积压，经济损失严重。为此，一些市场营销学家认为，企业只有把市场的需要与企业的优势有机结合起来，才能有效拓展市场，从而提出了以生态营销观念为指导拓展市场营销的观念。这种观念，要求工商企业的一切营销活动要像生物适应自然环境那样，与市场环境相适应。也就是说，要扬长避短，充分发挥企业的优势，努力适应市场形势，满足消费者的需要。如果用两个圆圈来表示，一个代表消费者的需要，一个代表企业的人力、物力、财力等方面的优势，那么只有两个圆圈重合的部分才是企业生产营销的重点，也就是说，是企业与市场需求有机结合的最佳点，即可作为企业营销的目标，从而减少企业经营的盲目性。

工商企业的优势可分为绝对优势与相对优势，还可以分为现实优势与潜在优势等。企业的营销管理人员应在全面分析企业优势的基础上，相应采取有效的决策，以确保企业的成功。一般应重点发挥绝对优势，快速发挥现实优势，有选择地发挥相对优势，积极创造条件发挥潜在优势。只有这样，才能改变企业的被动局面，不断拓展市场，提高经济效益和社会效益。实践证明，一个企业的成功，不仅要适应市场形势，充分满足消费者的需求，而且还应影响和改造周围的市场环境，发现新的市场需求。

(二)社会营销观念

社会营销观念是指企业以维护和发展社会利益为中心以求不断开拓市场的一种营销观念。这种观念是在 20 世纪 60 年代后期西方特别是美国一些企业在开拓市场过程中危害消费者利益，因而许多国家消费者发起了“消费者利益主义”运动这种压力下产生的。当时西方的许多工商企业，主要是工业企业，为了获取高额利润，充分发挥自己的优势，不断扩大生产和倾销某些产品以致严重污染环境，损害了消费者或社会公众的利益。西方发达国家在经济高度繁荣的同时，面临一系列带有普遍性的社会问题，如环境污染、资源浪费、通货膨胀等。这些问题往往与许多企业只重视满足某些消费者需要而忽视社会整体和长远利益有关。例如，清洁剂满足了人们洗涤物品的需要，但其废水排放会造成水源污染；软饮料的塑料包装迎合了人们追求便捷的需要，但包装物的一次性使用导致了资源浪费和城市垃圾增加；私人汽车的大量使用，造成空气严重污染、交通阻塞、事故频发。这样一来，就引起了广大消费者的不满和反抗。一些经济发达国家和地区的消费者，为了保护自身的利益，广泛开展“消费者利益主义”运动，反抗工商企业因拓展营销而损害社会公众利益的行为，敦促国家立法机关完善法制来保护消费者利益。因此，许多国家成立了保护消费者利益的组织，政府部门制定了相应法律，商业欺诈、不健康、不安全、不文明的经营行为受到消费者的广泛抵制和谴责。在这种特殊情况下，市场营销学专家们提出，单纯的市场营销观念难以解决消费者需要与消费者及社会长远利益的冲突，企业应当树立一种超越市场营销观念的新营销观念，即“社会营销观念”。

社会营销观念是对市场营销观念的补充和发展。它要求企业在发挥优势、扩大生产和销售、提高产品市场份额的同时，必须采取有效措施保护消费者的利益，以提高社会效益。实践证明，关心消费者需要及其长远利益和社会根本利益的企业，将越来越受到消费者的欢迎和信任。成功企业不断增加消费者的信任购买，其关键不仅在于它满足了消费者的眼前需求，更重要的是能密切照顾消费者个人及社会的长远利益。基于这一认识，企业的社会营销观念强调以社会利益为导向，以维护和促进全社会的利益与发展为最高目标，企业的生产营销活动不仅要满足消费者的需要和愿望，而且要有利于社会的整体和长远利益，只有将消费者的需要、社会利益和企业盈利三方统一起来，求得三者利益的共同实现，才能获得市场的承认，从而确保企业不断开拓前进，效益倍增。社会营销观念的基本思想可以归纳为：节约社会资源；防止环境污染；保护生态平衡。

（三）系统营销观念

系统营销观念是指企业以系统中心论为指导以求不断开拓市场的一种营销观念。它产生并流行于 20 世纪 70 年代中期以后。由于世界第三次科技改革的深化，欧美及亚太一些国家和地区的产业获得了快速发展，产品日新月异，竞争激烈。企业竞争取胜之路在于充分发挥自身优势的同时，有选择地应用有关单位的优势，以形成更大的优势有效开拓国内外市场。因而一些企业对外部有关单位的依赖越来越大，无论在生产技术或市场营销上均已形成了“群体化”。一旦与企业有密切关系的其他协作部门出现问题，就必然影响企业的生产和营销的正常进行。因此，企业不得不把协调的重点由过去强调内部各职能部门、各环节之间的协调配合，转变到与外部合作单位的协调上。

系统观念的基本论点是：一个企业仅仅做到内部各部门、各环节之间的协调是远远不够的，也不可能形成具有全方位的巨大优势，还必须与其他生产者、供应商、批发商、零售商、银行、政府等部门密切关系，争取他们的支持、合作和指导，以便自己有效拓展市场的营销活动。这种观念不仅要求把企业的生产、营销及其控制过程作为一个整体系统来研究，而且还必须兼顾科研、生产、流通各个系统进程的各个环节、各个职能部门、各单位的经济效益，以保证商流、物流和信息流有机结合形成系统优势，从而有效开拓国内外市场。

二、大市场营销观念

大市场营销观念是指企业的市场营销战略除应用外，还必须增加政治和公共关系技能，以赢得社会更多人士的支持，顺利实现不断开拓市场目标的一种营销观念。它是20世纪80年代以来企业营销向整体营销发展的又一理论支柱。在20世纪70年代中期，跨国公司得到大发展，市场竞争全球化趋势十分明朗。资本主义世界经济出现不景气和持续性"滞胀"，而亚太地区新兴工业国家的经济发展却出现了飞跃，一些经济发达的资本主义国家为免受外来产品竞争的冲击，纷纷采取关税和非关税贸易壁垒，于是贸易保护主义盛行，政府对经济干预致使贸易的政治色彩加重。一些企业家敏锐地意识到，在当今竞争的新形势下，企业营销不能消极被动地顺从外界环境，而应主动出击，实施政治、公关技能，积极主动地影响、引导、刺激外界环境向有利于企业营销的方向发展。这就是20世纪90年代工商企业必须贯彻的"大市场营销观念"。

大市场营销观念是由美国营销学家菲利普·科特勒在20世纪80年代初提出的。其基本思想是：在贸易保护主义思潮日益增长的条件下，从事国际营销的企业，首先要研究的不是产品和市场开发问题，而是如何探索突破目标市场所在国政府和特殊利益集团所设立的市场环境障碍，以确保产品顺利进入特定市场的问题。而在贸易保护主义盛行的条件下，突破环境障碍进入特定市场，除实施4Ps战略外，还应增加两个手段，即政治权力(political power)和公共关系(public relations)。政治权力是指企业由自己或其代表——国家——通过采用政治或其他策略和技巧，从目标市场所在国政府、立法机构和企业等那里取得的进入和经营某个目标市场的特权，更多的时候是指获得这种特权所采用的手段。公共关系则是指企业通过各种途径和方法，增加有利于企业的舆论力量，影响社会公众的态度，争取他们的支持，从而建立和优化企业及产品的优良形象的措施。政治权力运用的是一种"推式营销策略"，而公共关系的运用则是一种"拉式营销策略"。二者有机地结合构成整体营销，可促使企业能够顺利进入并保持某个特定的市场。

传统的市场营销理论总是把产品(products)、价格(price)、渠道(place)、促销手段(promotion)等四大内容(简称4Ps)作为营销组合的因素。而在菲利普·科特勒的新思想中，企业的营销组合扩大了，从4Ps增加到6Ps，即增加了权力(power)和公共关系(public relations)两大因素；企业营销活动的对象扩大了，不仅包括消费者、中间商等与企业开发市场直接相关的组织和人员，还包括立法机构、政府部门、社会团体、宗教团体和工会等多方面对象；参与企业营销活动的人员扩大了，不仅涉及企业内部人员，还包括聘请的公关专家、政府官员等一切涉及企业运用权力和公关手段的外部人员；企业营销组合的任务也扩大了，不再仅仅是适应市场环境、开发产品和市场，而且还包括突破外部环境中的种种障碍，有计划地顺利进入市场。所以，P. Kotler 把这种战略指导思想称为"大市场营销观念"。大市场营销观念的提出，使可控因素和不可控因素的分界变得模糊不清了。但是，在国际贸易保护主义思潮增长条件下，大市场营销观念却是更积极、更符合事实，从而也是更有生命力的现代新兴市场营销观念。对于我国以这种观念从事国际营销的企业来说，重视和正确运用"大市场营销观念"就显得更加重要了。

三、我国营销观念的演变

企业的营销观念不是一成不变的，而是随着社会经济体制和市场形势的不断发展变化的。

新中国成立以来，我国企业的营销观念大体经历了以下三个阶段。

(一)推销观念阶段

推销观念是企业实施以扩大商品推销为中心的一种营销观念。这种观念是在新中国成立初期至第一个五年计划期间逐步形成的，当时，我国正处在全力恢复和发展国民经济的时期。经过3年时间，我国工农业生产得到了迅速恢复和发展，市场商品逐渐增加，城乡市场交易日益活跃。而这一时期干部职工的收入大部分刚从供给制转变为工资制，居民的消费需求以日常生活用品为主，购买力水平不高，以致有些商品销售呆滞，市场出现“供过于求”的现象。因此，工商企业多以“推销观念”指导经营活动。有的采取赊销、折扣或分期付款等方式，力求扩大销售，减少积压，以免造成更大的损失。但这一时期，我国工商企业的推销观念与资本主义国家工商企业的推销观念在本质上是不同的。我国工商企业的销售强调为生产和为人民服务，而资本主义工商企业的推销则是为减少滞销积压而遭受的损失，以便力争获取最大限度的利润。

(二)生产观念阶段

生产观念是企业实施以追求产值、产量为中心的一种营销观念。这种观念是在第一个五年计划后至“文化大革命”期间逐步形成的。这一时期，由于受“左”的错误思想影响，我国商品生产和商品交换不发达，社会生产力水平低，国民经济发展缓慢。在当时一些特殊形势下，一些工商企业认为无论生产或销售什么商品，都能获得很好的销售业绩，国有工商企业满足于单一渠道，独家经营；不管消费者是否需要，坚持所谓按计划生产和销售；习惯于凭票证供应，坐地经商，等客上门，根本不关心消费者的利益。这种单纯的生产观念严重损害了社会主义工商企业全心全意为人民服务的形象和本质。

(三)现代营销观念阶段

现代营销观念是企业实施的以充分满足消费者需求为中心的一种营销观念。中共十一届三中全会以来，转移了工作重点，经过拨乱反正，清除“左”的错误思想影响，确立了社会主义公有制基础上的有计划的商品经济体制。国家及时调整了国民经济计划比例，大力发展消费品生产，于是，市场商品日益增多。消费者购物的选择性逐步加强，企业竞争激烈，市场逐渐由“卖方市场”转向“买方市场”。面对新的市场形势，旧式商业的生产观念和推销观念已经不能适应消费者的需求了，不得不转变到以消费者需求为中心的现代市场营销观念上来。随着改革开放的深化，越来越多的工商企业采用现代市场营销观念指导生产经营，并获得成功。实践证明，用新观念指导企业的营销管理，按消费者的需要拓展营销、扩大销售，一般都能有效地开拓市场，获得理想的经济效益。

案例分析

谁家的天下

西方市场营销理论的发展，经历了几种观念。这里以运动鞋(胶鞋)为例对生产观念、销售观念、市场营销观念作为说明。

在运动鞋问世后，西方消费者认为它比布鞋、草鞋更为耐用、舒服，因而需求量很大。运动鞋生产者不需要作特别的宣传，只需保持产品的品质，大量生产，降低成本及价格，销量自然大增，利润也继而增加。在此期间，生产观念是可以作为生产者的营销观念的。由于生产运动鞋的利润丰厚，于是许多生产者走进了这个市场，以致供应增加，产品销售发生困难，生产者不得不改变其管理生意的方式，实行销售观念，加强推销活动，以维持自己的产品销量及竞争力。此类推销活动，如宣传组织推销队伍、加强与零售商及批发商的联络、改良包装等，基本上所推销的仍然是厂方以往生产的产品，可能设计款式有了改良，但仍然未能满足顾客的需求。

随着西方社会的进步，人民生活水平提高了，消费者的要求也提高了。这时，如果只采用销售观念，只是大量推广，而不在产品及整个管理上去改变，以满足消费者的要求，是起不了多大作用的。

西方厂商了解到这一点，便采用市场营销观念，从满足消费者的心理及实际需求出发，对消费者进行分析研究，发现消费者对运动鞋有下列要求：舒适耐用；容易清洁；款式新颖且可以表现活力；价格合理；品质高级。基于这些要求，运动鞋生产者就决定对产品"改朝换代"，重新塑造新一代运动鞋，再造市场策略。

1. 鞋型的设计，鞋底前身较薄，后身较厚；鞋履的弯度依照一般脚型而变曲，以求舒适。

2. 鞋面尼龙布、皮合成软胶，耐用而易清洁；有些还在鞋面上加上气孔。

3. 颜色上力求悦目，以表现活力；除主色之外，更配上一些简单的图案，力求精美。

4. 定价方面，配合市场上各层次的需要，依据不同款式而定不同的价格；高价格也有，适合大众需要的价格也有。

5. 分销方面则增设分销网及分销店，使顾客易于购买。

6. 用多种宣传媒介作宣传，并以著名的运动员或赞助大型的体育活动或球队作号召，以增强消费者的信心，并对高质量起间接的保证作用。

这一类经营计划是按照市场营销观念而制订的，效果当然比用销售观念只注重推销要好。所以如今在高消费率的市场，如中国香港、日本、美国、加拿大、欧洲等地区，多是新一代运动鞋的天下。老一代的运动鞋渐被淘汰，只是在一些消费率比较低的市场仍有可为。

案例来源：黄金火、戢运爽：《市场营销案例分析》，中国商业出版社 1995 年版。

【思考问题】

1. 西方运动鞋市场的发展经历了哪三种观念？我国运动鞋市场目前处于哪种观念的阶段？

2. 你认为运动鞋市场的发展将趋于哪种观念，为什么？

第四章
消费者需求

教学要点

消费者需求的概念及其特征、马斯洛的需要层次论、研究消费者需求的意义、消费者的心理过程、消费者主要心理类型分析、消费者心理在市场营销策略中的运用、消费者购买动机与行为、消费者动机类型、消费者购买行为模式、影响消费者行为的因素分析、消费者购买行为决策的一般程序。

教学重点

消费者需求及其特征、消费者的心理过程、消费者动机类型、消费者购买行为模式、影响消费者行为的因素、消费者购买行为决策的一般程序。

教学难点

消费者主要心理类型分析、消费者心理在市场营销策略中的运用、影响消费者行为的因素、消费者购买行为模式等理论分析及其实际运用。

第一节　消费者需求的一般特征

心理学认为，行为是动机实现的结果，动机是在需求的基础上产生的。因此，要研究消费者的行为，就离不开对消费者的需求的研究，对消费者需求的探讨有助于我们对购买动机和购买行为的理解。

一、消费者需求的概念

消费者需求是指消费者对市场上商品和劳务的总需求，也就是人们为了生存和发展在市场上获得所需要的生产资料、生活资料或劳务的具有货币支付能力的需要和渴求。人类为了延续生存、满足需要、丰富生活和发展自身，必然会对客观条件产生需要和渴求。这些需要和渴求，必须不断地通过市场内部的商品交换才能实现。要形成消费者需求必须同时具备两个基本条件：一是消费者必须有不足之感；二是消费者必须有求足之感。

商品都是为了满足消费者的某种需求而存在的，需求是行为个体的心理动力。在这种动力驱使下就会产生人们的购买行为，进而使个体的需求得到满足。商品的交换过程实际上就是这种动力和行为周而复始的循环过程。

人们的需求在其发展过程中呈现出多样性的特点，总体而言可以划分为生理需求和社会需求两大类。生理需求是指人们为了延续和维持生命的最基本的需求，包括人们为了解除饥饿、抵御寒冷和寻求栖身之地等而对衣、食、住、行等方面的低级的物质需要；社会需求是人类社会特有的需要，是指人们为了进行社会生产和社会交往等所产生的需要。如希望得到友谊、爱情、家庭生活的温暖，希望受到别人的尊重和承认，以及为实现某个奋斗目标而做出努力、获得成就等。社会需求包括物质需求和精神需求两部分，即人们的社会需求既要以一定的物质条件为基础，同时又必须以一定的精神追求为动力。

二、消费者需求的一般特征

随着社会经济、政治、文化的发展和变化，市场消费需求也必然处在不断变化和发展之中。这种变化尽管纷繁复杂，仍然存在一定的趋向性和规律性。

(一)需求的多样性

我国人口基数庞大，众多消费者在民族习惯、地理位置、收入水平、文化程度、宗教信仰、民族习惯、个人禁忌、年龄、职业、兴趣爱好、生活方式等方面存在着相当大的差异，因此，他们对商品或劳务的需求也必然是各具特色，具体表现在不同消费者对于同一种商品的质量、价格、花色品种等方面有着千差万别的要求。企业应该在对市场进行细分的基础上，根据消费需求的多样性特点和自身条件相结合，准确地选择目标市场。

(二)需求的发展性

随着社会生产力的发展和社会生活水平的提高，消费者对商品和劳务的需求也是不断发展的。原有的需要被满足后，新的需要必然随之产生，一般来说，市场消费需求呈现出由低级到高级、由简单到复杂、由物质到精神的发展趋势，最后由数量上的满足到质量上的满足。对市场消费需求发展性的研究，将有利于企业对潜在市场的开拓。

(三)需求的层次性

消费需求是在一定的支付能力及其他条件的基础上形成的。因此，消费需求的层次性一方面表现为社会上众多的消费者，由于社会地位、收入水平和文化素养的差异，对同种商品的需求档次是各不相同的。如汽车，有的购买豪华型轿车，有的却仍在使用普及型轿车。另一方面，每个消费者的需求是多种多样的，但其众多的需求不可能同时得到满足，总要按照个人的支付能力或其他条件，区别轻重缓急从而依次逐步实现。

(四)需求的伸缩性

消费者在市场上购买商品会体现出伸缩性的特征，即受到商品数量、质量、价格、品种以及需求强弱等内、外因素的影响而呈现出一定的弹性。内因主要包括消费者自身的购买欲望、货币支付能力等；外因主要包括商品供应状况、价格、广告宣传、售后服务等。这两方面的因素都可能影响消费者的购买行为。

一般而言，日常生活必需品的消费需求，其伸缩性较小，消费者对它们的购买不会因价格变动或收入变动而发生较大的波动。而那些非日常生活必需品或中、高档商品，消费需求的伸缩性较大。通常，伴随着收入水平的提高或商品价格的下降，人们对非必需品等商品的购买会明显增多，反之则减少。

(五)需求的互补性和替代性

很多商品具有消费需求的互补性，它表现为消费者顺便连带购买，以保证商品使用的整体性和系统性。如消费者购买影碟机时，往往要顺便购买影碟；购买皮鞋后要买鞋油等。销售具有互补性的商品，不仅会给消费者带来方便，而且能扩大商品销售额。消费需求的替代性指消费者某一方面的需求，可以由两种以上的商品来满足。在市场上则表现为一种商品需求量增加，另一种商品的销量则相应减少。如随着空调器需求量的增加，电风扇的需求量相应减少；洗衣粉的销量增加，而肥皂的销量相应减少。

(六)需求的可诱导性

市场中的消费需求可以通过企业营销活动或其他因素的影响进行引导和调节，即人们的消费需求可以因为受到营销活动而发生变化和转移。在一定的外因诱导下，消费者的某种需求可能由中档转变为高档，或由潜在需求转变为现实需求。因此，企业在生产产品的过程中不仅应当适应和满足人们的需求，而且应该根据市场的实际情况对消费者的需求进行启发和诱导，使其向有利于企业发展和盈利的方向发展。

三、马斯洛的需要层次论

人类的需要一直是心理学家们研究的对象，并产生了有关需要的不同理论。其中美国人本主义心理学家马斯洛在 1943 年出版的《调动人的积极性的理论》著作中提出了需要层次论，是心理学家试图解释需要规律的主要理论。马斯洛把人类行为的动力从理论上和原则上做了系统的整理，提出了人类动机最著名的理论——需要层次论。马斯洛把人的多种多样的需要归纳为五大类，并按照它们发生的先后次序分为五个等级（见图 4－1）。马斯洛的需要层次论，对研究人类的行为需要和动机具有重要的、普遍的意义。在消费领域内，虽不能用来解释所有消费者购买行为的动因，但它确实为我们认识消费动机提供了重要的理论依据。

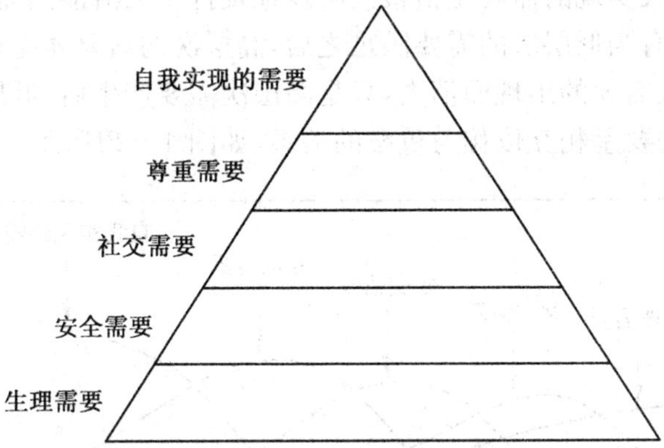

图 4—1　马斯洛需要层次理论

(一)生理需要

这是人类最原始的基本需要，包括饥、渴、性和其他生理机能的需要，它是推动人们行动的最强大的动力。马斯洛认为人的生理需要是最重要的，只要这一需要还没得到满足，他就会无视其他需要或把其他的需要搁置一边。这是人体内部某些生理状态的需要内表现出来的行为。

(二)安全需要

当一个人的生理需要得到满足后，就想满足安全的需要。人们要求获得生命和财产安全，避免职业病的侵袭，希望解除严酷监督的威胁，要求避免意外事件的发生等。马斯洛认为，人的整个有机体是一个追求安全的机制，人的智能和其他能量主要是寻求安全的工具。人们的这些需要在消费活动中处处可以表现出来。例如，人们乘坐交通工具既要准时，又要安全，在一些特殊的消费项目上还希望有人身保险等。

(三)社交需要

马斯洛的社交需要含有两方面的内容：一个是爱的需要，即人都希望伙伴之间、同事之间的关系融洽或保持友谊和忠诚。人人都希望爱别人，也渴望得到别人的爱；另一个内容是归属的需要，即人都有一种归属感，都有一种要求归属于一个集团或群体的感情，希望成为其中的一员并得到关心和照顾。社交需要比生理需要更细致，它与一个人的生理特性、经历、教育、宗教信仰都有关系。

(四)尊重需要

当社交需要得到满足后，人还希望自己有稳定的地位，有对名对利的欲望，要求个人能力、成就得到社会的承认等。马斯洛认为，尊重需要得到满足，能使人对自己充满信心，对社会满腔热情。但尊重需要一旦受到挫折，就会使人产生自卑感、软弱感、无能感，会使人失去生活的基本信心。受尊重的需要还同个体感到自己对这个世界有用的感觉有关，也与有关事物如衣服、汽车、教育、旅游和接待重要人物等能否增进自我形象有关。人们到一个知名度很高的场所进行消费，当然是令人羡慕的，人们在这里进行消费的动机可能很多，但其中之一却可能是为了满足尚未得到满足的受人尊重的需要的驱使。

(五)自我实现的需要

自我实现的需要是指实现个人的理想、抱负，充分发挥个人能力的需要。也就是说，人必须干称职的工作，是什么样的角色就应该干什么样的事，使他们在自己的工作和生活中得到最大的满足。简言之，自我实现的需要是指最大限度地发挥个人潜能的需要。

在马斯洛看来，只有当低层次的需要满足之后，高层次的需要才能到来。但任何一种需要并不因为下一个高层次需要的出现而消失，只是高层次需要产生后，低层次需要对行为的影响变小而已。各层次的需要呈相互依赖与重叠的关系，如图 4－2 所示。

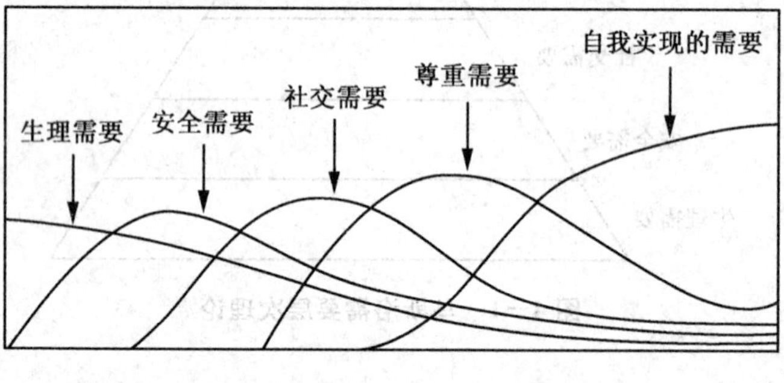

图 4—2　需要层次的心理发展关系

我们可以把消费结构及其发展态势分为三个阶段：

第一阶段：扩大衣食住的量，满足基本生活需要；

第二阶段：改善衣食住和生活环境的质，扩大闲暇的量；

第三阶段：衣食住及生活环境均已充足，提高闲暇的质，充实精神文化生活。

反映消费者需要的发展阶段：第一是以满足衣食住等生活需要为中心；第二是以安全舒适为中心；第三则是以精神生活为中心，渴求情感上的满足和心灵上的认同，即所谓“感性消费”时代。目前，发展中国家的人们仍以满足基本生活需要为主，但随着生产力的提高和生活条件的改善，消费者的需要会不断变化，市场结构会越来越复杂；而在发达国家，人们的心理精神需要往往占重要地位，已进入“感性消费”时代。因此，许多商品营销者的成败就取决于他们能否满足消费者心理精神上的需要。

在消费者购买动机的形成过程中，内在需要是产生购买动机的根本原因，而外界刺激因素，包括商品实体和促销服务的刺激，如商品的良好质量、美观新颖的造型、精致漂亮的包装、合理实惠的价格、生动活泼的广告宣传及热情周到的服务等，也是激发消费者购买动机的重要原因。消费者购买动机是消费者内在需要与外界刺激相结合，使主体产生一种动力而形成的。

四、研究消费者需求的意义

在改革开放的大环境下，研究市场消费需求对建设有中国特色社会主义市场经济有着重要意义。

(一)研究市场消费需求有利于促进社会主义市场经济的良性发展

在市场经济条件下，消费需求和购买行为是复杂多变的。企业作为市场主体只有充分了解市场，从市场需求出发进行生产经营活动，才能在宏观上使我国产业结构更加合理，在微观上使企业的生产更加符合社会的需要，从而保证社会再生产顺利进行。针对市场消费需求进行生产能够合理有效地配置各种社会资源，达到生产与消费需求相互适应和建设集约化、节能型社会的目标，促进社会主义市场经济良性发展。

(二)研究市场消费需求保证了社会主义生产目的的实现

社会主义生产的目的是尽可能地满足社会成员日益增长的物质和文化生活的需要。作为社会生产基本单位的企业只有深入市场，研究了解市场中纷繁复杂而又时常变化的各种需要，才能保证以适销对路的产品去满足这种需要，确保社会主义生产目的的实现。

(三)研究市场消费需求有利于企业尽快适应市场

在市场经济条件下，市场已成为企业生存的空间和竞争的阵地，企业既面临着成功的机会，又经常受到失败的威胁，而要成功，就必须适应不断变化的市场环境，并对变化的环境做出正确的反应，使自己的商品始终保持适销对路。这就要求企业认真研究市场消费需求，从消费者需求出发，科学决策，改善经营管理，提高决策水平。

第二节 消费者心理分析

消费者心理是指消费者在购买商品过程中的一种思维活动。消费者心理是复杂多变的，从消费品的购买到消费，消费者的心理变化可以把它概括为三种不同的心理过程，即认知过程、情绪过程和意志过程，三个过程相互依赖和促进，能够激起人们进行一定的消费活动。

一、消费者的心理过程

消费者的心理活动过程，指的是消费者在其购买行为中的心理活动的全过程，是消费者的不同心理活动现象对商品现象的动态反映。消费者的心理过程，大致可以分为认知过程、情绪过程和意志过程三个部分，在这些不同的过程中，消费者的心理行为直接地反映出消费者个体的心理特征。

(一)消费者的认知过程

消费者购买行为的心理活动，是从对商品的认知过程开始的，这一过程构成了消费者对所购买商品的认识阶段和知觉阶段，是消费者购买行为的重要基础。在这里，认知过程指的是消费者对商品的个别属性(如形状、大小、颜色、气味等的各个不同感觉)相互联系和综合的反映过程。在这一过程中，消费者通过自身的感觉、记忆和思维等心理活动，来完成认知过程的全部内容。消费者的感觉过程，是指商品直接作用于消费者的感官、对消费者加以刺激而引起的过程。在这一过程中，消费者获得有关商品的各种信息及其属性的材料，如厂牌、商标、规格、用途、购买地、购买时间和价格等，是消费者接触商品的最简单的心理过程。在购买中，消费者借助于触觉、视觉、味觉、听觉和嗅觉等感觉来接受有关商品的各种不同信息，并通过神经系统将信息感觉传递到神经中枢，产生对商品个别的、孤立的和表面的心理印象。

在消费者对商品产生心理印象，也即对商品产生感觉之后，在感觉的基础上，消费者的意识还会随着对感觉材料的综合处理，把商品所包含的许多不同的特征和组成部分加以解释，在头脑中形成进一步反映商品的整体印象。这一过程，就是消费者的知觉过程。在这一过程中，消费者在头脑中形成了对商品的完整形象，从而对商品的认识更进了一步。当然，在日常生活中，消费者对商品从感觉到知觉的认识过程，在时间上几乎是瞬间或同步完成的。

感知是消费者对商品的外在特征和外部联系的直接反映，是原始形态的，是对商品认识的初级阶段。但是，消费者只有通过这一阶段，才能为进一步认识商品提供必要的材料，形成记忆、思维、想象等一系列复杂的心理过程。在此基础上，对商品产生信任情感，采取购买行为。在购买中，消费者借助于记忆，对过去曾经在生活实践中感知过的商品、体验过的情感或有关的知识经验，在头脑中进行反映的过程，是异常复杂的认识过程。它包含对过去所经历过的事物或情感或知识经验的识记、保持、回忆和认识等过程，在消费者的购买行为中起着促进购买行为的作用。如果消费者的生活经验或购买经验在神经中枢中没有存储，或者在消费者的神经中枢中没有存储有关商品的任何信息，就必然会影响消费者对商品的认识，使消费者难以完成对商品的认识过程，这样，就很难促成购买行为。所以，在广告宣传中，采取强化记忆的手段来强化认知是相当重要的。

此外，在消费者发生对商品的表象认识并在神经中枢中建立起商品的印象之后，他就会把对商品的认识过程更向前推进一步，使认知过程从表象形式向思维过渡，进一步认识商品的一般特性和内在联系，从而全面地、本质地把握住商品的内在品质。这一思维过程是认识过程的高级阶段——理性认识阶段。在这一过程中，消费者对商品在神经中枢中进行概括，产生间接的反映，从而使消费者间接地理解和把握那些没有感知过的或根本不可能感知的事物。在这一过程中，消费者还始终保持着与感知、表象的联系，即保持着商品的个别属性与整体形象的联系，以继续发挥感知和表象的认识功能，从而使认识的两个阶段互相转化，交替发展，相互制约和相互促进，完成对商品的认知过程。

在购买活动中，消费者借助于认识过程的感知与表象获得第一信号系统的信号，即形象的信息，而在思维过程中，则获得抽象思维的信息。两种系统信息在神经中枢的交替作用下直接影响消费者的购买决策。

(二)消费者的情绪过程

消费者对商品的认知过程，是采取购买行为的前提，但并不就等于他必然采取购买行为。因为消费者是生活在复杂的社会环境中的具有思维能力的人，是容易受影响的个体，因此，他们在购买商品时将必然地受到生理需求和社会需求的支配，两者构成其物质欲求的强度。由于生理欲求和社会欲求会引起消费者产生不同的内心变化，可以造成消费者对商品的各种情绪反应。如果情绪反应符合或满足了其消费需要，就会产生愉快、喜欢等积极态度，从而导致购买行为；反之，如果违反或不能满足其消费需要，则会产生厌恶态度，就不会产生购买欲望。消费者对待客观现实是否符合自己的态度而产生的行为态度，就是购买心理活动的情绪过程。情绪过程是消费者心理活动的特殊反映形式，贯穿于购买心理活动的评定阶段和信任阶段，因此，对购买活动的进行有着重要影响。

消费者的情绪表现，大多通过其神态、表情、语气和行为等来表达。各种情绪的表达程度也有着明显的差异。消费者在购买活动中的情绪表现，大致可以分为三大类：积极的、消极的和中性的。在购买活动中，消费者的情绪主要受购买现场、商品、个人喜好和社会环境的影响。

1. 购买现场环境的影响

购买现场环境条件，是影响消费者情绪的重要因素。宽敞明亮、色彩柔和、美观典雅、气氛祥和的商场，会引起消费者愉快、舒畅的情绪反应，使消费者处于喜悦、欢快的积极情绪之中，从而刺激消费者的购买欲望；反之，环境条件差的场所，则会使消费者产生厌恶、烦躁的情绪。

2. 商品因素的影响

商品本身是影响消费者情绪的另一个因素，当商品能使消费者产生符合自己过去经验所形成的愿望需要的想法时，就会产生积极的情绪，从而导致购买；反之，就会形成消极情绪，打消购买欲望。在现实购买活动中，消费者的情绪演化，是随着对商品的认识过程而发生变化的。随着对商品的深入了解，会产生对商品的"满意—不满意"、"愉快—失望"这样的对立性质的情绪变化。如在购买商品时，消费者发现某种商品的外观好，则会引起愉快情绪，但在深入认识商品时，发现商品的品质较差，则会转变情绪，产生对商品的不满意态度。

3. 社会环境的影响

影响消费者情绪的第三个因素，是消费者本人在进行购买活动时自身所带有的情绪态度，如欢愉、开朗、忧愁、悲观等。消费者的这种持久情绪的形成，是以他的心理状况为背景的。这种心理状况背景包含多项内容，如消费者的生理特点、性格倾向、生活经历、事业成败、需求顺逆、道德观念、社会地位、理想信念，乃至生活环境、身体状况和社会关系等。消费者的这些心理背景的差异，构成了各自不同的情绪状态，而这种状态是使消费者的购买心理和购买行为染上同质情绪色彩的根源。

由社会性需要所引起的情感，是人类的高级社会性情感，这种情感具有稳定的社会内容，往往以鲜明的、突发性的情绪表现形式表达出来。这种情感对消费者的购买行为也是具有很明显的影响的，因为它代表了人的社会欲求。

消费者的社会性情感可以分为三类：道德感、理智感和美感等。所谓道德感，就是消费者依据社会道德的行为规范去评价事物时产生的一种情感反应。如服务人员的热情、礼貌，因为符合道德原则，就会使消费者产生诸如赞赏、满足和人情归属的感觉，并以愉悦、兴奋和欣喜的情绪反应表现出来。所谓理智感，是消费者的求知欲望是否得到满足时产生的一种情感。消费者对一些结构新奇、功能特殊、性能复杂的商品进行认识活动时，所产生的疑惑、求知、好奇和自信、犹豫都属于理智感，他们都可能促使消费者作出某种情绪反应。所谓美感，是消费者出于审美的需要，对客观事物或社会现象和它们在艺术上的反映进行评价时产生的心理体验。

在购买活动中，消费者由于有着各自不同的心理背景，必然使他们在购买过程中对客观事物或社会现象的反应具有不同的情绪方式，从而导致不同的购买行为。

（三）消费者的意志过程

在购买活动中，消费者表现出有目的地和自觉地支配和调节自己的行为、努力克服自己的心理障碍和情绪障碍、实现其既定购买目的的过程，这被称为消费者的心理活动的意志过程。它对消费者在购买活动中的行动阶段和体验阶段有着较大影响。

消费者的意志过程具有两个基本特征：一是有明确的购买目的；二是排除干扰和困难，实现既定目的。

消费者的意志过程，可以在有目的的购买活动中明显地体现出来。在有目的的购买行为中，消费者的购买行为是为了满足自己的需要。因而，总是在经过思考之后提出明确的购买目标，然后有意识、有计划地去支配自己的购买行为。消费者的这种意志与目的性的联系，集中地体现了人的心理活动的自觉能动性。意志对人的心理状态和外部行为进行调节，推动人实现为达到预定目的所必须的情绪和行动，同时，还制止与预定目的相矛盾的情绪和行动。意志的这种作用，可以帮助人们在实现预定的目的的过程中克服各种阻挠和困难，使购买目的顺利实现。在意志行动过程中，消费者要排除的干扰和克服的困难是多种多样的，既有内在原因造成的，也有外部因素影响的结果。并且，由于干扰和困难的程度不同，以及消费者意志品质的差异，消费者对商品的意志过程有简单和复杂之分。简单的意志过程一般是，在确立购买目的之后，立即就付诸行动，从决定购买过渡到实现购买；而复杂的意志过程则是，在确立购买目的之后，从制订购买计划到实现购买计划，往往还需要付出一定的意志努力，才能把决定购买转化为实行购买。

在消费者由作出购买决定过渡到实行购买决定的过程中，由于要克服主观和客观两方面的困难，使实行购买决定成为真正表现出消费者意志的中心环节，就不仅要求消费者克服内在困难，还需要他创造条件，排除外部障碍，为实现既定的购买目的付出意志的力量。

总而言之，消费者心理活动的认知过程、情绪过程和意志过程，是消费者决定购买的心理活动过程的统一，是密不可分的三个环节，其相互作用关系也是显而易见的。意志过程有赖于认知过程，并促进认知过程的发展和变化。同时，情绪过程对意志过程也具有深刻的影响，而意志过程又反过来调节情绪过程的发展和变化。

二、消费者主要心理类型分析

消费者心理依存于客观现实，并受大脑神经活动的特点所制约。但是，在消费动机、兴趣、情绪和意志等方面，更多地包含着消费者本身需求的成分。消费者的心理主要包括以下几种：

（一）求实心理

以追求商品经济实惠为主要倾向的购买心理。其核心是讲求商品“实用”和“实惠”。在购买中，特别注意商品效用、质量和使用便利，不过分追求其外观的新颖、美观、象征意义及商品的“个性”特征。具有这种心理的大多是收入水平较低或习惯型的消费者。

（二）求名心理

求名心理是一种以追求名牌产品、地方土特产或仰慕某种传统产品的名望为主要倾向的购买心理，认为名牌产品就是优质产品。也有人是为了显示自己的经济实力和社会地位，通过购买名牌商品、高档商品来满足其心理需要。名牌是生产者经过长期努力而获得的市场声誉，名牌代表高质量，代表较高的价格，代表着使用者的身份和社会地位。消费者在求名心理的支配下选购商品时，喜欢选择自己所熟悉的商品，而在熟悉的商品中，又特别喜欢购买名牌货。如果消费者为了追求产品的质量保证，或者为了弥补自己商品知识不足而导致购物后的懊悔而选择名牌产品，是明智的，但如果买名牌是为了炫耀阔绰或其他名牌附加的社会属性，以求得到心理上的满足，则是陷入了购买名牌的误区。合理消费以需要为基础，量力而行。有经济实力买名牌尚可，否则节衣缩食买名牌，享受就会成为负担。

（三）求新心理

求新心理是指有一部分消费者在选购商品时，特别钟情于时髦、新奇的商品，也就是追求时髦的心理，消费者通过对时尚商品的追求来获得一种心理上的满足。求新心理以追求商品的时尚、新颖为主，这种消费者以经济条件较好、购买力较强的年轻人为多。合理消费是符合个性的消费，成熟的消费者应该有自己的消费个性，而不应盲目地追求时髦，因为时髦的商品对某个具体的消费者来说并不一定是最合适的。聪明的消费者不应该让追求时尚的虚荣心左右自己的消费观。

(四)求美心理

这是一种以追求商品的审美价值为主导倾向的购买心理。其核心是“修饰”和“鉴赏”。这在中青年妇女、文化界、知识界人士中较为多见。近年来，随着人民生活水平的提高，具有这种心理的人更为普遍。

(五)求廉心理

求廉心理是指当两种商品的质量、功能相近，消费者必然选择价格较低的那种，其核心是讲求商品“实用”和“实惠”。在购买中，特别注重商品效用、质量和使用便利，不过分追求其外观的新颖、美观、象征意义及商品的“个性”特征。求廉心理总是在消费者的购买行为中表现得很突出的主要原因是经济收入不太充裕和勤俭持家的传统思想，用尽可能少的经济付出求得尽可能多的回报，具有这种心理的消费者大多是收入水平较低或习惯型的消费者。求廉心理在消费过程中会在观念上引导着消费者低水平消费、吝啬消费，此外，个别消费者的求廉心理会走向极端，在购物时永远把价格便宜放在第一位，进而发展为只要是廉价商品，不管有用没用照买不误。所以有求廉心理的消费者在市场上寻求价廉商品的同时，必须考虑商品的实用性和一定的质量保证，否则会得不偿失。

(六)从众心理

从众心理是指消费者在购物认识和行为上不由自主地趋向于同多数人相一致的购买心理。导致消费者产生从众心理的原因在于三个方面，即个性、信息量和思维模式。个性对于消费者心理有着直接的影响。例如，意志薄弱型、胆汁质气质、顺从型性格的人其从众心理更强，而意志坚定型、多血质气质、叛逆型性格的人其从众心理较弱；信息量的丰度表现为消费者对商品本身的了解程度，信息量不足将会导致自信心不足。消费者的思维模式也常常是消费者进行选择和消费的直接动因。从消费者利益角度分析，一部分消费者认为随着大多数人购买总会得到好处，不可能多数人都判断失误，即使上当，也是大家一起上当，以求得心理上的平衡。盲目追随他人购买，表面上是得到了某种利益，事实却并非如此。很多人都曾受抢购风的影响而买回一大堆东西，事后懊悔不已。消费者的合理消费决策必须立足于自身的需要，多了解商品知识，掌握市场行情，才能有效地避免从众行为导致的错误购买。

(七)偏好心理

这是一种以满足个人特殊爱好和情趣为目的的购买心理。有偏好心理动机的人，喜欢购买某一类型的商品。例如，有的人爱养花，有的人爱集邮，有的人爱摄影，有的人爱字画等。这种偏好性往往与某种专业、知识、生活情趣等有关。因而偏好性购买心理动机也往往比较理智，指向也较稳定，具有经常性和持续性的特点。

(八)自尊心理

有这种心理的顾客，在购物时，既追求商品的使用价值，又追求精神方面的高雅。他们在购买行动之前，就希望他的购买行为受到推销员的欢迎和热情友好的接待。经常有这样的情况，有的顾客满怀希望地走进商店，一见推销员的脸冷若冰霜，就转身到别的商店去了，甚至再也不愿光顾那家“冷若冰霜”的商店。

(九)仿效(攀比)心理

这是一种特殊从众式的购买心理，其核心是不甘落后或“胜过他人”，他们对社会风气和周围环境非常敏感，总想跟着潮流走。有这种心理的顾客购买某种商品，往往不是由于急切的需要，而是为了赶上他人，超过他人，借以求得心理上的满足。

（十）疑虑心理

这是一种思前顾后的购物心理，其核心是怕“上当”、“吃亏”。他们在购买物品的过程中，对商品质量、性能、功效持怀疑态度，怕不好使用，怕上当受骗，满脑子疑虑。因此，反复向推销员询问，仔细地检查商品，并非常关心售后服务工作，直到心中的疑虑解除后，才肯掏钱购买。

（十一）安全心理

有这种心理的人，他们对欲购的物品要求在使用过程中和使用以后必须保障安全，尤其像食品、药品、洗涤用品、卫生用品、电器用品和交通工具等，不能出任何问题。因此，非常重视食品的保鲜期、药品有无副作用、洗涤用品有无化学反应、电器用具有无漏电现象等。在推销员解说后，才能放心地购买。

三、消费者心理在市场营销策略中的运用

心理是消费者情感的表现，抓住消费者的情感需要，产品能满足其需要，从而影响消费者对该产品的印象，产生巨大的感染力与影响力。因此，在市场营销过程中应用一定的情感策略，以达到激发消费者的心理，实现购买行为。

（一）以充满情感的语言、形象、背景气氛作用于消费者需求的兴奋点

一类产品能满足消费者某类或某些情感需求，市场营销过程必须从消费者的利益着想，并且抓住消费者需求的兴奋点。因为消费者的需求决定着其感情心理活动的方向和结果。因为消费者的需求是情绪、情感产生的直接基础，客观刺激必须通过以消费者的需求为中介才能发挥其决定作用。一旦触发了他的需求兴奋点，其情绪必然高涨，而情绪高涨则满足需要的行为也将更快、更强烈地出现。产品要想深入消费者的内心，可以从其需求入手，把产品与某类需求紧密相连，使得消费者一出现这类需求便想到此产品，则营销策略就已取得良好的促销效果。满足消费者某类心理需要自然能实现上述效果。如一则电视广告，画面上好友聚会，主人拿雀巢咖啡来招待，雀巢咖啡被染上了一层感情色彩，充满和谐、亲切的情感，暗示了它是招待亲友的最佳饮料。

（二）增加产品的心理附加值

作为物质形态的产品与服务本来并不具备心理附加值的功能，但通过适当的营销策略可以使这种心理附加值自然地产生。美国广告学者指出：“广告本身常能以其独特的功能，成为另一种附加值。这是一种代表使用者或消费者，在使用本产品时所增加的满足的价值。”因为人类的需要具有多重性，既有物质性需要又有精神性的需要，并且这两类需要常处于交融状态，即物质上的满足可以带来精神上的愉悦；精神上的满足需要又以物质作为基础，有时可代替物质上的满足。因此，产品质量是基础，附加值是超值，多为精神上的需要，消费者更乐意购买超值的产品。因为购买这类产品可得到精神和物质的双重满足。在进行购买抉择时，“心理天平”势必向这类产品倾斜，如“金利来”代表成功的男子汉，“万宝路”代表自由的男子汉等。

（三）利用“晕轮效应”

晕轮效应是指由对象的某种特征推及对象的总体特征，从而产生美化或丑化对象的现象。许多企业不惜重金请体育界、娱乐界的明星甚至是政界人物为自己的企业或产品做广告，原因就在于这些人物是公众关注的焦点。他们的行为直接影响公众的心理活动，使得公众爱他们之所爱，喜他们之所喜，自然购他们之所购，这在心理学上称为“自居作用”。公众通过与明星

购同类产品，在心理上便把明星身上所喜欢的优点转移到自己身上。例如，喜欢黎明的人购买乐百氏纯净水，喜欢郑伊健的人购买风影洗发露。此外，产品自身也可以产生晕轮效应，即如果产品被公众认为有一种优点，那么它也容易被公众认为有另一些优点。例如，一些产品连续多年销量第一，公众对此易于接受，因此他们自然会认为这些产品具有质量好、服务好、造型美观等优点。

（四）利用暗示倡导流行

产品的购买者不一定是其使用者，许多产品是被用来馈赠亲友的。因为消费者不是彼此孤立存在的，他们在社会交往中相互作用，建立起亲情、友情。为了表达他们的心意，他们会用礼品来相互送上健康等祝愿，如果产品正符合他们这些愿望，他们便会主动去购买该产品，而更少地去考虑产品的质量、功效。而假如购买这种产品的风气能被广告制作者操作成为一种当今社会流行的时尚，消费者便会被这种时尚所牵引，抢着购买该产品。

第三节　消费者购买动机分析

消费者由需要产生需求，当需求的求足之感越来越强烈时就会产生一种驱使力，即形成购买动机，动机是产生行为的前奏。

一、需要、动机与行为

动机是指直接引发、维持个体的行为并将行为导向目标的心理动力。消费者购买动机就是指直接引发、维持消费者的行为并将其行为导向购买目标的心理动力。那么这种心理动力是什么呢？回答了这个问题，也就解决了消费者购买的直接原因。消费行为的产生，其直接的心理动因是消费者的购买动机，而隐藏在动机背后的原因则是消费者的需要。需要和动机、动机和行为之间的关系如图 4－3 所示。需要产生动机，动机产生行为，整个过程受到行为主体的人格因素和外在环境的影响。

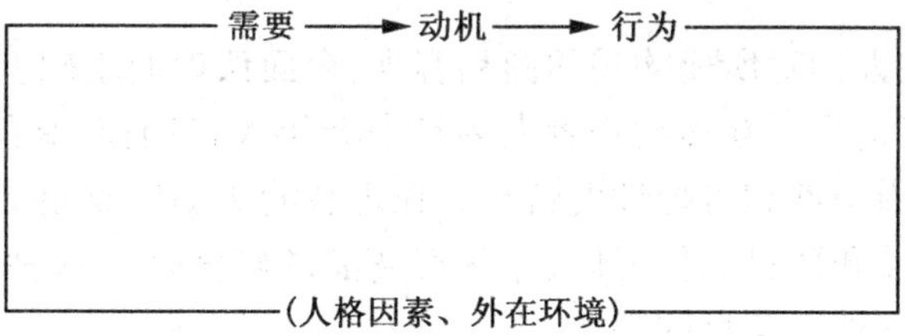

图 4－3　需要、动机、行为三者的关系

人是自然属性和社会属性的统一体，对其自身和外部生活条件有各种各样的要求。当某种生理或心理因素缺乏时，就导致生理或心理上的匮乏状态。当这种匮乏状态达到一定程度，必须进行调节时，个体就感到需要的存在，进而产生恢复平衡的要求。首先是生理平衡。人体内必须不断补充一定的物质和能量才能生存，如食物、水、热量等。这些物质与能量的摄入量由体内复杂的生理系统进行调节，维持着人的生理平衡状态。以饮食调节为例，人的生理调节机制控制着食物和水的数量、时间。当达到某种临界值时，便产生某种生理需要，人受到激发从而产生饮食行为。其次是心理平衡。人的生理失调主要在于有机体内部的刺激，而心理失调主要取决于有机体外部的刺激，这种外部刺激既有物质的，又有精神的。当心理失去平衡时，个体就产生心理上的需求，如有爱的需要、求知的需要、审美的需要等。因此，需要是个体缺乏某种东西时的一种主观状态。它是客观需求的反映，这种客观需求既包括人体内的生理需求，也包括外部的、社会的需求。它们在转化为心理现象之后，表现为需要。

二、消费者购买动机的类型

动机是由需要产生的，人的需要有多种多样，动机也就有多种多样。消费者的需要可分为生理需要和心理需要两大类，因而购买动机也可分为生理性动机和心理性动机两大类。

(一)生理动机

生理动机是由生理需求所引发的驱使力，有较强的同质性、普遍性。主要包含以下几种类型。

1. 维持生命动机

它是由消费者在生理需求的最基本方面——如吃、喝等需求——引起购买动机。它是一种最低级的动机形式。

2. 保护生命动机

它是由消费者在生理需求的基本方面——如穿、住等需求——引起购买动机。这种动机虽然有了一定的进步，但仍然属于低级的动机形式。

3. 延续生命动机

它是由消费者在生理需求的较高级方面——如嫁、娶等需求——引起购买动机。这种动机属于生理动机的次高级形式。

4. 发展生命动机

它是由消费者在生理需求的高级方面——如医疗、健康、保障等需求——引起购买动机。对生命的发展往往带有一定的社会属性，因而这种动机属于生理动机的高级形式。

(二)心理动机

心理动机由消费者心理变化所引发的驱力，有较强的差异性。主要包含以下三个方面：

1. 理智动机

理智动机是建立在人们对所要购买的商品客观、全面认识的基础上，反复比较各个商场的商品之后所产生的购买动机。众多购物者大多是中老年人，具有较高的分析判断能力。这种购买动机具有客观性、周密性和可控性的特点。在理智购买动机驱使下的消费者，首先注意的是商品的先进性、科学性和质量高低，其次才注意商品的经济性。这种购买动机的形成，基本上受控于理智，较少受到外界信息的干扰。

2. 感情动机

感情动机是指消费者在购买活动中由于情绪和情感的变化而引起的购买动机。这种购买动机还可以分为情绪动机和情感动机两种形态。情绪动机是由人的喜、怒、哀、欲、爱、恶、惧而引起的。这种购买动机一般具有冲动性、不稳定性的特点；情感动机是由人的道德感、美感、理智感所引起的，具有稳定性、深刻性的特点。

3. 惠顾动机

惠顾动机是基于理智上和感情上的经验，对特定的商品产生特殊的信任与偏好而重复地、习惯性地前往购买的一种动机，也称信任动机。惠顾动机的形成，经历了人的意志过程。它之所以产生，或者是由于某一驰名商标具有相当的地位和权威性，或者是因为产品质量在消费者心目中树立了可靠的信誉。

在实际生活中，由于消费者各自的需要、兴趣，爱好、性格和价值观的不同，在具体购买时的心理活动要复杂得多。一般比较常见的购买动机大致可归结为以下几种：

(1)求实动机。它是以追求商品的实用价值为主要目标的消费动机。具有这类动机的消费者在购买商品时，讲究商品的内在质量、实际效用，而不太注意商品的外观和品牌。在这种动机支配下，消费者在选购商品时，特别重视商品的质量、功效，而对商品的象征意义、造型、款式等不是特别强调。

(2)求廉动机。它是以追求商品价格低廉为主要目标的消费动机。在这一动机的驱使下，消费者选择商品以价格为第一考虑因素，消费者通过多方面了解、比较产品价格差异，选择价格便宜的产品。持求廉动机的消费者对商品质量、花色、款式、包装、品牌等不十分挑剔，而对降价、折让等促销活动有较大兴趣。

(3)求名动机。它是以追求显示自身地位、威望和富有为主要目标的消费动机。求名动机形成的原因实际上是相当复杂的，购买名牌商品除了有显示身份、地位、富有和表现自我等作用以外，还隐含着减少购买风险、简化决策程序和节省购买时间等多方面考虑因素。

(4)求新动机。它是以追求商品新颖、奇特为主要目标的消费动机。在这种动机支配下，消费者在选择产品时，特别注重商品的款式、流行性、独特性与新颖性，产品的耐用性、价格等成为次要的考虑因素。

(5)求美动机。它是以追求商品的欣赏价值和艺术价值为主要目标的消费动机。在这种动机支配下，消费者选购商品时特别重视商品的颜色、造型、外观、包装等因素，讲究商品的造型美、装潢美和艺术美，它注重商品的美化作用和美化效果。

(6)便利动机。它是以追求商品购买和使用便利为主要目标的消费动机。在求便动机支配下，消费者对时间、效率特别重视，对商品本身则不十分挑剔。他们特别关心能否快速方便地买到商品，讨厌过长的候购时间和过低的销售效率，对购买的商品要求携带方便，便于使用和维修。

(7)模仿动机。它是以模仿他人消费行为为主要目标的消费动机。具有模仿动机的消费者，其购买行为受他人影响比较大。一般而言，普通消费者的模仿对象多是社会名流或其所崇拜、仰慕的偶像。电视广告的目的之一就是要刺激受众的模仿动机，促进产品销售。

(8)偏好动机。它是以个人特殊兴趣、爱好为主要目标的动机。其核心是为了满足某种嗜好、情趣。具有这种动机的消费者，大多出于生活习惯或个人癖好而购买某些类型的商品。在偏好动机支配下，消费者选择商品往往比较理智，比较挑剔，不轻易盲从。

(9)储备动机。它是以占有一定量的紧俏商品为主要目标的消费动机。当市场上某种商品供不应求时，具有这种消费动机的消费者就会多买多储，以备将来不时之需。

至此，我们对消费者在购买过程中呈现的一些主要购买动机作了分析。需要指出的是，上述购买动机绝不是彼此孤立的，而是相互交错、相互制约的。

第四节 消费者购买行为分析

这里所说的购买行为是狭义的购买行为，是指消费者在购买动机的支配下进行实际购买的活动。对消费者购买行为进行分析，找出规律并加以利用，就可以使企业的市场销售达到事半功倍的效果。

一、消费者购买行为模式

消费者动机理论是从宏观、整体上解释消费者为什么要购买产品，而消费者购买行为模式则是从中观的角度探讨消费者实际的购买行为。消费者购买行为模式是指用于表述消费者购买行为过程中的全部或局部变量之间因果关系的图式的理论描述。消费者购买行为模式包括科特勒的刺激反应模式、马歇尔模式、巴甫洛夫模式、维布雷宁模式以及哈华德—希思模式等。这里主要介绍科特勒的刺激反应模式。

美国著名市场营销学家菲利普·科特勒在其《市场营销管理》(亚洲版)中提出了一个非常简洁的消费者购买行为模式，他认为，消费者行为模式一般由三部分构成(如图 4—4 所示)。

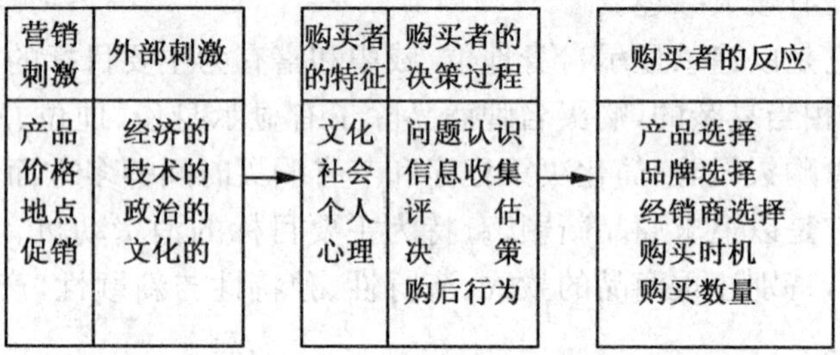

图 4—4　科特勒的刺激反映购买行为模式

第一部分包括企业内部的营销刺激和企业外部的环境刺激两类刺激，它们共同作用于消费者并引起消费者的注意；第二部分包括购买者的特征和购买者的决策过程两个因素，它们将得到的刺激进行加工处理；第三部分是购买者的反应，即决策过程加工处理的结果，它是消费者购买行为的实际外化，包括产品的选择、品牌选择等。这三部分很清晰地把消费者的购买过程描述出来，如果我们想继续深入探讨，则可以从任何一部分入手，例如，对购买者的特征继续探讨，如图 4—5 所示。

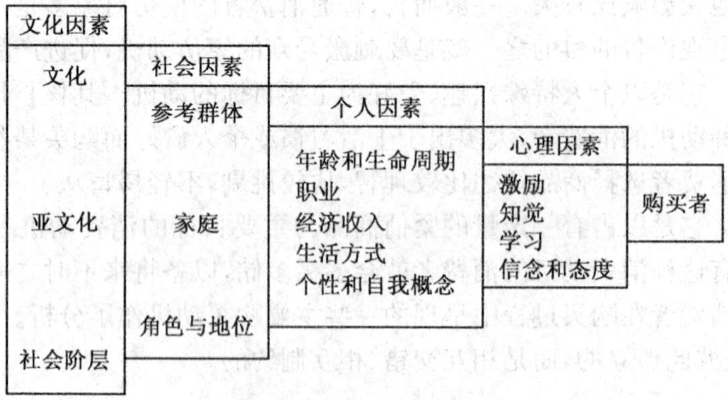

图 4—5　消费者特征因素细分

二、影响消费者购买行为的因素分析

消费者购买行为分析要解决的问题是“消费者是如何进行购买决策的”。假如我们能够掌握消费者的决策过程及其影响因素，就可以设法通过影响和控制这些因素来影响消费者的购买行为，从而达到提高营销绩效的目的。

(一)消费者购买行为分析的基本框架

一般从消费者的购买行为入手考察相关的问题包括：

1. 市场需要什么(what)——有关产品(objects)是什么

通过分析消费者希望购买什么，为什么需要这种商品而不是需要那种商品，研究企业应如何提供适销对路的产品去满足消费者的需求。

2. 为何购买(why)——购买目的(objectives)是什么

通过分析购买动机的形成(生理的、自然的、经济的、社会的、心理因素的共同作用)，了解消费者的购买目的，采取相应的市场策略。

3. 购买者是谁(who)——购买组织(organizations)是什么

分析购买者是个人、家庭还是集团，购买的产品供谁使用，谁是购买的决策者、执行者、影响者。根据分析，组合相应的产品、渠道、定价和促销。

4. 如何购买(how)——购买组织的作业行为(operations)是什么

分析购买者对购买方式的不同要求，有针对性地提供不同的营销服务。在消费者市场，分析不同的类型消费者的特点，例如，经济型购买者对性能和廉价的追求，冲动性购买者对情趣和外观的喜好，手头拮据的购买者要求分期付款，工作繁忙的购买者重视购买方便和送货上门等。

5. 何时购买(when)——购买时机(occasions)是什么

分析购买者对特定产品的购买时间的要求，把握时机，适时推出产品，如分析自然季节和传统节假日对市场购买的影响程度等。

6. 何处购买(where)——购买场合(outlets)是什么

分析购买者对不同产品的购买地点的要求，例如，对于消费品种的方便品，顾客一般要求就近购买，而对于选购品则要求在商业区(地区中心或商业中心)购买，一边挑选对比，特殊品往往会要求直接到企业或专业商店购买等。

(二)影响消费者购买行为的主要因素

消费者行为取决于他们的需要和欲望，而人们的需要和欲望以至消费习惯和行为，是在许多因素的影响下形成的。这些因素可分为个人因素、心理因素、社会因素和文化因素。

1. 个人因素

个人因素是消费者购买决策过程最直接的影响因素，也是最易识别的因素。它包括消费者的年龄与人生阶段、职业、经济状况、生活方式、个性及自我观念的影响。年龄不同的消费者，需要与欲望是有所不同的，即使是相同的，其需求量也有较大差别。人们在一生中购买的商品和食品是不断变化的，幼年时吃婴儿食品，发育和成熟时期吃各类食物，晚年吃特殊食品。同样，人们对衣服、饰物和娱乐的喜好也同年龄有关。一个人的职业也影响他的消费观念，如蓝领工人一般会去买工作服，而白领人员一般都会去买西服、领带。可见职业对消费的影响常常是显而易见的。经济状况包括收入、储蓄、资产、债务、借贷能力以及对待消费与储蓄的态度等。消费者的经济状况既与个人能力有关，也与整个经济形势有关。生活方式就是人们在活动、兴趣和思想见解上表现出的生活模式。根据研究的目的不同，生活方式可以从不同的角度进行划分。个性是一个人所特有的心理特征，它导致一个人对其所处环境的相对一致和持续不断的反应。

2. 心理因素

这里所指的心理因素主要包括动机、知觉、学习、信念和态度等，它们对消费者购买决策过程都有较强烈的影响。

(1)动机。动机是引起人们为满足某种需要而采取行动的驱动力量。一般来说，最缺乏的需要常常是行为的主要动机。因此，关于消费者动机的研究主要集中地转为对需要的研究。我们在前面也了解到，动机就是由需要引起的、推动人们实施购买行为的驱动力。动机的产生必须具备两个条件：一是具有一定强度的需要；二是具有满足需要的目标和诱因。

(2)知觉。按照心理学说法，对事物各种属性的各个部分及其相互关系的综合反应，称为知觉。对客观事物的综合反应可能是正确的，也可能是片面的，甚至错误的(错觉)。知觉是接受刺激的第一道程序，它对刺激进行筛选、组织、归类和抽象，找出它们之间的关系，再赋予一定的意义，然后形成经过提炼的信息，指导人的行动。产品、广告等营销刺激只有被消费者知觉，才会对其行为产生影响。

(3)学习。学习是指人们经过实践和经历而获得的，能够对行为产生相对持久性改变的过程。消费者的需要和行为绝大部分是后天习得的。通过学习，消费者获得了丰富的知识和经验，提高了对环境的适应能力。同时，在学习过程中，其行为也在不断地调整和改变。消费者的学习与记忆是紧密联系在一起的，没有记忆，学习是无法进行的。

(4)信念和态度。信念与态度是同价值观念紧密相关的概念。价值观念对消费者行为有很大的影响。具有相同或相似观念的消费者，对价格和其他营销刺激因素往往会有相同或相似的反应。通过行为和学习，人们获得了自己的信念和态度，而信念和态度又反过来影响人们的购买行为。

【同步案例 4-1】

速溶咖啡

在 20 世纪 40 年代，美国市场上出现了一种新型咖啡饮料——速溶咖啡，与传统的颗粒状咖啡相比，其营养成分与味道并不逊色，而且使用方便，既不用像豆制咖啡那样花费时间去煮，也不用花费力气刷洗煮咖啡的器具。但最初的销售状况并不乐观，这种品质优良、味道醇美的速溶咖啡并没有被消费者很快接受，购买者非常少。厂商们百思不得其解，只好请来心理学家对此反常现象进行分析调查。这些心理学家首先采用了直接询问法进行问卷调查，大多数被调查者都表示不喜欢速溶咖啡的味道。但这绝不是问题的真正原因，因为通过科学数据的测定和专家们的品评，速溶咖啡比需要煮制的咖啡似乎更胜一筹。

于是，心理学家们开始了第二轮的间接询问调查，以主观评价与判断方法让两组妇女填写问卷，想了解清楚消费者拒绝购买的真正动机是什么。心理学专家海尔设计了两张不同的购货单，其购物内容如下表所示：

购货单 A	购货单 B
(1)1 听发酵粉 (2)2 块面包、1 串胡萝卜 (3)1 磅速溶咖啡 (4)1½ 磅碎牛肉 (5)2 听桃子 (6)5 磅土豆	(1)1 听发酵粉 (2)2 块面包、1 串胡萝卜 (3)1 磅颗粒状咖啡 (4)1½ 磅碎牛肉 (5)2 听桃子 (6)5 磅土豆

然后，将妇女们分为 50 人一组，一组人员分别持购货单 A，一组持购货单 B，根据购货单

的采买内容，分别描述购买者的形象特点。调查结束后，问卷的答复如下表所示：

特点	购A者	购B者
懒惰的人	48%	4%
无计划的人	48%	12%
会节约的人	14%	16%
浪费的人	12%	0
好主妇	14%	16%

从以上统计数字看，几乎50%的人认为，购买速溶咖啡的家庭主妇是个懒惰的、生活无计划的人。因此，心理学家对速溶咖啡不畅销的原因作出了解释，问题不在于咖啡的质量，而在于人们存在一种极其隐秘的动机：宁可放弃速溶咖啡也要赢得人们的夸赞，当一个好主妇。其实，人们未尝不清楚速溶咖啡的种种优点。

厂商们只是一味宣传省时省力，而这正是一个"好主妇"所避忌的。后来，明白了消费者囿于这种强大的心理抗拒，厂商的宣传一改初衷，不说省时省力，而是着重宣传速溶咖啡"味道好极了"的特点，同时在包装上进一步改进，使得主妇们在开启时颇费一番气力，这一来消费者更加信赖包装的保鲜程度与密封性，二来也逐步改变了人们对饮用速溶咖啡"省时省力"的固有偏见。

3. 社会因素

影响消费者行为的社会因素，主要包括消费者相关群体、家庭、社会角色与地位等。

(1)相关群体。从消费者行为分析角度，研究群体影响至关重要。首先，群体成员在接触和互动过程中，通过心理和行为的相互影响与学习，会产生一些共同的信念、态度和规范，它们对消费者的行为将产生潜移默化的影响。其次，群体规范和压力会促使消费者自觉或不自觉地与群体的期待保持一致。即使是那些个人主义色彩很重、独立性很强的人，也无法摆脱群体的影响。再次，很多产品的购买和消费是与群体的存在和发展密不可分的。

【同步案例 4-2】

寻找意见领袖

所谓意见领袖，是指在参照群体中因特殊技能、知识、人格或其他特征而对他人能够施加影响的人。最近的一项研究发现，影响者加入的组织数量是一般消费者的4倍；被认作专家的概率是一般消费者的4倍；推荐他们喜欢的产品的概率是一般消费者的2倍。营销者常常试图发现他们产品的意见领袖，并直接对他们展开营销。他们还通过招募或培养意见领袖来实施对品牌的口碑营销。

(2)家庭。家庭是社会的基本单位。在正常情况下，人的一生大多是在家庭中度过的。家庭对个体性格和价值观的形成、对个体的消费与决策模式都产生非常重要的影响。家庭既是很多产品的基本消费单位，又是重要的社会群体，消费者的购买模式无不受家庭影响。就一般情况而言，一个家庭的消费决策至少涉及以下5种角色：倡议者、影响者、决策者、购买者和使用者。值得注意的是，家庭中产品的使用者通常都不是购买者；在有的购买活动中，大部分角色都由一个人来承担；在另外的购买中，则可能由多人分别承担不同的角色。

(3)社会角色和地位。每个人都在社会或群体中占据一定的位置，围绕这一位置，社会对个体会有一定的要求或期待。当个体依照社会的期待去履行义务、行使权利时，他就在扮演一定的角色。在现实生活中，人们需要扮演各种各样的角色。角色是个体在特定社会或群体中占有的位置和被社会或群体所规定的行为模式。虽然角色直接与社会的人相联系，而且必须由处于一定社会地位的人来承担，但它是建立在位置或地位的基础上的。在人的一生中，个人所承担的角色并不是固定不变的。随着生活的变迁和环境的变化，个体会放弃原有的一些角色、获得新的角色和学会从一种角色转换成另外的角色。在此过程中，个体的角色相应地发生了改变，由此也会引起他对与角色相关的行为和产品需求的变化。

4. 文化因素

文化因素包括文化、亚文化及社会阶层。社会文化常常直接或间接地影响消费者的兴趣、爱好、思想等，进而对消费者行为施加影响。生活在不同文化环境的人，其价值观念、行为方式、行为习惯、行为准则等也不同。社会文化分为地理文化、种族文化、民族文化、宗教文化等，因此不同的地理区域、不同的种族、不同的民族、有不同宗教信仰及风俗习惯的消费者，他们的消费行为可能是大相径庭的。一个总的趋势是，社会生产力发展水平越高，社会文明的发育程度越高，社会文化对于消费者行为的影响的积极、进步因素就越多，社会整体的消费水平和消费质量就越高。

三、消费者购买行为决策的一般程序

消费者在各种因素影响下形成动机，导致行为。消费者行为集中表现为购买商品，但购买者做出决策并非一种偶然发生的孤立现象、购买者在实际购买商品之前，必然会有一系列的活动，购买之后还会有购后感受。购买者完整的决策过程是以购买为中心，包括购前购后一系列活动在内的行为过程。具体来说，购买者决策过程一般可分为五个阶段（见图 4－6）。

引起需要 → 搜集信息 → 评估比较 → 购买决策 → 购后感受

图 4－6 购买决策过程

(一)引起需要

引起需要是购买者行为的起点。这一阶段需要有新、奇、美的商品及广告刺激唤起及强化消费者的需要。当消费者在现实生活中感觉到或意识到实际与其需求之间有一定差距，并产生了要解决这一问题的要求时，购买决策过程就开始了。这种需要，可能是由内在的生理活动引起的，也可能是受外界的某种刺激引起的。例如，看到别人穿新潮时装、戴金首饰，自己也想购买；路过水果店看到新鲜的水果决定购买等；或者是由内外两方面因素共同作用的结果。

市场营销人员应注意识别引起消费者某种需要和兴趣的环境，并充分注意到两方面的问题：一是注意了解那些与本企业的产品实际上或潜在有关联的驱使力；二是消费者对某种产品的需求强度会随着时间的推移而变动，并且被一些诱因所触发。在此基础上，企业还要善于安排诱因，促使消费者对企业产品产生强烈的需求，并立即采取购买行动。

(二)搜集信息

如果唤起的需要很强烈，可满足需要的商品易于得到，消费者就会希望马上满足其需要。多数情况下，消费者的需要并非马上就能获得满足，必须积极寻找或搜集信息，以便尽快完成从知晓到确信的心理程序，做出购买决策。消费者获取信息的来源一般有以下四个：个人来源，即从家庭、朋友、邻居和其他熟人处得到信息；商业来源，即从广告、售货人员介绍、商品展览或陈列、商品包装和说明书等得到信息，这是消费者获取信息的主要来源；公众来源，即从报刊、电视等大众传播媒介的宣传报道和消费者组织的有关评论中得到信息；经验来源，即通过自己参观、试验和实际使用商品得来的经验。

在这一阶段中，市场营销人员既要千方百计地做好商品广告宣传，吸引消费者的注意力；又要努力做好商品陈列和说明，使消费者迅速获得对企业有利的信息。

（三）评估比较

对搜集到的信息进行比较评估，这是决策过程的决定性环节。在这一阶段，企业应加大宣传，改变消费者对心目中的品牌、产品的信念和标准。消费者得到的各种有关信息，可能是重复的，甚至互相矛盾的，因此还要进行分析、评估和比较，这是决策过程中的决定性一环。

消费者的评估选择过程，有以下几点值得营销者注意：产品性能是购买者所考虑的首要问题；不同消费者对产品的各种性能给予的重视程度不同或评估标准不同；消费者中既定的品牌信念与产品的实际性能可能有一定差距；消费者对产品的每一性能都有一个效用函数；多数消费者的评选过程是将实际产品同自己理想中的产品相比较。

（四）购买决策

这是购买者决策过程的中心环节。购买决策通常有三种情况：一是消费者认为商品质量、款式、价格等符合自己的要求和购买能力，决定立即购买；二是认为商品的某些方面还不能完全满意而延期购买；三是对商品质量、价格等不满意而决定不买。消费者的购买决策是对许多项目的总抉择，它包括购买何种产品、何种牌号、何种款式、数量多少、何时购买、何处购买、以什么价格购买、以什么方式付款等。

购买决策是消费者购买行为过程中的关键阶段，营销者在这一阶段一方面要向消费者提供更多更详细的商品信息，以便使消费者消除各种疑虑；另一方面要通过提供各种销售服务，方便消费者选购，促进消费者做出购买本企业产品的决策。

（五）购后感受

产品在被购买之后就进入了购后阶段。此时，市场营销人员的工作并没有结束。购后感受是消费者对已购商品通过自己使用或通过他人评估，对满足自己预期需要的反馈，重新考虑购买这种商品是否正确、是否理想，从而形成的感受。这种感受，一般表现为满意、基本满意和不满意三种情况。消费者购后感受的好坏，会影响消费者是否重复购买，并将影响他人的购买问题，对企业信誉和形象关系极大。购买者购后感受是企业产品是否适销的一种极为重要的反馈信息，事关这个产品在市场上的命运。西方许多企业信奉的名言是："最好的广告是满意的顾客。"

消费者的满意程度，取决于消费者对产品的预期性能与产品使用中的实际性能之间的对比。这就是说，如果购后在实际消费中符合预期的效果，则感到基本满意；超过预期，则很满意；未能达到预期，则不满意或很不满意。实际同预期的效果差距越大，不满意的程度也就越大。市场营销人员应采取有效措施尽量减少购买者买后不满意的程度，并通过加强售后服务、保持与顾客联系、提供使他们从积极方面认识产品的特性等方式，以增加消费者的满意感。因此，企业要注意及时收集信息，加强售后服务，采取相应措施，进一步改善消费者购后感受和提高产品的适销程度。

市场营销人员通过了解购买者如何经历引起需要、寻找信息、评价行为、决定购买和购后行为的全过程，就可以获得许多有助于满足消费者需要的有用线索；通过了解购买过程的各种参与者及其对购买行为的影响，就可以为其目标市场设计有效的市场营销计划。

案例分析

阿雯选车的故事

阿雯是上海市买车潮中的一位普通的上班族，月收入万元，35 岁。这段时间以来，阿雯周边的朋友与同事纷纷加入购车者的队伍，看他们在私家车里享受音乐而不必忍受公交车的拥挤与嘈杂，阿雯不觉开始动心。另外，她的工作地点离家较远，加上交通拥挤，来回花在路上的时间要近 3 个小时，她的买车动机越来越强烈，只是这时候的阿雯对车一无所知。

阿雯是在上司的鼓动下去驾校学车的，在驾校学车时，未来将购买什么样的车不知不觉成为几位学车者的共同话题，“我一拿到驾照，就去买一部 1.4 自排的波罗”，一位 MBA 同学对波罗情有独钟，虽然阿雯也蛮喜欢这一款小车的外形，但她怎么也接受不了自己会同样购买一款波罗，因为阿雯有坐波罗 1.4 的体验。那一次是 4 个女生(在读 MBA 同学)上完课，一起坐辆小波罗出去吃午饭，回校时车从徐家汇汇金开放式广场的地下车库开出，上坡时不得不关闭空调才能爬上高高的坡，想起爬个坡便要关上空调，这实实在在地阻碍了阿雯对波罗的热情。问问驾校的师父，师父是驾车方面的专家，“宝来，是不错的车”。问问周边人的用车体会，包括朋友的朋友，都反馈这样的信息：在差不多的价位上，宝来还是不错的。阿雯的上司恰恰是宝来车主，阿雯尚无体验驾驶宝来的乐趣，但后排的拥挤却已先入为主，想到自己的先生人高马大，宝来的后座不觉成为胸口的痛，如果有别的合适的车，宝来仅会成为候选。

不久，一个与阿雯差不多年龄的女邻居，在居住小区门口新开的一家海南 Mazda 专卖店里买了一辆福美来，便自然地向阿雯“详细介绍”。阿雯很快去了家门口的专卖店，她被展厅里的车所吸引，销售员热情有加，特别是有这么一句话深深地打动了她：“福美来各个方面都很周全，反正在这个价位里别的车有的配置福美来都会有，而且只会更多。”此时的阿雯还不会在意动力、排量、油箱容量等抽象的数据，直觉上清清爽爽的配置，配合销售人员正对阿雯下怀的介绍，令阿雯在这一刻已锁定海南 Mazda，乐颠颠拿着一堆资料回去，福美来成为阿雯心中的首选。阿雯回家征求先生的意见，先生说，为什么放着那么多上海大众和上海通用的品牌不买，偏偏要买“海南货”？它在上海市的维修和服务网点是否完善？两个问题马上动摇了阿雯当初的方案。阿雯不死心，便想问问周边驾车的同事对福美来的看法，“福美来还可以，但是日本车的车壳太薄”，宝来车主因其自身多年的驾车经验，他的一番话还是对阿雯有说服力的。阿雯开始有了无所适从的感觉，好在阿雯开始关心起精致的汽车杂志来。随着阅读的试车报告越来越多，阿雯明确了自己的目标，8 万～15 万元的价位，众多品牌的车都开始进入阿雯的视野，此时的阿雯已开始对各个车的生产厂家，每个生产厂家生产哪几种品牌，同一品牌的不同的发动机的排量，车的配置、基本的价格等如数家珍：上海通用的别克凯越与别克赛欧，上海大众的超越者，一汽大众的宝来，北京现代的伊兰特，广州本田的飞度，神龙汽车的爱丽舍，东风日产的 NISSAN 阳光，海南 Mazda 的福美来，天津丰田的威驰。各款车携着各自的风情，在马路上或飞驰或拥堵的时时刻刻，向阿雯展示着自己的神采。阿雯常用的文件夹开始附上各款车的排量、最大功率、最大扭矩、市场参考价等一行行数据，甚至于 4S 标准店的配件价格。

经过反复比较，阿雯开始锁定别克凯越和本田飞度，特别是别克凯越，简直是一款无可挑剔的靓车！同事 A 此阶段也正准备购车，别克凯越也是首选，阿雯频频进入别克凯越的车友论坛，并与在上海通用汽车集团工作的同学 B 联系，从同学的口里，阿雯增强了对别克凯越的信心，也了解到近期已有两位同学购买了这个品牌。但遗憾的是，随着对别克凯越论坛的熟悉，阿雯很快发现，费油是别克凯越的最大缺陷，想着几乎是飞度两倍的油耗，阿雯的心思又发生了变化。不过，阿雯又想起了飞度，此款车精巧、独特、省油，新近推出的 1.5 vtec 发动机，动力十分强劲。阿雯精心收集着有关飞度的每一个文字，甚至于致电飞度的上海 4S 店，追问其配件价格，维修员极耐心的回答令飞度的印象分又一次得到增加。

可是此时，阿雯对电视里各种煽情的汽车广告却没有多少印象，由于工作、读书和家务的关系，她实在没有多少时间坐在电视机前。而地铁里的各式平面广告，按道理天天看得到，但受上下班拥挤人群的影响，阿雯实在是没有心情去欣赏，只是纸上得来终觉浅，周边各款车的直接用车体验对阿雯有着一言九鼎的说服力，阿雯开始致电各款车的车主，朋友C已购别克凯越，问及行车感受，说很好，凯越是款好车，值得购买；同学D已购别克赛欧，那是阿雯曾经心仪的车型，同学说空调很好，但空调开后感觉动力不足；朋友E已购飞度，她说飞度轻巧、省油，但好像车身太薄，不小心用钥匙一划便是一道印痕。周边桑塔纳的车主、波罗的车主等，都成为阿雯的"采访"对象，究竟花落谁家？

阿雯的梦中有一辆车，漂亮的白色，流畅的车型，大而亮的灯，安静地停在阿雯的面前，等着阿雯坐进去，但究竟花落谁家呢？阿雯自己心里已有一个缩小的备选品牌范围，究竟要买哪一辆车，这个"谜底"不再遥远……

案例来源：所罗门、卢泰宏、杨晓燕：《消费者行为学》，中国人民大学出版社2009年版。

【思考问题】

试运用消费者决策过程的五阶段模型分析阿雯选车所经历的相关阶段。

第五章 营销环境

教学要点

市场营销环境的含义、市场营销环境的特点、营销的微观环境因素、营销的宏观环境因素、营销环境分析及评价。

教学重点

宏观环境因素和微观环境因素对企业开展市场营销活动的影响。

教学难点

对营销环境进行分析、评价,并提出对策的具体流程。

第一节　营销环境概述

企业营销活动成败的关键在于能否适应不断变化的市场营销环境。企业营销活动既要受自身条件的制约,也要受外部条件的影响。关注企业内外环境的变化,识别由于环境变化而造成的机会和威胁,是营销部门的职责。营销管理者的任务就在于安排适当的营销组合,使之与不断变化着的营销环境相适应。

一、市场营销环境的含义

美国著名市场学家菲力普·科特勒对市场营销环境的解释是:“影响企业的市场营销管理能力,影响其发展和维持与其目标顾客交易及关系的外在参与者和影响力。”因此,市场营销环境是指与企业营销活动有潜在关系的所有外部力量和相关因素的集合,它是影响企业生存和发展的各种外部条件。

企业的市场营销环境是指与企业营销活动相关的各种外界条件和因素的综合,不同的因素对营销活动各个方面的影响和制约也不尽相同,同样的环境因素对不同的企业所产生的影响和形成的制约也大小不一。

市场营销环境可以分成三个层次:第一个层次是企业本身,它处于企业的市场营销环境的中心;第二个层次是营销的微观环境,它指的是与企业紧密相连并直接影响其营销能力的各种参与者,这些参与者包括企业的供应商、营销中间商、顾客、竞争者、社会公众和影响营销管理决策的企业内部各个部门;第三个层次是营销的宏观环境,它指的是影响企业微观环境的巨大社会力量,包括人口、经济、政治、法律、科学技术、社会文化及自然地理等多方面的因素。此外,这些环境因素不是静态不变的,而是经常处于变动之中,微观环境直接影响和制约企业的市场营销活动,而宏观环境主要以微观营销环境为媒介间接影响和制约企业的市场营销活动。具体见图5—1。

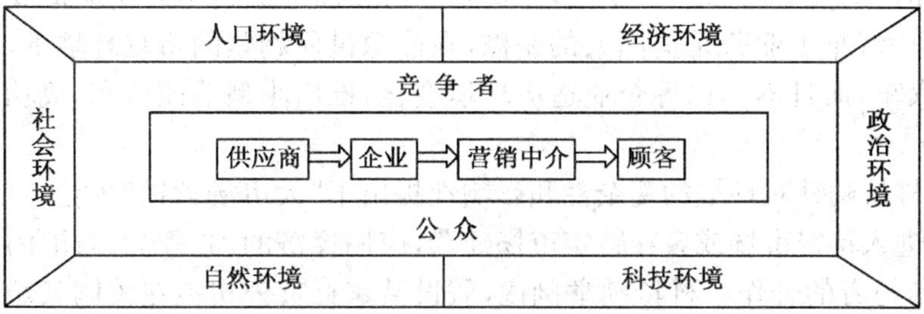

图5-1　企业营销环境的主要因素

二、市场营销环境的特点

(一)客观性和差异性

企业总是在特定的社会经济和其他外界环境条件下生存和发展,因此营销环境是不以营销者的意志为转移的客观存在,虽然企业能够控制人、财、物等企业内部资源,但属于外部因素的营销环境是企业无法控制的。企业的营销活动如果能够适应和利用客观环境,就会获得成功;反之,就必然会导致营销决策失误,造成营销活动的失败。

市场营销环境的差异性不仅表现在不同企业受环境影响的结果不同,而且同样一种环境因素的变化对不同企业的影响也不尽相同。例如,不同的国家、民族、地区之间在人口、经济、社会文化、政治、法律、自然地理等各方面存在着广泛的差异性,这些差异性对企业营销活动的影响显然是很不相同的。

(二)动态性和规律性

营销环境随着社会经济的发展是不断变化的,它集中表现在消费结构、顾客消费需求、产业结构、竞争对手的策略等方面,我国现在的营销环境与多年前的营销环境已经有了很大的变化。例如,国家产业政策的重点过去放在重工业上,现在已明显向农业、轻工业倾斜。此外,我国消费者已经越来越看重产品质量及个性,对产品的数量和价格相对弱化,表现出消费心理日趋成熟的特点,这些变化无疑对企业的营销行为产生最为直接的影响。当然,市场营销环境的变化也有速度快慢之分。例如,科技、经济等因素的变化相对快而大,对企业营销活动的影响相对较短;人口、社会文化、自然因素等相对变化较慢较小,对企业营销活动的影响相对较长,由此可见,营销环境的变化是有规律可循的,企业必须在市场环境变化中寻找发展的规律,对规律认识越准确,营销活动成功性越大。

(三)复杂性和影响性

影响市场营销环境的多方面因素表现出复杂性的特征,市场营销环境内部的各影响因素组成了一个相互依存、相互作用和相互制约的系统。由于社会经济现象的出现,往往不是由某一单一的因素所能决定的,而是受到一系列相关因素影响的结果。例如,企业开发新产品时,不仅要受到经济因素的影响和制约,更要受到社会文化因素的影响和制约。

企业可以通过对内部环境要素的调整与控制对外部环境施加一定的影响,最终促使某些环境要素向预期的方向转化。“适者生存”既是自然界演化的法则,也是企业营销活动的法则,如果企业不能很好地适应外界环境的变化,很可能在竞争中失败而被市场所淘汰。强调企业对所处环境的反应和适应,并不意味着企业对于环境只能消极被动地承受,而是应改从主动积极的角度出发,能动地去适应营销环境,为企业创造一个更有利的活动空间,然后使营销活动适应当前的营销环境。20世纪70年代，美日企业对石油危机的不同反应造成它们市场地位的戏剧性变化。汽车工业曾是美国人的骄傲，在能源供应趋紧的市场环境下，依然生产车型大、耗能高的汽车，而日本丰田等企业适应环境变化，推出小型节能汽车，成功占领了美国市场。

菲利普·科特勒针对环境的复杂性和影响性提出了"大市场营销"理论。该理论认为，企业为了成功地进入特定市场或者在特定市场经营，应用经济的、心理的、政治的和公共关系技能，赢得若干参与者的合作。科特勒举例说，假设某家百货公司拟在美国某城市开设一家商店，但是当地政府的法律不许你开店，在这种情况下，你必须运用政治力量来改变法律，才能实现企业的目标。"大市场营销"理论提出企业可以运用能控制的方式或手段，影响造成营销障碍的人或组织，争取有关方面的支持，使之改变做法，从而改变营销环境。

第二节　营销的微观环境

市场营销的微观环境是指与公司关系密切、能够影响公司服务顾客能力的各种因素，一般由六个要素构成，即企业、供应商、营销中介、顾客、竞争者和公众（见图5－2）。供应商—企业—营销中介—顾客构成了企业核心营销系统，除此之外还受到另外两个群体的影响，即竞争对手和公众。

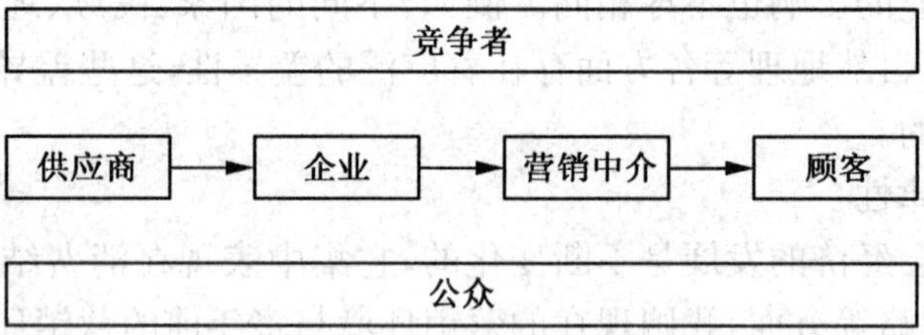

图5－2　市场营销的微观环境

一、企业

公司的市场营销是由营销和销售部管理的，它由品牌经理、营销研究人员、广告及促销专家、销售经理及销售代表等组成。在制订营销计划时，营销管理当局必须考虑到与公司其他部门的协调，如最高管理层、财务、研究与开发、采购、生产、会计等部门，所有这些相互关联的部门构成了企业的内部环境。高层管理制定企业的目标、战略和实施策略；财务部门负责寻找和使用实施营销计划所需的资金；研发部门研制吸引人的产品；采购部门负责供给原材料；生产部门生产品质合格的产品；会计部门核算收入与成本以便管理部门了解是否实现了预期目标。

由此可见，不同部门之间的业务活动虽各有侧重，却是互相关联的一个整体，任何部门的决策都要考虑到其他部门的业务活动情况，相互之间应密切协作，共同制订企业的各项长期计划。

二、供应商

供应商是指向企业及其竞争者提供生产产品和服务所需资源的企业或个人，是影响企业营销的微观环境的重要因素之一。供应商所提供的资源主要包括原材料、设备、能源、劳务、资金等。如果没有这些资源作为保障，企业不仅无法正常运转，也不可能向市场提供相应的商品。因此，企业与供应商之间的紧密联系是社会生产活动的基本需要，这种联系使得企业的所有供货单位构成了对企业营销活动最直接的影响和制约力量。供应商对企业营销活动的影响主要表现在以下方面：

(一)供货的稳定性与及时性

原材料、零部件、能源及机器设备等货源的供应情况直接影响企业生产的正常运转和营销活动，它是企业营销活动顺利进行的前提。例如，粮食加工厂需要谷物来进行粮食加工，还需要具备人力、设备、能源等其他生产要素，才能使企业的生产活动正常开展。供应不足或供应短缺都可能影响企业的经营活动，从短期来看损失了销售额；从长期来看则损害企业在顾客中的信誉。因此，企业必须和供货人保持密切的联系，及时了解和掌握供货人的变化和动态，使货源的供应在数量上、时间上和连续性上能得到切实的保证。

(二)供货的价格变动

供货的价格变动将直接影响企业的经营成本。如果供应商提高原材料价格，生产企业可能会被迫提高其产品价格，由此可能影响企业的销售量和利润。企业要随时注意价格变化趋势，特别是对原材料和主要零部件价格的现状及趋势更要着重关注，不至于面对突然情况而措手不及。

(三)供货的质量水平

供货的质量包括商品本身的质量和售前售后服务水平两个方面。供应商所提供的商品本身的质量关系到企业最终产品的质量，如果提供的货物质量不高，企业所生产出来的产品就不可能是高质量的产品。此外，售前和售后服务水平表现为优良的维修服务保障，这样才能表明供货本身的质量水平。例如，机器设备中的易耗部件，它的货源保证与有效更换对企业生产就是非常必要的。

针对上述影响，企业在寻找和选择供应商时，应特别注意两个方面：第一，企业必须充分考虑供应商的资信状况。要选择那些能够提供品质优良、价格合理、交货及时、信用良好，在质量和效率方面都信得过的供应商，同时应该与主要供应商建立长期稳定的合作关系，保证企业生产资源供应的稳定性。第二，企业必须使自己的供应商多样化。过分依赖一家或几家供货商，受到供应变化影响和打击的可能性就大。为了减少供应商对企业的影响和制约，企业应该尽可能多地联系供货商，尽量注意避免过于依靠单一的供应商，以免当与供应商的关系发生变化时，使企业陷入困境。

三、营销中介机构

营销中介人是指协助企业促销、销售和配销其产品给最终购买者的企业或个人，包括中间商、实体分配机构、营销服务机构和金融中介机构。这些都是市场营销不可缺少的环节，大多数企业的营销活动，都必须通过它们的协助才能顺利进行。正因为有了营销中介所提供的服务，才使得企业的产品能够顺利地到达目标顾客手中。随着市场经济的发展和社会分工的细化，中介机构的影响和作用也会越来越大。因此，企业在市场营销过程中，必须重视中介组织对企业营销活动的影响，并要处理好同它们的合作关系。

(一)中间商

中间商是协助企业寻找顾客或直接与顾客交易的商业性企业。中间商可分代理中间商和买卖中间商两大类。代理中间商有代理商、经纪人和生产商代表。他们专门介绍客户或与客户磋商交易合同，但并不拥有商品所有权。买卖中间商又称经销中间商，主要有批发商、零售商和其他再售商。他们购买商品，拥有商品所有权，再售商品。中间商对企业产品从生产领域流向消费领域具有极其重要的影响。与中间商建立合作关系后，要随时了解和掌握其经营活动，并可采取一些激励性合作措施，推动其业务活动的开展，而一旦中间商不能履行其职责或市场环境变化时，企业应及时解除与中间商的关系。

（二）实体分配公司

实体分配公司主要是指储运公司，它是在货物运往下一个目的地前专门储存和保管商品的机构。运输公司包括从事铁路运输、汽车运输、航空运输、驳船运输以及其他搬运货物的公司，仓储公司是对产品、原材料及零部件提供保管服务的公司。一般情况下，企业只有在建立自己的销售渠道时才会主要依靠仓储公司。在委托中间商销售产品的场合，仓储服务往往由中间商去承担。每个企业都需从成本、运送速度、安全性和交货方便性等因素，进行综合考虑，确定选用成本最低而效益更高的运输方式。

（三）营销服务机构

营销服务机构主要有营销调研公司、广告公司、传播媒介公司和营销咨询公司等，它们帮助企业推出、选择目标市场，并负责促销产品的相应工作。大多数企业都要借助这些服务机构来开展营销活动，企业在对这些服务机构进行选择时，应该对它们所提供的服务内容、服务质量、创造力、价格等方面进行总体评估，并定期考核其业绩，及时替换那些未达到预期水平和效果的营销服务机构，有效提高自身的经济效益。

（四）金融中介机构

金融中介机构包括银行、保险公司和其他协助融资或保障货物的购买与销售风险的公司。企业与金融机构有着不可分割的联系，如企业间的财务往来要通过银行账户进行结算，企业财产和货物要通过保险公司进行保险等。而银行的贷款利率上升或是保险公司的保险金额上升，会使企业的营销活动受到影响；信贷来源受到限制会使企业处于困境。因此，企业必须与财务中介机构建立密切的关系，以保证企业资金需要的渠道畅通。

四、顾客

目标顾客是企业产品购买者的总称，企业营销者通常把企业产品的顾客群体称为市场。企业与供应商和中间商保持密切关系的目的，是为了有效地向目标市场提供商品与劳务。按顾客及其购买目的的不同将市场分为以下五类：

（一）消费者市场

消费者市场指个人和家庭购买商品及劳务以供个人消费的市场，他们主要为生活消费而购买商品和服务。

（二）生产者市场

生产者市场指购买产品与劳务、供生产其他产品及劳务所用的组织机构，其目的是盈利。

（三）中间商市场

中间商市场指购买产品及劳务进行转卖的组织机构，它们从转卖的过程中获取利润。

（四）社会集团市场

社会集团市场指政府机关，社会团体，企事业等各种集体组织购买公用商品的市场。它们购买产品及劳务以提供公共服务或把这些产品及劳务转让给其他需要它们的人。

(五)国际市场

国际市场指买主在国外的市场,这些买主包括外国消费者、生产厂、转售商及政府。企业首先应明确其产品市场的主要类型,针对目标市场顾客的特点制定适宜的营销策略。此外,企业的生产和服务要以顾客为导向,从顾客需要和顾客需求量两个方面分析顾客,首先了解顾客需要什么,包括顾客需要的内容、层次及需求变化;其次分析顾客需求多少商品,现实的顾客需求量包括购买者、购买力及购买欲望三者的结合。

五、竞争者

企业很少能单独占领某一市场,因此,企业的市场营销活动常常会受到各类竞争者的影响,一个企业要想获得成功,就必须比竞争对手做得更好,在消费者心里留下比竞争者更有优势的印象,让顾客满意最大化。

企业的竞争者分为愿望竞争者、类别竞争者、产品形式竞争者和品牌竞争者四种层次。

(一)愿望竞争者

愿望竞争者是在消费者购买决策过程中,即消费者思考“目前我需要什么”过程中产生的竞争者。对企业而言,认识需求的过程可视为愿望竞争者产生的过程。

(二)类别竞争者

类别竞争者是在消费者确定目前需求的基础上进一步判定选择,即消费者思考“采取什么方法能满足这一欲望”过程中产生的竞争者。这些能表示满足同一需要的不同的基本方式,我们称之为类别竞争者。

(三)产品形式竞争者

产品形式竞争者是在满足消费者某种愿望的不同产品形式之间,即消费者思考“我要什么类型的此类商品”过程中产生的竞争者。

(四)品牌竞争者

品牌竞争者是在消费者抉择品牌的过程中,即消费者思考“我要什么品牌的此类商品”过程中产生的竞争者。市场上有相同规格、型号的产品,但品牌不同,如35英寸彩电有“长虹”、“海尔”、“TCL”等品牌,这对企业而言可视为第四种类型竞争者,即品牌竞争者。

在这四个层次的竞争中,品牌竞争是最常见、最外在的。但一个成功的企业不应该仅仅满足于品牌层次的竞争,也应该关注其他层次的竞争者。对于进行有效竞争的基本观察必须时刻牢记市场定位的4C原则,即必须考虑客户(customers)、销售渠道(channels)、竞争(competition)和作为公司(company)自身的特点,有效地安排好企业与顾客、销售渠道及竞争对手间的关系位置。

六、公众

公众作为市场营销的基本构成要素是营销微观环境中一个相当重要的影响因素。它有泛指公众、民众的含义,也有特指某一方面公众、群众的含义。公众就是对一个组织完成其目标的能力有着实际或潜在兴趣或影响的群体。

企业公众相当广泛,包括政府公众、媒介公众、金融公众、群众团体公众、地方公众、一般公众、企业内部公众等。企业的市场营销活动会影响公众的利益,也会影响企业在公众心目中的形象,公众对企业的印象反过来影响企业营销活动的效果。鉴于公众会对企业的命运产生巨大的影响,精明的企业就会采取具体的措施,正确处理和维系同主要公众的关系,而不是误解和等待。大多数企业都建立了公共关系部门,负责收集与企业有关的公众的意见和态度,发布消息、沟通信息,以建立信誉,专门筹划与各类公众的建设性关系。此外,如果出现公众危机事件,公共关系部门将会进行危机公关。

在通常情况下,一个企业所面临的公众主要有七种:

(一)金融公众

金融公众指关心并可能影响企业获取资金能力的金融机构,主要包括银行、投资公司、证券经纪公司、保险公司。

(二)媒介公众

媒介公众指有广泛影响的大众传播媒介。主要包括报纸、杂志、电台、电视台。

(三)政府公众

政府公众指与企业有关的政府机构,主要包括行业主管部门及财政、工商、税务、物价、商品检验等部门。

(四)群众团体

群众团体指政府性或非政府性的群众组织,主要包括消费者组织、环境保护组织、少数民族团体等。

(五)地方公众

地方公众指企业同当地发生关系的公众团体,主要包括邻里居民和社区组织等。

(六)一般公众

一般公众指一种松散的、非组织性的公众,但他们对企业的印象却影响着消费者对该企业及产品的看法。因此,企业必须关注自身的"公众形象",可以通过赞助慈善事业、设立消费者直接投诉系统等途径来改善和创造良好的微观环境。

(七)内部公众

内部公众指企业内部成员,主要包括蓝领工人、白领工人、经理和董事会。内部公众对企业的态度会影响企业之外的公众对企业的看法。

第三节 营销的宏观环境

企业市场营销的微观环境随时会受到宏观环境的影响和制约。宏观环境是造成市场机会和环境威胁的主要力量,它不仅给企业带来危机,也会引导企业营销活动的大方向给企业以机会。宏观环境包括六大因素,即人口因素、经济因素、自然环境因素、科学技术因素、政治法律因素和社会文化因素。

一、人口因素

人口是构成市场的直接因素,人口的数量决定消费者的数量,消费者的数量又在一定程度上决定市场容量的大小。因为市场是由那些想购买商品同时又具有购买力的人构成的,因此,人口的数量直接决定市场的容量和市场规模。而人口的婚姻状况、地理分布、年龄结构、人口密度、人口流动性、出生率、死亡率及受教育程度等人口特性都会对市场产生极为深刻的影响,并直接影响企业的市场营销活动和经营管理活动。

(一)人口数量

人口数量基本上反映了消费市场生活必需品的需求量。在其他经济和心理条件不变的情况下，总人口越多，市场容量就越大，企业营销的市场就越广阔。全球人口已经超过60亿，预计到2050年将达到100亿，世界人口将以每年8 000万～9 000万的速度增长，但地区发展很不平衡，世界人口中80%的人口属于发展中国家，而发达国家人口增长近20年一直保持低水平。中国目前人口超过13亿，是世界上人口最多的国家，每年净增1 200万人左右。尽管实行计划生育政策，但由于人口基数过大，“低出生率、高出生量”的特点在一定时期内仍将是我国人口常态。

人口数量的增长不仅给企业带来了市场机会，也带来了威胁。人口数量是决定市场规模和市场潜力的基本要素，人口越多则对基本消费品的需要量也越多，市场也就越大。另一方面，人口的迅速增长也会给企业营销带来不利的影响。人口增长可能导致人均收入下降，使市场吸引力降低，此外，人口增长会导致人地矛盾突出，从而引起地价上涨增大企业产品成本。

(二)人口结构

人口结构主要包括人口的年龄结构、性别结构、家庭结构、社会结构以及民族结构。

1. 年龄结构

不同年龄层次的消费者，有着不同的消费需求、兴趣爱好和消费模式。分析一定时期内人口的年龄结构，有助于企业发现好的市场机会，例如，儿童喜欢玩具和糖果，青少年需要图书、流行音乐和时装，成年人关注日常用品和耐用消费品，老年人需要保健品和怀旧商品。随着我国人口老龄化问题的进一步显现，这一现象对企业的营销活动必将产生深刻影响，有效满足“银发市场”的需求成为企业的重点课题。有关医疗保健用品、医疗护理、老年公寓、食品、服装、旅游、娱乐等需求将迅速增加，构成一个巨大的潜在市场。

2. 性别结构

男性用品市场和女性用品市场的出现是性别结构在市场上的反映。男性和女性在生理、心理和社会角色上的差异决定了他们不同的消费需求，而且两者的购买习惯和行为方式也不同。由于女性具有喜欢打扮、操持家务、抚育孩子等特点，她们更喜欢购买服装、化妆品、家庭日用品及儿童用品等。男性则是烟酒、汽车等商品的购买主力。

3. 家庭结构

家庭是社会的细胞，也是购买和消费的基本单位。家庭的数量直接影响某些商品的数量，进入20世纪90年代以来，世界普遍呈现家庭规模缩小型化的趋势。一方面，它表现为家庭总户数的增加，会引起对电视、冰箱、空调、家具等家庭用品的需求大幅度增加；另一方面，它意味着家庭结构的简单化和成员人数的减少。对适合小型化家庭需要的商品和劳务将会大幅增加。

4. 社会结构

农村是我国的人口集中地，现在农村人口约占我国总人口的80%。这一社会结构决定了企业在国内市场中的市场定位，如果产品以薄利多销为主，应以农民为主要营销对象，市场开拓的重点也应放在农村；反之，则应该把市场营销重心放在城市。

5. 民族结构

我国是一个幅员辽阔的多民族国家，不同民族在生活习性、文化传统、生活禁忌上也不相同。因此，企业营销者要注意目标市场消费者的民族特点，重视开发适合各民族特性、受其欢迎的商品。

(三)人口分布

人口的地理分布指在不同地区人口的密集程度。人口的这种地理分布在市场表现为人口的集中度不同，随之市场规模也不同；消费习惯不同，随之市场需求特性也不同。人口分布中的一个重要影响因素就是人口流动因素，除了国家之间、地区之间、城市之间的人口流动外，城市和农村人口的相互流动是其中一个重要的影响因子。在我国，人口的流动主要表现在农村人口向城市或工矿地区流动；内地人口向沿海经济开放地区流动。另外，经商、观光旅游、学习等使人口流动加速。对于人口流入较多的地方，一方面由于劳动力增多，就业问题突出，从而加剧行业竞争；另一方面，人口增多也使当地基本需求量增加，消费结构也发生一定的变化，继而给当地企业带来较多的市场份额和营销机会。

二、经济因素

经济环境是指企业市场营销活动所面临的社会经济条件及其运行状况和发展趋势，经济因素运行状况及发展趋势会直接或间接地对企业营销活动产生重要影响。

(一)直接影响营销活动的经济环境因素

1. 收入因素

消费者收入是指消费者个人从各种来源所得到的货币收入，而购买力的大小取决于国民经济的发展水平及其所决定的国民平均收入水平。一定的购买力水平是市场形成并影响其规模大小的决定因素，它也是影响企业营销活动的直接经济环境。主要包括以下方面：

(1)国内生产总值。它是衡量一个国家经济实力与购买力的重要指标。从国内生产总值的增长幅度，可以了解一个国家经济发展的状况和速度。国内生产总值增长越快，对工业品的需求和购买力就越大，反之就越小。

(2)人均国民收入。它是决定收入水平的重要指标。人均国民收入指一个国家物质生产部门的劳动者在一定时期内新创造的价值的总和，以一年的国民收入总额除以总人口数，即得人均年国民收入。人均年国民收入大体反映了一个国家经济发展的水平和社会购买力的大小。一般来说，人均收入增长，对消费品的需求和购买力就大，反之就小。

(3)个人可支配收入。它是衡量实际的购买力的重要指标。个人收入扣除消费者个人缴纳的各种费用和交给政府的非商业性开支(如个人所得税等)之后，才是个人可以用于消费或储蓄的所得，即个人可支配收入。

(4)个人可任意支配收入。它是影响非生活必需品和劳务销售的主要因素。这是在个人可支配收入中减去用于维持个人与家庭生存不可缺少的费用(如房租、水电、食物、燃料、衣着等项开支)后剩余的部分。这部分收入是消费需求变化中最活跃的因素，也是企业开展营销活动时所要考虑的主要对象。这部分收入越多，人们的消费水平就越高，企业营销的机会也就越多。

2. 消费结构

消费结构指消费过程中人们所消耗的各种消费资料(包括劳务)的构成，即各种消费支出占总支出的比例关系。随着消费者收入的变化，消费者支出模式就会发生相应的变化，继而使一个国家或地区的消费结构也发生变化。西方统计学家恩格尔早在19世纪就对劳工家庭的消费支出构成作了研究，发现了关于工人家庭收入变化与各方面支出变化之间比例关系的规律性。当家庭收入增加时，只有一小部分用于购买食物；用于衣服、房租和燃料方面的支出变动不大；但用于教育、医药卫生与闲暇娱乐活动方面的支出则增加较多。从各国发展情况而言，如果家庭收入不变，食物支出的比重有增大的趋势；如果家庭收入略有增加，用于食物支出的增长幅度可能更大；只有在达到相当高的平均食物消费水平时，收入的进一步增加才会导致食物支出所占比重的下降。由此，人们把消费支出中用于食物部分与其他部分的比例，称为“恩格尔系数”。恩格尔系数越大，食物部分所占比重越多；恩格尔系数越小，食物部分所占比重越低。西方经济学家将这些规律总结为恩格尔定律，恩格尔定律的表述如下：

恩格尔系数＝食物支出变动百分比/收入变动百分比

3. 储蓄和信贷

消费者的购买力还要受储蓄和信贷的直接影响。当收入一定时，储蓄越多，现实消费量就越小，但潜在消费量越大；反之，储蓄越少，现实消费量就越大，但潜在消费量越小。企业营销人员应当全面了解消费者的储蓄情况，尤其是要了解消费者储蓄目的的差异。储蓄目的不同，往往影响潜在需求量、消费模式、消费内容、消费发展方向的不同。这就要求企业营销人员在调查、了解储蓄动机与目的的基础上，制定不同的营销策略，为消费者提供有效的产品和劳务。

西方国家广泛存在的消费者信贷对购买力的影响也很大。所谓消费者信贷，就是消费者凭信用先取得商品使用权，然后按期归还贷款，以购买商品。这实际上就是消费者提前支取未来的收入，提前消费。信贷消费允许人们购买超过自己现实购买力的商品，从而创造了更多的就业机会、更多的收入以及更多的需求；同时，消费者信贷还是一种经济杠杆，它可以调节积累与消费、供给与需求的矛盾。当市场供大于求时，可以发放消费信贷，刺激需求；当市场供不应求时，可以收缩信贷，适当抑制、减少需求。消费信贷把资金投向需要发展的产业，刺激这些产业的生产，带动相关产业和产品的发展。

（二）间接影响营销活动的经济环境因素

除了上述因素直接影响企业的市场营销活动外，还有一些经济环境因素也对企业的营销活动产生或多或少的影响。

1. 经济发展水平

企业的市场营销活动要受到一个国家或地区的整个经济发展水平的制约。经济发展阶段不同，居民的收入不同，顾客对产品的需求也不一样，从而会在一定程度上影响企业的营销。例如，以消费者市场来说，经济发展水平比较高的地区，在市场营销方面，强调产品款式、性能及特色，品质竞争多于价格竞争。而在经济发展水平低的地区，则较侧重于产品的功能及实用性，价格因素比产品品质更为重要。在生产者市场方面，经济发展水平高的地区着重投资能节省劳动力的先进、精密、自动化程度高、性能好的较大型生产设备。因此，对于不同经济发展水平的地区，企业应采取不同的市场营销策略。

2. 经济体制

世界上存在着多种经济体制，有计划经济体制，有市场经济体制，有计划—市场经济体制，也有市场—计划经济体制等。不同的经济体制对企业营销活动的制约和影响不同。例如，在计划经济体制下，企业是行政机关的附属物，没有生产经营自主权，企业的产、供、销都由国家计划统一安排，企业生产什么、生产多少、如何销售，都不是企业自己的事情。在这种经济体制下，企业不能独立地开展生产经营活动，因而，也就谈不上开展市场营销活动。而在市场经济体制下，企业的一切活动都以市场为中心，市场是其价值实现的场所，因而企业必须特别重视营销活动，通过营销，实现自己的利益目标。

3. 地区与行业发展状况

我国地区经济发展很不平衡，逐步形成了东部、中部、西部三大地带和东高西低的发展格局。同时在各个地区的不同省市，还呈现出多极化发展趋势。这种地区经济发展的不平衡，对企业的投资方向、目标市场以及营销战略的制定等都会带来巨大影响。我国行业与部门的发展也有差异。企业一方面要处理好与有关部门的关系,加强联系;另一方面,则要根据与本企业联系紧密的行业或部门的发展状况,采取切实可行的营销措施。

4. 城市化程度

城市化程度是指城市人口占全国总人口的百分比,它是一个国家或地区经济活动的重要特征之一,也是影响企业营销活动的重要因素。城市居民一般受教育较多,思想较开放,容易接受新生事物,而农村相对闭塞,农民的消费观念较为保守,故而一些新产品、新技术往往首先被城市居民所接受。企业在开展营销活动时,要充分注意到这些消费行为方面的城乡差别,相应调整营销策略。

三、自然环境因素

企业营销的自然环境,是指影响企业生产和经营的物质因素。任何企业的生产经营都离不开自然环境,企业的生产需要原材料、能源和水等自然资源,企业的经营活动也对自然环境施加影响。由于企业的经营活动片面追求经济利益,而忽略了对自然环境的保护,出现大量掠夺式的开发活动,此外,工业"三废"的任意排放也破坏了我们赖以生存的环境。由于生态系统失衡的状况日益加剧,政府对破坏自然环境的行为将不断加大处罚力度。因此,企业不仅追求利润,而且要考虑环境成本的因素,遵循生态原则。企业的营销策略和目标的确定也必然面临生产、消费、资源、生态平衡等各方面的权衡和选择。自然环境因素对企业营销的影响表现在以下四个方面。

(一)原料的短缺

自然资源分为可再生资源、可更新资源和不可再生资源三大类。例如,阳光就属于可再生能源,而水源、土地则属于可更新资源,第三类为不能更新的资源,如石油、煤、铁等各种矿产资源。尤其是矿产、能源、粮食、木材和淡水资源将会在不久的将来面临全面的资源危机,对于企业市场营销而言,一方面要进行科学开采,综合利用,减少浪费;另一方面要开发新的替代资源,如太阳能、核能及各种新材料。

(二)成本的增加

随着不可再生资源的不断消耗,各种资源特别是能源资源的价格不断高涨,其中,石油作为不可再生资源的代表,它的短缺已经构成未来经济增长所遇到的最严重的问题。世界上的主要工业国,都对石油有极大的依赖,在成本及效益方面均可取的其他替代能源问世之前,石油将继续是左右世界政治与经济前景的一种力量。油价的高昂激发了之前对能源研究漠然处之的企业,对太阳能、原子能、风能及其他形式能源的大量研究,并取得了阶段性成果。

(三)污染的增加

工业污染日益成为全球性的严重问题,大气污染、水污染、垃圾污染和噪声污染等使人类的居住环境日益恶化,要求控制污染的呼声越来越高。这对那些污染控制不力的企业是一种压力和外部威胁,它们得采取有效措施治理污染;另一方面,又给某些企业创造了新的机会,如研究开发不污染环境的产品、设备、包装、妥善处理污染物的技术等。标志着企业营销活动可持续发展的"绿色营销"观念也在全球传播开来,企业以此来确定自己的营销方向及营销策略将能无往而不利。

(四)政府的干预

随着社会公众对环境问题的日益关注,许多国家政府都加强了环境保护的力度,这些政策在短期内将与经济增长趋势和企业成本最小化相抵触,但从社会的长远利益和整体利益来看却是十分必要的。现代企业应该充分重视和考虑环境保护问题,在产品成分、设计、包装和营销方式等方面考虑环保的准则,以免违背社会发展的大方向,带来不必要的损失。

【同步案例 5-1】

惠普公司回收电子垃圾行动

惠普公司现在可以回收你的旧电脑。几年前,当环保主义者在华盛顿州开始宣传将高科技垃圾清除出垃圾填埋区,净化空气和水体中的铅、汞等在数码产品碎屑中大量存在的有毒物质时,他们发现了一个意外的支持者:惠普。惠普和环保人士及零售商合作,反对苹果、IBM等企业因回收利用计划成本过高而拒绝执行的做法。在惠普的积极游说下,环保人士成功地说服了州立法者通过一项强制电子企业出钱回收旧设备的重要计划。

四、科学技术因素

科学技术是第一生产力,它日益成为经济发展和社会进步的决定因素。作为营销环境的一部分,科技环境不仅直接影响企业内部的生产和经营,还同时与其他环境因素互相依赖、相互作用,特别是它与经济环境、文化环境的相互联系催生了新技术革命,一方面改变了企业的生产方式,另一方面也改变了人们的生活方式与价值观。科学技术对企业市场营销的影响体现在以下三个方面。

(一)市场营销策略的变化

由于科学技术的迅速发展,新技术应用于新产品开发的周期大大缩短,开发新产品成了企业开拓新市场和赖以生存发展的根本条件。它要求企业营销人员不断寻找新市场、预测新技术,开发出更多的新产品维持企业生存。在降低了产品成本使价格下降的同时,企业能够通过信息技术,加强信息反馈,正确应用价值规律、供求规律、竞争规律来调整价格策略。

新技术的运用还引起分销机构的不断变化,大量的特色商店和自我服务的商店不断出现。此外,分销实体和运输实体也随着科技的发展呈现出多样化的特征,不仅提高了运输速度,而且增加了运输容量及货物储存量,使现代企业的实体分配出发点由工厂变成了市场。

(二)经营管理的变化

技术革命是管理改革或管理革命的动力,运用先进的科学技术可以为改善经营管理、提高管理效率提供物质基础,如计算机、传真机等设备的使用为改善企业经营管理、经营效益起了很大作用。

(三)购物习惯的变化

由于新技术的不断应用,技术环境的不断变化,使人们的工作及生活方式发生了重大变化。消费者的兴趣、思想等差异性扩大,自我意识的观念增强也必然会导致消费者结构、市场需求结构发生变化,最终改变人们的消费模式和生活方式。自动售货机的出现,使销售形式得到改变,这种方式对卖方来说,不需要营业人员,只需少量的工作人员补充商品,回收现金,保养、修理机械;对买方来说,购货不受时间限制,在任何时间都可以买到商品和提供的服务。

五、政治法律因素

政治法律主要是指,国家的政治变动引起经济的变化,以及政府通过法律手段和各种经济政策来干预社会经济活动。企业的市场营销活动随时受到政治法律环境的制约,所以企业必须注意国家的各种政策和立法对营销所造成的影响。政治环境是指,企业市场营销活动的外部政治形势和状况以及国家方针政策的变化对市场营销活动带来的或可能带来的影响。政府的经济方针政策具有动态的特点，随政治经济形势的变化而变化，国家在不同的阶段和不同时期，依据不同的经济目标制定和调整方针、政策，这必然对企业的营销产生直接或间接的影响。

对企业来说，只有依法进行的各种营销活动，才能受到国家法律的有效保护。企业开展市场营销活动，必须遵守国家或政府颁布的有关经营、贸易、投资等方面的法律、法规。如果从事国际营销活动，企业就既要遵守本国的法律制度，还要了解和遵守市场国的法律制度和有关的国际法规、国际惯例和准则。为了保证本国经济的正常运行，各国都颁布了相应的经济法律和法规来制约和维护企业的活动。我国目前主要的经济法律、法规包括：《合同法》、《公司法》、《广告法》、《商标法》、《专利法》、《产品质量法》、《消费者权益保护法》、《反不正当竞争法》等。它们分别从各个方面对企业的营销活动进行监督和控制，在保护合法经营、取缔非法经营、保护正当交易和公平竞争、维护消费者利益、促进市场有序运行和经济健康发展等方面，发挥了重要作用。因此，企业必须知法守法，自觉用法律来规范自己的营销行为并自觉接受执法部门的管理和监督。

【同步案例 5-2】

“米沙”的悲惨命运

1977 年，洛杉矶的斯坦福·布卢姆以 25 万美元买下西半球公司一项专利，生产一种名叫“米沙”的小玩具熊，用作 1980 年莫斯科奥运会的吉祥物。此后的两年里，布卢姆先生和他的伊美治体育用品公司致力于“米沙”的推销工作，把“米沙”商标的使用权出让给了 58 家公司。成千上万的“米沙”被制造出来，分销到全国的玩具商店和百货商店，十几家杂志上出现了这种带 4 种色彩的小熊形象。开始时，“米沙”的销路很好，布卢姆预计这项业务的营业收入可达 5 000万～1 亿美元。不料，在奥运会开幕前，由于当时的苏联拒绝从阿富汗撤军，美国总统宣布不参加在莫斯科举行的奥运会。骤然间，“米沙”变成了被人深恶痛绝的象征，布卢姆的赢利计划成了泡影。

六、社会文化因素

社会文化环境就是指由价值观念、生活方式、宗教信仰、职业与教育程度、相关群体、风俗习惯、社会道德风尚等因素构成的环境。这种环境不像其他营销环境那样显而易见和易于理解，但对消费者的市场需求和购买行为会产生强烈而持续的影响，进而影响到企业的市场营销活动。企业的市场营销人员应分析、研究和了解社会文化环境因素，针对不同的文化环境制定不同的营销策略。

（一）教育状况

教育程度和职业上的差异，也会导致消费者在生活方式、消费行为与消费需求上的差异。教育是按照一定目的要求，对受教育者施以影响的一种有计划的活动，是传授生产经验和生活经验的必要手段，反映并影响着一定的社会生产力、生产关系和经济状况。教育状况对营销活动的影响，反映在企业选择目标市场、企业营销商品、企业营销调研、商品经销方式四个方面。

（二）宗教信仰

宗教是影响人们消费行为的重要因素之一，不同的宗教在思想观念、生活方式、宗教活动、禁忌等方面各有其特殊的传统，这将直接影响其消费习惯和消费需求。宗教组织有时会提出限制或禁止使用企业的某一新产品，认为该商品与宗教信仰相冲突。所以企业可以把影响大的宗教组织作为自己的重要公共关系对象，在经销活动中也要针对该区域的重要宗教组织设计适当营销方案，以避免由于信仰矛盾和冲突给企业带来损失。

【同步案例 5－3】

冻鸡出口

欧洲一冻鸡出口商曾向阿拉伯国家出口冻鸡，他把大批优质鸡用机器屠宰好，收拾得干净利落，只是包装时鸡的个别部位稍带点血，就装船运出。不料这批货竟被退了回来，他亲自去进口国查找原因，才知退货原因不是质量有问题，而是他的加工方法触犯了阿拉伯国家的禁忌。欧洲商人的冻鸡虽好也仍然难免退货的厄运。巴西冻鸡出口商吸取了欧洲商人的经验和教训，不仅货物质量好，而且特别注意满足国外市场的特殊要求，尤其是充分尊重对方的风俗习惯。巴西对阿拉伯国家出口冻鸡，在屠宰现场内严格按照阿拉伯国家加工要求，不用机器、不用妇女，杀鸡后把血渍全部清除干净并精密包装。巴西还邀请阿拉伯进口商来现场参观，从而获得了信任，使巴西冻鸡迅速打进了阿拉伯国家的市场。

(三)价值观念

价值观念就是人们对社会生活中各种事物的态度和看法。在不同的社会文化背景下，消费者的价值观念差别极大，它可以反映在不同的方面，如阶层观念、财富观念、创新观念、时间观念等，因而引起了商品的需求和购买行为的多样化。对于消费者不同的价值观念，企业的市场营销人员就应该采取不同的策略，特别是对于注重沿袭传统消费方式的消费者，企业在制定促销策略时应把产品与目标市场的文化传统联系起来。

(四)审美观念

审美观是文化的重要组成部分，通常指人们对事物的好坏、美丑和善恶的评价。不同国家、民族、阶层的个人往往有着不同的审美观，企业的营销者应注意人们审美观的差异，提供能满足人们对美的追求的产品和服务。人们在市场上挑选、购买商品的过程，实际上也就是一次审美活动。随着我国经济的发展，社会大众对健康美、形式美和环境美有着越来越强烈的追求，他们具体表现在体育用品行业、服饰用品行业和装修行业的高速发展上。企业营销人员应注意以上三方面审美观的变化，把消费者对商品的评价作为重要的反馈信息，使商品的艺术功能与经营场所的美化效果融合为一体，以便更好地满足消费者的审美要求。

第四节　环境分析、评价及对策

SWOT 分析法是竞争情报分析常用的方法之一。所谓 SWOT(态势)分析，就是将与研究对象密切相关的各种主要内部优势因素(strengths)、弱点因素(weaknesses)、机会因素(opportunities)和威胁因素(threats)，通过调查罗列出来，并依照一段的次序按矩阵形式排列起来，然后运用系统分析的思想，把各种因素相互匹配并加以分析，从中得出一系列相应的结论。

这种研究方法，最早是由美国学者在 20 世纪 80 年代初提出来的。在此之前，早在 20 世纪 60 年代，就有人提出过 SWOT 分析中涉及的内部优势、弱点、外部机会、威胁这些变化因素，但只是孤立地对它们加以分析，而 SWOT 法用系统的思想将这些似乎独立的因素相互匹配并进行综合分析。运用这个方法，有利于人们对组织所处情景进行全面、系统、准确的研究，有助于人们开发发展战略和计划，以及与之相应的发展计划或对策。进行 SWOT 分析时，主要有以下几个方面的内容。

一、分析环境因素

运用各种调查研究方法，分析出公司所处的各种环境因素，即外部环境因素和内部能力因素。外部环境因素包括机会因素和威胁因素，它们是外部环境对公司发展直接有影响的有利和不利因素，属于客观因素，一般归属为经济的、政治的、社会的、人口的、产品和服务的、技术的、市场的、竞争的等不同范畴；内部环境因素包括优势因素和弱点因素，它们是公司在其发展中自身存在的积极和消极因素，属主动因素，一般归类为管理的、组织的、经营的、财务的、销售的、人力资源的等不同范畴。在调查分析这些因素时，不仅要考虑到公司的历史与现状，而且更要考虑公司的未来发展。

（一）外部环境分析

外部环境分析也称为机会与威胁分析（SW），环境机会的实质是指市场上存在着"未满足的需求"。它既可能来源于宏观环境也可能来源于微观环境。随着消费者需求不断变化和产品寿命周期的缩短，引起旧产品不断被淘汰、要求开发新产品来满足消费者的需求，从而市场上出现了许多新的机会。环境机会对不同企业是不相同的，同一个环境机会对这一些企业可能成为有利的机会，而对另一些企业可能造成威胁。环境机会能否成为企业的机会，要看此环境机会是否与企业目标、资源及任务相一致，企业利用此环境机会能否比其竞争者带来更大的利益。环境威胁是指对企业营销活动不利或限制企业营销活动发展的因素。这种环境威胁，主要来自两方面：一方面，是环境因素直接威胁着企业的营销活动，政府颁布某种法律，如《环境保护法》，它对造成环境污染的企业来说，就构成了巨大的威胁；另一方面，企业的目标、任务及资源同环境机会相矛盾，如人们对公共汽车的需求转为对轿车的需求，给客车企业的目标与资源同这一环境机会造成矛盾。客车企业厂要将"环境机会"变成"企业机会"，需淘汰原来产品，更换全部设备，必须培训、学习新的生产技术，这对客车企业无疑是一种威胁。轿车的需求量增加，客车的销售量必然减少，给客车企业又增加一分威胁。

企业外部环境因素包括以下方面：政治和法律（反垄断法、环境保护法、税法、对外贸易法、劳动法）；经济（经济周期、GDP、利率、货币供给、通货膨胀、失业率、可支配收入、能源供给、成本）；社会文化（人口统计、收入分配、社会稳定、生活方式的变化、教育水平、消费）；技术（政府对研究的投入、政府和行业对技术的重视、新技术的发明和进展、技术传播的速度、折旧和报废速度）。

（二）内部环境分析

每个企业都要定期检查自己的优势与劣势，这可通过"营销备忘录优势/劣势绩效分析检查表"的方式进行。管理当局或企业外的咨询机构都可利用这一格式检查企业的营销、财务、制造和组织能力。每一要素都要按照特强、稍强、中等、稍弱或特弱划分等级。

企业内部环境影响要素包括：供货商的议价能力（供货商的品牌或价格特色、供货商的战略中本企业的地位、供货商之间的关系、从供货商之间转移的成本等，都影响企业与供货商的关系及其竞争优势）；买方的议价能力（本企业的部件或在材料产品占买方成本的比例、各买方之间是否有联合的危险、本企业与买方是否具有战略合作关系等）；替代品和企业竞争（行业内竞争者的均衡程度、增长速度、固定成本比例、本行业产品或服务的差异化程度、退出壁垒等，决定了一个行业内的竞争激烈程度）。对于企业来说，最危险的环境是存在进入壁垒、存在替代品、由供货商或买方控制、行业内竞争激烈的产业环境。此外，替代品限定了企业产品的最高价，替代品对企业不仅有威胁，可能也带来机会。企业可以采取一些措施来降低成本或增加附加值，从而降低消费者购买替代品的风险。

二、构造 SWOT 矩阵

将调查得出的各种因素根据轻重缓急或影响程度等排序方式，构造 SWOT 矩阵。在此过程中，将那些对公司发展有直接的、重要的、大量的、迫切的、持续的影响因素排在前面，而将那些间接的、次要的、少许的、不急的、短暂的影响因素排在后面。可按以下步骤完成这个 SWOT 分析表：第一，把识别出的所有优势分成两组，分组的时候应以下面的原则为基础：看看它们是与行业中潜在的机会有关，还是与潜在的威胁有关。第二，用同样的方法把所有劣势分成两组。一组与机会有关，另一组与威胁有关。第三，建构一个 2×2 矩阵。最后，把公司的优势和劣势与机会或威胁配对，分别放在每个格子中。SWOT 表格表明公司内部的优势和劣势与外部机会和威胁的平衡。

利用 SWOT 矩阵，企业应该明确以下几个方面的问题，并考虑相应的解决办法。在某些变化的环境里企业可能面临的竞争者威胁，其中有哪些不利的趋势和劣势，考虑如何消除相应的劣势和改变不利环境；发掘企业优势，考虑如何有效利用市场机会；发掘某些领域中可能有的潜在机会，把这些领域中的劣势加以改进；对目前有优势的领域进行监控，以便在潜在的威胁出现的时候不感到吃惊。

(一)环境机会分析矩阵

环境机会是指对公司营销行为富有吸引力的领域，在这一领域里，该公司将拥有竞争优势。图 5—3 表示一个机会矩阵和某汽车公司所面临的若干机会分布情况。公司在每一个特定机会中的成功概率取决于它的业务实力和独特的能力是否与该行业成功所需要的条件相符合。经营最佳的公司将是那些在满足该行业成功条件中拥有大量竞争优势的企业，这些优势形成公司为顾客创造价值的能力。

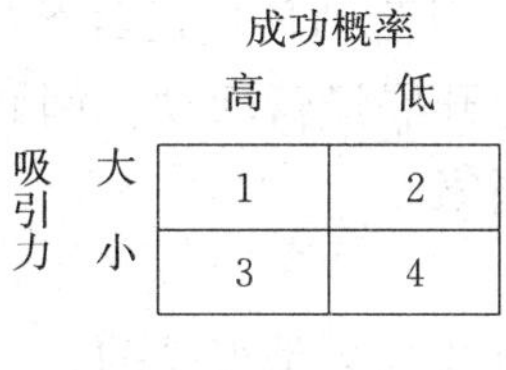

机　会

1. 公司发明一种高效的电动小汽车
2. 公司发明每加仑行驶 60 千米的节油汽车
3. 公司发明一种更有效的减震汽车
4. 公司发明一种更有效的汽车污染控制系统

图 5—3　机会矩阵

图 5—3 的四个区域中，区域 1 是最好的市场机会，企业必须高度重视，因为它的潜在利益和出现可能性都很大；区域 2 和区域 3 不是企业的主要市场机会，但也是企业不容忽视的，区域 2 虽然出现可能性低，但其潜在利益很大；区域 3 潜在利益小，但出现的可能性却很大，因此，需要企业注意区域 2 和区域 3 的特点，制定相应对策；区域 4 的市场机会，潜在利益和出现可能性都很小，主要是留意它的发展变化。

对市场机会，企业可以采取的对策有两种：①利用策略，即企业充分调动和运用自身资源和能力，利用市场机会开展营销活动，扩大销售，提高市场占有率；②放弃策略，当市场机会的潜在利益和出现的可能性都很小时，企业可能放弃市场机会，以免造成企业资源的浪费。

(二)环境威胁分析矩阵

环境威胁是指环境中一种不利的发展趋势所形成的挑战，如果不采取果断的营销行动，这种不利趋势将导致公司市场地位被侵蚀。公司营销经理应该在其营销计划中把公司所面临的威胁识别出来。这些威胁应按其严重性和出现的可能性分类。左上角的威胁是关键性的，因为它们会严重地危害公司利益，并且出现的可能性也最大。公司需要为每一个这样的威胁准备一个应变计划，这些计划将预先阐明在威胁出现之前或者当威胁出现时，公司将进行哪些改变。通过图解的方法把某个特定公司所面临的威胁和机会表示出来，就能勾勒出整个情况的特征。有四种可能的结果：理想的业务是指拥有很多大好机会，而很少甚至可以避免威胁；投机性的业务是指机会和威胁的出现率同样高；成熟的业务是指机会和威胁都很少；麻烦的业务是指机会很少，威胁却很大。

图 5—4 的四个区域中，区域 1 是企业最大的环境威胁，企业必须高度重视，因为它的潜在严重性大，出现的可能性也大，企业应严密监视并及早制定应变策略；区域 2 和区域 3 不是企业的主要威胁，但企业也不能忽视，因为区域 2 出现可能性较小，但其潜在严重性大；区域 3 对企业的影响不大，但出现的可能性很大；对区域 4 的环境威胁也要加以留意，观察其发展变化。

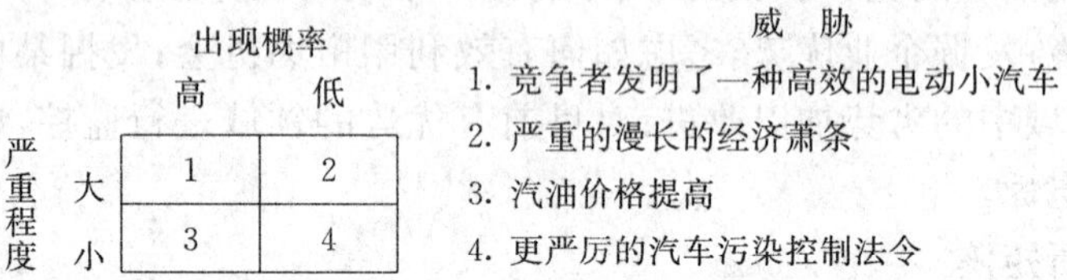

图 5—4 威胁矩阵

营销者对环境威胁进行分析，目的在于采取对策，避免危害。企业面对环境威胁，可以采取的对策有三种：①反抗策略，即企业利用各种不同手段影响环境的发展变化，限制不利环境对企业的威胁。企业开展大市场营销就是对环境威胁的一种反抗。②减轻策略，即企业调整市场策略，加强对环境的适应，以减轻环境威胁的严重性和危害性。例如，针对国外的技术壁垒，中国企业改进产品技术，进入国际市场。③转移策略，当营销环境已经严重地威胁到企业的营销活动时，企业可以转移到其他市场或进入其他行业开展经营活动。例如，由于劳动力成本很高，一些发达国家将劳动密集型产业转移到发展中国家。

(三)综合环境分析

在企业实际面临的客观环境中，单纯的环境威胁和市场机会是很少的。一般情况下，营销环境都是机会与威胁并存的综合环境。根据综合环境中威胁水平和机会水平的大小不同，形成如图 5—5 所示的矩阵。

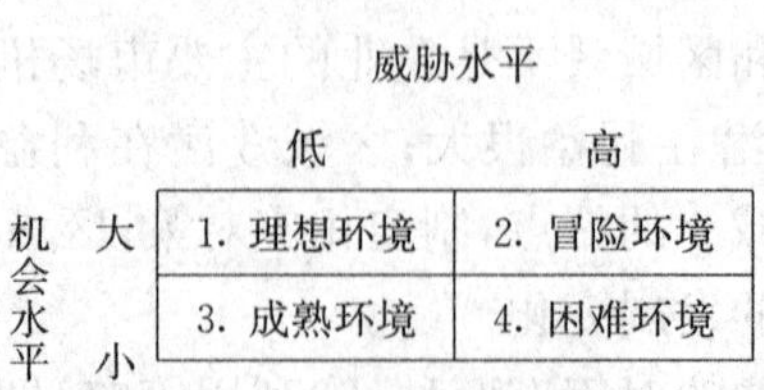

图 5—5 综合环境矩阵

(1)区域 1 表示企业面对理想环境，即机会大和威胁水平低，利益大于风险。这是企业遇到的最好综合环境，企业应充分利用环境中的市场机会。

(2)区域 2 表示企业面对冒险环境，即机会大，环境威胁大，机会和威胁同在，高风险、高收益共存。此时，要求企业必须进行全面分析，审慎决策，降低风险，争取利益。

(3)区域3表示企业面对成熟环境，即机会小，威胁水平也比较低，这是一种比较平稳的环境。在这种情况下，企业可按常规经营，规范管理，以维持正常运转。

(4)区域4表示企业面对困难环境，即风险大而机会小，这是企业遇到的最差综合环境。面对这样的环境，企业必须想办法扭转局面。否则必须果断决策，退出在该环境中的经营。

三、制订行动计划

在完成环境因素分析和SWOT矩阵的构造后，便可以制订出相应的行动计划。制订计划的基本思路是：发挥优势因素，克服弱点因素，利用机会因素，化解威胁因素；考虑过去，立足当前，着眼未来。运用系统分析的综合分析方法，将排列与考虑的各种环境因素相互匹配起来加以组合，得出一系列公司未来发展的可选择对策。这些对策包括以下四种：

最小与最小对策(WT对策)，即考虑弱点因素和威胁因素，目的是努力使这些因素都趋于最小。

最小与最大对策(WO对策)，着重考虑弱点因素机会因素，目的是努力使弱点趋于最小，使机会趋于最大。

最大与最小对策(ST对策)，即着重考虑优势因素和威胁因素，目的是努力使优势因素趋于最大，使威胁因素趋于最小。

最大与最大对策(SO对策)，即着重考虑优势因素和机会因素，目的在于努力使这两种因素都趋于最大。

可见，WT对策是一种最为悲观的对策，是处在最困难的情况下不得不采取的对策；WO对策和ST对策是一种苦乐参半的对策，是处在一般情况下采取的对策；SO对策是一种最理想的对策，是处在最为顺利的情况下十分乐于采取的对策。

案例分析

老龄化加速：中国成世界老年人口最多国家

目前，中国已经成为世界上老年人口最多的国家，也是人口老龄化发展速度最快的国家之一。据联合国统计，到21世纪中期，中国将有近5亿人口超过60岁，而这个数字将超过美国人口总数。

分析人士指出，作为全球老龄产业市场潜力最大的国家之一，中国养老行业仍存在许多亟待完善之处。而且养老行业是关系到每一个人切身利益的现实问题，引起了全社会的广泛关注。

在中国第一部老龄产业发展蓝皮书《中国老龄产业发展报告(2014)》中明确指出，中国已经步入老龄社会初期，而中国式的老龄化问题与世界其他国家相比有其独特之处。

目前业内普遍认为，中国老龄化的主要特征是增速快、规模大、未富先老。虽然与世界上很多国家和地区如日本、欧洲相比，中国老龄化问题出现时间不长，但近几年大有愈演愈烈的趋势，一方面中国人均寿命不断提高，同时由于中国实行的相关政策，导致年轻人口增长速度一直低于自然增长速度，在这两个因素的共同影响下，中国面临的老龄化问题更加严峻，很多人称之为“银发浪潮”或是“人口海啸”，中国老龄化问题已经引发全球关注。

值得注意的是，中国人口基数决定了老龄人口规模十分巨大。国家统计局公布数据显示，截至2014年底，中国60岁以上的老人占到总人口的15.5%，达到了2.12亿。据预测，到2050年，全世界老年人口将达到20.2亿，其中中国老年人口将达到4.8亿，几乎占全球老年人口的1/4。

在中国老龄化进入快速发展阶段的同时，还伴随着高龄化的快速推进。数据显示，目前中国80岁以上的高龄人口已接近2 400万，占整个老龄人口的11%。

此外，不容忽视的是中国空巢老人问题更加突出，目前在城市有54%的老年家庭是空巢家庭，而随着农村进城务工人数的增加，近几年农村空巢老人比例也已接近半数。

有学者表示："在种种问题下，传统的家庭养老模式已经被无情打碎，因此需要社会化的服务和帮助跟进到老年人家庭，这也为中国养老事业提出了更高的要求——满足老龄化社会快速发展的需求，以适应高龄、失能、空巢家庭老人不断增长的现状。老年人群是整个人群当中最脆弱、最需要照顾、关爱的人群，因此健康、医疗等服务对他们来说极为重要。"

案例来源：陈荔：《第一财经日报》，2015年7月22日。

【思考问题】

人口老龄化对企业营销活动有何影响？

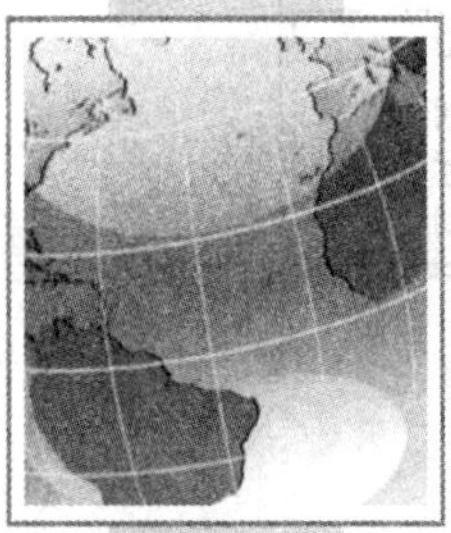

第六章 营销调研

教学要点

营销信息系统及其构成、市场调查信息系统的基本职能、营销调研及其类型、市场营销调研的步骤、市场营销调研的方法、问卷设计方法及其注意事项、营销预测及其分类、市场预测的程序、市场预测方法和结果分析。

教学重点

营销信息系统及其构成、市场营销调研的方法、问卷设计方法及其注意事项、营销预测及其分类、市场预测方法和结果分析。

教学难点

营销信息系统及其构成、市场调查信息系统的基本职能、市场营销调研的方法、问卷设计方法及其注意事项、市场预测的程序、市场预测方法和结果分析。

第一节 营销信息系统

在现代市场营销观念下，营销管理的任务就是在满足消费者的需求和欲望的前提下，达成企业的利润目标。企业营销管理人员为完成上述任务，需要对企业可控制的因素，即产品、定价、分销和促销策略，进行综合运用以制定有效的市场营销策略，而后者必须建立在收集全面和可靠的市场信息基础之上，因此，经常开展市场营销调研，建立企业的市场营销信息系统，对企业的信息资源进行全面的科学的管理是企业制定市场营销决策的前提与基础。

一、营销信息系统及其构成

市场营销信息系统是一个由人员、机器设备和计算机程序所组成的相互作用的复合系统，它连续有序地收集、挑选、分析、评估和分配恰当的、及时的和准确的市场营销信息，为企业营销管理人员制订、改进、执行和控制营销计划提供依据。它由内部报告系统、营销情报系统、营销调研系统和营销决策支持系统组成，如图 6－1 所示。

（一）内部报告系统

内部报告系统亦称内部会计系统，它是企业营销管理者经常要使用的最基本的信息系统。内部报告系统的主要功能是向营销管理人员及时提供有关订货数量、销售额、产品成本、存货水平、现金余额、应收账款、应付账款等各种反映企业经营状况的信息。通过对这些信息的分析，营销管理人员能够发现市场机会、找出管理中的问题，同时可以比较实际状况与预期水准之间的差异。其中，“订货—发货—开出收款账单”这一循环是内部报告系统的核心，销售报告是营销管理人员最迫切需要的信息。

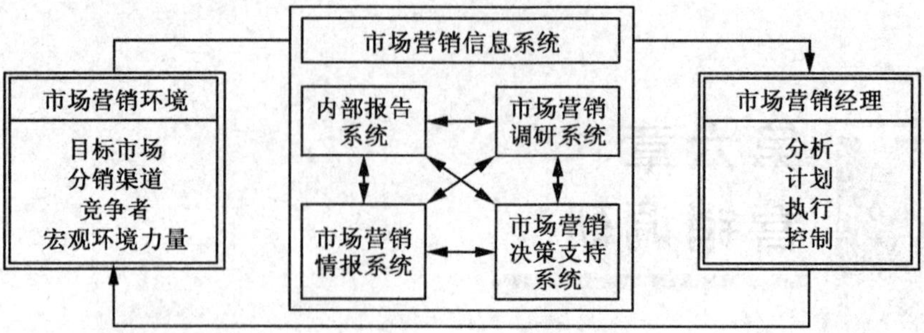

图6—1 市场营销信息系统

【同步案例6—1】

必胜客如何利用内部数据库制定决策

必胜客的数据库拥有4 000万美国家庭的详细顾客数据，它们来源于电话订单、在线订单和全美6 600多家餐厅的销售点交易记录。该公司将按最喜欢的，最新订单，以及你是否同时购买沙拉、奶酪和腊肠比萨等方式处理和分析这些数据，然后利用所有这些数据巩固顾客关系。例如，在对长达数年的购买交易记录进行大量分析的基础上，必胜客设计了一个VIP(Very Into Pizza)计划，以留住最优良的顾客。它邀请这些顾客参加VIP计划，并给每个人14.95美元和一份免费的大号比萨。之后，只要VIP顾客每月订购两份比萨，便将自动获得一张免费大号比萨的优惠券。必胜客跟踪所有这些购买，并以提供了电子邮件的会员为对象。总之，该活动不仅留住了必胜客的顶级顾客，同时还吸引了新顾客。该计划还产生了大量的网络热评。

(二)营销情报系统

营销情报系统是指市场营销管理人员用以获得日常的有关企业外部营销环境发展趋势的恰当信息的一整套程序和来源。它的任务是利用各种方法收集、观察和提供企业营销环境最新发展的信息。营销情报系统与内部报告系统的主要区别在于，后者为营销管理人员提供事件发生以后的结果数据，而前者为营销管理人员提供正在发生和变化中的数据。

营销情报人员通常用以下四种方式对环境进行观察：①无目的观察，观察者心中无特定的目的，但希望通过广泛的观察来搜取自己感兴趣的信息；②条件性观察，观察者心中有特定的目的，但只在一些基本上已认定的范围内非主动地搜取信息；③非正式搜寻，营销情报人员为某个特定目的，在某一指定的范围内，作有限度而非系统性的信息搜集；④正式搜寻，营销人员依据事前拟订好的计划、程序和方法，以确保获取特定的信息或与解决某一特定问题有关的信息。

这种情报循环由五个阶段构成(见图6—2)。第一阶段是情报的定向。主要目的在于确定企业营销所需的外部环境情报及其优先次序，并观察这些情报的指标和收集系统的建立。第二阶段是情报的搜集。主要目的在于观察各种环境，以搜集适当的情报。情报的来源通常十分广泛，如政府机构、竞争者、顾客、大众传播媒介、研究机构等。第三阶段是情报的整理和分析。通常情况下，对于收集到的情报，要分析其是否适用、是否可靠、是否有效。也就是说，收集到的信息需要经过适当的处理，才能转变成有用的情报。第四阶段是将经过处理的情报在最短的时间内传播到适当的人手中，为此，要确定接收人、接收时间和接收方式。工作中，应特别注意经各种途径传播的情报有无失真的情况。第五阶段是情报的使用。为有效地使用情

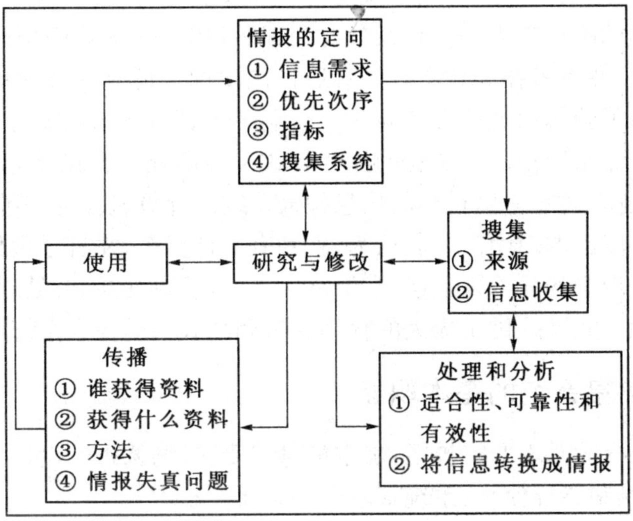

图 6—2　营销情报系统

报，必须建立一种索引系统，帮助营销人员方便地获得存贮的情报。同时，还应定期清除过期或失效了的情报。

（三）营销调研系统

内部报告系统和营销情报系统的功能都是收集、传递和报告有关日常的和经常性的情报信息，但是企业有时候还需要经常对营销活动中出现的某些特定问题进行研究。而市场营销调研系统的任务就是系统地且客观地识别、收集、分析和传递有关市场营销活动各方面的信息，提出与企业所面临的特定营销问题有关的研究报告，以帮助营销管理者制定有效的营销决策。营销调研系统不同于营销信息系统，它主要侧重于企业营销活动中某些特定问题的解决。

（四）营销分析系统

营销分析系统也称营销管理科学系统，它通过对复杂现象的统计分析、建立数学模型，帮助营销管理人员分析复杂的市场营销问题，做出最佳的市场营销决策（见图 6—3）。营销分析系统由两个部分组成：统计库和模型库。其中，统计库的功能是采用各种统计分析技术从大量数据中提取有意义的信息。模型库包含了由管理科学家建立的解决各种营销决策问题的数学模型，如新产品销售预测模型、广告预算模型、厂址选择模型、竞争策略模型、产品定价模型以及最佳营销组合模型等，如图 6—3 所示。

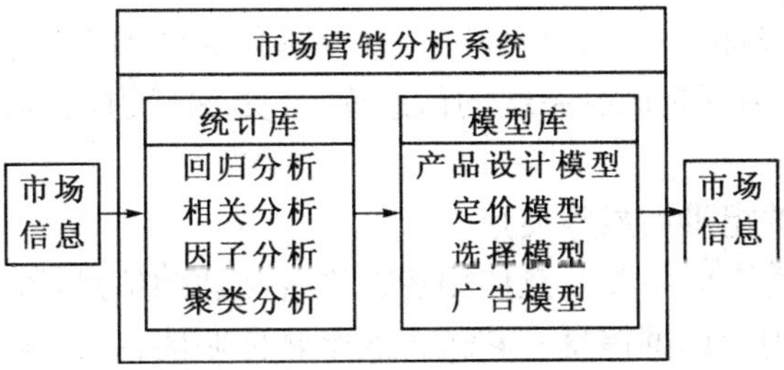

图 6—3　营销分析系统

在现代管理中，上述统计方法和决策模型都被编成程序运用在了计算机上，这一做法极大地提高了营销管理者的决策能力。信息经分析处理后，相当一部分的信息还有重复使用的价值，信息在初次使用后便进入存储状态以便日后再次使用。还有一部分信息暂不直接使用而直接存储。这就提出了营销信息的存储问题。在电子计算机进入信息系统后，将信息进行编码后放入计算机的存储系统便成了主要的储存方式。为使处于存储状态的大量信息能及时、方便地被加以使用，还需建立一套科学的信息检索系统。计算机作为一种有效的工具，已在企业营销管理中得到了广泛的应用。可以认为，直到有了计算机，才有了现代的企业营销信息系统。计算机在信息处理中的显著特点是：它能够实现大量数据的综合处理，从而提高了信息生成的及时性与准确性。此外提供了极大的存储容量和高效率的检索系统。

二、市场调查信息系统的基本职能

市场调查信息系统的基本职能包括：确定信息需要、市场调查的设计与规划、实施调查、信息资料处理、信息提供和指导使用、系统管理六个方面。

(一)确定信息需要

企业在市场营销过程中对市场信息的需要是客观的，但经营管理者对需要什么信息并不总是十分清楚的。市场调查信息系统的第一个基本职能就是确定整个企业对市场信息的需要，即确定各种经营管理及业务活动中信息的性质、数量、受众、时间和渠道等问题。

(二)市场调查的设计与规划

对市场调查进行设计与规划是市场调查信息系统的又一重要职能。为满足企业对市场信息的需要，首先需确定系统信息库中现有的信息资料能否满足需要。如果不能满足需要则应该开展市场调查活动并收集信息。其设计内容包括确定该项市场调查活动的主体、确定资料来源、确定调查对象、确定资料收集方法、设计调查问卷表、确定测量程序与技术、确定资料处理计划、调查力量调配、时间规划和预算等方面。

(三)实施调查

市场调查信息系统承担着具体实施市场调查的职能，即按市场调查的规划，实施调查工作。这一职能包含对第二手资料和第一手资料的收集。一般而言，实施调查的职能居于中心地位，需花费最多的人力、财力、时间，其实施的结果对整个系统有着决定性的影响。

(四)信息资料处理

信息资料处理是市场调查信息系统的又一个中心职能。它包含几个具体的职能：一是信息资料的加工、分析，即对收集所得的各种信息资料进行必要的逻辑运算、数学运算、分析研究等；二是信息资料的传输，即把加工分析后形成的信息资料及时传输给适当的部门或人员；三是信息资料的储存，即把各种市场信息资料，包括原始信息和加工信息，按一定的要求，以一定的形式储存起来，形成市场调查信息系统的信息库；四是编索引，即对信息库中的信息资料按一定的规则编制索引。

(五)市场信息资料的提供和指导使用

市场调查信息系统负有向各类信息使用者提供各类适用信息，并加以指导的职能，有的甚至需向企业外部有关使用者提供信息。它包含五个具体职能：一是需求分析，即对使用者的信息需求进行分析，确定需提供什么样的信息，如果信息库中现有信息不能满足需求，则需决定进行再加工，甚至再调查；二是检索，即从信息库中查找所需的信息；三是再加工，即对原有信息按要求再加工；四是输出，即向需求者提供有关信息资料；五是指导，即指导和帮助信息资料的接收者正确地理解、使用信息，并及时反馈有关情况。

(六)系统管理

对系统本身以及系统的运行进行系统全面的管理也是市场调查信息系统的重要职能。它包含四个具体的职能：一是系统设计，即根据企业的总体情况和营销管理的要求，设计和组建市场调查信息系统，并规划整个信息系统的工作；二是组织领导，即对信息系统的运行实行组织领导，包括建立正常的工作制度和程序、进行人员的组织和协调等；三是控制，即对信息系统的运行实行监督、检查、调节，保证其正常有序地运行；四是评价，即对系统的工作状况、组织结构状况、信息使用效果等进行评价，发现问题，及时改进，确保系统的不断优化。

第二节 营销调研的基本程序及方法

一、营销调研及其类型

(一)营销调研的概念及其重要性

市场营销调研是指运用科学的方法系统且客观地辨别、收集、分析和传递有关市场营销活动的各方面的信息，为企业营销管理者制定有效的市场营销决策提供重要的依据。与狭义的市场调查不同，它是对市场营销活动全过程的分析和研究。市场营销调研的主要作用是通过信息把营销者和消费者、顾客及公众联系起来，这些信息用来辨别和界定营销机会和问题，产生、改善和估价市场营销方案，监控市场营销行为，改进对市场营销过程的认识，帮助企业营销管理者制订有效的市场营销决策方案。它的内容从识别市场机会和问题、制定营销决策到评估营销活动的效果，涉及企业市场营销活动的各个方面。主要包括市场需求和变化趋势的调研、购买动机的调研、产品调研、价格调研、分销调研、广告调研、市场竞争调研和宏观环境调研。

市场营销调研具有三种功能：描述、诊断和预测。描述功能是指收集并陈述事实。例如，某个行业的历史销售趋势是什么样的？消费者对某产品及其广告的态度如何？诊断功能指解释信息或活动。例如，为了更好地服务顾客和潜在顾客，应该如何对产品、服务、提供物进行调整？预测功能指运用科学的方法预测企业的未来情况。例如，企业如何更好地利用持续变化的市场中出现的机会？营销调研的重要性表现在以下三个方面：

1. 有利于实现对质量的不懈追求

质量和顾客满意已成为20世纪90年代末关键的竞争武器。在今天的环境中，若不重视质量、不断改进和令顾客满意，企业就很难取得成功。全球的企业已普遍实施了质量改进和顾客满意计划，以期降低成本、留住顾客、增加市场份额和改善盈利状况。

对顾客没有意义的高质量通常并不能带来销售额、利润或份额的增长，只能是浪费精力和金钱。今天的新观念是强调质量回报。质量回报有两层含义：第一，企业所提供的高质量应是目标市场所需要的；第二，质量改进必须对获利性产生积极的影响。获得质量回报的关键是开展营销调研，因为它有助于组织确定那些类型和形式的质量对目标市场是重要的，有时也可以促使公司放弃一些他们自己所偏爱的想法。

2. 有利于留住现有顾客

顾客满意与顾客忠诚之间存在一种必然的联系。长期的关系不是自然产生的，它植根于企业传递的服务和价值。留住顾客可以给企业带来丰厚的回报。重复购买和顾客的推荐可以提高企业的收入和市场份额。由于企业可以不必花更多的资金和精力去争夺新顾客,因而成本可以下降。稳定的顾客更容易服务,因为他们已经熟悉公司的习惯,相应要求员工投入的时间较少。不断提高的顾客保留率也给员工带来了工作上的满足感和成就感,从而可以导致更高的员工保留率。员工在企业工作时间越长,获得的知识就越多,这样又可以导致生产效率的提高。

3. 有利于企业了解市场

市场调研有助于管理者了解市场状况以及利用市场机会。市场调研实践的历史与营销一样久远。有证据表明,西班牙人在探索新大陆时就曾系统地进行过市场调研。企业在推出一项新产品或新服务之前,有必要分析该项产品和服务的购买市场,进行有针对性的市场营销活动,从而获得最大的经济效益。例如,一位营销经理可能会考虑在推出一种新的冷冻糕点时提供优惠券。优惠券可能会与电视广告一起被用来引导人们尝试这种新的糕点。问题在于,谁应该接受这种优惠券呢?优惠券大量使用者与少量使用者之间是否存在可识别的人口统计特征?这就需借助于营销调研来进行识别。

(二)营销调研的原则

经济活动的复杂性,决定了营销调研是一项复杂重要的工作,搞好这项工作,必须遵循以下原则:

1. 全面性原则

营销调研是一项内容广泛而复杂的工作,要做好这项工作,必须收集、整理有关的市场资料和信息。凡是对企业营销活动有影响的市场要素,都属于营销调研的内容。任何一方面市场资料或信息的遗漏,都可能导致营销决策的失误。

2. 系统性原则

要准确把握市场变化及其规律性,营销调研所收集的资料和信息必须是系统的而不是零星的和残缺不全的。只有对较为系统的资料和信息进行分析,才能使企业对市场的研究建立在科学的基础上。

3. 准确性原则

营销调研的基本要求,就是所收集的各种情报、资料、信息必须准确而可靠。对所掌握的各种市场资料、情报要进行去粗取精、去伪存真地分析和筛选,以避免经营决策的失误。

4. 及时性原则

信息的时间性是信息的生命。市场瞬息万变,唯一不变的是它时时刻刻在变化,抓住机遇,就可能发展;贻误战机,就会受到损失。营销调研必须及时进行以保证为企业经营决策提供尽可能新的资料。

5. 经济性原则

经济活动是为了取得经济效益,经济活动中的每一项工作都要尽可能地讲求经济性。要注意选用最科学合理的方法、最精干的调查人员,用最快捷的调查速度完成调查,尽量减少调查工作中的各项开支。营销调研的经济性必须在全面、系统、准确收集市场信息的基础上来实现。

(三)市场营销调研的类型

根据研究的问题、目的、性质和形式的不同,市场营销调研一般分为以下四种类型:

1. 探索性调研

探索性调研用于探询企业所要研究的问题的一般性质。研究者在研究之初对所要研究的问题或范围还不很清楚，不能确定到底要研究些什么问题。这时就需要应用探索性调研去发现问题、形成假设。至于问题的解决，则有待进一步的研究。

2. 描述性调研

描述性调研是通过详细的调查和分析，对市场营销活动的某个方面进行客观的描述。大多数的市场营销调研都属于描述性调研，例如，市场潜力和市场占有率、产品的消费群结构、竞争企业的状况的描述。在描述性调研中，可以发现其中的关联因素，但是，此时我们并不能说明两个变量哪个是因、哪个是果。与探索性调研相比，描述性调研的目的更加明确，研究的问题更加具体。

3. 因果性调研

因果性调研的目的是找出关联现象或变量之间的因果关系。描述性调研可以说明某些现象或变量之间相互关联，但要说明某个变量是否引起或决定着其他变量的变化，就用到因果性调研。因果性调研的目的就是寻找足够的证据来验证这一假设。

4. 预测性调研

市场营销所面临的最大的问题就是市场需求的预测问题，这是企业市场营销方案和市场营销决策的基础和前提。预测性调研就是企业为了推断和测量市场的未来变化而进行的研究，它对企业的生存与发展具有重要的意义。

二、市场营销调研的基本程序

市场营销调研是一项十分复杂的工作，要顺利地完成调研任务，必须有计划、有组织、有步骤地进行。但是，市场营销调研并没有一个固定的程序可循。一般而言，根据调研活动中各项工作的自然顺序和逻辑关系，市场营销调研可分为以下三个阶段：

（一）准备阶段

准备阶段是调查工作的开端。准备工作是否周到，关系到随后实际调查阶段的开展是否能够顺利进行。营销调研的准备阶段的主要任务就是界定研究主题、选择研究目标、形成研究假设并确定需要获得的信息。

（二）设计阶段

设计阶段主要是制订调查计划和设计调查表。制订调查计划的主要内容包括以下方面：①确定调查目的。搞清楚“为什么要进行调查”、“想要知道什么”和“知道结果后怎么办”等问题。②确定调查项目。根据调查的目的，决定调查的具体内容，做到内容准确、范围适当。③确定调查方法。根据调查的目的、内容不同，选择合适的调查方式和方法。第二手资料一般是通过直接查阅、购买、交换、索取以及通过情报网收集和复制等方式获得。④估计所需经费。调查经费的估计，一般按文印资料费、交通费、出差补贴费、调查费及杂费等项目计算。⑤确定日程安排。根据调查的各项工作所需时间以及各项工作联系情况，做出调查日程安排，并列出调查进度表，以便随时掌握调查进度，按时完成各项调查工作。

设计调查表是根据调查课题，设计出统计表格和调查问卷，以便有针对性地收集有关数据或文字资料。调查问卷没有固定的格式，一般根据常识、传统的方法和经验设计，调查的方法不同，内容的设计也不同。

（三）执行和分析阶段

组织实地调查。按照调查计划的安排，把经过培训的调查人员分配到预定的调查场所进行调查，以取得第一手市场信息资料。此外，对正式调查中取得的大量调查资料，必须经过处理，以确保资料的准确性、完备性、系统性和时效性。结果处理阶段是调查全过程的最后一环，是市场调查能否发挥作用的关键。这个阶段分以下四个步骤：

1. 整理资料

通过市场调查所获得的资料，尤其是通过实地调查所取得的原始资料，大多是分散的、零星的，有时甚至是片面的。要真实反映事物的特征，就必须对资料进行分类、归纳、校订核实，使之系统化、合理化。整理资料工作主要包括以下内容：

(1)分类。将所有资料按一定标准进行分类。

(2)编校。将所有资料加以校对，以便及时补充和修正。编校资料时应注意资料的可读性、完整性、准确性、适用性。

(3)编号。将资料按不同类别编号，以便储存和查找。

(4)计算。根据需要对各项资料分别计算百分比和平均值等。

(5)列表、绘图。将资料编制成单栏或多栏表，便于分析市场情况。必须时还可以根据表格绘制统计图。

2. 分析资料

资料分析是结果处理阶段的关键。资料分析的方法一般有描述性分析、因果性分析、预测性分析等。当影响因素比较复杂、市场发展规律和趋势无法直观地得出结果时，就必须运用科学的预测方法，通过市场预测得出结论，实现市场调查的目的。

3. 提出调查报告

调查报告是在对某件事情或某个问题调查研究以后编写的书面报告。它是调查的最后结果，是用事实材料对所调查的问题加以系统分析说明，然后提出的结论性意见。市场调查报告一般有两种形式：一种是专门性报告，是专供市场营销人员阅读的，内容较详细明确；另一种是一般性报告，是供企业及上级机关的行政领导阅读的。不论哪一种形式，市场调查报告基本上应包括以下内容。

(1)引言。包括标题和前言。前言中应写出调查的时间、地点、对象、范围、目的，说明调查的主旨和使用的调查方法。

(2)正文。正文即报告主体。一般包括详细的调查目的、详细的调查分析方法、调查结果的描述与剖析、建议等。

(3)结尾。是对整个调查工作的总结性的概括或对某些重要观点加以重申，以加深认识。

(4)附件。包括样本的分配、图表及附录。

4. 追踪反馈

提出调查报告并不表明调查的结束，还要对调查结论在实际应用中进行追踪，了解调查结论与实际发展是否相符，了解建议被采纳的程度和实践效果等。通过追踪反馈，纠正偏差，总结经验，不断提高调查人员的分析能力。

三、市场营销调研的方法

在营销调研的设计和执行阶段，要根据调研的目的和具体的研究目标，选择合适的调查对象，采用适当的调查方法和技术，获取完整可靠的信息。这些在实践中发展起来的方法和技术，既包含一些基本的操作程序，又涉及研究者的运用技巧，各自都有其适用的范围和优缺点。调查方法一般分为三类，即访问法、观察法和实验法，现分别叙述如下。

(一)访问法

访问法是营销调研中使用最普遍的一种调查方法。它把研究人员事先拟订的调查项目或问题以某种方式向被调查者提出,要求给予答复,由此获取被调查者或消费者的动机、意向、态度等方面的信息。按照调查人员与被调查者接触方式的不同,访问法又分为访问面谈法、电话调查法、邮寄调查法三种。

1. 访问面谈法

访问面谈法就是调查人员直接访问被调查者,通过面对面的交谈来收集市场信息。在调查过程中,调查者可以根据事先拟定好的询问表或调查提纲提问,也可以采用自由交谈的方式。访问面谈法可分为个别交谈和集体座谈两种类型。访问面谈法的优点是:当面听取被调查者的意见,对于回答不清楚、不明确的问题可以要求补充和解释,或深入、详细地了解真实情况;或深入地进行讨论,相互启发;或观察被调查者的表情、态度、反应,进一步了解消费者的特点、爱好和习惯。访问面谈法的缺点是调查的成本高、花费时间长,调查结果容易受调查人员素质、水平的影响。

2. 电话调查法

电话调查法是指调查者用电话向被调查者询问问题的方法。采用这种方法,调查速度快、比较灵活、成本低。不足之处是调查对象只限于有电话的用户,而对没有电话的用户和个人无法进行调查;受电话通话时间的限制,难以询问比较复杂的问题,调查内容不容易深入,可能影响调查的完整性。

3. 邮寄调查法

邮寄调查法就是把事先设计和印制的调查表通过邮局寄给被调查者,请其填好后寄回。邮寄调查法的优点是调查范围广,可以发放到所有的通邮地区,被调查者回答问题的时间比较充裕,调查成本低,还可以避免调查人员个人偏见的影响。缺点是调查表的回收率较低,调查时间长,由于被调查者对问题的理解不同,收集的答案可能较分散。

随着互联网的发展,已有越来越多的企业利用网络调查、电子问卷等方式进行在线营销调研,收集原始数据,在线营销调研具有比其他调研方式效率高、成本低的优点,正在被越来越多的企业使用。

【同步案例6-2】

访问法的新发展——在线调研

在线营销调研有多种形式。企业可以将网页作为调查媒介,将问卷放在其网站上。它采用电子邮件、网站链接或弹出式广告等方式邀请人们回答问题,并可能赢得奖品。它还可以建立在线固定样本组,以提供定期的反馈,或实施现场讨论或在线焦点小组。

除了在线询问,调研人员还可以开展网上实验。他们可以采用不同价格,使用不同标题,或在不同网站和不同时间提供不同的产品特征以了解它们的效果。他们还可以建立虚拟购物环境,用于测试新产品及营销计划。最后,企业可以通过跟踪在线顾客在访问其网站和打开其他网站时的点击数来了解其行为。

(二)观察法

观察法是由调查员直接或通过仪器在现场观察调查对象的行为动态并加以记录而获取信息的一种方法。观察法分为人工观察和非人工观察,在市场调研中用途很广,如研究人员可以通过观察消费者的行为来测定品牌偏好和促销的效果。随着现代科学技术的发展,人们设计了一些专门的仪器来观察消费者的行为。观察法可以观察到消费者的真实行为特征，但是只能观察到外部现象，无法观察到调查对象的一些动机、意向及态度等内在因素。观察法的优点是可以收集较为客观的资料，调查结果比较接近实际。不足之处在于只能报告事实的发生，不能说明顾客某种行为发生的原因。在实践中，可以把观察法和询问法结合起来，以弥补观察法的不足。常用的观察法有直接观察法、行为记录法和实际痕迹观察法三种：

1. 直接观察法

直接观察法是由市场调查人员直接到现场观察顾客的购买活动，以取得市场信息。例如，电器公司的调查人员亲自观看消费者选购电视机时的情况，了解顾客最注意样式、价格、质量、画面清晰度、售后服务中的哪些事项，以便为企业改进产品、提高产品市场占有率、采取有效对策提供可靠的资料。

2. 行为记录法

行为记录法就是通过记录被调查者的行为而取得调查结果的方法。例如，可以进行顾客流量的调查、了解某商店顾客什么时间最多、什么时间最少，以确定企业销售点的分布、销售时机、销售数量等。

3. 实际痕迹观察法

实际痕迹观察法是测量某种活动对消费者留下的印象的方法。多用于了解广告的效果。例如，某企业在不同的报纸、杂志上刊登广告，消费者可凭广告所附的回执，以优惠价格购买企业的产品，最后统计各种报纸、杂志的回执回收率，以确定哪一种广告效果最好。

(三)实验法

实验法是指在控制的条件下对所研究的现象的一个或多个因素进行操纵，以测定这些因素之间的关系，它是因果关系调研中经常使用的一种行之有效的方法。实验方法来源于自然科学的实验求证，现在广泛应用于营销调研，是市场营销学走向科学化的标志。现场实验法的优点是方法科学，能够获得较真实的资料。但是，大规模的现场实验往往很难控制市场变量，影响实验结果的内部有效性。实验室实验正好相反，内部效度易于保持但难以维持外部有效度。此外，实验法实验周期较长，研究费用昂贵，严重影响了实验方法的广泛使用。

四、问卷设计方法及其注意事项

(一)问卷设计的步骤

调查问卷是市场营销调研的重要工具之一。在大多数市场调查中，研究者都要依据研究的目的设计某种形式的问卷。问卷设计没有统一的固定的格式和程序，一般来说有以下几个步骤：

1. 确定需要的信息

在问卷设计之初首先要考虑达到研究目的的具体方式、检验研究假设所需要的信息，从而在问卷中提出一些必要的问题以获取这些信息。

2. 确定问题的内容

确定了需要的信息之后，就要确定在问卷中提出哪些问题或包含哪些调查项目。在保证能够获取所需信息的前提下，要尽量减少问题的数量，降低回答问题的难度。

3. 确定问题的类型

问题的类型一般分为自由问题、多项选择题和二分问题三大类，根据市场情况的需要和企业实际进行选择。

4. 确定问题的措辞和顺序

问题的词句或字眼对应答者的影响很大，有些从表面上看差异不大的问题，由于字眼不同，应答者就会做出不同的反应。因此，问题的字眼或词句必须斟酌使用，以免引起不正确的回答。问题的顺序会对应答者产生影响，因此，在问卷设计时问题的顺序也必须加以考虑。原则上开始的问题应该容易回答并具有趣味性，以提高应答者的兴趣。涉及应答者个人的资料应在最后提出。

5. 问卷的试答

一般在正式调查之前，设计好的问卷应该选择在小范围内进行预试，从而发现问卷的缺点，改善提高问卷的质量。

(二)问卷设计中可以使用的询问技术

在市场调查中，不论是面对面调查，还是采用电话或邮寄问卷调查，都要求调查人员把所要调查询问的问题准确地传达给被调查者，同时，要争取被调查者的合作，使他们能如实地、准确地回答所提出的问题，因此，调查人员必须掌握一定的调查询问技术。市场调查中常用的一些询问技术如下：

1. 二项选择法

二项选择法又称是非回答法。要求被调查者对所提问题用"是"或"否"、"有"或"无"来回答。这种选择法的优点是：回答绝对，可以得到明确的判断。缺点是：不能表示程度的差别。

例如：您用的牙膏是高露洁的吗？请在(　　)中打√号。

是(　　)　　否(　　)

您家里有电冰箱吗？

有(　　)　　无(　　)

2. 多项选择法

多项选择法又称选择题法。要求被调查者在事先准备的若干个答案中任选一个或几个。这种方法比二项选择法的强制性有所缓和，能表示程度的差别。使用时应注意：一是应把答案编号，二是答案应包括当地市场所有可能的情况。三是被选择的答案不宜过多。

例如：您家里的洗衣机是什么品牌的？请在(　　)中打√号。

①水仙(　　)　②双雀(　　)　③白兰(　　)

④小鸭(　　)　⑤美的(　　)　⑥海信(　　)

⑦威力(　　)　⑧海尔(　　)　⑨其他(　　)

3. 自由回答法

自由回答法就是所提出的问题没有任何限制条件，这种方法的优点是：由于被调查人可以自由回答问题，有可能收集到意想不到的宝贵资料。缺点是：由于答案多种多样，对资料汇总和整理比较困难。

例如：您希望××牌电冰箱需要在哪些方面进一步改进？

4. 顺位法

顺位法就是从所列的若干答案中，由被调查者依自己的爱好或认识程度选定先后顺序。用顺位法时，选定顺序的数目不宜过多。选定到第几位，要由调查的目的决定，可以全部顺位，也可以部分顺位。

例如：在您购买彩电时所注重的主要条件顺序是什么？请在(　　)中编上顺序号。

品牌(　　)　　清晰度(　　)　　式样(　　)

价格（　　）　售后服务（　　）

5. 程度评定法

程度评定法要求被调查者表明对某个问题的态度或认可程度。

例如：您认为电冰箱是现代家庭生活的必需品吗？请在下列答案之一的（　　）中打√号。

①很赞成（　　）　②同意（　　）　③没意见（　　）

④不赞成（　　）　⑤反对（　　）

6. 配对比较法

配对比较法又称对比题法。这种方法主要用于了解同类产品的各种不同牌子在调查者心目中的地位。如果需要更详细的资料，则可以在两者之间，加上一些有关程度的评定标准。

例如：下列A、B、C三种牌子的轿车，请比较左边和右边的哪一种好，并在您认为好的（　　）中打√号。

A（　　）与B（　　）　B（　　）与C（　　）　C（　　）与A（　　）

7. 回忆法

回忆法主要是了解被调查者对不同产品质量、牌子印象的强弱。

例如：您所知道的电脑品牌有哪些？

8. 过滤法

过滤法是指调查人员在最初提出的调查问题较为广泛，然后根据被调查者的回答，逐步缩小提问范围，最后问到所要调查的专门性的问题。

例如，要调查了解购买康佳牌彩色电视机的具体原因，先不要开门见山地向被调查者提问：如“您为什么买康佳牌彩色电视机？”而是投石问路地问：

您想买电视吗？（第一个问题）

①很想买　②不太想买　③不想买

如果选择①，请回答下面问题：

您想买彩色电视机还是黑白电视机？（第二个问题）

①彩色电视机　②黑白电视机

如果选择①，请回答下面问题：

您想买哪种牌子的彩色电视机？（第三个问题）

①康佳牌彩色电视机　②长虹牌彩色电视机　③TCL牌彩色电视机

如果选择①，请回答下面问题：

您为什么想买康佳牌彩色电视机？（第四个问题）请在（　　）中打√号。

①图像清晰（　　）　②质量稳定（　　）　③价格便宜（　　）

④功能齐全（　　）　⑤保修期长（　　）

过滤法的提问和回答都比较自然，便于了解多方面情况，但要求调查人员具有一定的心理学知识，反应要灵敏，并掌握较熟练的询问技巧。

（三）问卷设计的内容

一份完整的调研问卷通常包括以下内容：

（1）问卷的标题。问卷的标题要概括性地说明调查研究的主题，使被调查者对所要回答的问题有一个大致的了解。确定标题应简明、扼要、准确、醒目、突出，易于引起回答者的兴趣。

（2）问卷说明。它旨在向被调查者说明调研的目的、意义。有些问卷还有填表须知、交表时间、地点及其他事项说明等。问卷说明是调查者与被调查者沟通的中介，因而，写好问卷说明是问卷调研取得成功的必要保证。

(3)被调查者的基本情况。这是指被调查者的一些主要特征。这一资料是对调研资料进行分类研究的基本依据。例如,在消费者调研中的消费者的性别、年龄、民族、家庭人口、婚姻状况、文化程度、职业、单位、收入、所在地区等,又如,对企业调研中的企业名称、地址、所有制性质、主管部门、职工人数、商品销售额(或产品销售量)等情况。

(4)调研主题。这是调查者所要了解的基本内容,也是调研问卷中最重要的部分,它主要是以提问形式提供给被调查者。这部分内容设计的好坏直接影响整个调研的价值。

(5)编码。它是将问卷中的调研项目变成数字的工作过程,以便于分类整理,易于进行计算机处理和统计分析。通常是在每一个调研项目的最左边按一定要求顺序编号。

(6)作业证明的记载。在问卷的最后附上调查员的姓名、访问日期、时间等。如有必要,还可写上被调查者的姓名、单位或家庭住址、电话等,以便于审核和进一步追踪调研。

(四)问卷设计应注意的事项

问卷设计应注意以下问题:①必要性。问卷所提问题都应当是必要的,无关紧要的问题不要列入。②准确性。问卷提问要简明扼要,切忌模棱两可。③可行性。要避免列入令人难以回答的问题。所提问题均应在被调查者经验和记忆所能达到的范围之内,同时,也要注意使用的词句一定要与被调查人的身份、水平相符合。④时间性。问卷要精炼、简短,不要使被调查人在回答问题时花费很长的时间。⑤艺术性。提问要讲究艺术性、趣味性,使被调查者乐意回答。

第三节 营销预测的基本程序及方法

一、营销预测及其分类

市场营销预测就是对未来市场需求及发展趋势进行的分析、测算和预见工作,因此,它是企业营销活动能否取得成功的关键。它不仅是企业营销决策的基础和前提,而且是企业营销管理不可缺少的重要环节,对于企业准确把握市场前景,不断寻求发展机遇具有重要意义。市场预测的内容十分广泛。凡是可能对企业生产经营活动产生影响的市场因素,都属于市场预测的范围。主要包括市场需求预测和市场占有率预测两大类。

市场需求预测,就是预测在未来市场上,消费者或生产者对本企业产品的需求状况及变化趋势。它是把企业生产的产品放置在未来一定的时间内进行分析和研究,既要研究可能实现的需求量及其结构,又要研究需求潜量及其结构;既要分析消费心理和消费习惯的影响,又要分析国民收入水平、经济政策、科技发展等因素对未来市场需求的影响。市场需求预测的复杂性,是由于影响市场需求的因素的多样性和多变性,多种市场因素的经常性变化引起市场对企业产品需求的变化。预测需求变化规律就必须首先了解影响需求的因素及其变化,然后通过分析变化找出规律。市场需求预测的重要性,是因为通过需求预测,企业不仅能够了解未来市场对其产品需求状况及其变化,而且能够寻找市场发展机会,进行科学的营销规划。

市场占有率预测是预测企业所销售的产品在未来市场竞争中的发展趋势。对产品市场占有率进行预测,一方面需要分析同类产品、替代产品的发展趋势;另一方面还需要摸清竞争对手的各种情况,如生产能力、销售策略、技术发展动向等。掌握这些信息有利于企业发挥自身优势,弥补自己的不足,改进生产、技术和营销工作,不断提高产品的市场占有率和企业竞争能力。

市场预测除了上述主要内容以外，还包括技术发展预测、生命周期预测、产品价格预测、经营效果预测等。在实践中，不同的企业预测的重点不同，如一般企业以市场需求预测为重点；技术密集型企业特别注重技术发展预测；外向型企业则格外重视对国际市场动向的预测等。企业发展的不同阶段，预测的重点也各有不同，企业应根据自己的特点和发展阶段，确定不同的预测重点、内容和方向。

(一)按预测的范围进行分类

1. 宏观预测

它是从整个国民经济的发展角度对总体市场的变化趋势所作的预测。宏观预测涉及面比较大，是一种粗线条、综合性的预测，旨在了解市场总体供求情况及其变化趋势，从而为制定科学的产业政策和进行宏观调控提供依据。宏观预测包括产业结构预测、人口预测、能源预测、市场供需预测等。

2. 微观预测

它是指企业根据自身发展的需要，从商品经营的角度对未来市场发展状况等所作的预测。微观预测涉及面比较窄，比较细致且针对性较强。在实际操作中必须以宏观预测为指导，为了解市场供求情况、调整经营方向或产品结构和企业的经营决策和编制生产经营计划提供依据。微观预测诸如资源供给预测、商品的市场销售量预测、市场占有率预测等。

(二)按预测的时间进行分类

1. 长期预测

它是指 5 年以上的预测。这种预测适用于市场长期趋势分析和规划工作，主要是为企业制定远景规划提供参考资料。

2. 中期预测

它是指 1 年以上、5 年以内的预测。主要是为企业制定中期经营决策和修订长期计划提供科学依据。

3. 短期预测

它是指 1 年以内的预测。适用于制订年度、季度或月度计划的工作。主要是为企业制定短期经营决策提供科学依据。

(三)按预测方法的性质进行分类

1. 定性预测

现代市场预测并不排斥人们建立在实践经验基础上的主观判断。因为人们可以依据过去和现在的市场状况对未来的市场趋势进行综合判断。定性预测是从人的直觉和经验出发，粗略地推断未来市场的发展趋势、方向和性质，着重于问题质的分析。在实践中，定性预测简便易行，但对问题的分析易受人的主观因素影响，难免具有片面性。

2. 定量预测

定量预测是根据已掌握的历史数据，运用数学模型从数量方面来推断未来市场变化趋势的一种方法。这种方法主要是依据变量之间的数理逻辑关系，用数量指标说明未来市场的状况及其变化，着重于量的分析。定量预测比较客观，逻辑推理严谨，但无法考虑众多因素的影响，对于市场前景做出的描述尚需要进一步的修正。

二、市场预测的程序

企业为了获得科学的预测结果，就必须按照一定的工作程序，有计划、有步骤地组织市场预测。市场预测的一般程序主要包括以下方面：

(一)确定预测目标

确定预测目标是市场预测工作的第一步,预测目标主要回答:“为什么要进行预测”、“对什么进行预测”、“预测要达到什么目的”等问题。确定预测目标后才能进行预测的其他工作,包括预测所要收集的资料、数据,预测方法的选择,对准确性的要求等。在实际预测活动中,预测目标的确定应力求做到准确、明了、详尽、具体;要根据企业一定时期的任务和工作重点来确定;要从企业实际需要出发,分析问题的轻重缓急;也要考虑企业实力和预测费用,做到量力而行,用较少的费用达到较大的目的。

(二)收集分析资料

资料是进行市场预测的重要依据。在占有全面、真实、系统、可靠的资料的基础上,对市场变化的规律性和预测目标的发展趋势进行科学的把握,并对信息资料进行分类整理、归纳、分析,去粗取精、去伪存真,找出其中的内在联系。

(三)选择预测方法

预测方法选择的恰当与否,直接影响着市场预测结果的科学性。选择预测方法通常要考虑下列因素:预测期的长短;历史统计资料所反映出来的事物变化的某种规律性;预测精度要求;预测费用;资料的完备程度。为了提高预测结果的准确性,企业在选择预测方法时,通常是把定性分析和定量分析相结合,或选择多种预测方法,以便相互印证预测结果。

(四)分析评价结果

得出预测结果以后,要对预测结果进行认真的分析评价,检查预测结果是否符合实际、分析预测误差的大小及产生的原因。在分析评价的基础上,要对预测结果做进一步的修正,可采用增加解释变量个数;增加样本容量;改变模型或方程结构形式;根据平均误差大小,调整方程截距;改换预测方法等修正方法。

(五)提出预测报告

如果预测结果达到预测目标的要求,预测误差在允许的范围之内,就可以正式写出预测报告。否则,就要回到前面步骤,或重新确定目标,或重新选择预测方法,再行预测。在预测报告中,要对预测过程、预测结果、资料来源做出简明解释。预测报告要做到数据准确、论证充分、建议切实可靠。在实际工作中,提出预测报告后,还要对报告进行追踪检验,由实践来验证预测报告中所提出的预测结果、建议或方案是否符合市场变化的实际情况。

三、市场预测方法和结果分析

市场的预测方法有很多,但总体而言可以分为定性预测法和定量预测法两大类。

(一)定性预测法

定性预测是对事物质的属性的分析和描述。具体的方法也有多种,这里介绍销售人员估计法和德尔菲法。

1. 销售人员估计法

由于企业的销售人员直接接触市场和用户,比较了解用户和竞争厂家的动向,尤其是对于他们所服务的市场比较熟悉。因此,综合他们的意见所作的市场预测,有一定的参考价值。销售人员估计法能够使企业在市场因素剧烈变化时,尽快做出反应,并在综合考虑各种营销因素的基础上,做出切合实际的预测。它一般适用于近期内的市场预测。其缺点是销售人员的分析判断易受个人情绪和利益的影响。例如,有的销售人员对市场形势比较乐观,他估计的销售量可能会偏高，而有的销售人员对市场形势持悲观态度，他估计的销售量可能会偏低；有的销售人员可能会由于某种原因而故意低估销售量。因此，要对销售人员的预测值进行修正，以推定的平均值作为最终预测值。其计算公式下：

$$T=\frac{a+4m+b}{6}$$

式中：T 为推定平均值，a 为最乐观的估计值，m 为最可靠的估计值，b 为最悲观的估计值。

2. 德尔菲法

德尔菲法又叫专家预测法，它采用调查表的形式征询有关专家对某一预测项目的意见，经过几番信息整理反馈后，使各种意见逐步趋向一致，最后得出一个比较统一的预测意见。在整个征询过程中，各位专家互不发生联系，始终采取匿名形式。各位专家可以冷静地、客观地、不受任何干扰地提出自己的意见。德尔菲法具有真实性、系统性、科学性的优点，但需要占用较多的时间。它主要用于企业的中、长期预测。其预测程序是：

(1)确定预测目标。根据企业的实际需要确定预测目标，并将预测目标细分，分成一系列的具体项目，即专家们需要回答的一系列具体问题。

(2)选择专家。这种方法所选择的专家总数一般在 20～50 人之间为宜。其中，本企业、本部门的专家，与本企业、本部门有业务联系的专家，在经济界有重要影响并具有专门知识和丰富经验的专家，各占三分之一左右。

(3)设计、寄送征询表。在征询表中，先介绍预测目标，然后提出各种问题，并附上填表说明，分别寄送各个专家。

(4)征询反馈意见。各个专家的匿名预测意见返回后，将初步得到的结果综合整理，再将新征询表寄送各位专家，如此多次，经过几轮意见反馈，专家的意见就会逐步趋于集中，这一过程一般经过 3～5 次。

(5)统计整理征询结果。各个专家的意见逐渐趋于一致后，即可对征询的结果进行统计整理，用中位数或加权平均法得出预测结果，完成本次预测过程。

(二)定量预测法

定量预测法，是根据掌握的历史数据，运用数学模型对未来事物发展进行定量分析的一种方法。按照处理资料方法的不同，可以分为两种，即时间序列法和相关分析法。

1. 时间序列法

时间序列法是指同一个经济指标在不同时间产生，并按时同先后顺序排列的一组数据。例如，把企业过去的实际销售计资料，按照发生时间的顺序排列，就形成了一个数列。分析这个数列，从中找出其变化的规律性，并假定未来的市场仍将按照这个规律运动，以此来推测未来市场销售趋势。具体有以下几种：

(1)简单移动平均法。它是利用与预测期关系密切的近期资料，运用一定的公式，计算出平均值，作为预测结果的一种简单方法。假定预测结果只与近期数据资料有关，而与较远的状况关系不大或无关，因而随着时间发展，不断引进新数据资料来修正预测值。使用这种方法时，需要注意所使用的资料期数一旦确定，就要保持不变，长期使用下去。此外，当前期预测结束，开始下期预测时，只需舍弃最早时期的那个资料并加上最新资料就可以进行预测。其基本公式是：

$$F_{t+1}=\frac{F_t+F_{t-1}+\cdots+F_{t-(n-1)}}{n}$$

式中：F_{t+1}为某时间段的预测值，F_t 为某时期的实际值，n 为移动期。

例如：甲企业 7～12 月的实际销售额如表 6－1 所示。

表 6－1 实际销售统计表 单位：万元

月份	7	8	9	10	11	12
实际销售额	350	360	400	380	420	430

按照移动期 $n=3$，预测 10 月的销售额为：

$$F_{10}=\frac{F_7+F_8+F_9}{3}=\frac{350+360+400}{3}=370(\text{万元})$$

当 10 月结束后，实际销售额为 380 万元，据此预测 11 月、12 月和次年 1 月销售额：

$$F_{11}=\frac{360+400+380}{3}=380(\text{万元})$$

$$F_{12}=\frac{400+380+420}{3}=400(\text{万元})$$

$$F_1=\frac{380+420+430}{3}=410(\text{万元})$$

(2)加权移动平均法。它是在简单移动平均法的基础上形成的一种方法。简单移动平均法把各个资料期的数据对预测的影响同等看待。距离预测期越近的数据对预测值的影响越大，反之则影响越小。因此，加权移动平均法考虑到预测资料期中每一期的数据对预测值影响程度的不同，给不同时期的资料确定不同的权数然后加权平均。加权移动平均法的关键是确定权数，以其平均值作为下一期的预测值。

设经济指标的实际值为 $F_1, F_2, F_3, \cdots, F_t$，取移动期为 n，所给的权数分别为 $W_1, W_2, W_3, \cdots, W_t$，且 $W_t > W_{t-1} > W_{t-2} > \cdots > W_{t-(n-1)}$，那么，$F_{t+1}$的预测值为：

$$F_{t+1}=\frac{W_t \cdot F_t+W_{t-1} \cdot F_{t-1}+\cdots+W_{t-(n-1)} \cdot F_{t-(n-1)}}{W_t+W_{t-1}+\cdots+W_{t-(n-1)}}$$

例如甲企业 1～6 月的实际销售额如表 6－2 所示，取权数 $W_t=1.5, W_{t-1}=1, W_{t-2}=0.5$，并且移动期 $n=3$，按照加权移动平均法预测 5～7 月的销售额。

表 6－2 实际销售统计表 单位：万元

月份	1	2	3	4	5	6
实际销售额	60	72	55	78	85	66

$$F_{t+1}=\frac{W_t \cdot F_t+W_{t-1} \cdot F_{t-1}+\cdots+W_{1-(n-1)} \cdot F_{1-(n-1)}}{W_t+W_{t-1}+\cdots+W_{t-(n-1)}}$$

$$F_5=\frac{1.5\times78+1\times55+0.5\times72}{1.5+1+0.5}=69.3(\text{万元})$$

$$F_6=\frac{1.5\times85+1\times78+0.5\times55}{1.5+1+0.5}=77.7(\text{万元})$$

$$F_7=\frac{1.5\times66+1\times85+0.5\times78}{1.5+1+0.5}=74.3(\text{万元})$$

(3)指数平滑法。它是根据上期实际值和预测值，利用平滑系数来加强近期数据对预测值影响的预测方法。这种预测方法只需要上期预测值和上期实际值两个数就可以进行预测，简便易行，是常用的一种预测方法。使用这个方法，如何确定平滑系数至关重要。如果 α 较大，对实际情况反应灵敏，但预测值不稳定；如果 α 较小，预测值稳定，但对实际情况反应不灵敏。在实际应用中，通常选择若干个不同的 α 值来进行预测，将计算的预测值分别与对应时期的实际值比较，取其中与实际值较接近的 α 值作为今后长期采用的平滑系数。其计算公式为：

$$F_t=\alpha \cdot S_{t-1}+(1-\alpha)F_{t-1}$$

其中：F_t 为某期的预测值，S_{t-1} 为紧前期的实际值，F_{t-1} 为紧前期的预测值，α 为平滑系数（$0\leqslant\alpha\leqslant1$）。

例如，甲企业 9 月份销售预测值为 68 万元，实际销售额为 80 万元，α 值为 0.2，根据指数平滑法预测 10 月份的销售额为：

$F_t=\alpha \cdot S_{t-1}+(1-\alpha)F_{t-1}$

$F_{10}=0.2\times80+(1-0.2)\times68=70.4$（万元）

2. 相关分析法

相关分析法也叫因果关系法。经济活动中的很多变量之间都有一定的相关关系。商品销售量与市场购买力之间、彩电销售量与荧光屏需求量之间、毛线销售量与季节气候之间等，都有一定的相关关系。相关分析法就是分析研究各种变量之间的相关关系，找出其规律，运用数学模型，预测事物未来的一种方法。

(1)领先指标法。领先指标是影响预测目标的一种潜在因素，如汽车销售量是汽车零部件需求量的领先指标。它们之间是一种因与果的相关关系。掌握了预测对象的领先指标，就可以从它们的相互联系中推算预测对象的变化趋势。

例如：乙汽车配件厂从历年的统计资料中发现，每出售 50 辆汽车，就会增加该厂制造的零部件销售量 9 件。已预测到明年某地区的汽车销售量是1 600辆，由此可以推算这个地区明年该厂零部件的销售量为：

$1\,600\times\frac{9}{50}=288$（件）

(2)一元线性回归分析法。一元线性回归法是最基本的回归分析法，它是利用两个变量之间的线性关系进行的预测。确定了回归系数 a、b 以后，就可以建立一元线性回归方程。如果已知 X 的值，就可以根据这个方程进行预测，求出 Y 值。基本公式为：

$$Y=a+bX$$

其中：Y 为因变量，是预测值；X 为自变量，是相关因素值；a、b 是回归系数，可以根据历年数据中自变量和因变量的关系确定。

其计算公式为：

$$a=\overline{Y}-b\overline{X} \qquad b=\frac{\sum X\cdot Y-n\overline{X}\cdot\overline{Y}}{\sum X^2-nX^2}$$

其中：

$$\overline{Y}=\frac{\sum Y}{n} \qquad \overline{X}=\frac{\sum X}{n}$$

例如，丙炊具厂通过市场调查，了解到 2005 年本地区新婚人数为 780 对。历年炊具销售和新婚人数的资料见表 6－3。

表 6—3　　炊具厂统计资料

年份	1999	2000	2001	2002	2003	2004
新婚数(对)	300	380	440	510	600	710
炊具销售额(万元)	90	95	100	105	110	120

运用一元线性回归法进行市场预测。

$\overline{X}=\frac{2\ 940}{6}=490\quad \overline{Y}=\frac{620}{6}=103.3$

$b=\frac{311\ 850-6\times490\times103.3}{1\ 552\ 200-6\times490^{2}}=0.073$

$a=103.3-0.073\times490=67.53$

其回归方程为：$Y=67.53+0.073X$。

2005 年度炊具销售额为：$Y=67.53+0.073\times780=124.47$(万元)。

案例分析

New 制鞋公司

位于英国中部的 New 制鞋公司，正经历着一个利润下降的痛苦时期。公司是根据其所投入资金获得的税前利润来估算公司利润的。销售主管说利润率下降反映了市场目前的萧条状态。市场总需求量远低于 12 个月以前的水平，在竞争加剧的情况下，公司一直在努力维持其以前的市场占有率。来自欧洲厂商的竞争已经因为欧盟贸易政策的改变而加剧了，尤其是西班牙的厂商，利用他们比较低的成本结构进入了英国市场。但 New 制鞋公司却无法在欧洲市场上充分利用机会。它的市场策略还未发育成熟，难以获得竞争优势。销售主管把公司的竞争力欠缺归咎于研发团队的糟糕表现和制造部门对制造成本缺乏监控。技术主管宣称，公司的产品不亚于全世界的任何一种产品。的确，在他看来，该公司的产品到目前为止是性价比最好的产品。他指出，公司去年的市场营销力度不够，公司必须一直保持在公众中的知名度，尤其是在竞争加剧时。同时，他认为营销活动需要资金支持，而这正是此前所欠缺的。生产主管指出，公司原本可以通过在制造程序中引进新技术来大幅度地降低其制造成本。然而，他指出，公司的会计报表歪曲了事实真相。在他看来，利润率是增长了，却没有在公司的经营账目中得到真实反映。财务主管感觉到，利润率的下降应归咎于公司最近的收购行为。对零售业的投资并不像当初所设想的那样有利可图。在目前经济不景气的情况下，这种做法在某种程度上反映出了公司选择的收购时机是不成功的。总经理指出，公司明显存在问题，为了解决这个问题，每个人都应该对竞争者的动向和公司如何从营销的观点做出回应给予特别的关注。

案例来源：博威时代网站，http://www.007bow.com/html/140/813.html。

【思考问题】

在 New 制鞋公司这个信息不充分的案例中，公司中的各个部门都对企业利润的下滑有着自己的见解，销售、技术、生产、财务的主管都主观地将企业利润下滑的原因归咎于其他方面的原因。其实，企业真正存在的问题在于，当市场不断变化、市场竞争不断加剧时，它没有及时地进行市场调研，没有清楚掌握市场的动态及消费者心理的变化，这使得企业以其陈旧的营销策略应对新型的市场，利润下降在所难免。如果企业想要抑制住颓势，那么企业就需要做详细的市场调研，找到症结所在并提出解决问题的答案。请你根据案例，指出 New 制鞋公司应从哪些方面入手进行市场调研。

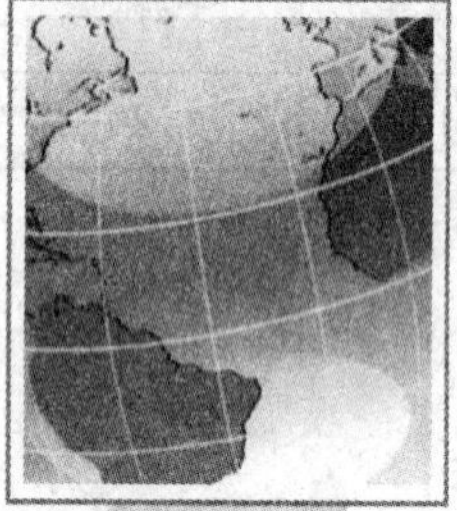

第七章 目标市场

教学要点

市场细分的概念，市场细分的意义，市场细分的原则，细分标准和细分过程，如何选择目标市场，目标市场的战略和模式选择，市场定位的含义、过程、策略和方法。

教学重点

市场细分的标准和细分过程、目标市场的战略和模式选择、市场定位的策略和方法。

教学难点

市场细分的操作化、目标市场的进入策略和定位选择。

第一节 市场细分

“不要试图向所有的顾客提供服务”是营销的重要准则之一，“有所不为才能有所为”。技术在突飞猛进，企业竞争日益加剧，消费需求差异越来越大，谁能长期在某个领域称雄，保持霸主地位不动摇呢？企业必须充分了解所面临的市场各个部分的需要和欲望，将市场进行细分，根据自身资源和能力，设计满足这些需要的产品和服务，制定有效的营销战略使产品和服务到达目标市场，显示企业不同于竞争对手的独特形象，在消费者心中树立稳定、有价值的地位，从而立于不败之地，这就是目标营销（target marketing）。在目标营销中，企业在市场营销环境分析的基础上，把一个整体市场按照一定的标准进行市场细分化、目标化和定位，已成为决定营销成败的关键，营销学家将此作为现代营销战略的核心，简称为 STP 营销，即市场细分（segmenting）、确定目标（targeting）和定位（positioning）。

一、市场细分及产生的基础

（一）市场细分的含义

美国著名的市场学家温德尔·史密斯（Wedndell R. Smith）在 1956 年发表的《市场营销战略中的产品差异化与市场细分》一文中首先提出了“市场细分”（market segmentation）的概念。市场细分已成为现代营销理论的重要基石之一，成为企业制定营销战略的重要基础。

市场细分是指根据消费者对产品的不同欲望和需求、不同的购买态度和购买习惯，把整体市场（异质市场）划分成为若干个消费者群（同质市场）的过程。每个消费者群就成为一个细分市场，在这个市场里的消费者有着基本类似的需求倾向和购买习惯。

（二）市场细分的产生基础

消费者需求的差异性是市场细分的客观基础。由于消费者所处的地理、社会环境不同，自身的心理和购买动机不同，造成了他们对产品的价格、质量、款式、品牌等需求上的差异性。

消费者需求的相似性是市场细分的理论基础。消费需求的差异性是绝对的，没有两个消费者在需求方面完全相同,但我们可以通过挖掘消费者需求的相似性,忽略细微的差异性,把需求大致相同的消费者划分一类,成为一个相对独立且稳定的细分市场。在现实生活中,有相同的文化背景、社会地位、相同个性、相同文化层次的消费者,在购买需求、心理、行为、习惯等方面总显示出相似性,这些也构成了该细分市场的特征。

二、市场细分的意义

在大众化营销(mass marketing)中,卖方为所有的购买者大量生产、大量分配和大量促销单一的产品。在《福特 T 型车的兴衰》案例中,福特公司当时只提供 T 型车给用户,就是典型的大众化营销。另一个大众化营销的典型就是可口可乐公司曾一度只销售 6.5 盎司的瓶装可乐给全球的消费者。大众化营销能创造最大的潜在市场,获得低成本的优势。由于大众化营销没有满足差异越来越大的消费需求和欲望,在产品极大丰富、消费者选择空间越来越大的今天,大众化营销模式走得越来越困难了,取而代之的是市场细分营销模式。

相对大众化营销,细分营销有以下优点:

(一)通过市场细分,可以使企业发现市场机会,进而开拓市场

面对复杂消费市场,企业通过市场细分可以发现市场上各个不同的消费群体的需求及其被满足的程度,找到那些还没有被满足或没有被很好满足的需求,针对这些需求来设计产品或服务。

(二)通过市场细分,有利于企业了解细分市场的特点,制定并调整营销组合策略

企业针对目标消费者的需求特点,创造出适合他们的产品和服务,选择合理的分销渠道和沟通方式,更好地满足目标消费者的需要,使企业形象和品牌形象深入人心,形成消费者偏好。

(三)通过市场细分,有利于企业充分利用现有资源,获得竞争优势

任何企业的资源是有限的,市场竞争越来越激烈,企业要充分利用现有资源,只有借助市场细分,合理分配资源。特别是一些中小企业,资金实力和研发力量相对较弱,可以通过市场细分,选择一些大企业不能顾及或不愿进入的细分市场,减少竞争压力,拓展生存空间。

三、市场细分的原则

市场细分的标准很多,可以根据单一的标准对市场进行细分,也可以按照多个标准综合性地对市场进行细分。如何确定细分标准,对市场细分非常重要。一般来说,对市场细分要遵循以下原则。

(一)可衡量性

细分的市场必须是可以被识别和衡量的。每个细分市场不仅可以用具体特征来描述和识别,而且也可以对其市场容量进行测算。细分市场如果没有可衡量性,那么市场细分就会失去意义。要做到细分市场可衡量,细分标准的选择必须合理、准确,尽可能回避难以准确定义和度量的要素。

(二)差异性

不同细分市场的消费者对同一营销变量的反应具有明显的差异性。如企业对某一产品实行涨价,一个细分市场的购买者对价格敏感,导致销量大幅度下降,而另一个细分市场的购买者对价格不敏感,销量基本没有变化。有效市场细分的结果是:不同的细分市场之间具有明显的区别性,即异质性;同一细分市场内部具有相对稳定性,即同质性。

(三)可进入性

可进入性是指企业有能力进入细分市场,包括企业的产品能够到达该市场,企业的营销活动可对该市场产生影响并导致购买。要做到细分市场可进入性,要求企业必须具有进入细分市场的资源和能力。例如,奢侈品市场利润很高,企业想涉足,但企业在奢侈品市场没有相应的品牌和威信,根本无法进去,这个细分市场就是无效的。

(四)可获利性

细分市场应该可使企业有利可图。企业作为一个以盈利为目的的经济组织,能够在市场获利是判断营销活动的重要标准。企业所选定的细分市场的规模要大到足以使企业获利,如果细分市场规模过小,市场容量有限,而经营成本又高,获利很少甚至亏损,显然,这样的市场细分是没有价值的。

四、市场细分的标准

市场细分以顾客的特征为基础,根据顾客对商品和服务的需求差异性,选择细分标准。消费者市场与产业市场在市场细分标准方面有很大的差异性,我们对两个市场分别来阐述。

(一)消费者市场细分标准

消费者市场细分标准主要有四类,即地理因素、人口因素、心理因素、行为因素。

1. 地理因素

地理因素是按照消费者所在的地理区域及地理条件(包括地理区域、自然气候、资源分布、人口密度、城市大小、乡镇大小等)来细分消费者市场。由于地理要素相对稳定,比较容易分析,同时也较有效,因为同一环境条件下的消费者通常在需求方面具有一定相似性,所以地理因素成为大多数企业使用的细分标准。

例如,我国茶叶市场,各地区有不同偏好,绿茶主要畅销南方地区,花茶主要畅销于华北地区、东北地区,砖茶则主要为某些少数民族地区所喜好;酒类市场,高度白酒在北方市场较为畅销,而低度白酒和果酒在南方市场较受欢迎。美国东部人爱喝味道清淡的咖啡,西部人爱喝味道较浓的咖啡,美国通用食品公司针对上述不同地区消费者偏好的差异来推销不同口味的咖啡。

2. 人口因素

人口要素包括年龄、性别、家庭人数、生命周期、收入、职业、教育程序、家庭组成、宗教信仰、种族、国籍、社会阶层等。用人口要素来细分市场是一个重要的途径,因为人口要素容易测量,而且人口要素与消费者的欲望、偏好等有密切联系。

3. 心理因素

心理因素是指消费者所处的社会阶层、生活方式、个性等心理变量。人们所处的社会阶层不同,在需求方面有强烈的差异性。如在对购物地点选择方面,蓝领可能会选择去廉价批发零售地购物,白领可能会选择去超市购物,高收入总裁会选择到高档会员商场购物。

由于文化、阶层、职业、经历不同,不同的人有着不同的生活方式,造成他们有不同的需要。而一旦生活方式发生改变,则会带来新的需要。

人的个性特征各有不同,有内向与外向、独立与依赖、乐观与悲观之分。在今天个性化的年代,面对大量追求个性的消费者,企业要给产品赋予品牌个性,以符合消费者彰显个性的消费者消费需求。

相对其他要素来讲,心理因素是最难把握的,企业容易犯错误。

4. 行为因素

行为因素是指消费者购买或使用某产品的时机、追求利益、使用者状态、使用率、品牌忠诚和态度等。行为细分能直接反映消费者需求差异。

时机是指消费者购买产品的目的、动机和时间，如日常消费、节假日消费或聚会消费。例如，孔府家酒定位是家人团聚时饮用的家用酒。

追求利益指企业确定消费者从该产品追求的主要利益出发，对市场进行细分，如分析旅游者追求的利益，可将旅游市场划分为家庭度假、刺激冒险和安逸享乐三个细分市场。

按照消费者对某种产品的使用率，可以把消费者细分为少量使用者、中量使用者、大量使用者。例如，啤酒市场按照使用率细分，给消费者提供不同容量的产品，有小容量罐装、中容量的小瓶装和大容量的瓶装。

按照品牌忠诚度来细分市场，针对消费者对品牌的不同忠诚度，可把顾客划分为四种：坚定忠诚者、中度忠诚者、转移忠诚者和多变者。企业通过各种营销策略保留、强化坚定忠诚者和中度忠诚者，增强转移忠诚者的忠诚感，培养多变者转化为忠诚者。

【同步案例 7－1】

怕上火就喝王老吉

中国的饮料市场是最热闹的，国内品牌和国外品牌同场竞技、百花争艳。以“两乐”为代表的碳酸饮料、以“汇源”为代表的果汁饮料、以“统一”和“康师傅”为代表的茶饮料等层出不穷，竞争激烈，2004 年又发展了以“脉动”为代表的功能饮料。特别在茶饮料市场，国内的品牌众多，竞争更为激烈。“王老吉”的茶饮料在度过平凡的七年发展之后，通过和策划公司的合作，在充分的市场调查基础上，细分出了自己的差异化蛋糕，提出“怕上火就喝王老吉”来细分现有的凉茶饮料市场，成功地拿走了饮料市场的一块大蛋糕。虽然市场上饮料品种多如牛毛，但作为“预防上火的饮料”，王老吉则是天字第一号。

（二）产业市场细分标准

用来细分消费者市场的标准也可用来细分产业市场，但由于产业市场与消费者市场比较起来有很大的不同，产业市场有以下新的细分因素，主要有：

1. 用户地理位置

许多产业需求可能会随着地理区域的不同呈现差异性。产业市场往往形成相对集中的产业群，如美国的硅谷、中国的中关村等。这些地区对于某种产品的需求有明显的同质性和相似性，客户倾向于向当地的供应商购买，远距离的供应商就明显处于劣势。

2. 最终使用者

在产业市场上，不同的最终用户对同一种产品往往有不同的要求。例如，飞机制造商所需要的轮胎必须达到的全部标准比农用拖拉机制造商所需轮胎必须达到的标准高得多；豪华汽车制造商比一般汽车制造商需要更优质的轮胎。

3. 用户规模

根据购买量的大小，将市场细分为大客户、中客户、小客户。企业针对客户的规模大小建立适当的制度来分别对待不同规模的客户。例如，美国一家办公室用具制造商按照顾客规模，将其顾客分为两类顾客群：大客户，如国际商用机器公司、标准石油公司等，这类顾客群由该公司的全国客户经理负责联系；小客户，由外勤推销人员负责联系。

五、市场细分的过程

美国营销学者麦卡锡提出了细分市场的七个步骤，有一定借鉴意义。

(1)选定产品市场范围。通过市场调研，分析市场需求，确定企业进入什么行业，生产什么产品。

(2)列举顾客的基本需求。例如，消费者对住宅的基本需求可能包括遮阳避雨、安全、方便、陈设完备、周边环境等。

(3)了解不同潜在顾客的不同需求。对列举基本需求，不同顾客的侧重点可能会不同，例如，有人对住宅要求低价位的经济适用房，而有的人可能强调住宅的陈设完备、周边环境优美、工程质量好且生态环保等。

(4)以特殊需求作为细分标准。例如，住宅的安全、遮阳避雨等共同需求就不能构成细分标准，而价格、质量档次、环境等不同需求才能构成细分标准。

(5)根据需求差异方面，将市场进行细分，并给每一个子市场初步命名。

(6)进一步对初步细分的市场需求特点和购买行为进行深入分析，对细分市场进行重新划分和命名。

(7)评估每个细分市场，选择企业的目标市场。

第二节　目标市场选择

企业进行市场细分之后，接着进入目标营销的第二步，确定企业具体进入哪一个或哪几个细分市场，即目标市场选择。

一、目标市场选择的标准

目标市场(target market)就是企业决定进入的市场。企业该进入什么细分市场，要先对细分市场进行评估，评估时要考虑细分市场的吸引力，还要考虑企业自身的资源和能力，即进入细分市场的可行性。一般来说，企业选择目标市场应符合以下标准：

(一)市场有一定的规模和发展潜力

企业进入的细分市场如果规模过小或趋于萎缩状态，企业进入后获利能力受限，同时难以获得长久发展，企业应该慎重考虑，不要轻易进入。当然有些市场规模目前较小，但发展潜力大，未来会形成较大规模的市场，我们要充分重视。

(二)市场有一定的购买力

如果市场仅仅是规模大，但没有足够的购买力，就难以构成现实市场。对一些高档产品来说，我国广大的农村市场，虽然人口众多、规模大，但由于农民的收入低，购买力不强，所以不能成为高档产品的目标市场。

(三)在市场上企业有一定的竞争优势

企业在选择目标市场时要对细分市场进行竞争性评估，主要从该细分市场的竞争者数量、竞争者规模和力量、进入壁垒和退出壁垒等方面进行评估。一般企业会选择进入和退出壁垒较低、竞争者还未完全控制的市场，能够显示企业一定竞争优势的市场为目标市场。

(四)市场符合企业目标和资源

资源是企业生存和发展的基础，没有一定的资源和能力，任何企业都不可能有所作为，因此，企业的资源是企业目标市场选择时要考虑的首要因素。企业必须合理配置和优化资源，使企业有限的资源发挥最大的效益。

同时，企业选择的目标市场和企业的目标一致性。某些市场也许很有吸引力，但不符合企业的长远目标，也不宜确定为目标市场。

二、目标市场战略

企业在选择目标市场时，一般会选一个或几个细分市场作为目标市场，对不同的目标市场企业制定相应的营销战略。目标市场战略一般有以下三种。

（一）无差异性营销战略

无差异营销战略是指企业把整体市场看作一个大的目标市场，用一种产品及统一的营销策略来吸引尽可能多的购买者（见图7—1）。无差异性营销战略对所有的消费者的需求忽略其差异性，强调的是共性。希望用单一的产品满足最大多数的消费者，最大限度地降低产品的平均生产成本。同时用统一的营销策略，可以减少企业的各项成本和费用，企业成本优势大，价格有竞争力。对于需求广泛、市场同质性高、能够大规模生产及大量销售的产品，适合用无差异性营销战略，如生产面粉和糖等企业往往采用此战略。

图7—1　无差异性营销战略

但对于大多数产品而言，无差异性营销战略是不合适的。消费者的需求越来越呈现多样化和个性化，以单一的产品和统一的营销策略已不能满足所有消费者的需求了。如果企业一意孤行地坚持无差异化战略，只会使企业竞争力降低，遭受沉重的打击。上文提到的福特汽车和可口可乐如今都改变了以前无差异化营销战略，实行了差异化营销战略。

（二）差异性营销战略

差异性营销战略是把整体市场按照需求的差异性划分为若干个不同的细分市场，并针对不同的细分市场的特点制定相应的营销战略（见图7—2）。例如，福特汽车公司在旗下相继推出以下著名品牌：福特、林肯、捷豹、路虎、沃尔沃等，以满足消费者对汽车的不同需求。而可口可乐不是只向市场提供统一的6.5盎司的瓶装可乐，除了继续保留原有可乐碳酸饮料外，相继推出了汽水、果汁等。在原有可乐的基础上推出低糖饮料（健怡可乐风靡全球）、汽水饮料（芬达）和儿童果汁饮料（酷儿）都非常成功。这两大企业巨头由原来的无差异营销战略转向差异性营销战略，取得了巨大的成功，市场竞争地位才得以保全。

图7—2　差异性营销战略

差异性营销战略的优点是：①有针对性地满足各细分市场的差异化需求，更好地满足消费者的不同需求，增加企业销量；②企业资源分散在多个细分市场可以分散企业经营风险。但差异性营销战略也有缺点：①增加企业成本，由于产品品种、渠道和宣传在各细分市场呈多样化，增加了企业在调研、研发、渠道和促销等各项成本；②企业资源分散在多个市场，难以立即形成竞争优势；③容易出现各细分市场之间相互争夺内部的客户资源情况。

（三）集中性营销战略

集中性营销战略是指企业将整体市场划分为若干个细分市场后，只选择一个或少数几个细分市场作为目标市场，集中企业资源于一个或少数细分市场，实行专门的生产和销售，力图在较少的子市场上占有较大的市场份额（见图 7—3）。一般资源有限、能力较弱的中小企业，或者是大型企业初次进入不熟悉的市场往往采取集中性战略。

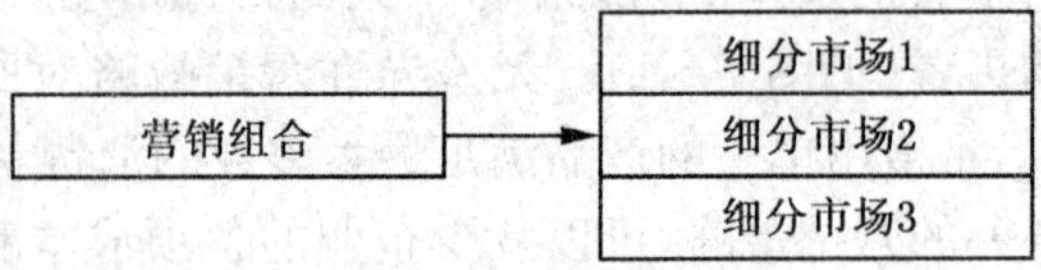

图 7—3　集中性营销战略

集中性营销战略的优点就是聚焦显优。集中资源于较少的目标市场，可提高市场占有率，提高企业知名度。可以更好地了解该区域市场消费者的需求特点，更好地开发和提供相应的产品和服务满足消费者。但集中性营销战略的经营风险集中，较少的目标市场和专门的生产使企业在应对消费者需求的变化和行业的竞争方面的能力较弱。

从上述分析可见，目标市场营销三种战略各有利弊，企业在选择采用哪一种营销战略时，应该分析企业资源实力、产品的同质性，以及产品的生命周期阶段、市场的同质性、竞争者目标市场战略及竞争者数量等多方面的因素。

三、目标市场模式选择

目标市场模式指企业所选择的将要进入的细分市场的组合方式。企业通常选择的不是一个而是几个细分市场为目标市场，而几个细分市场之间的关系不同，有的细分市场之间没有任何关联，有的以产品为纽带，有的以市场为纽带，企业在对细分市场进行评估之后，要确定进入哪些市场，如何给这些市场提供产品和服务，这就涉及目标市场模式的选择了。一般有五种目标市场模式可供选择，如图 7—4 所示。

（一）密集单一市场

密集单一市场模式，指企业选中一个细分市场为目标，只生产和提供一种产品。

企业选择密集单一市场模式，可能是由于企业资源和能力有限，集中资源和实力来专一地做一个市场，这样可以更好地了解和满足该市场目标消费者的需要，尽快地在该市场建立较高地声誉，获得竞争优势，为企业今后进入其他更多的细分市场奠定基础。

不过该模式使企业面临较大的经营风险，因为“把鸡蛋都放到一个篮子里”，如果单一的市场消费发生较大的改变而企业没有准确把握，或者强有力的竞争对手闯入该市场，企业可能会面临别无选择的境地。

（二）有选择的专门化

有选择的专门化，指企业同时选择具有吸引力和可行性强的细分市场，针对所选的各细分市场的需求特点，提供不同的产品和服务，各细分市场之间可能有联系也可能没有联系。

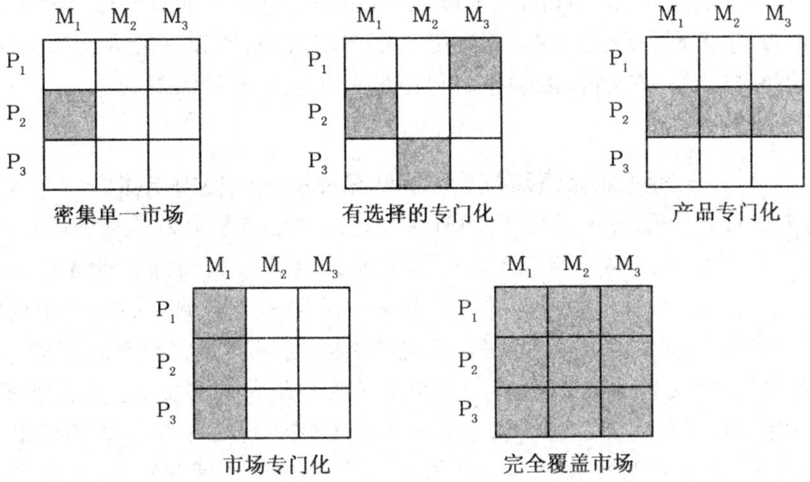

注：M 表示市场，P 表示产品。

图 7—4 企业可选择的目标市场覆盖模式

与密集单一市场相比，采用有选择专门化，对企业的资源实力要求较高，特别是当各细分市场之间关联度不高时，对企业的市场调研、产品设计开发、市场开拓、业务整合管理等方面都提出了挑战。不过，有选择的专门化企业“把鸡蛋放到了几个篮子里”，经营风险分散了，即使一个市场失败或萎缩，还有其他的市场使企业继以为生。

(三)市场专门化

市场专门化，指企业生产提供多种产品和服务，专门满足某一特定细分市场的消费者各种不同的精细差异化需求。

采用市场专门化的企业可更好地体察单一细分市场消费者多种需求特点，全方位地满足某一细分市场的需求，产生营销协同效应——企业使用同一种营销能力来满足同一批顾客的不同需求，从而建立企业在该市场稳固的市场地位，获得较高的市场占有率。

这种模式也存在较大的风险。由于市场的单一，当市场面临萎缩或强有力的竞争者进入时，会使企业要么退出市场，要么硬着头皮应对竞争挑战。

(四)产品专门化

产品专门化，指企业集中生产一种产品，并提供给不同细分市场的各类消费者。

不同细分市场的顾客有着明显不同的需求特点，那么企业凭借一种产品如何做到满足不同细分市场的不同需求呢？最大的挑战就是，企业能否准确把握各类细分市场消费者需求方面的共性，并且能够生产和提供体现这种共性的产品，对企业的生产制造能力要求极高。当今，随着技术的发展，大规模定制得以实现，企业针对个别消费者的需求，为消费者量身定做，提供个性化的产品和服务。

产品专门化模式面临的主要威胁来自于生产和技术方面，当企业面临技术更新换代或者原料枯竭，企业就会面临艰难抉择。

(五)完全覆盖市场

完全覆盖市场有两种：①企业生产单一的产品，以图满足整体市场所有顾客的需求，即无差异性完全覆盖市场；②企业用各种不同的产品有针对性地满足各个不同细分市场的顾客的需求，即差异性完全覆盖市场。

不论采用差异性还是无差异性的完全覆盖市场模式，都要求企业有强大的实力，对资金实力、市场驾驭能力、生产研发能力、战略管理能力都要求较高，所以一般为大公司所采用，例如，可口可乐公司不断推出各种饮料，以满足饮料市场上顾客的各种需求。

【同步案例 7-2】

坚持专业化道路打造国际知名品牌——格力电器

珠海格力电器股份有限公司成立于 1991 年，是目前全球最大的集研发、生产、销售、服务于一体的专业化空调企业。2015 年，格力电器首次跻身福布斯公布的世界 500 强企业排行榜，摘得福布斯家用电器类榜单的全球桂冠。作为一家专注于空调产品的大型电器制造商，格力电器致力于为全球消费者提供技术领先、品质卓越的空调产品。至今已开发出包括家用空调、商用空调在内的 20 大类、400 个系列、7 000多个品种规格的产品，能充分满足不同消费群体的各种需求；拥有技术专利近2 000项，自主研发的 GMV 数码多联一拖多机组、离心式大型中央空调、G-Matrik 直流变频空调等一系列高科技产品填补了国内空白，打破了美国、日本制冷巨头的技术垄断，成为从“中国制造”走向“中国创造”的典范，在国际舞台上赢得了广泛的知名度和影响力。

格力电器股份有限公司总经理董明珠指出，一个企业的精力有限，进行多元化扩张，不仅要考虑资金实力的问题，更重要的是要想一下你的企业是否具有进行多元化扩张的管理体制。董明珠认为，多元化的产业也需要专业化的管理，也就是说，企业在进行多元化的产业扩展中，每一个产业都需要专业化的人才和技术来支撑。十多年来，格力电器专注于空调领域的生产，不仅在生产技术上专业化，而且在管理上也坚持专业化，实践证明，这是一条适合格力电器自己的路。格力的本职是做家电，要回归让家电节能、环保、舒适的追求本位。展望未来，格力电器将以“缔造全球领先的空调企业，成就格力百年的世界品牌”为目标，为“中国创造”贡献更多的力量。

第三节　市场定位

企业通过细分市场评估后选择了目标市场及覆盖目标市场模式之后，就要根据顾客的需求、竞争者情况和企业优势分析，确立企业的产品、品牌和组织在市场上的地位，努力在顾客心目中树立不同于竞争者的有利形象。

一、市场定位的含义和意义

（一）市场定位含义

定位（Positioning）这个词是由两位广告经理人——艾尔·里斯和杰克·特劳特——在 20 世纪 70 年代提出的。后来营销大师科特勒在 1988 年给定位下的定义最具代表性。他认为定位就是对公司的供应品和形象进行设计，从而使其能在目标顾客心目中占有一个独特的位置的行动。

可见，定位内容包括对某一品牌定位，也可包括企业形象定位。定位是企业为使产品和企业形象在顾客心目中留下深刻独特的印象而进行的活动，不一定要改变产品本身。

定位的实质是通过有效差异化，使企业和品牌与竞争对手区别开来，迎合顾客的需求心理来实现定位目标。一种差异化是实质性差异化，通过产品的功能特点差异或产品设计和制造差异体现出来。例如，宝洁公司的洗发水品牌海飞丝定位为去头屑的洗发水，这在当时是独树一帜，因而海飞丝一经推出就立即引起消费者的注意，并认定它不是普通的洗发水，而是具有去头屑功能的洗发水。当消费者需要解决头屑烦恼时，便自然第一个想到它。另一种差异化是心理差异化，通过企业的传播和沟通使消费者心理感觉到差异。

(二)定位的意义

企业市场细分、目标市场选择的目的通常在于，确认和选择与竞争者不同的细分市场为目标市场，试图在一定程度上回避或削弱竞争。但事实上，企业很难找到一个既有市场吸引力而竞争者又较少涉入的市场，既然是"蛋糕"，就会有觊觎者和瓜分者，那么如何在同一个目标市场上与竞争者展开正面竞争，夺取同一市场的顾客，就要进行定位了，谁的定位能更好地把握顾客的需求和行为，谁就能在市场上取得竞争优势，特别是偏好竞争优势。

从这个意义上讲，市场定位的作用包括：一是能创造差异，为企业和产品带来特色优势，降低顾客对价格的敏感度，削弱顾客讨价还价能力，同时增加了其他产品的替代难度，最终形成竞争优势；二是定位已成为企业基本的营销战略要素，是企业制定各种营销策略的基础和前提。

二、市场定位过程

市场定位包括三个步骤：确认本企业的竞争优势、准确地选择企业的相对竞争优势、显示独特的竞争优势。

(一)确认本企业的竞争优势

竞争优势是企业相对竞争者能给顾客提供的价值更有效。竞争优势一般有两种类型：①价格竞争优势，即在同样的条件下比竞争者定出更低的价格，这就要求采取一切努力，力求降低单位成本；②偏好竞争优势，即能提供确定的特色来满足顾客的特定偏好。为确认本企业的竞争优势，企业必须清楚竞争者的市场定位如何，目标市场上顾客还存在哪些需要没有或者没有很好地被满足的需要，针对竞争者和顾客需求本企业能够做什么。

为此，企业一方面通过收集资料对竞争者进行分析，同时对本企业的技术开发、采购、生产制造、产品、财务管理、营销管理、经营管理等各方面的能力进行对比分析，明确企业的潜在竞争优势。

(二)选择竞争优势

当企业在多个方面存在竞争优势时，企业不要把所有的竞争优势都传递显示给消费者，展现给消费者的优势和特点越多，在消费者看来就没有特点了，企业应该选择一个或若干最有力、最符合顾客需求利益的优势进行沟通传递。

竞争优势是个相对概念，是针对竞争者的优势，在选择定位优势时要遵循以下原则：一是定位优势不能过多，多了顾客记不住，容易模糊，难以清晰定位；二是短期定位可选择产品材料、包装、功能等客观、具体的特色，且要不断推陈出新，保持定位优势，例如，白加黑感冒药产品定位优势选择了产品含有特别成分，能使人虽然得了感冒但还可以坚持学习和工作；三是长期定位宜选择文化等主观、抽象要素，给顾客想象空间，形成顾客品牌偏好；四是短期定位必须服务于长期定位，两者保持协调。

(三)显示独特的竞争优势

企业确认并选择的定位优势，如果不经过有效地传播和沟通，消费者不认可或者印象不深，那么企业的定位目标就难以实现。

三、市场定位策略和方法

(一)市场定位策略

1. 针锋相对的定位策略

针锋相对定位策略又称竞争性定位策略,指企业选择在目标市场上与现有竞争者靠近或重合的市场位置定位。采用这种策略的企业必须在产品、价格、分销、促销方面与竞争对手旗鼓相当,例如,对于百事可乐与可口可乐这两家以生产碳酸饮料为主的企业来说,半个多世纪以来,百事可乐一直把自己置身于竞争挑战者的地位,获得了长足的发展。

2. 填补空隙定位

填补空隙定位也称避强定位,指企业尽力避免与实力较强的竞争者直接发生竞争,而将自己的市场定位于未被竞争者占领或忽略的市场。这种定位策略市场风险小,成功率高,多为中小企业所采用。例如,美国的 Aims 牙膏专门对准儿童市场这个空隙,在佳洁士和高露洁两大品牌占优势的世界牙膏市场上,获得了 10%的市场份额。娃哈哈推出的非常可乐在与“两乐”(可口可乐和百事可乐)为主的国际饮料名牌竞争中,避开在大城市与“两乐”正面交锋,通过销售重心下移,利用广大农村消费者品牌意识不强的有利因素,以价格优势抢占农村市场而获得成功。

3. 重新定位

随着企业面临的营销环境的不断发展变化,当企业原有的市场定位可能会与目标市场之间的需求有较大的差距时,需要进行重新定位。企业进行重新定位可以帮助企业摆脱困境,找到新的增长点,保持和提高企业竞争力。例如,美国强生公司的无泪配方的洗发液最初定位于婴儿市场,成为妈妈的首选婴儿洗发水,后来由于人口出生率下降,婴儿减少,产品销量渐滞。公司对市场进行重新定位,将产品定位于年轻女性市场,突出产品能使头发柔顺、富有光泽,吸引了大批年轻女性。

(二)市场定位方法

一般企业的定位依据包括:产品特点、产品的使用场合、产品的利益、用途、使用者和竞争者等,所以企业的定位方法有以下几种。

1. 特色定位

企业定位于自己的特色,如它的规模、历史、产品特定属性等。例如,迪斯尼乐园在其广告中宣传自己为世界上最大的主题公园。又如,在中国香港,中资、外资、本地银行林立,渣打银行定位于历史悠久、安全可靠的英资银行。

2. 利益定位

依据产品向顾客提供的利益定位,并且这一利益是竞争者无法提供,或没有考虑到顾客很看重的独特利益。如诺基亚则声称它“无辐射”,沃尔沃汽车强调它的“安全与耐用”,奔驰强调“高贵、王者、显赫、至尊”。

3. 用途定位

根据产品使用场合及用途来定位。例如,化妆品市场防晒霜定位于防止紫外线将皮肤晒黑、晒伤,而润肤霜定位于防止皮肤干燥,保持和补充水分。“八点以后”巧克力薄饼声称“是适合八点以后吃的甜点”,米开威(Milky Way)则自称为“可在两餐之间吃的甜点”。

4. 使用者定位

根据使用者的类型定位。例如,康泰克定位于重症感冒患者;美林布洛芬混悬滴剂(即美林）作为非处方药，定位于安全、高效的儿童退烧药。

5. 竞争定位

根据竞争者定位。既可以采取针锋相对的竞争定位，如百事可乐相对于可口可乐；也可采取避开竞争定位，如七喜定位为非可乐饮品。

6. 品质—价格定位

通过定位强调产品物有所值或价廉物美。例如，劳斯莱斯和本特利豪华轿车总共才十几万辆，劳斯莱斯体现了一种豪华、社会地位显赫的生活方式。

7. 文化定位

将某种文化内涵注入产品之中，形成文化上的品牌差异。文化定位不仅可以大大提高品牌的品位，而且还可以使品牌形象独具特色。例如，万宝路引入“男性文化”因素，使万宝路香烟的销售和品牌价值位居世界香烟排名榜首。麦氏（Maxwell）咖啡进入中国台湾市场时，为与中国传统文化风俗相结合，麦氏提出了“好东西要与好朋友分享”，拉近了与陌生的台湾消费者的距离，得到他们的心理认同，创造出极佳的市场效果。

案例分析

李宁品牌定位困局

由前奥运冠军李宁创立的品牌“李宁”，对于中国体育装备市场以及一代中国人来说，都有着非同一般的情感意义，这个品牌甚至成为一代人的集体回忆。其品牌个性与李宁个人自身形象紧密相关，2001 年李宁公司的消费者调查显示，其品牌形象是“亲和性、民族的、体育的、荣誉的”。据相关资料显示，目前在李宁品牌的实际消费群中，35～40 周岁年龄段的消费者占一半左右，“90 后”消费者占 30%左右。而对于整个体育用品产业而言，15～35 周岁的年轻消费群体占 80%以上。由此，李宁将目标锁定“90 后”消费群，李宁品牌试图“变成一个聪明、幽默、率真、充满好奇心和创造力的年轻人”而不断努力。

李宁在 2010 年进行了酝酿已久的品牌重塑，启用了新标志和新品牌口号，将宣传口号从“一切皆有可能”变成了更具全球化风格的“MAKE THE CHANGE”（“让改变发生”）。在品牌定位上直接叫板耐克、阿迪达斯等国际一线品牌。为了从价格认知上拉近与耐克、阿迪达斯的距离，2010 年 4 月，李宁公司率先宣布鞋类产品提价 11.1%，服装类产品提价 7.6%；同年 6 月，李宁公司又宣布鞋类产品平均售价提高 7.8%，服装类产品提价 17.9%。同年 9 月，李宁公司再次宣布鞋类和服装类产品各提价 7%和 11%以上。这一价格让李宁产品的价格甚至超过了茵宝、美津浓、KAPPA 等国际二线品牌。

然而，让人遗憾的是，李宁品牌倾注心力培养的“90 后”客户群似乎并不买账，他们更加钟情的是耐克和阿迪达斯等国际一线品牌。据有关机构针对“90 后”的一项调查显示，“90 后”最喜欢的运动鞋品牌是耐克和阿迪达斯，他们被称为新消费顽主。事实上，向高端进发的李宁品牌，却使得原有部分忠诚顾客心理动摇，多年来与顾客建立的品牌关系质量受损，流失了不少市场份额，订货量出现了持续下降趋势。在社交网站上李宁的“80 后顾客”抱怨“难道我们再也不重要了吗”，同时，公司高层某领导也坦诚“品牌重塑确实不成功，董事会对结果并不满意”。

【思考问题】

1. 李宁品牌重塑为什么失败？

2. 李宁该如何走出品牌定位困境？

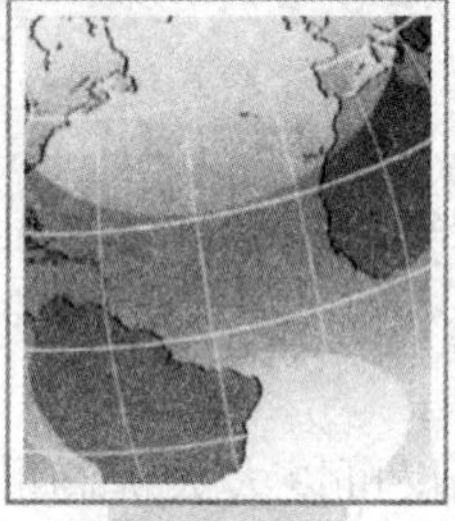

第八章 产品策略

教学要点

产品整体概念，新产品及其开发风险和流程，产品的市场生命周期及其各阶段营销策略，品牌、商标与包装策略，产品经营策略。

教学重点

产品整体概念，新产品开发风险和流程，产品的市场生命周期各阶段营销策略，品牌、商标与包装策略，产品经营策略。

教学难点

新产品开发风险和流程，产品的市场生命周期各阶段营销策略，品牌、商标与包装策略，产品经营策略实际操作运用。

第一节　产品整体概念

产品是企业营销各要素中最重要的一个要素，企业的定价、分销和促销等营销要素都要围绕产品来进行。企业要靠产品去满足消费者和用户的需要和欲望，占领市场，因此，企业必须树立良好的产品整体形象。

把产品作为一种具有特定物质形状和用途的物体，这是一种狭义的产品概念。在现代营销学中，产品是指那些能够提供给市场以满足人们需要和欲望的任何东西。由此，产品的概念内涵被大大扩充了，产品既包括实体商品，如服装、汽车、电器等，也包括无形产品，如服务、经验、信息、创意等。这是广义的产品概念，我们这里讲的产品指广义的产品，它由五个层次构成，如图 8—1 所示。

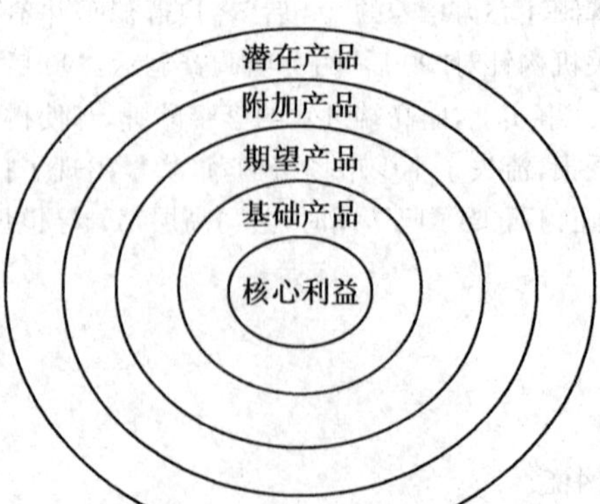

图 8—1　产品整体概念

一、核心利益(core benefit)

它指顾客真正所购买的基本服务或利益。它是产品最基本、最主要的部分，是产品的最基本层次，是顾客购买产品追求的利益。顾客购买某种产品，并不是为了获得产品本身，而是为了通过产品的使用和消费获得需求上的满足。消费者购买化妆品是为了让自己更美，其实是为了购买“美丽”。顾客住旅店，真正要购买的是“休息和睡眠”。

二、基础产品(basic product)

它指产品的基本形式。它是核心产品的物理载体，产品提供给消费者的利益必须借助一定的载体才能实现，这个载体的品质水准、款式和包装等决定了产品满足顾客需求的程度。旅店提供给顾客休息睡眠的核心利益必须借助房间的床、浴室、毛巾、桌子、厕所等形式才能实现。

三、期望产品(expected product)

它指顾客购买产品时通常希望和默认的一组属性和条件。期望产品往往是顾客对产品最基本的期望，如旅客期望入住的旅店有干净的床、新的毛巾、环境安静等。

四、附加产品(augmented product)

它指产品包含的附加服务和利益，主要包括安装、送货、信贷、售后服务等。随着技术发展、竞争的加剧，大多数企业提供的同类产品一般都能够满足顾客的基本期望，所以企业要想脱颖而出，吸引顾客的注意力和激发顾客的购买欲望，通过提供附加产品使企业获得竞争优势。例如，一家旅店能在旅客房间提供网络接口、鲜花、美味佳肴、结账快捷、微笑服务等，会吸引更多的旅客入住并留住长住客。当然附加产品需要企业付出更高的成本，一般由消费者承担，所以，附加产品的多少和质量，取决于顾客承担因附加产品所增加成本的意愿程度。

五、潜在产品(potential product)

它指产品最终可能会实现的全部附加部分和将来会转换的部分。如未来全套家庭服务式旅馆的出现取代传统旅馆。未来手机可能成为个人移动终端，集通信、娱乐多种功能于一身。

产品整体概念对企业的营销管理有重要的意义。将产品进行分层，有利于企业更深刻、更全面地认识产品本质，有利于企业在多个层次上展开竞争，有效地在产品上进行差异化。

【同步案例 8－1】

哈根达斯——冰淇淋品牌中的贵族

哈根达斯(Häagen-Dazs)是风靡全球的冰淇淋品牌。一个冰淇淋小球单价上标 100 克 35～70 元不等，被誉为冰淇淋中的“劳斯莱斯”。哈根达斯为什么那么贵？为让世人享受真正高品质的冰淇淋美味，哈根达斯之父——鲁木・马特斯在其他冰品制造商往冰品中加入安定剂、防腐剂及增加空气含量以降低产品价格进行竞争时，坚持使用纯净、最天然的原料，并为冰淇淋取了一个丹麦名字——Häagen-Dazs，他认为这个斯堪的纳维亚的名字可以唤起人们对新鲜、天然、健康及高品质的追求。哈根达斯冰淇淋无需加配料，本身口感就非常纯正，使用纯正的材料是它的成功之本，有来自马达加斯加的香草、比利时巧克力、哥伦比亚咖啡等。

哈根达斯的目标客户群是那些注重感官享受、宠爱自己、喜欢浪漫而愉悦的体验的年轻人群和较为富有的企业白领，这些人群有自己的处世原则和生活方式，追求生活品位和情调，喜欢借助符号化消费来彰显自己的个性。哈根达斯采用高定价、塑造浪漫氛围的方式，充分迎合这个群体在文化和价值观层面的追求，甚至有很多人还认为吃哈根达斯是小资生活方式的标志。以一句“爱她就请她吃哈根达斯”的品牌诉求，哈根达斯给冰淇淋赋予了浪漫的爱情场景，具有无可比拟的煽动性。哈根达斯在甜品屋中着意营造雅致愉悦的氛围，让顾客悠然享受极品滋味，体验“哈根达斯黄金标准”和每一刻满足、畅快感受，让哈根达斯在消费场景上的表现也不仅仅是一种冰淇淋，而是浪漫、时尚的生活方式和品味。

第二节　新产品开发

每个企业都必须开发新产品，新产品开发是公司将来的生命源泉。随着科技水平的迅速发展，顾客需求变化加快，市场竞争日益激烈，企业要持续发展，适应市场需求的变化，必须不断开发新产品。同时，在新产品开发过程中伴随着许多的风险，企业必须制定适当的新产品开发战略，回避和减小风险，努力提高新产品开发的成功率。

一、新产品开发的挑战

（一）新产品的概念和类型

市场营销学意义上的新产品与因科学技术在某一领域的重大突破产生的新产品不完全相同。所谓新产品是指那些在产品整体概念中任何一部分的变革或创新，并能给消费者或用户带来新的利益或能提高其满足程度的产品。对企业而言，本企业从未制造或销售过此类产品，但其他企业有可能制造或销售过的也是新产品。对市场而言，该产品是市场上首次出现的产品是新产品或是创新。

可见，新产品从其创新程度来讲可分为以下几种类型。

1. 全新产品

它也称世界性新产品，采用新原理、新结构、新技术、新材料制成的产品。该产品在同类产品中首次出现，并产生了一个全新的需求市场。例如，索尼公司的随身听、家庭录像机。这类新产品仅占总数的比例很小。

2. 换代新产品

它指在原有产品的基础上，部分采用新技术、新材料制成的性能有显著提高的产品。例如，惠普公司自 1984 年推出首款激光打印机以来，不断进行变革设计，推出了一系列全新激光打印机以满足现代办公更简、更快、更灵的需求。

3. 改进新产品

它指在原有产品基础上，为改善性能、款式、口味而增补派生的新产品。这些“不太新”的产品往往是大多数企业共同的选择。例如，宝洁公司针对特定消费者推出的柑橘口味以及肉桂口味的牙膏，极大震撼了高露洁稳固的牙膏市场。

4. 仿制新产品

它指企业在一个市场区域提供在其他市场区域已有的产品。此类产品虽然并非首次在市场出现，对特定的企业却是一个新产品。

大多数企业往往同时拥有多种类型新产品。但全新产品和换代新产品开发风险大，成功率低，所以企业往往推出新生产线产品与改进新产品。

(二)新产品开发挑战

不开发新产品的企业面临老产品被淘汰、市场萎缩的风险，同时，开发新产品的企业也面临着很大的风险。绝大多数新产品最后都失败了，很多新产品最终没有推向市场。造成新产品失败的主要原因如下：

1. 外部环境的不确定性

企业面临的外部环境处于不断变化中，企业难以及时获取外界环境的有效信息，市场分析不充分，对顾客的需求和需要理解有误，一直是新产品开发失败的主要原因。

2. 激烈的市场竞争

买方市场出现，产品供过于求，市场竞争异常激烈，每个企业面临的市场范围因竞争者的进入而不断缩小，跟进者对新产品的模仿，使企业新产品的市场份额大大缩小，获利空间降低，新产品开发成本难以回收。

3. 较高的资金投入

新产品开发需要企业投入很多，例如，德州仪器公司在从计算机业务中撤退前，已损失了6.6亿美元，杜邦公司在可仿合成皮革上损失1亿美元。

4. 产品的生命周期缩短

科学技术的发展步伐加快，竞争者的仿制和跟进等原因，使产品的市场生命周期大大缩短，往往企业的投资还没收回，新的产品又面世了。

对新产品开发，企业自身也存在一些主观原因导致新产品失败，如忽略了关键的市场调研、执行差、准备工作不足、组织控制不当等。所以，新产品开发不只是一个技术范畴的问题，而是一个技术与市场营销相结合的问题。树立新产品开发中的风险防范意识，尽量回避风险，进行风险控制，努力促使新产品开发成功。

二、新产品开发过程

新产品是为了更好满足顾客需求而开发的，新产品能否被顾客接受认可，是新产品开发成功的关键，所以企业在新产品开发过程中必须要以顾客为中心来进行。一般顾客采用新产品的过程有下列五个阶段：

(1)知晓。顾客对该产品有所觉察，但缺少关于它的信息。

(2)兴趣。顾客受到激发，以寻求该创新产品的信息。

(3)评价。顾客考虑试用新产品是否明智。

(4)试用。顾客小规模地试用了该新产品，以确认他们对价值的评价。

(5)采用。顾客决定全面和经常地使用该创新产品。

由此，企业新产品开发流程一般有8个阶段，如图8—2所示。

(一)产生创意

新产品开发过程中的第一个阶段是寻找产品创意。一方面，创意应该围绕顾客的需求和欲望来进行设想，否则再好的创意也不能转换成现实需求。另一方面，创意应该有特色，很多新产品缺少特色，难以提供超额利润、无法使消费者满意及应付激烈的竞争。

可见创意主要来自顾客，许多最好的创意来自向顾客询问现行产品的问题，所以说顾客是企业最好的老师。原索尼总裁中钵认为“用户才是真正的产品评判者”。创意的来源还可以是企业内部的员工和高层管理者、竞争者、经销商等，此外还可通过发明家、专利代理人、咨询公司、大学和科研院所等处获得创意。

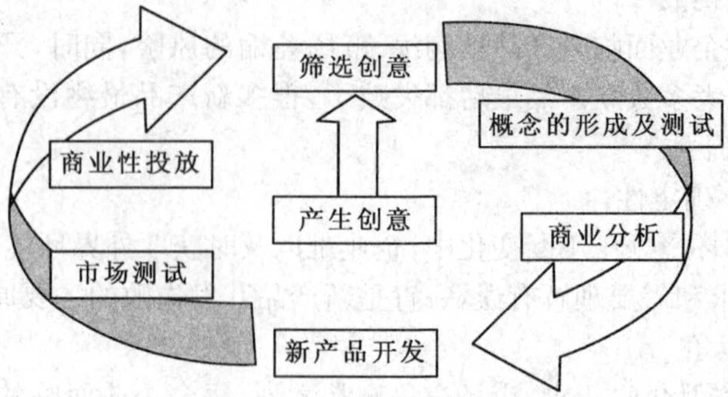

图 8—2 新产品开发流程

(二)筛选创意

企业往往产生大量的创意,随后在众多的创意中进行筛选,获得有吸引力、可行性强的创意。

在筛选阶段,企业必须避免犯两种错误:一是误舍,指企业错过了某一有缺点但能改正的好创意;二是误用,指企业允许一个错误的创意投入开发和商品化阶段。如何避免犯这两种错误,使真正好的创意能脱颖而出,企业必须明确筛选的原则,坚持效益性和可行性准则,把最优的创意筛选出来,这是企业新产品开发成功的基础。

(三)概念的形成和测试

产品创意(product idea)本质上是一个产品设想,对消费者来说往往是抽象、专业、难以理解的,因此,为了便于消费者理解和引起注意,要把产品创意转化成产品概念(product concept),概念是用简洁、清晰的消费者术语,即文字、图像、模型等表达详细的构思。

一个产品创意往往可转换成几个产品概念,企业应该通过对产品概念进行商业测试,从中选择最受目标市场欢迎的产品概念。

例如,某乳品公司拟开发一种与牛奶混合使用的增加营养与美味的粉状食品,这是创意,但仅凭创意,消费者无法辨别该产品的具体特征,企业也不能进行生产,创意必须进一步具体化,发展成产品概念。上述产品创意可形成多个概念,如"供学生用的替代早餐的速食饮料"、"供学生健身用的饮料"等具体产品概念,企业可用文字把速食饮料描述为:粉状,与牛奶冲饮,营养,方便,含巧克力口味,袋装,每小袋 45 克,售价 0.80 元等。

为检验概念是否明确要进行产品概念测试,征求消费者意见,对产品概念进行修正。

(四)初拟营销战略计划

产品概念测试之后,必须制订一个把这种产品引入市场的初步营销规划,并在未来的发展阶段中不断完善。初步的营销战略规划包括以下三部分:

一是描述目标市场的规模、结构、消费者购买行为、产品定位、销售量、市场份额、利润等。如上述饮料以此 6～22 岁学生为消费对象,是一种营养更高、定价便宜的产品,预计第一年销售 50 万袋,亏损不超过 2 万元;第二年 80 万袋,盈利 10 万元。

二是描述产品的计划价格、分销策略和第一年的营销预算。如每小袋 0.80 元,6 袋一个包装即 4.8 元,采用包括批发商、零售商在内的渠道,采用电视广告、报纸、杂志、网络等为促销媒体,第一年促销费用为 25 万元。

三是描述长期销售量、目标利润及不同时间的营销战略组合。

(五)商业分析

新产品的营销战略明确之后，就要对新产品概念从财务上进一步分析，判断它是否符合企业财务目标。为此，企业要估计总销售量、成本和利润。

(六)新产品开发

如果产品通过了商业分析，能够达到企业的财务目标，新产品就要进入研究开发阶段，把它发展成实体产品。在这一阶段，企业需要大量的资金和时间投入，面临的风险也较大。

(七)市场测试

新产品成功开发研制出来之后，企业不能冒险把产品推向市场，新产品能否获得消费者的认可，企业只有通过市场测试才能真正了解该产品的市场前景。市场测试是对新产品的全面检验，可为新产品全面上市提供系统的决策依据，也为新产品的进一步改进和营销策略的完善提供启示，许多新产品都是通过市场测试后不断改进才取得成功的。

(八)商业化

新产品经过测试之后，新产品可以正式推向市场。商业性投放意味着企业要投入大量资金，企业必须做好新产品何时推出、推向何地、向谁推出、用什么方法导入的决策。

【同步案例 8-2】

成功的宝洁　失败的润妍

1987 年，自从宝洁公司登陆中国市场以来，仅用了十余年时间，就成为中国日化市场的第一品牌。在中国，宝洁旗下共有六大洗发水品牌、20 多个系列，包括飘柔、潘婷、海飞丝、沙宣等洗发护发用品品牌。在中国如鱼得水的宝洁不曾料到，竟然在耗费了多种资源、花费了长达 3 年时间进行市场调研和概念测试的洗发水新品牌“润妍”上栽了一个大跟头。

90 年代末期，宝洁在中国洗发水市场面临强大挑战，亟需一个新增长点来改变中国市场局面。当时，中国洗发水市场刮起黑色旋风，以联合利华的“黑芝麻”系列产品为代表，强调产品植物纯天然价值，并将宝洁划分为化学成分阵营，同时，在世界领域，天然和环保的潮流也成为未来主导的流行趋势，使得宝洁公司决定推出以中草药和植物概念的新品战略。1997 年，宝洁开始长达 3 年的市场调研与概念测试。在新产品开发上宝洁采取其一贯的做法，从消费者到竞争对手、从品牌到包装等无不经过科学与严格的市场测试。2000 年，意指“滋润”与“美丽”的“润妍”正式诞生，针对 18～35 岁女性，定位为“东方女性的黑发美”。润妍的上市给整个洗发水行业以极大的震撼，其包装、广告形象、公共宣传等无不代表着当时乃至今天中国洗发水市场的极高水平。然而，润妍产品上市后业绩平平，到 2002 年 4 月，润妍全面停产，一个经历 3 年酝酿、上市刚刚 2 年的产品就这样退出了市场。这是宝洁登陆中国以来，针对中国消费者研发却又因为种种原因退出市场的品牌里，润妍是第一个，也是唯一的一个。

第三节　产品生命周期

产品的生命是有限的，任何一种产品不会无休止地在市场延续下去。产品进入市场后不断成长，消费者对产品的态度和需求都会发生变化，市场上具有更新功能和特点的产品不断涌现。随着产品、市场和竞争者的变化，企业应当及时适应这种变化，采取不同的策略，产品生命周期是制定营销策略的重要依据。

一、产品生命周期的含义

(一)产品生命周期概念

产品生命周期是指一种产品从投入市场到最后被淘汰的全过程。产品生命周期一般要经历四个阶段,即引入期、成长期、成熟期和衰退期。产品的生命周期和产品的使用寿命是不同的两个概念,前者是产品的市场寿命,指产品能在市场上存在的时间,它的长短受市场的影响。产品使用寿命指产品从投入使用到产品废弃所经历的时间,其长短受产品自然属性、使用频率等因素的影响。

(二)产品生命周期各阶段

一般产品在其整个生命期间的销售和利润变化表现为一条S型曲线,如图8—3所示。

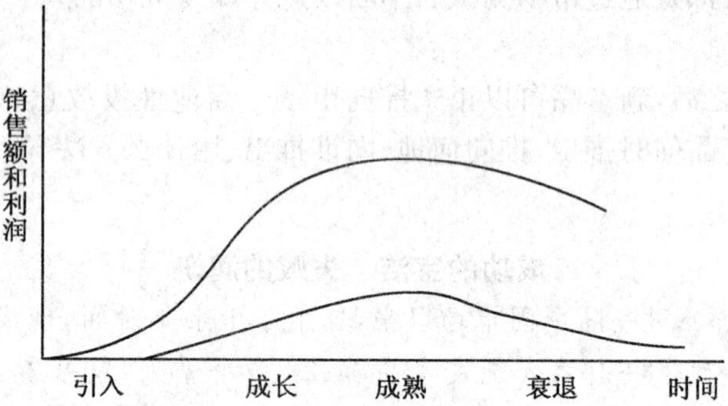

图8—3 一般产品生命周期图

(1)引入期。指产品导入市场时,销售缓慢成长的时期。在这一阶段,因为产品导入市场所支付的巨额费用所致,利润几乎不存在,甚至亏损。

(2)成长期。产品被市场迅速接受和利润大量增加的时期。

(3)成熟期。产品已被大多数潜在购买者接受而造成的销售减慢的时期。

(4)衰退期。销售下降的趋势增强和利润不断下降的时期。

二、产品生命周期各阶段的特征和营销策略

在产品生命周期的不同阶段,产品销售额、利润有很大的不同,每一阶段都对管理者提出了不同的挑战,企业在产品生命周期的不同阶段,需要制定关于营销、财务、制造、购买和人力资源的不同策略。

(一)引入期的营销策略

引入期是新产品上市的最初阶段,其市场特点主要有:顾客对产品不太了解,销售量小。产品的生产制造和管理方面经验少,制造成本高,分销和促销费用高,企业常处于微利甚至亏损状态。市场上同类产品的生产者较少,竞争不激烈。

这一阶段,营销管理层要为营销各变量(价格、促销、分销和产品质量)分别确定不同的水平,如果单从价格和促销两方面考虑,企业可采用的营销策略有四种(见图8—4)。

1. 快速撇脂策略(rapid-skimming strategy)

以高价和高促销水平的方式推出产品。高价是为了在每单位产品中获得更多的利润,大力促销是为了引起顾客注意,加快新产品迅速扩大市场。这一策略一般适合于以下情况:潜在

价格 \ 促销	高	低
高	快速撇脂策略	缓慢撇脂策略
低	快速渗透策略	缓慢渗透策略

图 8—4　产品引入期营销策略

市场的大部分人还没有了解该产品，知道它的人渴望得到该产品并且有能力照价付款，公司面临着潜在竞争并想建立品牌偏好。一些高技术性产品和时尚性产品采用快速撇脂。

2. 缓慢撇脂策略(slow-skimming strategy)

以高价和低促销方式推出新产品。高价可以使企业在单位产品销售中获得高利润，低水平促销是为了降低费用，提高利润率。这一策略一般适合于以下情况：市场规模有限，大多数顾客已知晓这种产品，购买者愿意出高价，潜在竞争并不迫在眉睫。一些技术垄断性产品(专用设备)和部分高档消费品(进口名酒)等采用此策略。

3. 快速渗透策略(rapid-penetration strategy)

以低价和高促销水平方式推出新产品。低价和高促销可使企业以最快速度进行市场渗透，占有较高的市场份额。这一策略适合于以下情况：市场规模大，顾客对产品不太了解，购买者对价格的敏感性强，潜在的竞争很激烈，随着企业销路迅速打开，生产规模扩大，产品的单位成本会下降。一部分日用消费品如饮料采用快速渗透策略。

4. 缓慢渗透策略(slow-penetration strategy)

以低价和低促销水平推出新产品方式。这一策略适合于以下情况：市场规模大，该产品知名度较高，购买者对价格敏感，有一些潜在竞争。部分低价日用消费品(低值易耗品，如纸巾等)采用此策略。

(二)成长期营销策略

成长期的产品市场特征是：销售迅速增长，早期的采用者喜欢该产品，其他消费者追随率先采用者。大规模生产和利润吸引新的竞争者进入市场，市场竞争开始加剧。

企业在产品成长期要对产品进行改进，提高产品质量，增加产品特色和式样，以满足顾客开始出现多样化和特性化需要。进入新的细分市场，为此开辟新的分销网点，方便顾客购买。产品的广告重心从建立产品的知名度转移到建立产品偏好上。随着企业经验的积累，产品的成本下降，可适当地降价，以吸引对价格敏感的购买者。

(三)成熟期营销策略

进入成熟期的产品的销售增长率达到某一高位后将放慢增长步伐，利润开始下滑。生产成本逐步降到最低，但由于现有的顾客已非常有经验了，价格和服务越发重要，销售费用不断增加。生产同类产品的企业很多，竞争更加激烈，生产能力过剩，统治一个行业的往往是几个巨型公司和围绕这些占支配地位公司的一些市场补缺者。

成熟期的企业营销策略有以下几种：

1. 市场改进

企业努力扩大产品的销售量。一方面是增加使用者的数量，途径有以下几种：①转变非使用人，即努力把非使用人转变为该类产品的使用人，如努力说服一个用户，让他相信用飞机货运运输比陆地运输更好；②进入新的细分市场，如强生公司把婴儿洗发水成功地推销给成年人使用；③争取竞争对手的顾客，如百事可乐劝说可口可乐的饮用者改饮百事可乐。另一方面是让当前品牌使用者增加其使用率来提高产品使用数量。企业努力发现产品的新用途，如海尔的洗衣机可用来洗地瓜。企业努力使顾客更频繁地使用该产品，或使用户每次使用时增加使用量，如刷牙不仅要早晚刷，应该每次饭后都要刷。

2. 产品改进

通过改进产品的特性以刺激销售，包括质量改进、特点改进、式样改进等。

3. 营销组合的改进

通过改进营销组合的其他要素以刺激销售，包括对价格、分销、促销等方面的改进，试图延长产品生命周期。

(四)衰退期营销策略

衰退期产品销量从缓慢下降变为迅速下降，价格降到较低水平，企业中产品获得利润很低甚至为零。许多企业无利可图退出市场，留下的公司被迫降低产品服务水平，收缩市场，减少促销预算。

产品进入衰退期，产品的新用户和新用途都已挖掘至极点，新的替代品出现，顾客的需求已改变。产品的衰退看上去不可逆转，撤出市场可能是理性的选择，但企业衰退期营销策略不能如此简单确定，企业有以下几种衰退营销策略可采用：

1. 领导战略

增加公司的投资，使公司处于支配地位或得到一个有利的竞争地位，这是一个高度风险的战略。

2. 维持战略

在未解决行业的不确定因素前，公司保持原有的投资水平。

3. 收缩战略

公司有选择地降低投资态势，抛弃无利润的顾客群体，同时加强对有利可图的顾客需求领域的投资。

4. 收获战略

不管投资结构会产生什么后果，从公司的投资中获取(或榨取)巨利，以便快速回收现金。

5. 撤离战略

尽可能用有利的方式处理它的资产，迅速放弃该业务。

第四节　品牌、商标与包装策略

市场上同类产品繁多，企业如何使自己的产品有别于竞争者的产品，顾客如何方便快捷地选购到自己满意的产品，通过产品包装上的品牌、商标，我们就可以迅速地识别不同企业的产品，选购自己喜欢的品牌。品牌、商标和包装不仅有产品识别的作用，而且是企业为产品增值的主要途径。有声誉、价值的品牌和卓越的产品包装，可以使企业以比竞争对手更高的价格销售较多的产品。

一、品牌、商标策略

随着技术的进步、市场的竞争，不同企业生产的同类产品趋于同质化，在质量、服务方面很难有较大差别，企业的竞争从质量竞争、价格竞争已转向品牌竞争，品牌的价值已被市场公认，品牌带给消费者的不仅是一个名称、符号，还意味着产品的某些属性及带给消费者的某些利益。

(一)品牌的含义

1. 品牌的定义

品牌(brand)是一种名称、术语、标记、符号或设计，或是它们的组合使用，其目的是借以辨识某个销售者或某群销售者的产品或服务，并使之同竞争对手的产品和服务区别开来。

上述定义只是表达了品牌标记的内容，但这不能全面地表达品牌的内涵。

2. 品牌的内涵

品牌的内涵能表达六层意思：

(1)属性(attributes)：品牌首先带给人们产品某些特定的属性。例如，宝马汽车的特性有：组合设计精良、非凡的动力系统、高品质的做工、无与伦比的安全标准、流畅的外形等。

(2)利益(benefit)：产品属性需要转换成功能和情感利益。消费者购买的是产品所带来的利益。例如，设计精良和无与伦比的安全标准——万一出交通事故，我会是安全的；非凡的动力系统——体验刺激、流畅的驾驶乐趣；流畅外形——时尚自我。

(3)价值(value)：品牌也反映了该制造商的某些价值观。例如，宝马车体现了创新、时尚、动力和美感。

(4)文化(culture)：品牌可能代表了一定的文化内涵。例如，宝马汽车代表的文化就是年轻一代追求个性、勇于创新、有偏好、渴望实现自我价值。

(5)个性(personality)：品牌也可能具有一定的个性。例如，把品牌联想为一个特定的个人、一种动物或一个物体。

(6)使用者(user)：品牌建议购买或使用该产品的消费者类型。它反映出品牌的用户形象。例如，宝马车的驾驶者是一个年轻、活力四射的成功专业人士。

3. 品牌注册与商标

商标是产品文字名称、图案符号，或者两者结合的一种设计，经向有关部门注册登记后，经批准享有专用权的标志。在我国，商标一经商标局核准即为注册商标，注册人的商标专用权受法律保护。

品牌(brand)与商标(trade mark)都是用来识别不同生产经营者的不同种类、不同品质产品的商业名称及标志，有助于顾客识别，两者在表现形式上有时完全相同。所以有人把两者混同，但两者外延并不相同。品牌是市场概念，是产品和服务在市场通行的牌子，是品牌拥有者对顾客在产品特征、服务和利益等方面的承诺，品牌无需注册。商标是法律概念，商标一般要注册，品牌的一部分或全部一经注册就成为商标，商标是受法律保护的一个品牌或品牌的一部分，其产权可以转让和买卖。企业为了防止品牌被假冒或仿制，一般会把品牌进行注册，取得法律的保护。

目前我们要避免在品牌管理中最常见、最低级的一种错误，就是当企业创业时规模小，或者企业只是一个替别人销售产品的代理公司时，认为注不注册商标都一样，不将品牌注册成商标便急于推广，在企业做大、做强之后发现品牌已被他人注册，使企业遭受巨大损失甚至失败，这种例子很多。

品牌比商标有更广的内涵，品牌最持久的含义应是它的价值、文化和个性，它们确定了品牌的基础。

(二)品牌的价值

1. 品牌对公司的价值

(1)有助于应对竞争,保持竞争优势。即使公司的产品并不比竞争者的产品更好时,企业仍通过品牌经营建立自己的优势,顾客对品牌的偏爱和忠诚是竞争者无法模仿得到的。当然要想长久保持竞争优势,还必须以产品性能和价值为基础来建立品牌。

(2)有助于市场细分和市场定位。企业可以在不同的细分市场推出不同的品牌以适应顾客的个性差异,更好地满足顾客需要,增加市场份额及利润,增加公司盈利,提供对抗竞争的防御壁垒。例如,宝洁公司推出的洗发水品牌有海飞丝、潘婷、飘柔、沙宣等,每种品牌定位于不同的消费群,分别满足了消费者的去头屑、亮泽、柔顺、保湿的不同需要,还使企业占领更大的市场,获取更多的利润。

(3)有助于创造差别定价的机会,避免价格竞争,减小经营风险。在激烈的市场竞争中,顾客愿意为一个强而有力的品牌多掏钱,保证企业销量的稳定,获得稳定的利润。

(4)有助于新产品的开发,节约新产品投入市场成本。企业在拥有了一个知名品牌之后,可以进行品牌扩展,新产品借用原有知名品牌推向市场,可以迅速被顾客认可、接受,减少大量的资金投入,降低新产品开发风险。

(5)有助于塑造和宣传企业文化。品牌体现了企业的价值观和文化,是企业文化扩散的主要途径。

2. 品牌对消费者的价值

(1)有利于消费者识别产品,简化选购。不同品牌代表着不同的质量和服务,当消费者面临多种选择时,品牌对其选购帮助很大。

(2)有利于消费者形成品牌偏好,通过品牌来彰显个性、品位。品牌不仅是一个标志,还可以帮助消费者识别产品,现在许多消费者通过品牌选择来体现自我文化价值观,显示个性,获得一种满足。

3. 品牌资产

品牌给产品带来的超越其功能的附加价值或附加利益就是品牌资产。它是企业的一种无形资产,并是一种长期资产。品牌资产的价值可以评估,品牌给顾客的附加利益越大,对顾客的吸引力越大,品牌资产的价值就越高。

近年来,国内品牌发展较快,但与品牌强国相比仍有较大差距,据英国品牌价值咨询公司Brand Finance公布的2015年全球最具价值品牌排行榜显示,苹果、三星和谷歌分列前三,位列全球最具价值品牌排行前十的品牌中,有一个中国品牌。图8—5列示的是这个排行榜的前10名的情况。

(三)品牌策略

随着企业规模扩大,市场范围扩展,企业生产和提供给市场的产品也越来越多,品牌也随之不断演变,企业由不使用品牌到使用品牌,由单一品牌到多个品牌,组成企业的品牌体系。

1. 品牌有无决策

即企业决定是否为其产品制定一个品牌。

在历史上,许多产品不用品牌,产品直接从桶里、箱子和容器内取出来销售,无需任何辨认凭证。后来企业为保护自己并使消费者不受劣质产品的损害,开始把商标标在他们的产品上,以至于今天很少有产品不使用品牌,企业认识到了品牌的威力,消费者也需要品牌来选购和丰富生活。

Rank2015	Rank2014	Brand name	Industry Group	Domicile	Brand value($m) 2015
1	1	Apple	Technology	US	128 303
2	2	Samsung	Conglomerate	South Korea	81 716
3	3	Google	Technology	US	76 683
4	4	Microsoft	Technology	US	67 060
5	5	Verizon	Telecoms	US	59 843
6	7	AT&T	Telecoms	US	58 820
7	8	Amazon.com	Technology	US	56 124
8	6	General Electric	Technology	US	48 019
9	13	China Mobile	Telecoms	China	47 916
10	9	Walmart	Retail	US	46 737

来源：MBA智库百科。

图8—5 2015年全球品牌价值排行榜

但目前仍有一些产品没有使用品牌，如电力、钢材、煤炭、水泥等，还有一些生产简单、无技术标准的产品(如信封)，以及一些临时性、一次性的用品等。这些产品不使用品牌可以降低成本，获得价格优势，同时消费者对这些产品习惯不认品牌购买。

2. 品牌归属决策

如果为自己的产品确立用品牌，就要涉及采用该谁管理的品牌，一般有三种选择：一种是采用制造商品牌(manufacturer brand)，如海尔、格力、长虹、TCL等；第二种是采用中间商品牌(distributor brand)或许可品牌(licensed brand)，例如，联华、西尔斯、沃尔玛、苏宁等是中间商品牌，而麦当劳、肯德基是特许品牌；第三种是一部分产品用制造商品牌，一部分使用中间商品牌。

一般市场上的产品多采用制造商品牌，制造商决定产品的设计、质量、特色等。那些享有盛誉的制造商还将其品牌借给一些中小生产商，收取一定的使用费。近年来，许多享有较高声誉的中间商都使用自己的品牌，美国的沃尔玛有90%的商品都用自己的品牌，增强对价格的控制，降低售价，提高竞争力，得到较高利润，达到自己长期发展的战略目的。

3. 品牌名称决策

它是企业决定所有的产品使用一个品牌还是不同产品分别使用不同的品牌的过程。品牌的名称决策一般有以下四种选择。

(1)个别品牌。企业每种产品有一个品牌。企业采取个别品牌名称决策的主要好处是：企业的整个声誉不至于受其中某个产品的声誉的影响，例如，如果某企业的某种产品失败了，不致给这家企业的脸上抹黑；某企业原来一向生产某种高档产品，后来推出较低档的产品，如果这种新产品使用自己的品牌名称，这样也不会影响这家企业的名牌产品的声誉。

(2)统一品牌。企业所有各类产品共同使用一个品牌。例如，美国通用电气公司，也是所有产品只使用一个品牌——"GE"。

使用统一品牌名称，不仅可以节省发展过多新品牌的时间、费用，而且通过推出大批同品牌产品，显示和提供企业声望，新产品借助已有的品牌影响力，能更快地打入市场。

但使用统一品牌时，企业各种产品质量应该大体相近，质量水平如果差距较大，会影响所有产品特别是已具有良好声誉的产品形象。同时,要注意到一种产品出了问题,也会殃及统一品牌的其他产品。

(3)分类家族品牌。企业依据一定标准将其产品进行分类,同一类别所属的产品实行统一品牌。如Panasonic、National、Technics、Quasar是松下电器产业公司的四大王牌商标,家喻户晓。

(4)企业名称与个别品牌名称并用。这是使用统一品牌与个别品牌相互融合的一种品牌名称策略,在产品的个别品牌前面冠以企业商号,可以使产品享受企业已有的声誉,又能使新产品个性化,例如,日本丰田汽车使用丰田登丰、丰田卡利姆、丰田皇冠等;中国海尔集团推出的海尔小王子、海尔双王子、海尔小海象等。

4. 品牌延伸决策

企业利用现有品牌名称来推出其他种类的新产品。而本田公司利用公司名称推出了摩托车、助动车、滑雪车等产品。我国娃哈哈集团,也先后推出口服液、果奶、纯净水和服装等产品。

品牌延伸有许多优点:新产品用知名品牌作为自己的品牌可以快速被顾客认可,迅速打开市场,同时节省企业大量促销费用。

品牌延伸也有风险:如果推出的新产品失败了会直接影响顾客对公司其他产品的信任,会连累现有产品。同时,品牌过度延伸可能会稀释品牌在顾客心中的定位,损害品牌价值。

5. 多品牌决策

企业对同一种产品使用两个或两个以上的竞争品牌以尽量减少消费者剩余。例如,宝洁公司首创多品牌策略,在20世纪40年代,推出汰渍(Tides)洗衣粉颇为畅销;在1950年又推出Cheer洗衣粉。Cheer上市后夺走了一部分汰渍的销路,但其总销售量却超过仅销售汰渍一种品牌之时。宝洁尔后又连续推出其他品牌的洗衣粉,于是其他肥皂清洁剂制造商亦纷纷效仿。应用多品牌的前提是该种产品是差异化产品,不同消费者有不同偏好。

使用多品牌,有利于企业为每种产品寻求适当的品牌定位,构成对多变型顾客的吸引力,保留顾客在企业的品牌内转换。同时个别品牌可以起到隔离的作用,一种产品的失败不至于影响和连累其他成功的产品品牌,同时有利于企业推出的新产品在产品定位、广告与促销等营销作业上,可以不受旧有品牌的牵制而较能有发挥的余地。

使用个别品牌也有风险:一方面,使企业为不同的产品品牌投入较大的包装、广告宣传费用;另一方面,不同产品品牌在市场定位方面不清晰,出现企业内部品牌竞争较难控制在适度范围内,企业一种产品的多个品牌自相残杀,而不是蚕食竞争对手的品牌。

6. 品牌再定位决策

也许一种品牌在市场上最初定位是适宜的,后来面临新的竞争或顾客偏好转变时,企业不得不对其重新定位。例如,万宝路最初的定位是一种女士香烟,以年轻时尚女性为目标诉求,在市场一筹莫展的情况下,大胆革新品牌定位,转攻男性市场,因切合男性烟民的心理而使市场销路一路攀升。

二、产品包装策略

许多实体产品必须要有包装。包装对产品的保护功能及方便顾客选购、携带和使用产品方面的作用是不言而喻的,在营销人员眼里,包装是产品战略中的一个要素,已成为强有力的营销手段,有效的包装可以促进产品的销售,增强产品的竞争力。

(一)包装的含义、种类和作用

1. 包装的含义

包装(packaging)是指为产品设计并生产容器或包裹物的一系列活动。生活中,除极个别的产品没有包装外,大多数产品都有包装,包装是产品不可缺少的一部分。

2. 包装的种类

包装根据其作用不同分为运输包装和销售包装。运输包装的主要功能是保护产品在运输、流通环节中不发生损耗和质变;销售包装的主要功能是保护和美化产品,侧重于美化产品,吸引顾客,激发顾客的购买欲望,促进产品销售。

包装根据其所处层次不同分为:主要包装,即产品最里层的包装,又称直接包装,如牙膏软管;次要包装,即保护主要包装的包装,如装牙膏软管的纸盒;运输包装,也称外包装,即为了便于储运、保护和识别产品外层装运包装,如装运牙膏的大纸板箱。

3. 包装的作用

产品包装的重要性越来越被企业认识到,设计精美、科学、合理的产品包装为消费者提供方便价值,为企业提供了促销价值。包装作为营销工具对企业的作用主要有以下方面:

(1)保护产品、便于储运。保护产品是包装的最基本功能,企业在设计产品包装时首先要考虑到包装储运产品过程中能够防潮、防震、保鲜、防渗漏、防挥发、防霉变等要求。

(2)方便产品经营和消费使用。包装已成为产品不可分割的一部分,使产品与竞争对手的产品区别开来,便于企业的产品生产和经营管理。同时也便于顾客选购产品、方便顾客携带、使用和废弃处理。

(3)美化产品、促进销售。产品包装是产品面向市场的第一张"名片",设计精美的包装可以吸引消费者的注意,引起购买的动机,促进产品销售。随着消费者购买力的增强,许多富裕的消费者愿意多掏钱购买有良好包装的产品,使企业获得更多的利润。但要防止企业过度包装,使产品包装成本大大超过产品自身的成本,造成资源浪费和不良消费倾向。

(4)创新功能。为满足消费者需求方面有关新奇、有趣、环保等因素,企业在产品包装设计上不断创新,引入某些新的创造性思想体现到产品包装设计上,不断起到吸引消费者,体现消费者个性化的消费方式,不仅给消费者带来利益,也给生产企业带来巨大利润。

(二)包装策略

包装作为整体产品的一部分,企业应充分理解和认识产品品牌定位及整个市场营销策略来采用相应的包装策略。

1. 统一包装策略

企业对生产经营的产品采用相同的图案、近似的色彩、相同的包装材料和相同造型进行包装。统一包装策略不仅有促销作用,还可使企业节省包装设计、制作费用,该策略适合于企业品种类似、质量相近的产品包装。

2. 分类包装策略

它指企业对各种产品分别采用充分突出产品各自特色的包装,体现出不同的材料、不同的颜色、不同的包装设计。这种包装的优点是,突出了各种产品的特点,避免了某一产品的失败对企业其他产品的不良影响;但其缺陷是,包装设计制作的成本高。

3. 配套包装策略

将企业生产经营的有关联的产品放在同一包装中,如化妆品套装。这样既便于消费者购买、使用,又可扩大产品销售。企业往往在推出新产品时使用该策略。

4. 附赠品包装策略

产品包装物里面或外面附赠奖券或物品，来诱发消费者购买。例如，在儿童用品包装物内附赠小玩具、小图片，在化妆品盒内附赠小饰物、优惠券等。

5. 等级包装策略

企业对不同质量和档次的产品采取相应档次的包装，以便消费者选购。

6. 再利用包装策略

产品用完后，包装物还有其他用途。例如，装香水的瓶子可做装饰物，饮料包装用来做茶杯。这种包装策略可使消费者感到一物多用而引起购买欲望，同时包装容器的重复使用也有广告宣传效果。

7. 变换包装策略

对产品原有的包装进行改变或放弃，采用新的包装。由于包装材料和包装技术的更新，或消费者偏好的改变，通过变换包装来弥补原来包装的不足，满足消费者的偏好，可使企业在不改变产品质量只变换产品包装的情况下，获得良好的市场效果。

8. 防伪包装策略

企业把防伪技术应用到产品包装上，使产品包装除了具有一般包装的功用和保持原有艺术创意外，还具有防止商品在流通过程中被假冒或偷换的防伪功能。假冒伪劣产品充斥市场令消费者不能鉴别、上当受骗，同时也给企业带来了不良影响，使企业和消费者都造成了损失，因此，使用好的防伪包装是企业保护自身和消费者利益的重要措施。

第五节　产品经营策略

市场营销概念的核心就是企业与顾客之间的交易能够给双方带来满意，而能实现这一目标的媒介就是企业提供给顾客的产品。产品一方面满足了顾客需要而获得满意，另一方面又为企业带来了利润，所以说产品经营策略是企业营销战略的核心。

一、产品组合化策略

企业提供给市场的产品往往不是单一的种类和品目，通常会有许多品种，形成一个产品组合，如米其林公司经营的产品有轮胎、地图和餐饮服务等。由企业生产销售的所有产品线和产品品目的组合即产品组合(product mix)。它反映了企业提供给市场的所有产品系列的结构，也是企业生产经营范围。产品组合的相关概念主要有产品线、产品项目和产品组合。

(一)产品线、产品项目

1. 产品线(product line)

它是指产品组合中的一大类，指能满足同类需要，在功能、使用和销售等方面具有类似性的一组产品，产品线内一般有许多不同的产品项目。例如，某企业生产的产品有厨灶用具、家电、医药等许多产品线。

2. 产品品目(item)

它是指一个产品大类或产品线内的明确的单位，它可以依据尺寸、价格、外形或其他属性加以区分。例如，海尔彩电系列有 21 寸、25 寸、29 寸等不同尺寸的彩电。

(二)产品组合的宽度、长度、深度和关联度

1. 产品组合的宽度(width)

它是指该公司具有多少条不同的产品线。企业生产经营的产品大类有多少，也就是拥有产品线有多少，企业的产品线越多，其产品组合就越宽，否则就越窄。

2. 产品组合的长度(length)

它是指企业的产品组合中的产品项目总数。不同的产品线有许多不同的产品项目，各条产品线上所有产品项目的总和就是产品组合的长度。

3. 产品组合的深度(depth)

它是指企业每条产品线中平均具有的产品项目数，即企业产品组合的长度除以宽度。

4. 产品组合的关联度(consistency)

它是指企业各条产品线在最终用途、生产条件、分销渠道或者其他方面相互联系的程度。

具体实例如表 8—1 所示。

表 8—1　　中国宝洁产品组合

	产品组合宽度						
	洗发护发用品	护肤美容用品	个人清洁用品	口腔护理用品	妇女保健用品	婴儿护理用品	织物、家居护理用品
产品线长度	海飞丝	玉兰油	舒肤佳	佳洁士	护舒宝	帮宝适	碧浪洗衣粉
	潘婷		玉兰油				汰渍洗衣粉
	飘柔		激爽				
	伊卡璐						
	沙宣						

(三)产品组合类型

从企业产品经营范围的角度来划分，常见的产品组合类型有：

1. 全线全面型

它是指企业不断扩大产品组合的宽度和深度，尽量向所有的用户和消费者提供所需产品，按整体市场对不同种类的产品的需求增加产品线的数量，而对产品组合的关联度没有严格的限制。例如，海尔集团旗下生产经营的产品从冰箱、空调、洗衣机、电视机、热水器到电脑、手机、家居等，企业多元化发展步伐很快，涉及科技、工业、贸易、金融等多个行业。

2. 市场专业型

它是指企业专向某一市场提供其所需的不同产品，即以专业市场的不同需求为线索来确定产品线的设置，并不强调其关联性。例如，某轮胎公司专门为汽车制造厂生产各类型的轮胎，而不生产拖拉机或摩托车的轮胎，从而在汽车轮胎市场上获得竞争优势。

3. 产品线专业型

它是指企业只生产同一类型的不同品种的产品来满足市场需求。一般生产某系列产品的各种型号规格的产品。例如，企业专门生产各种类型的轴承。

4. 有限产品线专业型

它是指企业只生产某一产品线中一个或少数几个品种的产品来满足市场需求，以提高专业化水平。这种企业不生产某个产品线上的所有产品，而是集中力量生产某几种产品。

5. 特殊产品专业型

它是指企业根据用户和消费者的特殊需要而专门生产特殊的产品。

(四)优化产品组合分析

企业往往要对现有的产品组合进行优化分析,形成最佳产品组合,即通过对产品线的宽度、深度和关联性的优化分析,使企业能在稳定性、获利性和发展性等方面能取得平衡。优化分析的方法主要有产品项目分析法、产品定位图分析法,波士顿矩阵法等,这里主要介绍波士顿矩阵分析法。

波士顿矩阵法(四象限评价法)是由波士顿咨询公司(BCG)在 1960 年为一家造纸公司做咨询时提出的一种投资组合分析法,是多元化公司进行战略制定的有效工具,如图8－6所示。

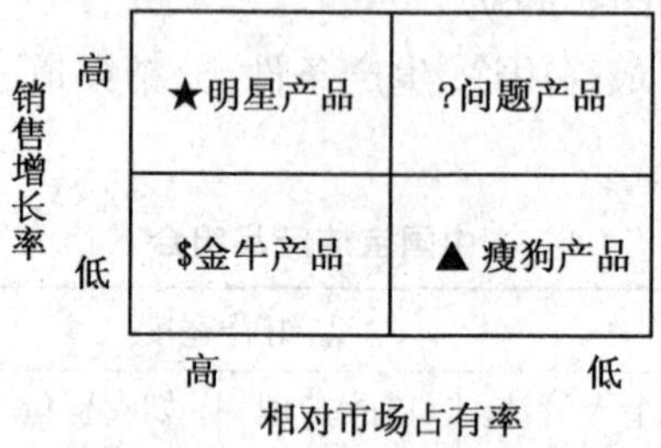

图 8－6　波士顿矩阵法

如图 8－6 所示,纵坐标为市场成长率,表示该业务的销售量或销售额的年增长率;横坐标为相对市场份额,表示该业务相对于最大竞争对手的市场份额,用于衡量企业在相关市场上的实力。通过对现有产品从市场成长率和市场占有率两个维度的分析,把企业现有产品划分为四种产品类型:

1. 明星产品

其特点为市场占有率高,市场成长率高。由问题产品继续投资发展起来,可以视为高速成长市场中的领导者,它将成为公司未来的现金牛业务。但这并不意味着明星业务一定可以给企业带来滚滚财源,因为市场还在高速成长,企业必须继续投资,以保持与市场同步增长,并击退竞争对手。企业没有明星业务,就失去了希望,但群星闪烁也可能会扰乱企业高层管理者的视线,导致做出错误的决策。企业有限的资源必须投入到能够发展成为现金牛的明星产品上,对这类有望成为明日的现金牛的明星产品采取发展策略。

2. 金牛产品

其特点为市场占有率高,市场成长率低。是成熟市场中的领导者,它是企业现金的来源。由于市场已经成熟,企业不必大量投资来扩展市场规模,同时作为市场中的领导者,该业务享有规模经济和高边际利润的优势,因而给企业带来大量财源。企业往往用现金牛业务来支持其他三种需要大量现金的业务,企业对现金牛产品一般采取收割的策略,以维持企业稳固的利润来源,从而支撑企业的发展。

3. 问题产品

其特点为市场占有率低,市场成长率高。这往往是一个公司的新业务,为发展问题业务,公司必须增加设备和人员,以便跟上迅速发展的市场,并超过竞争对手,这就意味着需要大量的资金投入。公司对待这类业务的态度必须慎重。问题业务不可能全部投资发展,只有那些符合企业发展长远目标、企业具有资源优势、能够增强企业核心竞争能力的业务才能继续投资采取发展战略。

4. 瘦狗产品

其特点为市场占有率低，市场成长率低。一般情况下，这类业务常常是微利甚至是亏损的。瘦狗业务存在的原因更多是由于感情上的因素，虽然一直微利经营，却像对养了多年的狗一样恋恋不舍而不忍放弃。其实，瘦狗业务通常要占用很多资源，如资金、管理部门的时间等，多数时候是得不偿失的，所以企业对这类产品最终通常采取放弃的策略。

(五)产品组合调整决策

企业对产品线和产品项目进行分析评价后，应根据不同情况进行调整和优化，一般对产品组合的调整有以下几种策略：

1. 扩大产品组合策略

扩大产品组合包括两个方面的扩充：一是纵向扩充，即在原有的产品线内增加新的产品项目。通过增加产品特色，为更多的细分市场提供产品。二是横向扩充，即在原有产品线基础上增加一个或几个产品线，扩大经营范围。当企业预测现有产品大类销售额和利润在未来可能下降，就应考虑在现有的产品组合中增加新的产品大类。

扩大产品组合可使企业充分利用设备和原料的利用率，减少经营风险，满足消费者的各种各样的需求。

2. 缩减产品组合策略

当市场不景气或原料、能源供应紧张，企业出现大量滞销产品或出现亏损项目时，企业就需要缩减产品组合，通过削减生产线或生产线内的某些产品项目，集中力量发展获利较多的产品线或产品项目。缩减产品组合可提高企业生产效率和产品质量，降低成本，使企业获得稳固的利润。例如，日本尼西奇起初是一个生产雨衣、尿布、游泳帽、卫生带等多种橡胶制品的小厂，由于订单不足，面临破产。总经理多川博在一个偶然的机会，从一份人口普查表中发现，日本每年约出生250万个婴儿，如果每个婴儿用两块尿布，一年需要500万块。于是，他们决定放弃尿布以外的产品，实行尿布专业化生产。一炮打响后，又不断研制新材料、开发新品种，不仅垄断了日本尿布市场，还远销世界70多个国家和地区，成为闻名于世的“尿布大王”。

3. 产品线延伸策略

企业通过对现有产品线的销售量、利润、市场地位和前景分析，可能会对现有产品的市场定位进行调整，即进行产品线延伸。

企业全部或部分地改变产品的市场定位，称为产品线延伸，包括向下延伸、向上延伸或双向延伸。

(1)向下延伸。指企业原来生产高档产品，后来决定增加低档产品。企业采取向下延伸的原因有：公司在高档产品市场方面受到攻击，于是就决定以拓展低档产品市场作为反击；公司发现其高档产品市场增长缓慢；公司最初步入高档市场是为了树立质量形象，然后再朝下扩展；公司增加一个低档的产品品目，是为了填补市场空隙，否则，其竞争对手会乘虚而入。企业向下延伸会有一些风险，新的低档产品也许会蚕食掉较高档产品项目，使公司的局面反而更糟糕。

(2)向上延伸。指企业原来生产低档产品，后来决定增加高档产品。企业采取向上延伸的原因有：高档产品畅销，利润较高；企业估计高档产品市场的竞争者较弱，易于击败竞争对手；企业希望推出高档产品以提高企业形象和市场地位。向上延伸也会使企业面临风险，可能会迫使高档品牌的生产者进入低档市场，进行反攻；顾客可能不相信企业生产出高档产品的能力，因此不认可其高档产品；企业的经销商和代理商可能没能力经营高档产品。

(3)双向延伸。指定位于市场中端的公司决定一方面增加高档产品，另一方面增加低档产品，扩大市场。双向延伸的原因和可能会遇到的风险如同上述。

二、产品定位化策略

产品定位化策略是企业为本产品确定在市场上的地位的策略，即企业根据顾客对于某种产品属性的重视程度，给本企业的产品规定一定的市场地位的策略。实行这一策略，要求企业为产品创造或培养一定的特色，树立一定的市场形象，以满足顾客的某种需要和偏爱。这种特色，有的可以从产品实体上表现出来，如形状、成分、性能、构造等；有的可以从消费者心理上反映出来，如豪华、朴素、浓烈、高雅等。企业选定产品的特色和形象是否恰当，要通过与竞争对手的产品和本企业其他产品相比较来决定。如美国苹果计算机公司在创业之初对产品定位时，就避开与著名的IBM公司竞争，而选定IBM公司当时不经营的个人计算机来经营，一举获得巨大成功。

三、产品多角化策略

产品多角化策略是指企业同时生产或提供两种以上分属不同行业的产品的策略。为了能在千变万化的市场环境中占据有利地位，在激烈的市场竞争中处于优势，企业就必须处于不断求变与应变状态之中，由单一产品经营转向多种产品经营，由同一行业经营转向跨行业经营。采用产品多角化策略的目的在于分散企业风险，扩大经营范围，增强竞争能力；同时，也有利于充分利用企业资源，发掘生产经营潜力。在工业发达国家，这一策略已为越来越多的企业所采用。例如，美国杜邦公司从最早只生产炸药这个单一产品，发展到经营1 800多种产品，这些产品涉及基础化工、石油化工、电子、医药、程序控制等许多领域。在我国，一些大中型企业也开始运用这一策略进行经营活动。

运用产品多角化策略时应切合实际、量力而行、因地制宜，切不可贪多求全、搞“花架子”。同时，也要根据实际情况，通常多是以一业为主、兼营其他。另外，对于那些人力、物力、财力都很有限的中小型企业来说，一般不宜采用这一策略。

四、产品专门化策略

产品专门化策略是指企业单一生产和经营某一种(类)产品的策略。采用这一策略的企业，不求产品多种类发展，而走产品专业化经营的道路，通过扩大批量生产和销售来谋求发展。这一策略能有效地发挥企业某一方面的优势，迅速把产品推向市场，并增加产品特色，是一些势单力薄的中小企业与大企业竞争，并在市场“空隙”中得以生存和发展的有力武器。

采取产品专门化策略，在具体运用中有两种选择：一是企业专门生产和经营某一类产品，如专门生产和经营家用电器的家电企业选择的就是这种形式；二是企业专门生产和经营某一具体品种的产品，如专门生产和经营家用电器中的电冰箱，而不生产和经营其他的家用电器。企业到底选择哪一种形式，要根据内外条件和市场需求来决定。

五、产品差异化策略

产品差异化策略是指，企业向市场提供与其他同类产品有一定差异并具有自身特色的产品的一种策略。采用这一策略，有利于增强产品的竞争能力，更好地吸引消费者购买。实行产品差异化策略，主要有以下途径可供选择。

(1)通过产品质量来实现产品差异化。其具体做法有：通过高价显示优质；通过高级包装显示优质;通过名牌商标树立产品质量形象。

(2)通过信息传递来实现产品差异化,即利用声音、图像、文字等或通过各种传播手段,将有关产品特征的信息传送到目标市场,使顾客感觉到产品的差异,从而在心目中树立起该产品与众不同的形象。

(3)通过销售企业来实现产品差异化。销售商店在规模、声誉等方面是不尽相同的,这不仅会造成产品质量形象的差异,还会造成产品整体形象的差异。

(4)通过优质服务来实现产品差异化。免费送货、分期付款、安装、维修等服务工作是否周到,也会使消费者对产品产生不同的感觉。

六、产品边缘化策略

产品边缘化策略是指,企业生产或提供同时具有两个或两个以上行业特点的产品的一种策略,也就是在两个或两个以上行业的“边缘地区”开发出产品的策略。这种产品也称为“边缘产品”。由此可见,边缘产品是多行业生产技术交融的成果。例如,这几年在市场上日益增多的药物牙膏,便是化工行业与医药行业结合的产物。由于这种牙膏融合了两个行业产品的特点,不仅可以洁齿,还能防治牙周炎等口腔疾病,因而受到消费者的普遍欢迎。又如中药保健服装也是边缘产品,它同时兼备了服装行业与中药行业产品的特点,既可以保暖又可以防治胃病、腰酸、关节炎等慢性病。因此,采用产品边缘化策略有利于更好地满足消费者需要。

运用产品边缘化策略,首先要注意研究和引进“边缘技术”,并使之迅速转化为生产力,也就是运用边缘技术开发边缘产品。为此,企业应加强同有关科研单位的横向联系,快速引进所需的新科技成果。对于一般中小企业来说,由于自身研制能力有限,更需注重从科研单位及时引进这种跨行业的产品技术,力争尽快地使科研成果转化为产品,并批量上市。同时,边缘产品也有寿命周期,要使它能在市场上有较长的生存时间,必须不断加以改进和提高,经常在式样、包装等方面推陈出新。由于边缘产品具有多行业的特点,要使消费者能广泛认知,还应加强广告宣传和推广。宣传的重点也应放在产品的性能、特点和用途等方面,让消费者在同类产品或近似产品的比较中,看到边缘产品的独到好处,以促成实际购买行为。

七、产品推广化策略

产品推广化策略是指企业把产品向市场广泛推开的策略。有两种具体策略可供选用。

(1)渐进策略,即让产品先进入较小的目标市场,然后逐步扩大市场的策略。这一策略注重稳扎稳打,不急于求成,有利于不断完善产品质量,提高企业声誉。这样,即使发生问题,损失也不会太大。

(2)急进策略,即迅速地把产品在市场上全面铺开的策略。这种策略注重快攻快打,一气呵成,有利于较快地获得收益,并能有效地防止竞争者介入。采用这种策略时往往有较大的市场风险,必须作好预测分析。

八、产品陈旧化策略

产品陈旧化策略是企业违背产品的自然淘汰规律,有意识地将某些产品陈旧化,以加快产品更新换代推出更有利的产品的策略。面对日益激烈的市场竞争和迅猛发展的科学技术,仍像过去那样任由市场摆布,产品自然会被淘汰,不利于企业把握市场的主动权。因而日本一些企业提出要实行产品陈旧化策略,使企业走在市场的前面,牵着市场的“鼻子”走。

企业无论选用上述哪一种策略，都要有周密的计划，充分考虑企业的生产能力和经营能力。

案例分析

王老吉商标之争

我们曾在市面上经常可以看到的王老吉有两种：一种是红色的易拉罐的包装，另一种是绿色的利乐装。红色包装的是加多宝集团的产品，而绿色的是广药集团的产品，究竟谁的产品可以叫做王老吉？王老吉商标究竟属于谁？这个问题近期终于尘埃落定，广州药业股份有限公司日前发布公告宣布，中国国际经济贸易仲裁委员会于 2012 年 5 月 9 日就王老吉商标许可协议争议仲裁做出裁决，广药集团与加多宝母公司鸿道集团有限公司签订的王老吉商标许可补充协议和关于王老吉商标使用许可合同的补充协议无效。鸿道集团有限公司停止使用王老吉商标，王老吉商标的使用权判归广药集团。有市场专家认为，在这次判决里面，加多宝真正失去的就是“怕上火，喝王老吉”这句话，因为这句话已经深入人心。

王老吉这一商标尽管最早是 1997 年广药集团注册的，但随后加多宝与广药集团先后两次签订合同，取得了独家使用王老吉红罐生产销售的使用权，期限是到 2010 年。短短的十几年，王老吉从一个地方品牌变成了一个全国的知名品牌，而王老吉这一品牌的评估价值更是高达千亿元，此时将王老吉拱手让人，对于加多宝来说，自然是苦不堪言。但加多宝拿这个品牌价钱很低，一年支出给广药集团的商标使用费只有 400 多万元，这对于广药集团来说，心理太不平衡了，虽然当时你也没做那么大，但是现在已经做到一两百亿的盘子，但我一年只能拿到四五百万。

广药集团对王老吉抱有的希望是很大的，原来自己也没看重的孩子，交给别人去抱养了，抱养走了以后，现在养得个大体壮，现在要回来以后，想维护这个品牌的价值，可能比官司本身要更加艰巨。市场对广药集团能不能复制加多宝对王老吉的经营和管理正拭目以待。

【思考问题】

1. 王老吉商标之争给我们带来哪些启示？
2. 广药集团该如何维护和提升王老吉的品牌价值？

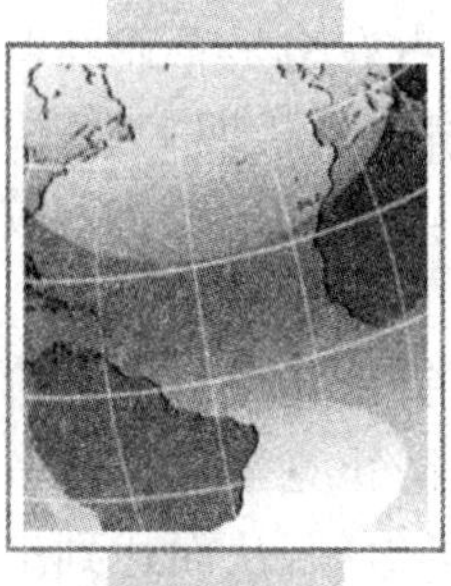

第九章 定价策略

教学要点

企业的定价依据、企业定价方法、企业定价策略、企业定价技巧。

教学重点

企业定价策略、企业定价技巧。

教学难点

企业定价策略、企业定价技巧等理论和实际操作。

第一节 企业定价依据

影响产品定价的因素很多，有企业内部因素，也有企业外部因素；有主观的因素，也有客观的因素。概括起来，大体上包括企业定价目标、产品成本因素、市场需求因素、竞争因素和其他因素。这些都是企业定价的客观依据。

一、企业的定价目标

所谓定价目标，就是企业通过制定一定水平的价格，所要达到的预期目标。通常企业的定价目标有利润目标、市场占有率目标、稳定价格目标以及生存目标四种。

(一)利润目标

利润目标是企业定价目标的重要组成部分，获取利润是企业生存和发展的必要条件，是企业经营的目标和动力。

1. 利润最大化目标

利润最大化目标有单个产品和全部产品、短期和长期之分。通常企业追求的应是长期的、全部产品的综合利润最大化。对于一些中小型企业、产品寿命周期较短的企业、产品在市场上供不应求的企业，也可以谋求短期的利润最大化。利润最大化目标并非必然要求产品高价，因为价格太高，可能会导致产品销量下降，利润总额会因此而减少。相反，对于某些产品适当的降价可以带来销量的大幅提高，从而为企业带来高额利润。

2. 适度利润目标

它是指企业在补偿社会平均成本的基础上，适当地加上一定量的利润作为商品价格以获得适度利润的一种定价目标。由于追求利润最大化在实际运用中常常会受到各种限制，如容易导致激烈的市场竞争、不利于树立良好的企业形象等，所以，很多企业选择按照适度的原则确定利润水平，并以此为目标确定产品价格。需要指出的是，适度利润的实现必须充分考虑产销量、投资成本、竞争格局和市场接受程度等因素的影响。

(二)市场占有率目标

市场占有率,又称市场份额,是指企业的销售额占整个行业销售额的比重,或者是企业的某种产品在某个市场上的销量占同类产品在该市场销售总量的比重。市场占有率是企业经营状况和企业产品竞争力的直接反映。市场占有率与企业利润有很强的相关性,从长期来看,较高的市场占有率必然带来较高的利润。因此,以提高市场占有率为定价目标,具有长期获得较高利润的可能性。

市场占有率目标在运用时存在着保持和扩大市场占有率两个层次。保持市场占有率定价的特征是根据竞争对手的价格水平不断调整价格,以保证企业的竞争优势,防止竞争对手侵占自己的市场份额;扩大市场占有率定价的特征就是从竞争对手那里夺取市场份额,从而达到扩大企业销售市场乃至控制整个市场的目的。

在实践中,企业要实现市场占有率目标,至少应具备三个条件:一是企业要有雄厚的经济实力,可以允许出现一段时间的亏损,或者企业本身的生产成本低于竞争对手;二是企业要对其主要竞争对手有较充分的了解,才可能从其手中夺取市场份额;三是宏观营销环境的许可,我们国家未对市场占有率作出政策和法律的限制,否则盲目追求高的市场占有率,往往会受到政府的干预,例如,美国的"反垄断法",对单个企业的市场占有率进行限制,防止少数企业垄断市场。

(三)稳定价格目标

稳定价格目标实质上就是通过本企业产品的定价来左右整个市场价格,避免不必要的价格波动。市场价格越稳定,经营风险也就越小。为达到稳定价格的目的,通常情况下是由那些拥有较高的市场占有率、经营实力较强或具有较强竞争力的领导企业先制定一个价格,其他企业的价格则参照领导企业的价格来确定。对于大企业来说,这是一种稳妥的价格保护政策;对中小企业而言,由于大企业不愿随意改变价格,竞争性减弱,其利润也可以在一定程度上得到保障。

(四)生存目标

如果企业生产能力过剩,或面临激烈竞争,或试图改变消费者需求,则需要把维持生存作为主要目标。为了确保工厂继续开工和使存货出手,企业必须制定较低的价格,并希望市场是价格敏感型的。利润比起生存要次要得多,许多企业通过大规模的价格折扣来保持企业活力。只要其价格能弥补可变成本和一部分固定成本,企业的生存便可得以维持。

将定价目标分为利润目标、市场占有率目标、稳定价格目标和生存目标只是一种概括性的总结,它既没有穷尽所有可能的定价目标,又没有限制每个企业只能选择其中的一种。一个企业选择什么样的定价目标,应当服从和服务于实现企业经营总目标的需要,并根据企业外部环境和内部条件的变化,适时调整定价目标。

二、产品成本

成本的高低是影响产品价格的重要因素之一,成本是商品价格的最低限制。一般来说,商品价格必须能够补偿产品生产及市场营销的所有支出,并补偿商品的经营者为其所承担的风险支出。根据企业产品定价策略的不同需要,成本可以按照其特性进行如下分类:

(一)固定成本及单位固定成本

固定成本是指企业在一定生产技术组织条件下,不会随产量的变动而发生变动的那部分成本费用。例如,固定资产折旧费(按产量规定折旧率除外)以及企业管理费中的许多项目的发生总额都是相对固定不变的，这些费用就是固定成本，而单位固定成本即是单位产品所分摊的固定成本；固定成本不随产量的变动而变动，但是单位固定成本必然随产量的增加而减少。

(二)变动成本及单位变动成本

变动成本是与固定成本相对应的一个成本概念，其费用发生总额随产量的变化而变动。变动成本往往是产品的直接成本，如生产产品的原材料、产品包装费、产品的运输成本等；而单位变动成本即是单位产品所分摊的变动成本。在一定的生产技术组织条件下，单位变动成本不随产量的增减而变动。但当生产发展到一定规模、工人熟练程度提高、批量的原材料价格优惠时，单位变动成本会呈递减趋势。

此外，管理上还常用边际成本和机会成本这些概念。边际成本是在一定产量上，再增加一单位产品所增加的成本，这个增量成本即为边际成本。企业可根据边际成本等于边际收益的原则来确定获取最大收益的产量。机会成本是指企业为从事某项经营活动而放弃另一项经营活动的机会，则被放弃经营活动机会所应取得的收益即为正在从事的经营活动的机会成本。机会成本的分析，要求企业在经营中正确选择项目，其依据是实际收益必须大于机会成本，从而使企业有限的资源得到最佳配置。

三、产品需求

(一)需求的价格弹性

产品价格除受成本影响外，还受市场需求的影响，即受商品供给与需求的相互关系的影响。反过来，价格变动也会影响市场需求总量，从而影响销售量，进而影响企业目标的实现。因此，企业制定价格时就必须了解价格变动对市场需求的影响程度，反映这种影响程度的一个指标就是商品的需求价格弹性。

所谓需求价格弹性，是指因价格变动而引起的需求的相应的变动率，它反映需求量对价格变动的强烈程度或灵敏度，以需求量变动百分比与价格变动百分比之比值来计算。在正常情况下，市场需求会按照和价格相反的方向变动：价格提高，市场需求就会减少；价格降低，市场需求就会增加。所以，需求曲线是向下倾斜的。这是供求规律发生作用的表现。但是，也有例外情况。菲利普·科特勒指出，显示出消费者身份地位的商品的需求曲线有时是向上倾斜的。例如，香水提价后，其销售量不仅不会减少反而有可能增加。当然，如果香水的价格提得太高，其需求和销售量将会减少。正因为价格会影响市场需求，所以企业的市场营销人员在定价时必须知道需求的价格弹性，即了解市场需求对价格变动的反应。

需求价格弹性的公式表示为：

$$E_P=\frac{\text{需求变动的百分比}}{\text{价格变动的百分比}}$$

需求的价格弹性通常有三种情况：

当 $E_P>1$ 时，表示价格变动引起需求大幅度变化，称作需求弹性大，表明该商品的需求对其价格变化较为敏感。企业在降低成本、保证质量的前提下采用低价策略，可以扩大销售，争得较多利润，也即实践中“薄利多销”的原理。

当 $E_P<1$ 时，表示价格变动只引起需求量较小的变化，称作需求弹性不足，表明该商品的需求对其价格变化的反应较为迟钝。该类商品的降价不仅不能刺激带来同等幅度的销量的增长，反而会降低收入水平和利润。

当 $E_P=1$ 时，表示价格变动引起需求量等幅度的变化，称作需求无弹性。表明价格的上升或降低对销售额影响不大。这类商品则应认真研究市场状况，找出影响需求变化的关键因素，并据此选择相应的价格策略。

在以下条件下，需求可能缺乏弹性，即需求的变动幅度小于价格的变动幅度：①市场上没有替代品或者没有竞争者；②购买者对较高价格不在意；③购买者改变购买习惯较慢，也不积极寻找较便宜东西；④购买者认为产品质量有所提高，或者认为存在通货膨胀等，价格较高是应该的。

如果某种产品不具备上述条件，那么这种产品的需求就富有弹性，即需求的变动幅度大于价格的变动幅度。在这种情况下，企业高层管理者须考虑适当降价，以刺激需求，促进销售。

(二)需求的交叉弹性

在为产品线定价时，还必须考虑各产品项目之间相互影响的程度。产品线中的某一个产品项目很可能是其他产品的替代品或互补品，同时，一项产品的价格变动往往会影响其他产品项目销售量的变动，两者之间的需求交叉价格弹性可以是正值，也可以是负值：如为正值，则此二项产品为替代品，表明一旦产品 Y 的价格上涨，则产品 X 的需求量必然增加；相反，如果交叉弹性为负值，则此二项产品为互补品，也就是说，当产品 Y 的价格上涨时，产品 X 的需求量会下降。

四、市场竞争状况

价格是在市场竞争中形成的，按市场竞争的程度，可分为完全竞争、完全垄断和不完全竞争三种状况。不同的竞争状况对企业制定产品价格会产生不同的影响。

(一)完全竞争

它又称自由竞争，是一种理想化的极端情况。在完全竞争的条件下，买者和卖者都大量存在，产品都是同质的，不存在质量与功能上的差异，企业自由地选择产品生产，买卖双方能充分地获得市场情报。在这种情况下，无论是买方还是卖方都不能对产品价格产生影响，价格是在市场交换中自然形成的，双方只能在市场既定价格下从事生产和交易活动。在完全竞争市场中，企业可以采取随行就市的定价方法。

(二)完全垄断

它是与完全竞争相反的一种极端情况，是指一种商品完全由一家企业所控制的市场状况。垄断企业主要通过对市场供给量的调节来达到其控制市场价格的目的。即便如此，它的定价决策仍然受到来自其他方面的限制，如政府设立的“公平收益”率，潜在竞争者及替代品价格威胁等。完全垄断使企业缺乏降低成本的外部压力，结果是生产效率低下。在此情况下，非垄断企业定价要十分谨慎，防止垄断企业的价格报复。

(三)不完全竞争

它介于完全竞争与完全垄断之间，是现实中存在的典型的市场竞争状况。在这种情况下，多数经营者都能积极地影响市场价格，少数买者或卖者对价格和交易数量起着较大的作用。买卖各方获得的市场信息是不充分的，同时由于卖方提供的同类商品有差异，因此，它们之间存在着一定程度的竞争。在不完全竞争情况下，企业的定价策略有比较大的回旋余地，它既要考虑竞争对手的价格策略，也要考虑本企业定价策略对竞争态势的影响。

在不完全竞争条件下，竞争的强度对企业的价格策略有重要影响。为此，企业首先要了解竞争的强度。竞争的强度主要取决于产品制作技术的难易、专利保护情况、供求形势以及具体的竞争格局。其次，要了解竞争对手的价格策略以及竞争对手的实力。再次，还要了解本企业在竞争中的地位，从而制定出适合企业自身发展的价格。

五、其他因素

(一)政府或行业组织干预因素

随着市场经济的发展，价值规律、供求状况和竞争的自发作用，会产生某些市场无法自我完善的弊端，所以政府制定了一系列的政策和法规，对企业的价格策略进行干预。政府的干预包括规定毛利率，规定最高、最低限价，限制价格的浮动幅度，规定价格变动的审批手续及实行价格补贴等。例如：美国某些州政府通过租金控制法将房租控制在较低的水平上，将牛奶价格控制在较高的水平上；法国政府将宝石的价格控制在低水平，将面包价格控制在高水平；我国某些地方为反暴利对商业毛利率进行限制等。另外，一些贸易协会或行业性垄断组织也会对企业的价格策略进行影响。这些政策法规有监督性的，有保护性的，也有限制性的，每个企业在产品定价时都必须自觉遵守。

(二)消费者心理和习惯因素

价格的制定和变动在消费者心理上的反映也是企业在确定价格策略时必须考虑的因素。在现实生活中，很多消费者存在"一分价钱一分货"的观念。面对不太熟悉的商品，消费者常常从价格上判断商品的好坏，凭经验把价格同商品的使用价值挂钩。消费者心理和习惯上的反应是很复杂的，某些情况下会出现完全相反的反应。例如，在一般情况下，涨价会减少购买，但有时涨价会引起抢购而增加购买，楼市出现的买涨不买跌现象便是如此。因此，在研究消费者心理对定价的影响时，要持谨慎态度，要仔细分析消费者心理及其变化规律。

(三)企业或产品的形象因素

有时企业根据企业理念和企业形象设计的要求，需要对产品价格进行限制。例如，企业为了树立热衷于公益事业的形象，会将某些与公益事业相关产品的价格定得较低；为了形成高贵的企业形象，又将某些产品价格定得较高等。

第二节　企业定价方法

企业在综合分析影响产品价格基本因素的基础上制定产品价格。把这些基础因素综合起来，进行合理定价，需要借助于一定的方法。不同情况及不同的定价目标，可以有不同的方法。概括起来，最基本的方法有成本导向定价法、需求导向定价法和竞争导向定价法三种。

一、成本导向定价法

成本导向定价法是指以产品成本为依据来制定价格的方法。由于补偿成本是企业经营最起码的要求，同时此方法操作起来简单方便，所以在实际工作中得到了较为广泛的运用。它一般包括成本加成定价法、目标利润定价法、变动成本定价法以及盈亏平衡分析定价法等。

(一)成本加成定价法

成本加成定价法是指以产品的全部成本(包括变动成本和固定成本)为基础，再加上一定比例的加成来确定产品价格的方法(加成的比例通常选用企业的目标利润率)。即：

$$单位产品价格=单位产品生产成本+单位产品利润$$

或：

$$单位产品价格=单位产品总成本\times(1+目标利润率)$$

【同步案例 9-1】

甲自行车厂生产1万辆自行车，每辆自行车的变动成本为300元，总固定成本为20万元，确定目标利润率为20%，采用总成本加成定价法的计算过程是：

单位产品的变动成本为：300元

单位产品的固定成本为：200 000÷10 000=20(元)

单位产品总成本为：300+20=320(元)

单位产品的价格为：320×(1+20%)=384(元)

这种定价方法计算简便，制定出来的价格相对合理，买卖双方都容易接受。但未考虑成本以外的影响价格的其他因素，是以全部产品卖出去为假设前提的，而且忽略了固定成本与实际产销量无直接关系的事实。因此，当实际产销量大于预期产销量时，用此法制定的价格可能偏高；反之，又可能偏低。

(二)目标利润定价法

这种方法就是以预测销售量的总成本为基础，加上企业确定的目标利润，计算出实现目标利润的销售收入，再根据销售收入计算出产品的售价。

基本公式如下：

$$P=(V\cdot Q+F+E)/Q$$

其中：Q为预测销售量；F为固定成本；P为单位商品的价格；V为单位商品的变动成本；E为目标利润。

【同步案例 9-2】

乙企业生产A产品的能力为80万件，预计全年的销售量可达72万件。固定成本为500万元，单位可变成本为5元，目标利润为220万元，售价应为多少元？

根据公式，则：

$P=(5\times72+500+220)/72=15$(元/件)

运用这种定价方法的关键，一是要正确地确定目标利润；二是要准确预测销售量。

(三)变动成本定价法

变动成本定价法又称边际贡献定价法。由于企业在一定的生产经营条件下，固定成本总额不随产销量的增减而变化，因此企业在用此种方法定价时，不考虑价格对总成本的补偿，只考虑价格对可变成本的补偿，以单位产品的变动成本作为价格的最低界限，同时争取更多的边际贡献来补偿固定成本(所谓边际贡献，就是只计算可变成本而不计算固定成本时的收益)。

基本公式如下：

产品价格=单位产品变动成本+单位产品边际贡献

【同步案例 9-3】

丙鞋厂在一定时间内发生固定成本80 000元，单位变动成本0.7元，预计销量100 000双。在当时的市场上，同类产品的价格为1元/双，那么企业是否应该继续生产呢？

决策过程是：

固定成本为：80 000元

变动成本为：0.7×100 000=70 000(元)

销售收入为：1×100 000=100 000(元)

企业盈亏为：100 000−70 000−80 000=−50 000(元)

由此可见，若继续生产，企业出现了 50 000 元的亏损，但是作为已经发生的固定成本，在不生产的情况下，已发生了 80 000 元，这说明若生产则可以减少 30 000 元固定成本的损失，并补偿了全部变动成本 70 000 元。

可见，只要产品的价格高于产品的变动成本，企业就可以继续生产销售。若价格低于单位产品变动成本，则企业应该停止生产，因为此时的销售收入不仅不能补偿固定成本，连变动成本也不能全部补偿，生产得越多，亏损就越多，企业的生产活动就失去了意义。

变动成本定价法改变了售价低于总成本便拒绝交易的传统做法，在当前竞争激烈的市场中具有较强的灵活性，在有效地对付竞争者、开拓新市场、形成最优产品组合等方面可以发挥巨大作用。

（四）盈亏平衡分析定价法

盈亏平衡分析定价法是企业在产销量既定的条件下，产品的价格必须达到一定的水平才能盈亏平衡，即企业的收入和支出相等。这个既定的产销量称为盈亏平衡点，这种制定价格的方法称为盈亏平衡分析定价法。正确预测产销量、已知固定成本及变动成本是采用这种定价方法的前提。

基本公式如下：

$$P=\frac{F}{Q}+V$$

其中：P 为盈亏平衡点的产品价格；F 为企业生产该种产品总的固定成本；Q 为该产品的产销量；V 为该产品的单位变动成本。

【同步案例 9－4】

丁企业的固定成本为200 000元，单位产品的变动成本为 50 元，预计年产销量为5 000件，计算产品盈亏平衡点价格。

根据产品盈亏平衡点价格公式：$P=\frac{F}{Q}+V$，有：

产品盈亏平衡点价格$=\frac{200\ 000}{5\ 000}+50=90$（元）

则产品盈亏平衡点价格为 90 元。

这种方法的优点是计算简便，可以使企业明确在不亏不盈时的产品价格及最低销售量。缺点是，准确的价格需建立在准确的成本分析及销量预测的基础之上，而后两者的计算和预测往往会出现偏差，从而使价格出现偏差。同时，由于它是根据销售量倒推出价格，而实际上价格的高低将对顾客需求量产生巨大的影响。

成本导向定价法本质上是卖方导向，它忽视了市场需求、竞争和价格水平之间的影响关系，所以有时按这种定价方法确定的价格与市场实际相脱节，难以得到有效的实施。另外，运用这种定价方法还要建立在对产销量主观预测的基础上，从而降低了价格制定的科学性。因此，在使用成本导向定价法时，还应充分考虑市场需求和竞争状况，这样确定的价格才更具现实意义。

二、需求导向定价法

需求导向定价法又称顾客导向定价法或市场导向定价法，是指根据市场对产品的需求状况，以及产品的需求价格弹性来确定产品价格的方法。现代市场营销观念要求企业的一切生产经营必须以消费者需求为中心，并在产品、价格、分销和促销等方面予以充分体现，只考虑产品成本，而不考虑竞争状况及顾客需求的定价，不符合现代营销观念。然而，产品能否销售出去并不取决于产品成本的高低，而主要是看其价格能否被购买者所接受。需求导向定价法主要有理解价值定价法、需求差异定价法和逆向定价法三种。

(一)理解价值定价法

理解价值又称感受价值或认知价值，是消费者对产品价值的主观判断，即消费者认为这种产品值多少钱，它反映了这种产品价值的市场接受水平。理解价值定价法，就是以产品的理解价值为基础来确定产品价格。

理解价值定价法的关键和难点是获得消费者对有关商品价值理解的准确资料。如果过高估计消费者的理解价值，价格就会定得过高，产品难以达到应有的销量，企业将面临产品滞销的风险；相反，低估了消费者的理解价值，价格就会低于应有的水平，不仅会影响企业的收入，而且有些时候，商品的价格没有达到一定水平，消费者会认为质量也可能达不到他们的要求，这样即使降价也不会引起销量增加太多。所以用理解价值定价法，关键是正确评估产品的理解价值。因此，企业必须通过广泛的市场调研，了解消费者的需求偏好，根据产品的性能、用途、质量、品牌、服务等要素，准确判断消费者对产品的理解价值。

(二)需求差异定价法

需求差异定价法是指企业根据市场需求的时间差、数量差、地区差、消费水平及心理差异等来制定产品的价格。这种定价方法，对同一产品在同一市场上制定两个或两个以上的价格，可以使企业定价最大限度地符合市场需求，促进商品销售，有利于企业获取更多的经济效益。

根据需求特性的不同，需求差异定价法通常有以下几种形式。

1. 以用户为基础的差别定价

它是指同一产品对不同的用户或顾客制定不同价格的定价方法。例如，对老客户和新客户、长期客户和短期客户、女性和男性、儿童和成人、残疾人和健康人、工业用户和居民用户等，分别采用不同的价格。

2. 以地点为基础的差别定价

它因地点的不同而收取不同的价格，比较典型的例子是影剧院、体育场等，其座位不同，票价也不一样。例如，体育场的前排可能收费较高，旅馆客房因楼层、朝向、方位的不同而收取不同的费用。这样做的目的是调节客户对不同地点的需求和偏好，平衡市场供求。

3. 以时间为基础的差别定价

同一种产品成本相同，而价格随季节、日期甚至钟点的不同而变化。例如，供电公司在用电高峰期和闲暇期制定不同的电费标准；电影院的票价在白天和晚上有差别。对于某些时令商品，在销售旺季，人们愿意以稍高的价格购买，而一到淡季，则购买意愿明显减弱，所以这类商品在定价之初就应考虑到淡、旺季的价格差别。

4. 以产品为基础的差别定价

不同外观、花色、型号、规格、用途的产品，也许成本有所不同，但它们在价格上的差异并不完全反映成本之间的差异，而主要区别在于需求的不同。例如，棉纺织品卖给纺织厂和卖给医院的价格不一样，工业用水、灌溉用水和居民用水的收费往往有别，对于同一型号而仅仅是颜色不同的产品，由于消费者偏好的不同，也可以制定不同的价格。

5. 以流转环节为基础的差别定价

企业产品出售给批发商、零售商和用户的价格，或因通过不同的经销商、代销商和经纪人销售产品，或因责任、义务和风险不同，佣金、折扣及价格等都不一样。

6. 以交易条件为基础的差别定价

交易条件主要指交易量大小、交易方式、购买频率、支付手段等。交易条件不同，企业可能对产品制定不同价格。例如，交易批量大的价格低，零星购买的价格高；现金交易的价格可适当降低，支票交易、分期付款、以物易物的价格可适当提高；预付定金、连续购买的价格一般低于偶尔购买的价格。

由于需求差异定价针对不同的需求采用不同的价格，可以为企业谋取更多的利润，所以，在实践中被广泛运用。但是，实行需求差异定价必须具备一定的条件，否则，不仅达不到预期的目的，反而会产生相反的作用。第一，要能对市场进行细分，即购买者对产品的需求有明显的差异，需求弹性不同，不会因差别价格而导致购买者的反感；第二，就产品方面来说，各个市场之间是分割的，低价市场的产品无法向高价市场转移；第三，在高价市场上无法进行价格竞争，这可能是本企业已经垄断市场，也可能是产品需求弹性小，低价不会对消费者需求产生较大的影响；第四，就企业方面来说，实行不同价格的总收入要高于同一价格的收入，因此差别定价不是目的，而是一种获取更高利润的手段；第五，不违反有关法律。

(三)逆向定价法

逆向定价法是指企业根据消费者能够接受的最终销售价格，计算企业的成本和利润后，逆向推算出中间商的批发价和出厂价。这种定价方法不以实际成本为定价依据，而以最终消费者对商品的认知价值为出发点，力求价格为消费者所接受。

逆向定价法的特点是：价格能反映市场需求状况，利于与中间商建立良好的关系，使产品迅速向市场浸透，定价比较灵活，可根据市场供求状况及时调整产品价格。

三、竞争导向定价法

竞争导向定价法是指通过研究竞争对手的商品价格、生产条件、服务状况等，以竞争对手的价格为基础，来确定本企业产品的价格。企业在制定价格时，主要以同类竞争对手的价格为依据，而较少考虑成本及市场需求因素。竞争导向定价法主要包括随行就市定价法、产品差别定价法及投标定价法。

(一)随行就市定价法

在完全竞争和垄断竞争的市场中，任何一家企业都无法凭借自己的实力来完全控制市场，为了避免竞争特别是价格竞争带来的损失，大多数企业都选择随行就市定价法，即根据同行业平均价格或同行业中实力最强的竞争者的价格来制定本企业的产品价格。

运用随行就市定价法，如何确定“行价”很重要。在实践中，确定“行价”有两种途径：一是在完全竞争的市场中，每个企业都无权决定市场价格，只有通过对市场的无数次摸索，确定一种大家都能接受的价格水平；二是在垄断竞争的市场中，由少数几个大企业首先定价，其他企业则参考定价或追随定价。

(二)产品差别定价法

从根本上分析，随行就市定价法是为了避免竞争，是一种防御性的定价方法。而产品差别定价法是指通过企业的营销努力，使本企业产品在消费者心目中建立起与其他企业的同质产品不同的形象，从而确定不同于竞争者的价格。所以产品差别定价法是一种进攻性的定价方法。这种定价方法要求企业具备较强的实力，企业形象好，消费者能将企业产品与企业本身联系起来。

(三)投标定价法

投标定价法是指买方引导卖方通过竞争的方式取得最低商品价格。在国内外,许多大宗商品、原材料、建筑工程、大型设备、政府的大宗采购等通常采用投标定价法。一般来说,招标方只有一个,处于相对垄断的地位,而投标方有多个,处于相互竞争的地位。投标递价(标的物的价格)由参与投标的各个企业独自确定,在其他情况相同的情况下,报价最低的投标者通常中标。企业的投标递价,主要以竞争者的可能递价为转移。递价低于竞争者,可能增加中标机会,但递价不能低于边际成本,否则难以保证合理的收益。

第三节 企业定价策略

企业的定价策略就是把产品定价与企业市场营销组合策略的其他要素巧妙地结合起来,定出最有利的商品价格,实现企业的营销目的。定价策略的全部奥妙就是在一定的营销组合条件下,如何把产品价格定得既能易于被消费者接受,又能为企业带来比较多的收益。价格策略是多种多样的、灵活多变的,一般可分为新产品定价策略、心理定价策略、折扣定价策略、差别定价策略和组合定价策略等。

一、新产品定价策略

新产品定价策略是企业营销中一个十分重要的问题,它关系到新产品能否顺利地进入目标市场,能否站稳脚跟,能否获得较大的经济效益。目前西方企业对新产品定价,概括来讲,有以下三种策略。

(一)高价策略

这种策略即所谓的"撇脂定价"策略,就是企业在追求利润最大化的定价目标指导下,在新产品上市时尽可能定高价,要求在产品市场寿命初期就获得比较大的收益,尽快收回投资并取得较多的利润。此种策略在国际市场上较为普遍采用。企业采取此种定价策略,一般是出于以下考虑:

(1)新产品初投放市场时,竞争者尚未进入,产品上市量少,只要价格未超过顾客的抵制限度,即可维持一段高价高利时期,取得可观的收益。

(2)竞争者终究会进入市场,竞争将迫使价格下降。

(3)利用消费者求新心理,以高价提升产品品牌形象,刺激顾客购买欲望,有助于扩大销量。

(4)高价高利润,可以为扩大市场、应对竞争而积累资金做好准备。

(5)初期新产品供应量少,市场供不应求,定价较高也有利于调节供需平衡。

当然,采取高价高利策略也有其弊端:定价远高于价值,会损害消费者利益,不利于市场开拓,反过来又会影响新产品的发展,容易使新产品市场开发失败;高价高利会极大地促进新竞争者的进入,容易诱发盲目竞争、盲目发展,企业在失去一部分消费者的同时,也给整个社会造成了不必要的浪费。所以,采取高价策略也要掌握一定的限度。

【同步案例 9-5】

苹果公司的 iPod 产品是近几年来最成功的消费类数码产品,一推出就获得成功,第一款 iPod 的零售价高达 399 美元,即使对于美国人来说也是属于高价位产品,但是有很多"苹果迷”既有钱又愿意花钱，所以纷纷购买。苹果的撇脂定价取得了成功。但是苹果认为还可以“撇到更多的脂”，于是不到半年又推出了一款容量更大的 iPod，当然价格也更高，定价 499 美元，仍然卖得很好。苹果的撇脂定价大获成功。

(二)低价策略

这种策略即所谓的“渗透定价”策略，与“撇脂定价”策略相反，它是把产品上市初期价格定得低于预期价格，采取低价低利策略。采取此策略，一般是出于以下的考虑：

(1)产品需求弹性大，低价有利于扩大销路，迅速打开市场，企业也可因产销量的扩大而带来规模效应。

(2)产品市场中已存在领导者，为了挤进市场只好采取低价渗透策略。

(3)企业在市场中处于领先地位，采取低价策略可为竞争者制造进入壁垒，以求长期占领市场。

(4)企业欲开辟新市场，而该市场的购买力又相对薄弱，因此制定易为消费者接受的低价，从而扩大市场。

采取低价策略的好处是明显的，但在营销上也有其弊端：由于新产品一开始就实行低价，会影响同类旧产品的销路，从而缩短同类产品的寿命周期；以后倘若因成本变化等原因想要提高价格，又会影响销路；低价低利，需要有比较雄厚的资金，否则难以扩大营销。

(三)温和价格策略

这种策略即所谓的“君子定价”策略。实行高价和低价策略各有其利弊，都比较极端。有的企业虽然处于优势地位，本可通过定高价获得最大利润，但为了获得顾客的良好印象，就采取温和定价，既吸引购买，又赢得各方的尊敬，被称为介于撇脂定价和渗透定价之间的定价策略。采取这一策略的具体定价一般采用反向定价法，通过调查或征询分销商意见，先拟定出消费者易于接受的零售价格，然后反向推算得到出厂价格。

二、心理定价策略

心理定价是指企业在定价时，利用消费者的心理因素，通过制定迎合消费者心理需求的价格，使其对企业产品产生偏爱或忠诚，从而达到扩大市场销售、获得最大效益的目的。常用的心理定价策略有整数定价、尾数定价、声望定价和招徕定价四种。

(一)整数定价

对于那些无法明确显示内在品质的商品，消费者往往通过价格的高低来判断其质量的好坏。然而，在整数定价方法下，价格的高并不是绝对的高，而只是凭借整数价格来给消费者造成高价的印象。整数定价常常以偶数，特别是“0”作尾数，它们在消费者眼中往往代表一个更高的价格档次。例如，精品店的服装可以定价为 1 000 元，而不必定为 998 元。这样定价的好处：①可以满足购买者炫耀富有、显示地位的虚荣心；②省却了找零钱的麻烦，方便企业和顾客的结算；③花色品种繁多、价格总体水平较高的商品，利用产品的高价效应，在消费者心目中树立高档、优质的产品形象。

整数定价策略适用于需求弹性较小、价格高低不会对需求产生较大影响的商品，如流行品、时尚品、奢侈品等，由于其消费者大多属于高收入阶层，他们甘愿也有能力接受较高的价格，从而使企业的整数定价得以顺利实施。

(二)尾数定价

尾数定价又称“奇数定价”或“非整数定价”，即利用消费者对数字认识的某种特殊心理制定尾数价格。如有的零售商常用 9 作为价格尾数，宁可定 999 元而不定 1 000 元、宁可定 9.9 元而不定 10 元。这种尽可能在价格上不进位的做法，在直观上给消费者一种便宜的感觉，顺应了消费者的求廉心理，从而激发消费者的购买欲望，促进产品销售。

使用尾数定价，可以使消费者产生三种心理效应，以达成促进产品销售的目的。

(1)便宜。如 99 元和 100 元虽仅相差 1 元，但后者往往给人 100 多元的感觉，而前者给消费者的感觉是还不到 100 元(90 多元)，显得价格偏低，较容易被消费者接受。

(2)精确。尾数定价能使消费者认为企业定价认真、精确，价格是经过仔细的成本核算而制定出来的，无形中使消费者对产品和价格产生信任感。

(3)吉利。近年来，国内市场上常用 8 作为价格尾数，因为 8 与广东话发财的“发”字同音，定价时多用 988、88.88、1.68 等，在定价心理上，消费者自然乐于接受。

当然，企业要想真正打开销路、占领市场，还应以产品优质取胜，过分看重数字的心理功能，流于文字游戏，只能是取宠一时，不利于企业的长远发展。

(三)声望定价

声望定价是指企业利用产品品牌在消费者心目中的声望、信任度和社会地位来确定价格的一种定价策略。通常企业故意把产品价格定成整数或高价，以此来满足消费者的某些特殊欲望。质量不易鉴别的商品尤其适合采用这种方法，因为消费者有崇尚名牌的心理，往往将高价与高质量、高档次联系在一起，降价或低价反而无人购买。

使用声望定价时，需要适当控制产品的市场拥有量。英国名车劳斯莱斯的价格在所有汽车中雄居榜首，除了其优越的性能、精细的做工外，严格控制产量也是一个重要因素。美国已故总统艾森豪威尔因为未能拥有一辆劳斯莱斯汽车而成为终身憾事。

此外，应用声望定价必须谨慎，要充分考虑市场竞争状况和消费者的价格接受水平，否则，过高的价格可能会使顾客大量流失而从总体上影响企业的收益。当然，与产品高价相适应的应该是产品实实在在的高质量与良好的服务保证。

(四)招徕定价

招徕定价是指利用消费者求廉的心理，特意将几种商品的价格定得较低以吸引顾客，在消费者挑选或购买廉价商品的同时，带动其他正常价格商品的销售。使用招徕定价法的企业一般应该具有较多的商品品种，保证顾客有足够的选择余地，从而确保招徕定价的成功。一些大型的零售商场、百货商店通常采用这种定价策略。比如美国有家“99 美分商店”，不仅一般商品以 99 美分标价，甚至每天还以每台 99 美分的价格出售 10 台彩电，极大地刺激了消费者的购买欲望，商店每天门庭若市。一个月下来，不仅把每天以 99 美分出售 10 台彩电的损失完全补回，企业还获取了可观的利润。有的零售商利用节假日或换季时机举行“节日大酬宾”、“换季大减价”等活动，部分商品大幅减价以吸引顾客，应用的也是招徕定价策略。

【同步案例 9-6】

醉翁之意不在酒

珠海九洲城里有一只 3 000 港币的打火机。许多观光客听到这个消息，无不为之咋舌。如此昂贵的打火机该是什么样子呢？于是，九洲城又平增了许多慕名前来一睹打火机“风采”的顾客。

这只名曰“星球大战”的打火机看上去极为普通，它值这个价钱吗？站在柜台前的观光者人人都表示怀疑，就连售货员对此亦未置可否地一笑了之。它被搁置在柜台里很长时间无人问津，但它旁边的 3 港币一只的打火机却是购者踊跃。许多走出九洲城的游客抖着手里的拎包坦诚相告:我原是来看那只“星球大战”的,不想却买了这么多东西。

无独有偶,日本东京都演松町的一家咖啡屋竟然推出了5 000日元一杯的咖啡,就连一掷千金的豪客也大惊失色。然而消息传开,抱着好奇心理的顾客蜂拥而至,使往日冷冷清清的店堂一下子热闹了,果汁、汽水、大众咖啡等饮料格外畅销。

值得企业注意的是,用于招徕的降价品,应该与低劣、过时商品明显地区别开来。招徕定价的降价品必须是品种新、质量优的适销产品,而不能是处理品。否则,不仅达不到招徕顾客的目的,反而可能使企业声誉受到影响。

三、折扣定价策略

折扣定价是指对价格作出一定的让步,直接或间接降低价格,扩大产品销量。其中,直接折扣的形式有现金折扣、数量折扣、功能折扣、季节折扣,间接折扣的形式有回扣和津贴。

(一)现金折扣

现金折扣是指对在规定的时间内或提前付清账款者的一种价格折扣。例如,典型的付款期限折扣表示为“5/10,2/20,净价 30”,意思是:应在30天内付清货款,但如果在成交后10天内付款,照价给予5%的现金折扣;超过10天但在20天内付款,照价给予2%的现金折扣;超过20天但在30天内付款不予折扣;超过30天付款要加付利息。通常情况下现金折扣对买方会有很大的诱惑力,因为如果提早付款,他们将节约一大笔资金费用。现金折扣的目的是鼓励顾客尽早付款,改善卖主的资金周转,减少财务风险。现金折扣一般要考虑好折扣比例、时间限制。

现金折扣等于降低价格,所以企业在运用这种手段时要考虑商品是否有足够的需求弹性,保证通过需求量较大幅度的增加使企业获得足够的利润。

(二)数量折扣

数量折扣指按购买数量的多少,分别给予不同的折扣,购买数量越多,折扣越大的策略。其目的是鼓励大量购买,或集中向本企业购买。数量折扣包括累计数量折扣和一次性数量折扣两种形式:累计数量折扣是指顾客在一定时间内,购买商品若达到一定数量或金额,则按其总量给予一定折扣,其目的是鼓励顾客经常向本企业购买,成为企业的长期客户;一次性数量折扣是指顾客一次购买某种产品达到一定数量或购买多种产品达到一定金额,则给予折扣优惠,其目的是鼓励顾客大批量购买,促进产品多销、快销。

(三)功能折扣

功能折扣也称“贸易折扣”,是指生产商给予承担一些营销功能(如运输、储藏、广告等)的中间商的价格优惠。确定功能折扣的比例,主要考虑中间商在分销渠道中的地位、对生产企业产品销量的重要性、购买批量、完成的促销功能、承担的风险、服务水平、履行的商业责任等。功能折扣的结果是形成购销差价和批零差价。

功能折扣的主要目的是鼓励中间商大批量订货,扩大销售,争取与其建立长期、稳定、良好的合作关系,同时也对中间商经营有关产品的成本和费用进行补偿,让中间商有一定的盈利。

(四)季节折扣

有些商品的生产是连续的,而其消费却具有明显的季节性。季节折扣是指企业为了保持均衡生产,加速资金周转,节省业务费用而鼓励买主在销售淡季购买的一种折扣形式。季节折扣策略可以降低季节差别对企业生产经营活动带来的风险,充分利用企业的设备、人力等资源,减轻企业的仓储压力,加速资金周转、调节淡旺季之间的销售不均衡。例如,啤酒生产商对在冬季进货的商业单位给予大幅让利，羽绒服生产企业则为夏季购买其产品的企业提供折扣。确定季节折扣比例时应考虑成本、储存费用、基价和资金利息等因素。

(五)回扣和津贴

回扣是间接折扣的一种形式，它是指购买者将商品的全部货款付清后，销售者再按一定比例将货款的一部分返还给购买者。津贴是企业出于特殊目的，对特殊顾客以一定形式所给予的价格补贴或其他补贴。如当中间商为企业产品刊登地方性广告、设置样品展示橱窗等促销活动时，生产企业给予中间商一定数额的资助或补贴等。又如，在市场成熟期，开展以旧换新业务，将旧货折算成一定的价格，在新产品的价格中扣除，顾客只支付余额，这也是一种津贴的形式，以刺激消费需求，促进产品的更新换代，扩大新一代产品的销售。

上述各种折扣定价策略增强了企业定价的灵活性，能为企业带来巨大的经济效益。但在使用折扣定价策略时，必须注意国家的法律制度，确保对符合同等条件的顾客使用同一折扣标准。如美国 1936 年制定的《罗宾逊—巴特曼法案》规定，折扣率的计算应以卖方实现的成本节约数为基础，并且卖方必须对所有顾客提供同等的折扣优惠条件，否则就是犯了价格歧视法。

四、差别定价策略

差别定价是指企业以不同的价格向不同的消费者销售相同或类似的产品。这些产品有时是完全相同的，有时可能存在差异，但成本的差异远远小于价格的差别。常用的差别定价策略有顾客差别定价、产品差别定价、位置差别定价和时间差别定价四种。

(一)顾客差别定价

顾客差别定价是对同样的商品或服务，不同的顾客支付不同的价格。如博物馆对学生和老年人收取较低的门票价格；有些商家的商品对一般顾客与会员也采取不同的销售价格。

(二)产品差别定价

产品差别定价又称产品形式定价，不同形式的产品定价不同，而且价格之间的差异远大于它们各自成本的差异。例如，同一成本和质量的服装因款式的差异而使销售价格不同；又如，同一款式的汽车，仅仅因为颜色的不同，价格也会有较大的差别。

(三)位置差别定价

位置差别定价是根据不同位置或地点设定不同的价格，即使它们耗费企业的成本完全相同。如一个戏院，任何一个座位对提供者而言，成本都是相同的，但对于观众来说，由于不同的座位会带来不同的观看效果，所以可以据此向他们收取不同的票价；又如同一头猪身上的不同部位的肉价格也不同。

(四)时间差别定价

时间差别定价是不同日期，甚至不同钟点或时段，同一种产品的销售价格不同，这是服务业经常采用的定价策略。如长途电话工作日与周末，白天与夜间的话费标准不同。

实行差别定价，必须具备一定的条件：一是市场必须能够细分，而且这些细分市场要显示不同的需求程度；二是各细分市场间存在一定的壁垒，商品不能由低价市场向高价市场流动；三是在高价的细分市场中，竞争者无法以低于本企业的价格出售产品；四是差别定价不会引起顾客的反感和抵制。另外还需要注意，差别定价的形式不能违反法律或有关规定。

五、组合定价策略

当某种产品成为产品组合的一部分时，企业必须对定价的方法进行调整。在这种情况下，企业要寻找一组在整个产品组合方面能获得最大利润的整体价格。因为各种各样的产品在需求和成本之间有内在的相互关系并受到不同程度竞争的影响，所以定价比较困难。我们在产品组合定价中可区分出六种情况：产品线定价法、特色定价法、分部定价法、副产品定价法、成组产品定价法，其中分部定价法又根据行业的不同性质分为附带产品定价法和两段定价法。

（一）产品线定价法

多数企业通常宁愿发展产品线而不愿搞单件产品。在许多商业行业中，卖主为所在的行业的产品使用众所周知的价格点。如男子服装店可以将男式西装的价格设定在三种价格水平上：300 元、500 元、1 000 元。有了这三个价格点，顾客就会联想到这是低质量、中等质量和高质量的西装。即使三种价格都被适当调高了，男人们通常仍会以他们更喜爱的价格点来选购套装。卖方的任务就是建立能向价格差异提供证据的认知质量差异，尽量做到使产品的价格差距与顾客对不同产品的认知价值的差距相吻合。

（二）选择特色定价法

许多企业提供各种可选择的产品或具有特色的产品。汽车购买者就能够选购电动窗户控制器、去雾装置和灯光调节器。然而，为这些定价是个棘手的问题。汽车企业必须考虑哪些品目要计入总价格、哪些品目是供选购的。许多年来，美国汽车企业的常规定价策略是为一辆降低档次去掉了附件的车型做广告，定价为 10 000 美元，去吸引人们进入展览厅，而把大部分展厅用于展示 13 000 美元以上装备齐全的小汽车。这种经济型小汽车在去掉了一些使人感到舒适和方便的附属物后，许多购买者都拒绝购买它。

餐馆面临着同样的定价难题。餐馆的顾客可能在饭菜以外要些酒，许多餐馆将酒的价格定得高，食品的价格定得低，食品收入用于弥补餐馆的费用，而靠酒类商品获得利润，这就是服务员要力图说服顾客买酒喝的原因；另外一些餐馆则会将它们酒类的价格定得低而食品价格定得高，以引来一大群好喝酒的人。

（三）分部定价法

1. 附带产品定价法

企业经常将原本可以以整体形式销售的产品分拆开来销售，并对不同的产品组件单独定价，这些分拆开来的产品组件在功能上往往具有一定的互补性。其中必须与主要产品一起使用的产品组件便称为附带产品。附带产品的例子有剃须刀的刀片和照相机的胶卷等。企业通过这种定价方式，将耐用的、购买频率低的那部分产品定一个较低的价格，以吸引更多消费者，而将主要的利润来源放在那些消耗大的、购买频率高的附带产品上。然而，附带产品定价太高也有风险。企业在给附带产品定出高价之前，要确定自己的产品具有一定的垄断能力，否则替代品的出现势必会使原本的顾客转向竞争对手。

2. 两段定价法

对服务性企业而言分部定价法又称为两段定价法，企业常常先收取固定费用，然后再加收一笔可变的使用费。如电话用户每个月至少要付一笔钱，如果使用次数超过规定还要增收另一笔费用；游乐园先收入场券的费用，如果增加游玩项目，还要再收费。服务性企业面临着与附带产品定价类似的问题，即：基本服务收费多少？可变使用收费多少？但使用两段定价法的基本原则是：固定费用应该较低，以便吸引顾客使用该服务项目，之后再通过可变使用费获取利润。

（四）副产品定价法

在生产加工食用肉类、石油产品和化学产品时，常常有副产品。如果这些副产品对某些顾客群具有价值，就必须根据其价值定价。副产品的收入多，将使企业更易于为其主要产品制定较低价格，从而在市场上增加竞争力。

(五)成组产品定价法

销售商常常将一些关联性不十分密切的产品组合成一个整体，按统一的价格销售。如汽车生产商可将一整套任选品一揽子销售，售价比分别购买这些产品要低。剧场企业可出售季度预定票，票价可低于分别购买每一场演出的费用。由于顾客本来无意购买全部产品，因此在这个价格数上节约的金额必须相当可观才可以吸引顾客购买。

某些顾客并不需要成组产品的全部内容。假定一个医用设备供应商的供应品中包括免费送货和培训。一位特定顾客可能要求放弃免费的送货和培训，以得到较低的价格。顾客要求的是"非组合"供应物。如果顾客取消某些项目，企业在成本上减少的开支比价格减少更多，则销售者将实际增加利润。例如，供应商不送货节约了 100 美元，而顾客价格减少 80 美元，则供应商增加了 20 美元的利润。

第四节　企业定价技巧

定价技巧是企业经营过程中围绕价格所实施的各种方式和方法，是对定价策略的具体运用，它既可以是策略的单独运用，也可以是策略的综合运用，其中还包括对相关理论、规律的具体运用。

一、价格调整的技巧

(一)价格调整技巧的相关理论

(1)价格—需求弹性规律。弹性(弹性大)的商品在调整价格时调低商品价格有利，因为价格调低一个较小的比例就会引起需求较大幅度的增长；非弹性(弹性小)的商品正好相反，调高商品价格有利，即价格调高一个较大的比例也不会引起需求大幅度下降。

(2)韦伯—费勒定律。消费者对价格变化的感受更多取决于变化的百分比而非绝对值；价格上下各有一个界限，将价格调整到价格之外易被注意，在界限之内的调价往往被忽视；在价格上限之内一点点提价比一下子提到较高价更易被接受，相反，一次性将价格下降到下限之下，比多次小幅降价效果要好。

(二)调低价格

调低价格主要出于以下考虑：

(1)由于产品供过于求，造成大量积压，占有大量流动资金，企业为了摆脱困境，保持生产正常进行，就要采取降价措施。

(2)由于在激烈的竞争中，企业的市场占有率逐渐降低，为了夺回失去的市场和占有更大的市场，也可实施降价，合理运用价格战。

(3)由于产品的成本降低，继续按原价格出售，虽然可以得到超额利润，但市场占有率不高，总利润额不能得到较快增长。为了扩大市场占有率，也可采用调低价格的方法。

(三)调高价格

调高价格的主要原因有以下方面：

(1)因为产品供不应求，企业的生产不能满足市场需要。在这种情况下，采用提价的方法，能促进生产发展，限制消费，从而实现供求平衡。

(2)因为产品的成本提高。成本提高的主要原因是因为所使用的原材料价格上涨，而技术的进步、生产效率的提高而节约的成本跟不上原材料价格上涨的幅度，且原材料价格上涨的因素又不能在企业内部消化，此时企业就要考虑在做好宣传解释工作的基础上调高价格。

(四)市场生命周期各阶段价格的调整

(1)投入期。采用与新产品的定价相同的技巧。

(2)成长期。产品进入成长期，其价格一般宜保持平稳。只有在市场竞争激烈或经济形势不佳时，可适当降低产品价格，这样，既可增加竞争对手投入市场的困难，又可吸引更多用户，迅速扩大产品销售量。

(3)成熟期。产品进入成熟期，是产品竞争最激烈的阶段，运用价格手段提高产品竞争能力是不可忽视的技巧。这时产品应具有性能好、价廉物美等特点。因此，企业在降低成本的基础上，适当调低价格，可增强产品竞争能力，扩大市场占有率。

(4)衰退期。产品进入衰退期，说明该产品已没有发展前途，应采取大幅度的降价措施，迅速把已生产出来的产品尽快销售出去。

二、价格促销的技巧

在不完全竞争的市场上，价格同样是促销的重要手段之一。由于前节定价策略中已涉及部分价格促销的技巧，这里只作简要归纳。

(一)价格解释的技巧

基本技巧是:①尽可能解释相对价格，也就是不要就价格而解释价格，而应围绕相对价格(产品的功能效用)进行解释，最终要达到让顾客感觉到“高价不高，低价不低，价格合理”的目的;②运用比较法、算账法进行价格解释。

(二)价格显低的技巧

基本技巧是:①用符合要求的、尽可能小的计量单位标价;②运用尾数定价策略中的相关技巧。

(三)数字心理定价技巧

基本技巧是:①用符合顾客心理要求的、其谐音能引起人们美好联想的数字组合定价;②运用尾数定价策略中的相关技巧。

(四)折价心理定价技巧

基本技巧是:①经营初期采用高价策略，造成“优质”的心理定势;②一段时期后大幅度降低商品价格(仍然为盈利价)，通过原价与现价较大落差的对比吸引顾客。

(五)标价的技巧

基本技巧是:①用符合要求的、尽可能小的计量单位标价;②标价签的选用与商品的质量相适应，标价签的质量可高于商品质量以提升商品档次;③标价签的书写应注意印刷与手写相结合，印刷显示正规、高档，手写显示低廉。

三、价格心理“设计”的技巧

价格心理设计的理论基础是预期理论。所谓预期理论，是指人们对损益的感受是不同的，损失带给消费者的痛苦比相同大小的利得带给他们的欢乐要大;随着人们获得的好处或遭受的损失的增大，它们对人们心理的影响越来越小。

(一)设计消费者的参考点

消费者宁可维持现状也不愿意失去对某种财产的拥有权。假如某种东西的价格只表示拥有者会放弃一些机会,而不是完全放弃某种拥有权,这种东西较好出售;当同样的产品存在价格差异时,应该使消费者认为较低的价格是给予他们的一种折扣,而不要让他们认为较高的价格是一种加价;对于某些产品,可以让消费者先使用,再付款。

(二)设计利得和损失

在推销一些高品质的产品时,经常使用的广告策略并不是向消费者介绍这些产品的优点以使其产生购买欲望,而是要向他们说明如果不购买的话会损失些什么。

设计复合的损失或利得。常用的技巧是:将好处分开;将损失组合;将小的损失和大的好处组合在一起;将小的好处和大的损失分开。

四、为随机性产品定价的技巧

所谓随机性产品,是指这样一些产品,人们购买它是为了获得某种可能的利益或者为了规避某种可能的损失,如保险、服务合同等。根据一项针对工业品购买代理商的调查表明,如果购买一种产品时消费者更看重这种产品给人们带来的正的效应,那么他们往往采用更安全的购买方案,哪怕多花一些钱——当有可能获得某种好处时,人们的态度往往是不爱冒风险;而当购买产品是为了避免某种风险时,人们更愿意冒险,购买比较便宜的产品——当人们可能遭受一些损失时,人们的态度变成了爱冒风险。此外,人们往往认为确定的事情的价值很高,而对那些不太确定的方案却不感兴趣。

将这些理论用于定价可以得出如下规律:为随机性产品定价,应注意区分随机性的表现形式,是获得某种可能的利益还是规避某种可能的损失;如果是前者则可以定高价,后者则应该定低价。

案例分析

劳斯莱斯汽车的定价策略

在当今世界汽车行业里,名牌产品为数众多,美国的通用、福特,日本的凌志,法国的雪铁龙,德国的奔驰和宝马等,令人目不暇接。而这些名牌中的名牌,当属劳斯莱斯。该车的许多部件都是手工制作以精益求精,其完美的质量、优越的性能,令世人瞩目。而其昂贵的价格,也令人惊叹:某些车的价位已近 40 万美元,高出其他品牌汽车价位几倍甚至几十倍。劳斯莱斯汽车是订货供应,福特汽车 1916 年生产了 50 多万辆,到 1982 年,年产量已达 400 多万辆,但劳斯莱斯在 1904～1963 年间的总产量只有 4 万辆,其年产量只有几千辆,连世界大型汽车公司产量的零头都不够。但从另一角度看,却物以稀为贵,它的限销还表现在售卖上。劳斯莱斯共有三个系列,它的"银灵"以蓝、黑两色为主调,只卖给国家元首、政府高官和有爵位者;"银羽"为中性颜色,卖给绅士名流;"银影"则为灰白色,卖给一般的富豪。劳斯莱斯之所以成为显示地位和身份的象征,是因为该公司要先审查购买者的身份及背景条件,之后才能决定其可以订购何种系列的车。劳斯莱斯是汽车王国雍容高贵的标志,无论其款式如何老旧,造价多么高昂,至今仍然没有挑战者。

案例来源:作者根据相关资料编辑、整理。

【思考问题】

劳斯莱斯采用的是什么定价策略?这种策略在运用时应注意哪些问题?

第十章 分销渠道策略

教学要点

分销渠道及其特征、分销渠道模式、分销渠道的类型、影响分销渠道设计的因素、建立客户档案、客户管理分析、大客户管理、销售代理的种类、代理方式的选择、代理商的选择、销售代理合同的签订、代理商的管理、批发零售等分销的形式。

教学重点

分销渠道的类型、影响分销渠道设计的因素、客户管理分析、大客户管理、代理方式的选择、代理商的选择、代理商的管理、批发零售等分销的形式。

教学难点

影响分销渠道设计的因素、代理方式的选择、代理商的选择、批发和零售分销的形式等理论和实际操作。

第一节 分销渠道概述

分销渠道是商品从生产领域向消费领域转移的过程中所经过的一些环节，这些环节履行着从生产者向消费者转移货物和劳务的所有权或帮助转移其所有权的职责。分销渠道有着不同的流程、不同的模式和不同的类型，影响分销渠道设计的因素也是复杂多样的。

一、分销渠道及其特征

(一)分销渠道的含义

分销渠道是指企业的商品和劳务从生产者向消费者转移时，取得这种货物和劳务的所有权或帮助转移其所有权的所有企业和个人(营销中间机构)。这些营销中间机构中，有的(如批发商或零售商等)买进商品，取得商品的所有权，然后再将商品销售出去，他们称为买卖中间商；有的(如经纪人、代理商等)则帮助生产者寻找顾客，有时也代表生产厂商同顾客进行谈判，但他们没有取得商品的所有权，这些人称为代理商；还有一些(如运输企业业界、独立仓储、银行和广告代理商等)则支持分销活动，他们既不取得商品的所有权，也不参与买或卖的谈判，称为辅助机构。

(二)分销渠道的特征

(1)分销渠道主要是由参与商品流通过程的各种类型的机构组成的。通过这些机构网，产品才能从生产者流向最终消费者或用户，实现其价值。

(2)分销渠道的起点是生产者，终点是通过生产消费和个人生活消费能实质上改变商品形态、使用价值和价值的最后消费者和用户。

(3)在商品从生产者流向最终消费者或用户的流通过程中，最少要经过一次商品所有权的转移。

(4)分销渠道并不是生产者和中间商之间相互联系的简单结合，而是企业之间为达到各自或共同目标而进行交易的复杂行为体系和过程。

二、分销渠道模式

由于生产资料市场和生活资料市场具有不同的特点，生产资料和生活资料营销途径的结构也有所不同。至于在什么情况下使用哪种路线，要根据产品的品种、价格、市场、生产情况，以及生产者所采取的营销策略等因素进行综合考虑。

(一)生活资料分销渠道

生活资料分销渠道的结构，主要有以下五种形式(见图 10—1)。

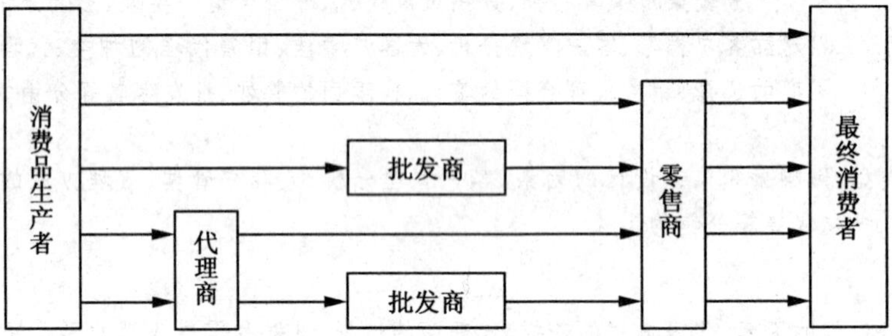

图 10—1 生活资料分销渠道的形式

(二)生产资料分销渠道

生产资料分销渠道的结构，一般包括以下四种分销形式(见图 10—2)。

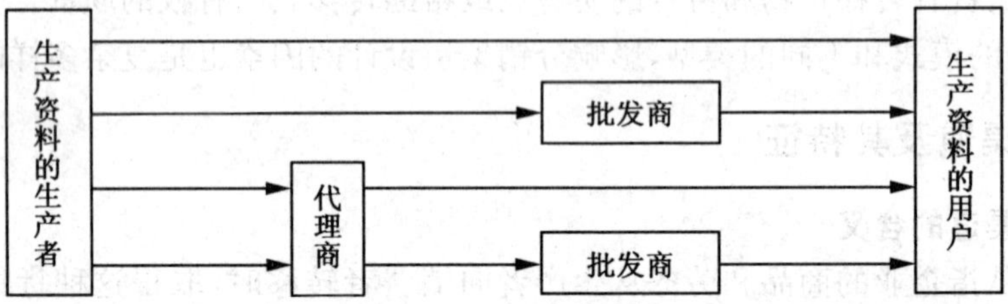

图 10—2 生产资料分销渠道的形式

三、分销渠道的类型

按流通环节的多少，可将分销渠道分为直接渠道与间接渠道，间接渠道又分为短渠道与长渠道。

(一)直接渠道和间接渠道

直接渠道也称为零级渠道，指生产企业不通过中间商环节，直接将产品销售给消费者(见图 10—3)。直接营销的主要方式是上门推销、展示会、邮购、电子通信营销、电视直销和制造商自设商店等形式。直接渠道是工业品分销的主要类型。例如，大型设备、专用工具及技术复杂需要提供专门服务的产品，都采用直接分销。有些消费品也采用直接分销类型，如鲜活商品等。

间接渠道，指生产企业通过中间商环节把产品传送到消费者手中(见图 10—4)。间接分销渠道是两个层次(环节)以上的分销渠道。间接分销渠道是消费品营销途径的主要类型,大多数消费品从生产者流向最后消费者的过程中都是经过若干中间商转手的。有些生产资料(如单价较低的次要设备、零件、原材料等)也采用间接分销类型。

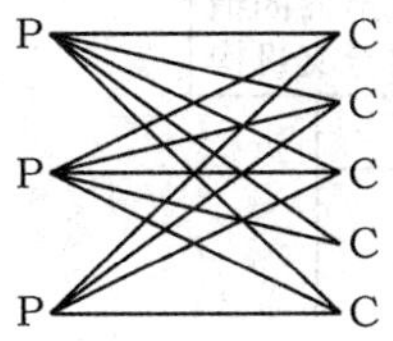

P=生产者　C=消费者

图 10—3　没有中间商的市场

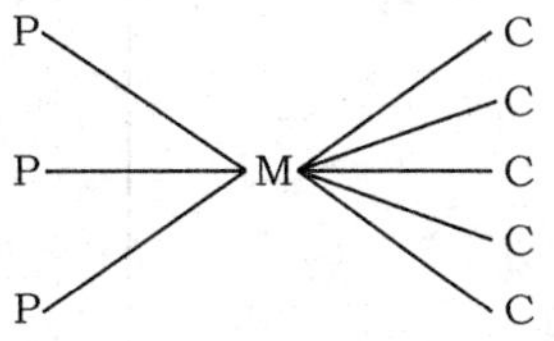

P=生产者　C=消费者　M=中间商

图 10—4　存在中间商的市场

(二)长渠道和短渠道

分销渠道的长短一般按产品在销售过程中流经环节的多少划分,具体包括以下四级,其中,零级渠道最短,三级渠道最长。

(1)零级渠道。(见图 10—5a)即制造商—消费者。

(2)一级渠道(MRC)。(见图 10—5b)即制造商—零售商—消费者。

(3)二级渠道。(见图 10—5c)即制造商—批发商—零售商—消费者(多见于消费品分销),或者是制造商—代理商—零售商—消费者(多见于消费品分销)。

(4)三级渠道。(见图 10—5d)制造商—代理商—批发商—零售商—消费者。

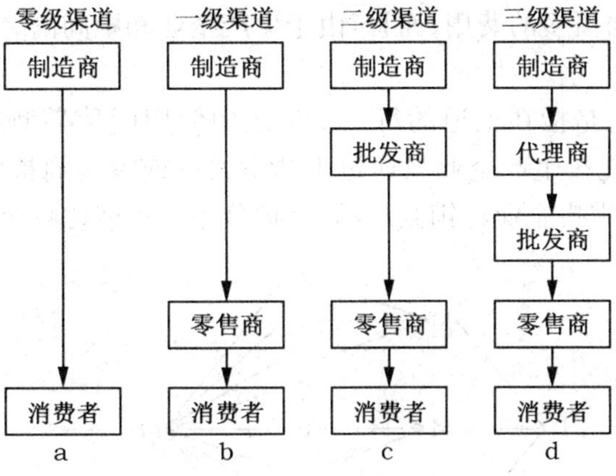

图 10—5　消费者市场营销渠道

一级渠道包括一个销售中间机构,如零售商。二级渠道包括两个中间机构,在消费者市场,一般是一个批发商和一个零售商。三级渠道包括三个中间机构。例如,在肉类包装行业中,批发商出售给中转商,中转商再售给零售商。还有级数更长的分销渠道。然而从生产者的观点看,渠道级数越高,获得最终用户信息和控制分销渠道也越困难。

图 10—6 是常见的工业品市场分销渠道。工业市场生产者可通过生产商的代表或自属的销售分支机构直接销售给工业品顾客;或者销售给工业品经销商,由他们销售给工业品顾客。

(三)宽渠道和窄渠道

渠道宽窄取决于渠道的每个环节中使用同类中间商数目的多少。企业使用的同类中间商越多,产品的分销渠道越宽。例如,一般的日用消费品(毛巾、牙刷、开水瓶等)由多家批发商经

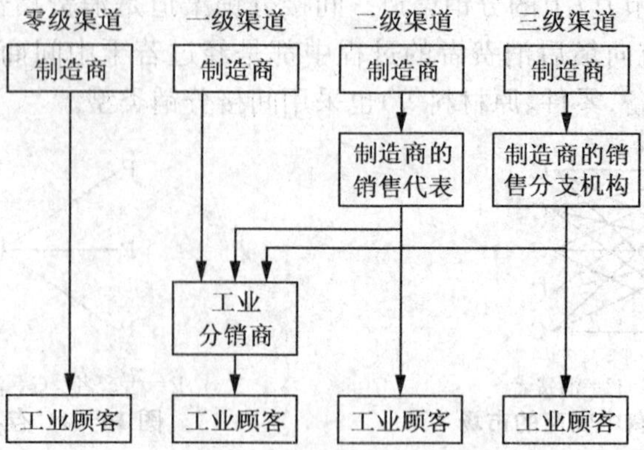

图 10－6 工业市场营销渠道

销，又转卖给更多的零售商，能大面积接触消费者，大量地销售产品。企业使用的同类中间商越少，分销渠道越窄，它一般适用于专业性强的产品，或贵重耐用消费品，由一家中间商包销。它使生产企业容易控制分销渠道，但市场分销面受到限制。

(1)宽渠道。宽渠道是指在渠道的每一个层次中使用同种类型中间商的数目较多（见图10－7左侧）。例如，卷烟厂通过许多批发商、零售商，将其生产的香烟推销到广大地区和广大消费者手中。宽分销渠道由于中间商的数目较多，广大消费者可以随时随地买到企业的产品，而且可以造成中间商之间的竞争。但由于同类型的中间商数目多，使中间商推销企业的产品不专一，不愿为企业付出更多的费用；而且，由于生产企业和中间商之间的关系松散，在交易中中间商会不断变化。

(2)窄渠道。窄渠道是指在渠道的每一个层次中使用同种类型中间商的数目较少（见图10－7右侧）。例如，摩托车生产企业只通过少数批发商或零售商推销其产品，或在某一地区只授权某一批发企业或零售企业经销其产品，这种分销渠道就比较窄。

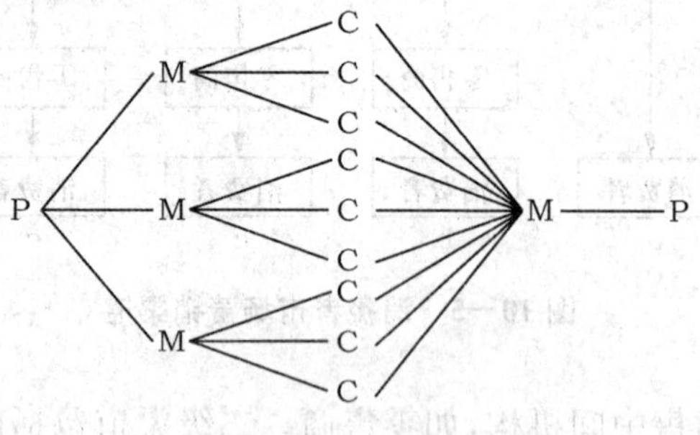

P＝生产者，M＝中间商，C＝顾客

图 10－7 宽渠道、窄渠道示意图

窄分销渠道由于中间商的数目较少，适用于销售技术性强、生产批量小的商品，生产企业只选择那些熟悉本企业产品技术性能的中间商经销自己的产品。其优点是生产企业和中间商之间的关系密切，相互间有较强的依附关系，销售和生产相互促进；不足是风险较大，一旦双方关系出现变化，便会影响生产或销售。

(四)单一渠道和多渠道

当企业全部产品都由自己所设的门市部销售或全部交给批发商经销，称之为单一渠道。

多渠道则可能是在本地区采用直接渠道，在外地则采用间接渠道；在有些地区独家经销，在另一些地区多家分销；对消费品市场用长渠道，对生产资料市场则采用短渠道等。

四、影响分销渠道设计的因素

(一)顾客特性

顾客的人数、地理分布、购买方式(频率、批量)等特性，是分销渠道设计要考虑的基础性因素。上述各种特性之间是相互联系、相互修正的，要综合考虑。如顾客人数很多，却集中在某个地区，其渠道设计就不宜较长、较宽。若集中在某个地区人数较多的顾客的购买习惯是少量而频繁的订货，其渠道设计又不宜太短、太窄。

此外，消费的季节性明显的产品，较多采用长渠道，以便发挥中间商的储存调节作用，做到均衡生产。

(二)产品特性

1. 产品的理化性质

体积小、重量轻的产品，宜用较长、较宽的渠道；而体积大、笨重的产品(如大型设备、矿产品)，应努力减少中间环节，尽量采用直接渠道。易损易腐的产品、危险品，应尽量避免多次转手，反复搬运，宜用较短渠道或专用渠道。

2. 产品单价

一般来说，价格昂贵的工业品、耐用消费品、享受品应减少流通环节，采用较短、较窄的渠道；单价较低的日用品、一般选购品，则可以采用较长、较宽的渠道。

3. 产品的时尚性

式样、花色多变，时尚性程度高的产品(如时装、家具、高档玩具)，多采用较短渠道；款式不易变化的产品，可用较长渠道。

4. 产品标准化程度

非标准化的产品，一般渠道较短、较窄，甚至由企业推销人员直接推销，原因是不易找到具有该类产品知识的中间商。标准化程度高、流通用性强的产品，渠道较长、较宽。

5. 产品技术复杂程度

产品技术越复杂，用户对有关销售服务(如安装、调试)尤其是售后服务(如维修、使用技术培训指导等)的要求越高，其渠道设计应短而窄，甚至采用直接渠道。

(三)中间商特性

分销渠道设计，要考虑中间商的费用水平、服务能力和合作意愿。如费用较高，只能采用较短、较窄的渠道；如中间商能提供较多的高质量服务，可采用较长、较宽渠道；如中间商普遍愿意合作，企业可以根据需要选用。

(四)竞争特性

通常，同类产品应与竞争者采取相同或相似的渠道销售；在竞争特别激烈时，竞争者所使用的分销渠道反倒成为生产者避免使用的渠道，这是为了寻求销售上的独到之处。

(五)企业自身特性

1. 企业的财力、信誉

财力雄厚、信誉良好的企业，有能力选择较固定的中间商经销产品，甚至建立自己控制的分销系统，或采取短渠道；财力薄弱的企业，较为依赖中间商，一般都采用“佣金制”的分销方法，并且尽力利用愿意并且能够吸收部分储存、运输以及融资等成本费用的中间商。

2. 渠道的管理能力

有较强的市场营销能力和丰富经验的企业，可以自行销售产品，采用短渠道或垂直渠道营销系统；反之，多采用较长渠道。

3. 企业控制渠道的愿望

有些企业愿意花费较高的渠道成本，建立能有效控制的短而窄的渠道或垂直渠道系统；有的企业因为成本高等因素，不愿意控制渠道，而采用较长且宽的渠道。

此外，企业产品组合的状况，会影响渠道设计的类型。产品组合的宽度越广，其分销渠道类型相对较多；产品组合的深度越大，则使用独家专售或选择性代理商更有利；产品组合的关联性越强，其渠道类型越相近甚至相同。

(六)环境特性

当经济形势看好时，企业选择销售渠道的余地较大；当出现经济萧条、衰退时，市场需求下降，企业必须减少一些中间环节，采用较短渠道，以降低产品的最终售价。

第二节 客户分析

对客户进行分析是企业巩固分销渠道、密切联系客户的重要途径。企业应认真建立客户档案，并全面地进行客户管理分析，尤其是要加强对大客户的管理，维系与大客户良好的合作关系。

一、建立客户档案

客户资料卡是销售经理了解市场的重要工具之一。通过客户资料卡，销售经理可以连续地了解客户实情，从中看到客户的销售动态，据此销售经理就这样可以对市场实态作出判断，并采取相应的行动。

(一)客户情报的搜集

要巧妙地赢得日常的商战，为公司带来辉煌的成绩，必须首先从分析敌我双方的情形开始。市场是由复杂而不好捉摸的人群所组成的，要了解顾客，就必须从顾客的日常行为特征和心理倾向着手。

(二)客户资料卡的制作

搜集了客户资料后，应该制作客户资料卡。有些人喜欢以工作太忙为借口，不肯制作客户资料卡，制作客户资料卡表面上看起来很花时间，但它能带来很大的功效。没有客户资料卡，在制订计划、决定访问路线、寄送广告信函的时候要花费更多的时间，更重要的是，你能在客户资料卡上把客户的热心程度分等级，这样，在你制定销售战略与销售政策时对客户情况一目了然，所节省的不仅仅是时间，而且还可节省大量的人力与财力。

在制作客户资料卡时，将其周围钻上小孔，利用这些小孔，可做地区分类、企业规模分类、行业分类、营业规模分类、信用额度分类等。通过这些各式各样的分类，按不同的用途来排列，可以使销售政策制定得更好。

(三)客户资料卡的用途

有孔式客户资料卡制成后，就可以在下列很多情况下使用：

(1)寄发广告信函时。

(2)制订收付款计划时。由于各公司的收款、付款日期都不一样，利用资料卡可以安排收款、付款的顺序与计划。

(3)制订时间计划时。有了资料卡,可以制订较节省时间的、有效率的、具体的访问计划。

(4)对信用度分类时。根据客户资料卡,对信用度低的顾客缩小交易额,对信用度高的顾客增大交易额。这样可以用来决定具体的销售政策。

(5)决定佣金折扣时。

(6)区别现有顾客与潜在顾客时。

客户资料卡可在许多情况下使用,这样能使你的销售活动效率更高,成就更大。

(四)客户管理的对象及其分类

客户管理的对象无疑就是你的客户。这里我们要搞清楚客户到底包括哪些以及如何分类。客户分类可以按不同的方法,常用的主要有以下几种:

(1)按客户的性质,可以划分为政府机构(以政府采购为主)、特殊公司(如与本公司有特殊业务等)、普通公司、顾客个人和商业伙伴等。

(2)按交易过程,可以分为曾经有过交易业务的客户、正在进行交易的客户和即将进行交易的客户。

(3)按时间序列,可分为老客户、新客户和未来客户。

(4)按交易数量和市场地位,可分为主力客户(交易时间长、交易量大等)、一般客户和零散客户。

按照不同的方式划分出不同类型的客户,因其需求特点、需求方式、需求量等均不同,所以对其管理也要采取不同的办法。

二、客户管理分析

客户管理分析的流程主要包括整理资料、销售业绩分析、划分客户等级、客户名册登记、对客户进行路序分类、确定客户访问计划和客户资料管理等内容。

(一)整理资料

将某业务员的推销业绩和客户访问资料整理后列在表格中。格式见表10—1。

表10—1

序　号	客户代号	销售额	累　计	访问次数	累　计
1					
2					
3					
⋮					
n					

(二)销售业绩分析

将业务员的推销实绩画出比例图,假定该业务员有20家客户,总的推销额为250万元。但其中前4家的销售额就占总销售额的80%,第5家至第10家的销售额占15%,后10家仅占5%(见图10—8)。从图10—8中可找出重点客户,以提高销售效率。

(三)划分客户等级

依据客户的销售额,可以将客户分为A、B、C三级。具体分法是:

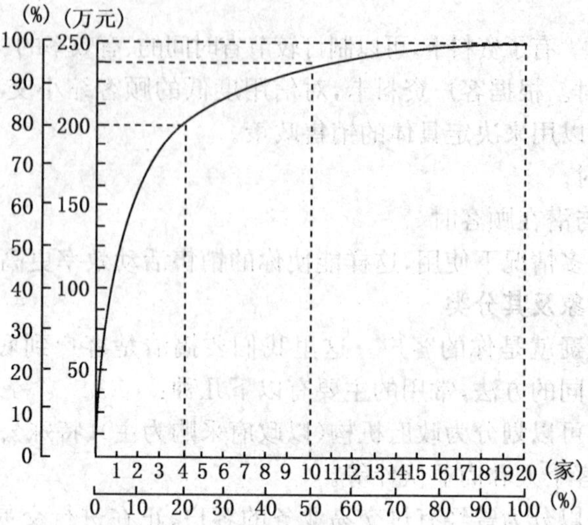

图 10—8 客户等级划分图

(1)将客户连续 3 个月(或 4～6 个月)的每月销售额累计后平均计算,求出客户的月平均销售额(见表 10—2)。

表 10—2

月　份	销售额	累　计	月平均销售额
6	5 000	5 000	12 000÷3＝4 000
7	2 500	7 500	
8	4 500	12 000	

(2)将月平均销售额按大小排序(见表 10—3)。

表 10—3

序　号	客户代码	月平均销售额	备　注
1			由大到小排列
2			
3			
⋮			
n			

(3)依据某个月平均销售额为"等级标准额",再将全部客户划分为若干等级。

如以排位第四的客户的月平均销售额作为 A 级客户标准额,在此标准额以上的客户均为 A 级客户。依此类推,确定 B 级、C 级客户。

(四)客户名册登记

将全部客户分级后应分列成册。其中:

(1)可按客户开拓(或拜访)顺序先后,列出"客户名册"(见表 10—4)。

表 10—4

项目 次序	客户名称	业　种	负责人	地　址	电　话	拜访日期记录

(2)可按客户等级各业种分类,编制“客户等级分类表”(见表 10—5)。

表 10—5

<table>
<tr><td rowspan="9">客户等级分类表</td><td rowspan="3">A 级</td><td>业种</td><td colspan="3"></td></tr>
<tr><td rowspan="2">客户代码</td><td></td><td></td><td></td></tr>
<tr><td></td><td></td><td></td></tr>
<tr><td rowspan="3">B 级</td><td>业种</td><td colspan="3"></td></tr>
<tr><td rowspan="2">客户代码</td><td></td><td></td><td></td></tr>
<tr><td></td><td></td><td></td></tr>
<tr><td rowspan="3">C 级</td><td>业种</td><td colspan="3"></td></tr>
<tr><td rowspan="2">客户代码</td><td></td><td></td><td></td></tr>
<tr><td></td><td></td><td></td></tr>
</table>

(五)对客户进行路序分类

路序是指为便于巡回访问、送货、催付款等,将客户按地区和最佳交通路线划分的线路顺序。

(1)按组别将所负责的客户划分为若干个区域(见表 10—6)。

表 10—6

组　别	区域代号	所辖区域名称	组别区域界限	备　注
1	A			
2	B			
3	C			

(2)按客户所在地区,划分为不同的路序(见表 10—7)。

表 10—7

<table>
<tr><td></td><td colspan="3">区</td><td></td><td colspan="3">区</td><td></td><td colspan="3">区</td></tr>
<tr><td>路序</td><td></td><td></td><td></td><td>路序</td><td></td><td></td><td></td><td>路序</td><td></td><td></td><td></td></tr>
<tr><td>级别</td><td></td><td></td><td></td><td>级别</td><td></td><td></td><td></td><td>级别</td><td></td><td></td><td></td></tr>
<tr><td>客户</td><td></td><td></td><td></td><td>客户</td><td></td><td></td><td></td><td>客户</td><td></td><td></td><td></td></tr>
<tr><td>代码</td><td></td><td></td><td></td><td>代码</td><td></td><td></td><td></td><td>代码</td><td></td><td></td><td></td></tr>
</table>

(六)确定客户访问计划

企业各级销售主管及业务人员对所负责地区客户的访问销售工作,应有周密的访问计划。访问次数依客户的不同级别而有所不同。表10—8的内容供参考。

表10—8

项目 级别	经办人		组长	科长	经理	总经理 副总经理	备注
	访问	电话					
A级	每月3次	每月2~3次	每月1次	1~2月1次	半年1次	1年1次	
B级	每月2次	每月1~2次	1~2月1次	2~3月1次	6~12月1次	有必要时	
C级	每月1次	每月1次	有必要时	有必要时			

(七)客户资料管理

对新老客户都应建立管理卡,对它们的资料进行妥善保管,既作为公司的综合资料,同时也为销售业务人员外出推销提供参考。表10—9仅供参考。

表10—9

客户名称		金融状况	往来银行		账号	编号
公司所在地			现金情况			总号________
工厂所在地			资金周转			账号________
子公司名称			承办付款人		住址	路序号________
负责人 法人		付款情况	付款态度			
负责人 厂长			付款日期			经营者性格嗜好
负责人 经办人			付款支票			
负责人 实权者			使用支票			
公用电话		变更及其他登记	日期	搜集变更资料	登记事项	
业别	组别					
等级						经办付款人性格嗜好
开始交易日期						
使用主要产品						
营业概况 营业项目						
营业概况 营业范围						
营业概况 营业性质						
营业概况 营业状况						
营业概况 销售能力						备注
营业概况 员工人数						
营业概况 营业旺季						
营业概况 最高购买额						
营业概况 月均购买额						

三、大客户管理

是否建立大客户管理部要视企业的规模而定，对于规模小一点的企业，客户数量较少，大客户则更少，对大客户的工作，就需要企业主管人员亲自来抓；如果企业的大客户有20个以上，那么建立大客户管理部就很有必要了。建立大客户管理部，并从以下十个方面做好对大客户的工作，是抓住大客户的有效手段。

(一)优先保证大客户的货源充足

大客户的销售量较大，优先满足大客户对产品的数量及系列化的要求，是大客户管理部的首要任务。尤其是在销售上存在淡旺季的产品，大客户管理部要随时了解大客户的销售与库存情况，及时与大客户就市场发展趋势、合理的库存量及客户在销售旺季的需货量进行商讨，在销售旺季到来之前，协调好生产及运输等部门，保证大客户在旺季的货源需求，避免出现因货物断档导致客户不满的情况。

(二)充分调动大客户中的一切与销售相关的因素，包括最基层的营业员与推销员，提高大客户的销售能力

许多营销人员往往陷于一个误区，那就是：只要处理好与客户的中上层主管的关系，就意味着处理好了与客户的关系，产品销售就畅通无阻了，而忽略了对客户的基层营业员、业务员的工作。客户中的中上层主管掌握着产品的进货与否、货款的支付等大权，处理好与他们的关系固然重要，但产品是否能够销售到消费者手中，却与基层的工作人员如营业员、业务员、仓库保管员等有着更直接的关系，特别是对一些技术性较强、使用复杂的大件商品，大客户管理部更要及时组织对客户的基层人员的产品培训工作，或督促、监督营销人员加强这方面的工作。充分调动起客户中的一切与销售相关的因素，是提高大客户销售量的一个重要因素。

(三)新产品的试销应首先在大客户之间进行

大客户在对一个产品有了良好的销售业绩之后，在它所在的地区对该产品的销售也就有了较强的商业影响力，新产品在大客户之间的试销，对于收集客户及消费者对新产品的意见和建议，具有较强的代表性和良好的时效性，便于生产企业及时作出决策。在新产品试销之前，大客户管理部应提前做好与大客户的前期协调与准备工作，以保证新产品的试销能够在大客户之间顺利进行。

(四)充分关注大客户的一切公关及促销活动、商业动态，并及时给予支援或协助

大客户作为生产企业市场营销的重要一环，大客户的一举一动，都应该给予密切关注，利用一切机会加强与客户之间的感情交流。例如，客户的开业周年庆典、客户获得特别荣誉、客户的重大商业举措等，大客户管理部都应该随时掌握信息并报请上级主管，及时给予支援或协助。

(五)安排企业高层主管对大客户的拜访工作

一个有着良好营销业绩的公司的营销主管每年大约有1/3的时间是在拜访客户中度过的，而大客户正是他们拜访的主要对象，大客户管理部的一个重要任务就是为营销主管提供准确的信息、协助安排合理的日程，以使营销主管有目的、有计划地拜访大客户。

(六)根据大客户不同的情况，和每个大客户一起设计促销方案

每个客户都有不同的情况，区域的不同、经营策略的差别、销售专业化的程度等。为了使每一个大客户的销售业绩都能够得到稳步的提高，大客户管理部应该协调营销人员、市场营销策划部门根据客户的不同情况与客户共同设计促销方案，使客户感受到他是被高度重视的。

(七)经常性地征求大客户对营销人员的意见,及时调整营销人员,保证渠道畅通

市场营销人员是企业的代表,市场营销人员工作的好坏,是决定企业与客户关系的一个至关重要的因素。由于市场营销人员的文化水平、生活阅历、性格特性、自我管理能力等方面的差别,也决定了市场营销人员素质的不同,大客户管理部对负责处理与大客户之间业务的市场营销人员的工作,不仅要协助,而且要监督与考核,对于工作不力的人员要据实向上级主管反映,以便人事部门及时安排合适的人选。

(八)对大客户制定适当的奖励政策

生产企业对客户采取适当的激励措施,如各种折扣、合作促销让利、销售竞赛、返利等,可以有效地刺激客户的销售积极性和主动性,对大客户的作用尤其明显。

(九)保证与大客户之间信息传递的及时、准确

把握市场脉搏。大客户的销售状况事实上就是市场营销的"晴雨表",大客户管理部很重要的一项工作就是对大客户的有关销售数据进行及时而准确的统计、汇总、分析,报告上级主管,通报生产、产品研发、运输、市场营销策划等部门,以便针对市场变化及时进行调整。这是企业以市场营销为导向的一个重要前提。

(十)组织每年一度的大客户与企业之间的座谈会

每年组织一次企业高层主管与大客户之间的座谈会,听取客户对企业产品、服务、营销、产品开发等方面的意见和建议,对未来市场的预测,对企业下一步的发展计划进行研讨等。这样的座谈会不但对企业的有关决策非常有利,而且可以加深与客户之间的感情,增强客户对企业的忠诚度。

大客户管理,是一项涉及生产企业的许多部门、要求非常细致的工作,大客户管理部都要与自己的组织结构中的许多部门(销售人员、运输部门、产品开发与研究部门、产品制造部门等)取得联系,协调他们的工作,满足客户及消费者的需要。大客户管理部工作的成功与否对整个企业的营销业绩具有决定性的作用。大客户管理部只有调动起企业的一切积极因素,深入细致地做好各项工作,牢牢地抓住大客户,才能以点带面、以大带小,使企业营销主渠道始终保持良好的战斗力和对竞争对手的顽强抵御力,在市场竞争日益激烈的今天,屹立潮头,稳操胜券。

第三节 销售代理实务

销售代理实务主要包括销售代理的种类、代理方式的选择、代理商的选择、销售代理合同的签订以及代理商的管理等内容。

一、销售代理的种类

一般来说,代理商按其是否有独家代理权,分为独家代理与多家代理;按其是否有权授予分代理权,分为总代理与分代理;按其与厂家的交易方式,分为佣金代理与买断代理。

(一)独家代理与多家代理

独家代理是指厂商授予代理商在某一市场(可能以地域、产品、消费者群等区分)独家权利,厂商的某种特定的商品全部由该代理商代理销售。以地域划分的独家代理是指该代理商在某地区有独家代理权,这一地区的销售事务由其负责。多家代理是指厂商不授予代理商在某一地区、产品上的独家代理权,代理商之间并无代理区域划分,都为厂家搜集订单,无所谓能顺利进行，同时这也是代理商是否能配合企业整体行销目标的关键。

(一)征求代理商

一般来说，征求代理商的方式有两种：一种是直接信函询问的方式，另一种则是公开广告征求的方式。

1. 直接信函询问

这种征求代理商的方式的第一步就是，厂家应当搜集到本行业潜在代理商的名单与其他具体信息。以书信的形式直接联系、征询代理商的优点是，能更为深入地了解代理商的情况，并让潜在的代理商更能感觉到厂商的诚意与重视。缺点便是需要逐一写信、发信，征询工作比较繁琐，同时联系面不如广告征询代理商的联系面广。

2. 广告征询代理商

广告征询代理商是指在报纸、杂志、电视、广播或街头广告栏上打出诚征代理的广告来征求代理商。由于需要打广告，因此要花费一定的广告费用；同时厂家由于没有商会等中间人的介绍，自我鉴定所花费的精力与时间投入也要增加。但是广告征求代理的方式联系面广，同时对方若来联系代理，则说明对方已有合作意愿，厂家有一定主动权。因此，广告征询代理商也常为厂家所采纳。征求代理商的广告中的内容主要是有关产品介绍，表达合作意愿及公司地址与联系方式这几项内容。一般来说，发生征询函或者打出征求代理商的广告后，只要产品适销对路，就会有一些公司前来联系担任代理商。这时厂家就面临着如何选择，确定合适的代理商的任务。

(二)分析确定代理商

1. 选择代理商的标准

选择代理商可以通过考察潜在代理商寄送来的材料，也可以通过与潜在代理商进行面谈来进行。一般来说，选择代理商时应当考虑下列事项：第一，代理商的品德；第二，代理商的营业规模；第三，代理商的经营项目；第四，代理商的销售网络；第五，代理商的业务拓展能力；第六，代理商的财务能力；第七，代理商的营业地址；第八，代理商的政治、社会影响力；第九，同行对代理商的评价。

2. 选择代理商的注意事项

(1)务必调查对方背景。不对代理商进行仔细调查就授予代理权，这是选择代理商最大的通病。厂家若名声不大，选择代理商时往往急于求成，匆匆授予代理权。代理商则也对厂家产品热情不高，常采用降价抛售的方式作为替厂家打开市场的方法，结果常使厂家获利甚微。

(2)规模大未必合适。大公司不一定是最好的代理商。有时，小公司对厂家产品的了解更清楚。大公司虽大，但也不一定是对每一产品的代理都在行，而且大代理商往往同时代理许多厂家的产品，不一定能尽全力为小厂家的产品进行市场开拓。新产品则尤其是如此，不一定要选择大公司进行代理，而应当选择对此产品有代理经验的代理商进行代理。

四、销售代理合同的签订

销售代理合同是规定委托人授予代理人代表前者，向第三者招揽生意或签订合同的一种授权协议。一个向客户公开其代表身份的代理商，在向客户销售产品时，只充当其委托人的发言人或分销渠道，其行为不得超出实际或书面的授权范围。买卖合同实际上不是客户与代理商之间的买卖合同，而是客户与委托人之间的买卖合同。

下面我们列出销售代理合同的主要条款，以供订立代理合同时参考使用。

一、合同名称

二、前文

1. 成立日期

2. 当事人

3. 合同订立地

4. 案由

5. 约因

三、代理商的选任与受任

1. 选任与接受选任

2. 独家代理还是多家代理

3. 缔约代理还是媒介代理

四、代理商的义务

1. 服从委托人的指示

2. 有无代理订约、担保、承诺的权力

3. 有此权力时,其权力大小,范围如何

4. 不服从指示或越权的责任

五、代理区域

1. 约定代理区域

2. 代理区域扩大或缩小的条件及方法

六、代理商品

1. 约定代理商品的种类

2. 代理商品种类增减的条件及方法

3. 约定新产品是否包括在内

七、代理权限(独家代理时)

1. 禁止委托人直接、间接在代理区域内销售

2. 例外情况

3. 禁止代理商经营或代理同类竞争性产品

4. 禁止越区代理

八、分代理商或辅助人的信任

1. 可否选任分代理商或辅助代理人

2. 选任分代理商的具体做法

九、最低代理销售额

1. 约定最低代理销售额

2. 最低代理销售额的计算方法

3. 约定计算期间

4. 未达到最低销售额时卖方的权利

5. 行使第 4 项权力的方法

十、代理商品价格

1. 售价的决定方式

2. 售价的调整方式

十一、订单的处理

1. 媒介代理时如何处理订单

(1)无权代为接受订单或签约

(2)订单立即转交委托人

(3)委托人有权决定是否接受订单
(4)委托人迅速将订单接受与否通知代理商
2. 缔约代理时
(1)规定报价时效
(2)成交时将订约内容立即告知委托人
(3)高出的差价如何处理
十二、佣金
1. 佣金计算方式
2. 佣金请求权发生时期
3. 佣金支付时期
十三、商情报告
1. 报告事项
2. 报告时期
十四、推销、宣传与广告
1. 代理商应努力推销
2. 委托人提供样品、宣传品等
3. 宣传广告费用的分担
十五、售后服务及零件储存
十六、代理商以自己的名义向委托方购货的有关规定
十七、产品陈列展示间的设立
十八、执行代理业务费用的负担
1. 代理商执行业务费用由何方负担
2. 若由卖方分担时，如何分担
十九、知识产权的保护
1. 商标权的保护
2. 专利权的保护
3. 著作权的保护
二十、合同期限的规定
1. 合同期限的约定
2. 合同展期方式
二十一、合同的终止
1. 终止原因
2. 终止通知方式
3. 终止的效果
二十二、保密条款
1. 保密内容
2. 对泄密的处罚
二十三、禁止受贿条款
二十四、不可抗力条款
二十五、通知条款
二十六、转让条款
二十七、贸易条件条款
二十八、准据法条款
二十九、仲裁条款

三十、管辖法院条款

三十一、完整契约条款

三十二、正本条款

三十三、结尾条款

一个销售代理合同应基本包括以上条款，才算比较完全。但也有例外，应依据双方的具体情况，对以上条款作出变更。

五、代理商的管理

(一)激励销售代理商

销售代理商是厂商营销环节中的重要一环，但由于其毕竟不是厂商的营销部门，其代表厂家推销产品时往往有下列不足：①不能重视某些特定品牌的销售；②缺乏产品知识；③不认真使用厂商的广告资料；④忽略了某些顾客群；⑤不能准确地保存销售记录，甚至有时遗漏了品牌名称；⑥售后服务并不十分积极，多家代理情况下，相互推让售后服务的责任。因此，有必要采取一些激励手段来提高代理商的积极性。

厂商激励代理商的手段较多，一般有物质激励、代理权激励和一体化激励三种方式。

1. 物质激励

通俗地说，所谓物质激励是指厂商采取“胡萝卜加大棒”的方法。代理商达到厂商的要求有物质上的好处，未达到则有可能失去某些利益，甚至丧失代理商的地位。正面的物质激励包括较高的佣金、交易中给予特殊照顾、奖金等额外酬劳、合作广告补助、展览津贴和销售竞赛等方法；消极的物质制裁有威胁要减少佣金，推迟交货或中止关系等。

经验较为丰富的厂商则设法与代理商建立长期的合伙关系，通过这种长期合伙关系来激励代理商。对于市场覆盖率、产品可获量、市场开发、招揽客户、技术指导与维修和市场信息等方面，生产厂商与代理商彼此之间相互要求，应有明确的设想，从而达到长期合作的目的。为了使代理商相配合，厂商在佣金支付上不是采取一揽子付出的佣金，而是按项目付出。如佣金率为25%，厂商可分解为如下几个方面来支付佣金：①如能保持适当的存货水平，付给5%；②如能完成最低销售额，付给5%；③如能较好地提供售后服务，付给5%；④如能正确地报告顾客购买水平，付给2.5%；⑤如能适当管理应收账款，付给2.5%；⑥如能较成功地进行广告宣传，付给5%。这种佣金支付方式比一揽子佣金付出的形式更能促进厂商与代理商形成一种长期合作的关系。不过仍属物质激励范畴。

2. 代理权激励

所谓代理权激励，是指厂商运用变化代理权的形式与内容来激励代理商，从而使代理商更积极地工作。代理权的激励有两种形式：一种是先采用多家代理再转为独家代理，另一种则是先采用独家代理后转为多家代理。

厂商最开始若对代理商不甚了解时，一般都不会给予代理商独家销售代理权。经过较长时间的比较之后，从最开始选出的几个多家代理商中，选出一个销售网络较为强大、广告和售后服务做得较好、资金力量较为雄厚的代理商作为其独家销售代理商。在这种激励方式下，各家代理商会尽其全力做好其销售代理工作。多家代理制改为独家代理制之后，厂商可以撤除其他代理商，全部销售代理工作由该独家代理商进行；厂家也可改为实行总代理制，该代理工作突出的代理商成为总代理商，其他代理商作为其手下的一级代理商、二级代理商、三级代理商等，其他下级代理商必须向总代理商拿货，总代理负责一定的协调、管理下级代理商的职责。

对于工作不出色的独家代理商，厂商也可采取“降级”的消极激励措施，即将独家代理制改为多家代理制。物质激励的方式只能起到短期激励的作用，从长期来看，代理权的激励作用更大。

3. 一体化激励

一体化激励方式是厂商激励代理商的最高形式。它包括厂商向代理商技术授权、厂商与代理商相互参股，以及厂商最终将代理商变为自营销售部门这三种方式。

前面已经说过，技术授权是指厂家将自己的技术、商标、品牌授予其他厂家使用，技术受让厂家使用其技术制造产品，并可以该厂品牌、商标销售产品，原厂家收取权力转让费。

许多厂家的代理商是综合性公司，该代理商有自己的生产企业生产类似产品。厂家采用该代理商进行销售代理一段时期后，若发现该代理商的下属生产企业物质、设备条件好，产品质量不错，但缺乏某些关键性技术与名牌商标，这时为了激励代理商积极推销其产品，便可采用技术授权的方式。

这样，厂商所在国与代理商所在国之间实际上发生了两种贸易。技术授权是对国际企业活动中工业财产权的使用权力的授予，是“无形贸易”，而代理权所授予的则是一般实体货物的销售权，是“有形贸易”。这两种贸易混合在一起，对代理商的激励作用更为明显、更为巨大。

对代理商进行技术授权，大大地刺激了代理商的积极性。这是因为，代理商得到技术授权后，日后其代理权一旦被厂商收回，代理商已获得了厂商的重要技术，其可以不再以原厂商的商标进行销售，而是自创品牌，利用其原有的销售通路，大发其财。

厂商不对原代理商进行技术授权，而是对代理商所在国的其他企业进行技术授权，从实质上来说，也是对代理商的一种激励。因为在代理商所在国其他企业进行技术授权后，若授权合同中有特殊规定，则该代理商便既可从国外的原厂进口该代理产品，又可直接从自己国外的技术授权厂家进货。因而省去了报关、纳税、海上运输风险等一系列麻烦。随着国际销售代理业的发达，跨国、跨洲进行销售代理越来越多，因此技术授权方式必然成为方便代理商进货的重要方式。

一体化激励方式的另一种形式是厂商与代理商之间的相互参股进行投资。厂商对代理商的参股本身是对代理商的一种投资，代理商可得到厂商注入的资金，同时由于代理商的公司内有厂商的股权，厂商更关心代理商的业务与成长。因而可以说是对代理商的一种莫大的激励，更利于厂商与代理商之间形成一种长期合作的关系。股权投资激励代理商的另一种方式是厂商与代理商共同投资成立合资企业。由于该合资企业的大股东是原厂商，因而主要经营活动由原厂商负责，代理商参与投资后，不需要太多负债经营活动，又能借助股权投资获得红利，因而颇受代理商欢迎。股权投资激励代理商的最后一种方式是代理商获得许可，购买原厂家的部分股权。

（二）控制销售代理商

厂家控制代理商主要通过两种途径：第一种途径是在订立代理合同之时，规定好代理商的权利与义务，既通过代理合同控制代理商的作业；第二种途径是订立代理合同之后，继续加强对代理商的联系与沟通，注意代理商的业务经营状况，及时调整计划。

1. 通过代理合同控制代理商

厂商主要可通过代理合同中的如下项目控制代理商的业务：第一，划分清楚代理区域，以防止越区代理；第二，规定最低代理销售额，以防代理商不积极推销产品；第三，规定商情报告制度，以加强厂商与代理商的沟通；第四，规定代理产品价格与代理佣金水平。一般来说，某代理商的代理区域大小应当依以下几方面共同决定。

(1)代理商的规模及其销售能力。

(2)产品的性质及种类。例如,工业品由于其用户较为疏散,而且都是大宗订单,因此代理区域可以划大一些;而消费品的用户比较集中,订单多且是小额订单,因此一个代理商的代理区域不宜过大,以免难以顾及。

(3)地形、地势及交通情况。例如,大多数厂家在澳大利亚寻求代理商时,依其地形差异、交通状况将其分为六个区域,而国外厂商在我国寻找代理商时,则常依我国地形不同分为东北、华北、华东、华中、华南、西北等几大代理区域。

(4)市场差异程度。一国之内,由于市场发达程度不同,由一个代理商代理发达程度不同的市场上的产品销售时,难免有些难以协调,因此有必要划分为不同的代理区域。例如:加拿大由于市场差异程度大,国外厂商一般将其划分为以下四个代理区域:①海岸省区,包括魁北克在内;②安大略区,包括多伦多及蒙特利尔等大城市;③草原区,包括大部分的农业区;④哥伦比亚区。这四个区域由于市场成熟程度不同,因而形成了相对独立的市场区域,各个区域有其商业中心,各区域的其他经销商由于历史传统、交通状况一般不到其他区域内进货。因此,若由一个代理商同时代理两个以上区域的销售事务,必然会有困难。

现实中,厂商划分代理区域除了以地形与市场差异进行划分外,还可以政治区域进行划分:

(1)以数国或数个地区为一个代理区域。例如:德国蔡司公司委任日本测机会社为其亚洲总销售代理。

(2)以一个国家或地区为一个代理区域,以一个国家为一个代理区域时,应注意其国名是否是正式的国名。例如,法国、葡萄牙在海外有属领地,这时,区分代理区域要格外小心,严加限制,以防争执。

(3)以一国的某一区域或城市为一代理区域。例如,以纽约市为一代理商的代理区域,这时应注意划分是否明确。切勿以美国东海岸、美国西海岸等不明确的方式划分代理区域。若要用这些词划分代理区域时,必须得指出西海岸区、东海岸区包括哪些州和城市。

规定最低代理销售额是为了防止代理商坐享其成,不积极开拓市场的有效手段之一,规定最低代理销售额时,要就代理商的代理能力、代理地区的购买力状况、消费者偏好、商品的种类(新产品还是已打入市场的产品)、竞争状况等因素进行评估,最后决定最低代理销售额为多大。一般来说,最低代理销售额规定之后在一定时期内便难以修改,因此厂商一定要十分慎重。定得过高,代理商达不到时有损其积极性;定得过低,对厂商产品提高市场占有率又有妨害。

厂家同时要规定好以什么方式计算销售额。贸易实务中,有四种计算销售额的办法:①以发出订单的订购额为准;②以开出信用证金额大小为准;③以实际运入销售国市场的产品金额大小为准;④以厂商实际收到货款的多少为准。

上述四种计算方式中,第四种方式是以厂家的实际销售额为代理商的代理销售额,因而对厂商最为有利。第二种方式以客户开出的信用证金额大小为代理商的销售额,这种情况下,厂家收到货款的可能性较大,对厂家也是有利的。在第一种、第三种计算方式下,厂商还未收到货款,因而算不上是交易真正完成了,也计入销售额,对于代理商较为有利。对于厂商而言,自然是按第四种计算方法为最好,但现实中,以前三种方式计算代理销售额的情况居多。

以何种价格计算销售额也是一个重大问题。厂商一般应以 FOB 价格(即净价)计算代理销售额。FOB 价格只包括产品出厂价加上运至厂商所在地(国)的出口港所用的运费,因而是代理商的实际代理销售额。若采用FOBC的计价方法，则代理销售额本身包括佣金(C)在内，夸大了代理销售额。当然，当代理商谈判处于强势时，也有采取CIF和C&F价格计算最低销售额的。这样，采用CIF价格时，代理销售价格便包括了海上运输费与保险费；采用C&F价格时，代理销售价格包括了海上运输费，都夸大了代理销售额。

最能体现控制代理商拓展业务的是，厂商对代理商未达到最低代理销售额时有处罚的权力。比较消极的办法是，规定每年制定一次最低代理销售额，代理商向厂商缴纳一定的保证金(按最低代理销售额的一定百分比缴纳)。若代理商在前半年之中，代理销售额未达到全年最低代理销售额的一半时，可视为是严重违约，对其发出警告。当代理商全年代理销售额未达到最低代理销售额时，厂商则可依合同没收其保证金作为惩罚。厂商也可采取最为消极的办法，即提前一段时期预告代理商，鉴于其未达到最低代理销售额，双方解除代理关系。这对双方都颇为不利，因而视为下策。

比较积极的办法是力图鼓励代理商达到、超过最低代理销售额。对于多家代理商，超过最低代理销售额较多、潜力颇大的，可视情况推为独家代理商或者可以视代理商超过最低代理销售额的百分比，而延长代理合同的有效期。从目前的代理业发展趋势来看，消极控制与积极控制的办法都在被厂商采用，但是越来越多的厂商倚重于积极控制的办法。

合同中控制代理商的另一个方面是规定好商情报告制度。代理产品一般是新产品或尚未进入该国市场的产品，了解市场销售情况、客户对厂家的建议及竞争对手的情况，对于厂商而言极为重要。厂商应当专门为代理商制定一份商情报告表，规定代理商定期向厂家汇报。同时，厂家还应每过一段时期，组织代理商进行一次市场调查，或进行市场评估分析，费用可由厂家负责。

商情报告应体现厂商与代理商的双向交流。厂商应将本厂的市场销售季度、年度计划、市场营销目标告知给代理商，并组织代理商之间双向交流，通过召开座谈会、市场探讨会议等，来促进信息交流。

2. 日常业务控制

厂商不宜对代理商的业务过多地干涉，其主要通过市场计划的修改，对代理商的指导及对代理商的评估来达到控制代理商日常业务的目的。

(1)继续进行市场研究，并适时修改计划。厂商选定代理商后，不可全盘依赖代理商统揽全部营销事务，其仍需进行市场研究来拓展市场。厂商的市场研究可委托代理商搜集材料，但对海外市场的分析、评估与规划必须由自己进行。厂商应当仔细观察市场需求的变化、营销渠道的变化；厂商应注意竞争对手有何新的行动，如是否推出了新产品及该新产品对本厂产品的影响；厂商还应当注意自己的代理商销售能力、销售业绩的变化。通过市场研究之后，厂商应拿出市场营销方案，具体由代理商执行。否则，代理商之间行动不统一，在广告上、价格上、人员促销等方面必有不协调一致的地方，影响了厂家的总体营销能力。

(2)对代理商进行指导。由于代理产品对于代理商所在国家是新产品或尚未进入该国市场的产品，因此，代理商本身也不一定很精通该产品的营销。例如，商用计算机刚出现时，代理商基本上都无代理销售该产品的经验，一时茫然不知所措。广告宣传大多不得要旨，售后服务更是一筹莫展。最后还是得由厂家自己来销售。在上述情况下，厂商应派人员协助代理商，或定期对代理商的销售人员、技术人员进行培训。否则，便不能利用诸多代理商发挥其配销的功能。有时，一些代理产品，厂家要求代理商应用较新的销售方法时，代理商也可能一时难于跟上，因而亦需指导。

(3)对代理商进行评估。评估代理商是为了下一阶段更好地控制代理商的业务经营。对代理商进行评估主要是检查销售业绩及成长率、代理商对产品推销的努力程度及服务品质的高低等。对于业务进展不佳的代理商,要进一步评估:其代理区域是否过大,代理商有无足够的时间及力量推销新的产品。此外,还得随时注意代理商在财务、库存等经营管理方面上的能力及资金周转等。如果某一代理商的绩效过分低于厂商的既定标准,则需找出主要原因,同时还应考虑可能的补救办法。当放弃或更换代理商将会导致更坏的结果时,厂商则只好容忍这种令人不满的局面。当不会出现太坏的结果时,厂商应要求工作成绩欠佳的代理商在一定时期内有所改进,否则,就要取消该代理商的资格。对代理商的评估应从四个方面进行评估比较。

①长期评估。长期评估是指厂商评估代理商从长期来说是否能配合厂商完成其国外市场的长期目标。例如,厂商若将来想在代理商所在的市场自行设立分支机构,该代理商是否会阻挠厂商在当地的扩张活动,该代理商的效能是否足以发展大规模的销售,从而有利于厂商在当地进一步直接设厂生产。

②短期评估。短期评估是指厂商评估代理商目前是否达到了厂商所期望的功能,是否应在产品组合、定价等方面作适当的配合,使该代理商担任的功能发挥更大的效果。例如,该代理商的销售强度、绩效与市场占有率的高低;该代理商的平均存货水平、送货时间、次品及遗失品的处理状况如何;该代理商对企业促销以及训练方案的合作程度,以及对顾客提供的服务等。

③纵向评估。纵向评估是指将每一代理商的代理销售额与上期的代理销售额进行比较,并以整个代理商群体代理销售额升降百分比作为评价标准。若全体代理商的平均代理销售额与去年相比上升了10%,而某代理商只上升了5%,则应当有所警惕。对于该群体平均水平以下的代理商,必须加强评估与激励措施。如果对后进代理商的环境因素加以调查,可能会发现一些客观因素,如当地的经济衰退、某些顾客不可避免地失去、主力业务人员的失去或退休等。如果可在下一期得到补救,厂商就不应因这些因素而对代理商采取惩罚措施。

④横向评估。这种评估办法是指厂商将各代理商的绩效与在分析该代理区域的销售潜量时所设的预计代理销售相比较。在销售期过后,根据代理商实际销售额与其潜在销售额的比较,将各中间商按先后名次进行排列。这样厂商的调查与激励措施可以集中于那些未达既定比率的中间商。其实,上述的纵向评估与横向评估只是相对而言的,纵向评估方法内也包含有横向评估,因而不可绝对化。

第四节　分销形式

分销可以采取很多不同的渠道形式,企业也有不同的业态选择,但从分销本身的性质看,无论采用哪种具体形式,都离不开批发和零售两种最基本的形式。

一、批发

(一)批发与批发商

批发是指一切将物品或服务销售给为了转卖或商业用途而进行购买的人的活动。批发商处于商品流通起点和中间阶段,交易对象是生产企业和零售商,一方面它向生产企业收购商品,另一方面它又向零售商业批销商品,并且是按批发价格经营大宗商品。其业务活动结束后，商品仍处于流通领域中，并不直接服务于最终消费者。

批发商处于流通过程的中间阶段，是连接生产企业和商业零售企业的枢纽，是商品流通的大动脉，是调节商品供求的蓄水池。在分销渠道结构中，它扮演着重要角色，对企业改善经营管理及提高经济效益、满足市场需求、稳定市场具有重要作用。

(二)批发的形式

批发的形式很多，依据批发商是否拥有商品所有权及其功能发挥程度，可将批发分为商业批发、居间经纪和厂家分销机构及销售办事处。

1. 商业批发

商业批发也称独立批发。批发商对其经营的商品有所有权，即买下所经销的商品后再转售出去。商业批发是批发最主要的形式。依其发挥功能及专业化程度，商业批发又可分为全套服务批发和有限服务批发。

(1)全套服务批发。它提供几乎所有的批发服务功能：持有存货，有固定销售人员，提供信贷、送货、协助管理等服务。

①综合批发。经销的产品范围非常广泛，涉及不同行业互不关联的产品。通常面向人口分散的边远地区的零售商，提供日用百货、五金交电、文化用品、医疗保健用品、农业生产资料等商品的购销服务。

②专业批发。其经销的产品是行业专业化的，完全属于某一行业大类。例如，五金批发商经销的商品，包括五金零售商需要的所有商品；杂货批发商经销各类罐头食品、谷类、茶叶、咖啡、香料、面粉、糖、清洁剂等，有些还供应冷冻食品、肉类、水果等，只要是一般杂货店所出售的商品，他们都组织供应。

③专用品批发。以很大深度专门经销某条产品线上的产品(或部分产品)，如杂货业中的冷冻食品批发商、服装业中的纽扣批发商等。他们为客户提供选择更充分的花色品种、更快速的交货服务和更专门的产品信息。

(2)有限服务批发。它向其零售商和顾客提供较少服务。

①现金交易批发。该批发商经销有限的周转快的产品，主要为小型零售商服务。一般不提供送货服务，顾客必须登门购货；无赊销功能，交易时银货两讫；很少雇用推销员去与客户接触，也不大做广告，因而销售费用较低。

②承销批发。此类批发商通常经营木材、建材、煤炭、重型设备等体粗量重的商品。他们并不持有存货，也不实际负责产品运输，仅负责接单，联系制造商，商定交货条件，取得这批货物的所有权，然后将订货单交给制造商，由制造商负责将货物直接发运给用户，而由承销批发商承担全部风险。由于承销批发商不持存货，仅组织厂家将产品直接运送到零售商或用户，所以可以减少产品的储运、编配和损耗成本。

③货运批发。这是将销售与货运功能结合在一起的中间商类型。他们通常经营易腐易耗商品(如牛奶、面包和点心等一般批发商不愿经营的产品)，将这些商品由货车送到超级市场、小杂货店、医院、餐馆、工厂自助餐厅等做巡回销售，收取现金，有时也会采取赊销方式。

④邮购批发。其一般经营方式是将产品目录寄给零售店、企业及机关团体客户，在接到邮寄或电话订单后，再通过邮寄、卡车或其他高效运输工具按订单要求交送订货。主要经营的品种有汽车用品、化妆品、专用食品和其他小品种商品等。

⑤生产者合作社。这主要是农民(农场)组建的负责组织农产品到当地市场销售的批发商类型。

⑥寄售批发。一种专为杂货和药品零售商服务的中间商类型。主要经营零售商不愿订购的玩具、简装书、小五金、保健美容用品等物品。寄售批发商将这些商品运送到零售商店,并负责上架陈列,自行定价,不断更新陈列商品,待商品销售出去后才向零售商收款。

2. 居间经纪

与商业批发商不同,居间经纪商对经营的商品没有所有权,而是为买卖双方提供交易服务,收取一定的佣金。

(1)制造商的代理。这种代理商为互不竞争的制造商销售类似产品,并从中获取佣金。其扮演的角色类似企业销售人员,却是独立的经销商,而且在销售之前就拥有一些顾客群;并可以在相对低廉的成本下增加经营的产品线。那些无力聘用外勤销售人员的小企业以及希望开拓特定新市场的企业,常常可以通过制造商的代理进行销售工作,以节约费用,提高效率。

(2)经纪人。其主要作用是为买卖双方牵线搭桥,协助谈判。他们向雇主一方收取费用,不参与融资与承担风险。他们较多活跃在食品、不动产、保险和证券市场。

(3)委托商。其功能是在收到寄售品后,提供储存设备,为制造商(货主)寻找买主,议价,送货,提供信用和收款,并在扣除佣金之后将货款余额汇给寄售商。委托商在农产品销售市场最为普遍。随着大规模零售商店和连锁商店的发展,委托商的地位逐渐下降。

(4)拍卖企业。其功能在于提供一个买卖双方可聚集并完成交易的场所。拍卖企业可拍卖的商品种类很多,如古董、名画、房屋等,成交价格由买卖双方自行决定,拍卖企业并不参与定价。

(5)销售代理商。销售代理商依据合同代理制造商的整个销售业务,并有权决定货物价格及销售方式,其扮演的角色俨然是制造商的销售经理。一般而言,制造商选择销售代理商,主要依据代理商的实力、商业信誉和其拥有的销售渠道网络。

(6)采购代理商。这种与购买方有长期关系,代其采购的代理商消息灵通,可向客户提供有用的市场信息,并受托负责为客户收货、验货、储运,将货物运交买主。

3. 厂家分销机构和销售办事处

销售分部和营业所是由制造商开设的。销售分部备有存货,常见于木材、汽车设备和配件等行业;营业所不存货,主要用于织物和小商品等行业。采购办事处的作用与采购经纪人和代理商的作用相似,但前者是卖方组织的组成部分。

(三)批发商的选择

1. 确定选择批发商的基本标准

选择批发商的标准与企业界设计的分销渠道结构和目标直接相关联,每个行业、每个企业界都必须建立适合自己的批发商选择标准,以适应企业界产品的市场需求变化。虽然每个行业的情况不同,但是在确定批发商的选择标准时,都会考虑以下影响因素:①批发商的财务、信用状况以及声誉。这是批发商能否成为正式渠道成员的决定因素;②批发商的销售能力,它决定了批发商的市场开拓能力和产品促销能力;③批发商经营的产品种类。企业界一般比较偏好那些对供货商"专一"者或经营互补性和兼容性产品的批发商,从而不对自身产品构成竞争威胁;④批发商的市场覆盖面积和销售状况;⑤批发商的规模与管理能力。基本标准并不是固定不变的,在标准应用过程中,应根据不同的市场区域、所收集的批发商的不同条件,对基本标准做出相应的调整与修改,以便选择更为合适的批发商。

2. 对照选择批发商的基本标准,寻找合适的批发商

企业可以通过多种途径实现对批发商的选择。首先,企业可以根据自己的销售人员在工

作过程中接触到的批发商来做出选择。其次,可以通过公开出版物、商业组织或协会了解部分批发商的相关信息,也可以通过竞争对手的分销渠道了解部分批发商的有关信息。再次,公开招商也是选择批发商的主要途径之一。另外,企业界也可以与其顾客直接沟通,进行正式或非正式的市场调查,充分了解顾客对他们所处地区内不同批发商的看法,然后对照选择标准选择顾客们比较信任的批发商。

3. 签订合作协议,使入选批发商最终成为正式渠道成员,确保渠道成员的稳定性

这种由制造商进行生产、由中间商进行市场销售的模式,最终能否互惠互利,在相当程度上由他们彼此间的合作关系来决定。但是,制造商与批发商之间是双向选择关系,除非厂商自己真的信誉卓越、威信较高,否则不能期望那些各方面条件比较优越的批发商与其合作。因此,大多数制造商需要提供大量优惠条件,来吸引优秀的批发商加盟。

二、零售

(一)零售与零售商

零售是指直接为最终消费者服务的贩卖行为。广义的零售包括一切向最终消费者直接销售商品和服务,以供应个人和组织及非商业性用途的活动。狭义的零售商是指将商品直接销售给最终消费者的中间商,处于商品流通的最终阶段。零售在流通中处于最后阶段。这个地位决定了零售商在整个分销渠道中扮演重要角色。零售商的基本任务是直接为最终消费者服务,它的职能包括购、销、调、存、加工、分包、传递信息、提供销售服务等。零售行为在地点、时间与服务方面,方便消费者购买,它又是联系生产企业、批发商与消费者的桥梁,在分销途径中具有重要作用。

(二)零售形式

零售形式变化很快。从总的趋势来看,我国零售正在向国际靠拢。随着零售经营的对外开放,许多国外行之有效的零售方式和机构,正与我国传统的零售方式融合起来,引起了从沿海到内地零售方式的急速变化。

1. 按经营商品范围划分的形式

(1)专业商店,即专门经营一类商品或某一类商品中的某种商品,如周大福、亨达利、同仁堂等。其经营特点是品种、规格齐全。

(2)百货商店。它是指经营的商品类别多样,每一类别的商品品种齐全,经营部门是按商品的大类进行设立,使多个专业店集中在一个屋檐下。经营特点是类别多、品种规格全、服务程度高。百货商店出现一百多年来获得迅速发展,于20世纪中期达到顶峰。尔后由于百货商店之间的激烈竞争,以及来自其他零售商的挑战,加上城市商业中心区交通拥挤等问题,其发展速度明显放慢。目前,许多发达国家的百货商店,正在采取设立分店,改变经营方式和加强服务等措施,以求东山再起。而在发展中国家,百货商店仍在迅速发展。

(3)超级市场。这是一种经营规模大、成本低、毛利低、销售量大的自助式服务,为满足消费者对食品、洗衣和家庭常用产品的种种需求服务的零售组织。

(4)方便品商店。主要为设在居民区附近的小型商店。营业面积小,营业时间长,经营品种多为周转率高的方便品,因其方便顾客的特点,价格通常要高一些。

(5)集成商店。利用一种集聚效应("扎堆效应"),通过招商将各类商品的经销商吸引集聚在一起,形成大型的购物广场(shopping mall)。这种零售商业的集成,能有效发挥其各自的特长,优势互补,形成综合实力。

2. 按商品相对价格的重要性划分的形式

(1)廉价商店，亦称折扣商店，一种以较低价格销售标准商品的商店类型。这类商店通常设在租金低的地段，并能吸引较远的顾客；突出销售全国性品牌商品；销价比传统商店低，而商品质量并不低；多采用自动式售货，设备费用较低。近年来，受竞争影响，折扣商店与百货商店的差距日益缩小，其经营商品已从普通商品发展为专门商品，如折扣体育用品商店、折扣电子产品商店等。

(2)仓库商店，一种没有装饰、给顾客折扣优惠、服务项目少的商店类型，也可称为仓储店、量贩店。其特点是低价销售大量商品。目前，仓库商店已由单一的专业性商店发展成为多种形式的商店，但仍然以专业产品、食品、副食品、生鲜品、杂货为主。

(3)样品目录陈列室(产品陈列推销店)。这类商店通过产品目录来推销和折扣销售各类品种繁多、加成高、周转快、有品牌的商品。这些产品包括首饰、动力工具、提包、照相机等。这种商店散发彩印目录，增发季节性小型增补版，上面标有每一项商品的定价和折扣价。顾客可用电话订货，由商店送货上门，收取货款及运费，顾客也可来店验货自提商品。

3. 按连锁经营划分的形式

连锁是指由一家大型商店控制的，许多家经营相同或相似业务的分店共同形成的商业销售网。其主要特征是：总店集中采购，分店联购分销。它出现在 19 世纪末到 20 世纪初的美国，到 1930 年，连锁商店的销售额已占全美销售总额的 30%，自 20 世纪 50 年代末、60 年代初以来，欧洲、日本也逐渐出现了连锁商店，并得到迅速发展，70 年代后全面普及，逐步演化为主要的一种商业零售企业的组织形式。连锁有以下三种形式：

(1)正规连锁(regular chain)。正规连锁店，同属于某一个总部，统一经营，所有权、经营权、监督权三权集中，也称联号商店、企业界连锁、直营连锁、总体式连锁店。分店的数目各国规定不一，美国定为 12 个或更多；日本定为 2 个以上；英国定为 10 个以上分店。其共同特点是：所有成员归一个企业、一个联合组织或单一个人所有；由总企业或总部集中统一领导，包括集中统一人事、采购、计划、广告、会计等；成员店铺不具企业资格，其经理是总部或总店委派的雇员而非所有者；各连锁店经营的产品种类由总部控制；成员店标准经营，商店规模、外貌、经营品种、商品档次、陈列位置、促销及其他主要销售政策都采用统一的标准。

连锁店较之独立商店具有价格优势，可以通过薄利多销方式获取更大利润：①由于规模较大(连锁店数超过 10 家)，可以大量进货获得最大数量折扣及较低的运输成本；②有条件雇用优秀管理人员，在销售预测、存货控制、定价和促销等方面制定并实施科学的管理程序；③可以综合批发与零售功能，无需像独立商店那样应付许多不同的批发商；④能以同一广告使全部连锁店受益，使各店分摊的促销费用降低；⑤各分店享有某种程度的自由，可以适应消费者的不同偏好和当地市场的竞争特点，提高应付环境变化能力。

(2)自愿连锁(voluntary chain)和零售店合作社(shopping mall)。各店铺保留单个资本所有权的联合经营形式。多见于中小企业，也称自由连锁、任意连锁。正规连锁是大企业扩张的结果，目的是形成垄断；自愿连锁是小企业的联合，抵制大企业的垄断。自由连锁的最大特点是成员店铺是独立的，成员店经理是该店所有者。零售店合作社是由一群独立零售商店组成的一种集中采购与联合促销组织。

自由连锁总部的职能一般为：确定组织大规模销售计划；共同进货；联合开展广告等促销活动；业务指导、店堂装修、商品陈列；组织物流；教育培训；信息利用；资金融通；开发店铺；财务管理；劳保福利；帮助劳务管理等。

(3)特许连锁(franchise chain),也称合同连锁、契约连锁。它是由拥有特许权的特许人(制造商、批发商或服务机构)与接受特许权者(购买某种特许权而营业的独立商人)之间订立契约的关系所形成的组织。它由特许人把自己开发的商品、服务和营业系统(包括商标、商号等企业象征的使用,经营技术等)以营业合同的形式给规定区域的加盟店授予统销权和营业权。加盟店则须缴纳一定的营业权使用费、承担规定的义务。其特点是:经营商品时,受许人必须购买特许经营权;经营管理高度统一化、标准化。

4. 无店铺零售业

一种不设店堂的零售商类型。非商店零售在近年来得到迅速发展。非商店零售商主要有下列几类:

(1)直复市场营销。直复市场营销是经营者使用一种或多种广告媒体,以求在一定地区范围产生积极反应,达到交易目的的市场营销体系。顾客可用函电或电话订货,经营者组织送货或邮寄交货。目前,直复营销的形式主要有商品目录直销、邮寄直销、电话直销、电视直销、电脑购物、电子购货机等形式。

(2)直接销售。即直销企业界用销售人员上门直接向顾客推销产品。其方法有挨家挨户推销、逐个办公室推销,家庭聚会,销售俱乐部推销等。

(3)自动售货。即用硬币控制的机器自动销售商品。自动售货已被应用于许多商品上,包括嗜好性商品(如香烟)、冲动型购买品(如软饮料、糖果、报纸等)和其他产品(化妆品、点心、唱片、胶卷等)。自动售货机向顾客提供 24 小时售货、自动服务和无需搬运商品的便利条件,但其销售商品的价格稍高。

(4)购物服务企业。它是指一种为特定委托人服务的无店零售方式,这些委托人通常是一些大型组织(如学校、医院、工会和政府机关)的雇员。这些组织的成员就是购物服务组织的成员,有权向一组选定的零售商购买,这些零售商同意给予购物服务组织的成员一定的折扣。如一个顾客要一台录像机,可以到购物服务组织处拿一张表格,然后把它带到一家与该组织有约定的零售商处,就能买到一台给予折扣的录像机。零售商再付给购物服务组织一些小额费用,酬谢其提供的购物服务。

案例分析

慎选"红娘"

如果说产品的"婆家"是消费者的话,那么商场则是"红娘"了。找对了好红娘,也算找到了半个好"婆家"。"小天鹅"洗衣机的日子过得顺顺当当,还荣誉入选 1990 年全国最畅销商品,认真选择"红娘"是他们营销成功的一招。

无锡洗衣机厂是我国较早引进日本生产线的企业之一,他们不仅全面吸收消化了松下尖端技术,而且按我国国情作了完善,如在电脑控制板上增加了稳压线路、增加了电压适应范围等。无论是松下公司还是国家主管部门,对"小天鹅"的几次质量抽检结果均无可挑剔。

有了好的产品,并不一定能有好的市场。当初他们认定"有奶便是娘",天女散花似地到处设立销售点。后来发现有些经营混乱、不负责任,影响了"小天鹅"的声誉。基于对自己产品的充分自述和上述教训,他们作了认真的市场分析。

全自动洗衣机在国内属高档耐用消费品,只有在具有崇高信誉的商场中出售,消费者才会买得放心。好马还需配好鞍。

定下这个营销策略之后，工厂马上调整销售基地，立即停止在劳服公司等商店中的销售。目光只盯住企业经联会、贸联会和新联会成员商场以及当地大商场。成都一家"皮包"公司带款到工厂订货，工厂通过向银行咨询和实地考察，果断地拒绝了这笔几十万元的现货生意。为了打进信誉好的商场，工厂热情地为它们服务，送货上门。销售部门也明确了"先让商店赚钱，工厂才能赚钱"的方针。济南人民商场进了一批"小天鹅"，并且预付了货款，可当时正值淡季，商场经理一筹莫展。厂销售员就主动在济南外围设点，介绍小客户到人民商场进货，在市内与商场合作开展了各种形式的促销活动。商场终于提前送走了淡季，对"小天鹅"也倍觉亲切。

目前，"小天鹅"在全国大商场的全自动洗衣机销售占有率达70%。工厂对商场有情，商场对工厂也有意。目前，工厂回笼资金的天数仅为31天。近9个月，月货币回笼额保持在1 500万元左右。

案例来源：黄金火、戢运爽：《市场营销案例分析》，中国商业出版社1995年版。

【思考问题】

工厂选择"红娘"应考虑以什么作为标准？

第十一章 促销策略

教学要点

促销的含义与作用、促销的信息沟通、促销组合与促销的基本策略、人员推销及其特点、销售队伍的设计、推销员的管理、人员推销的基本策略、销售促进及其特点、销售促进的工具选择、销售促进的方案实施、销售促进的效果测定、广告的含义及作用、广告媒体的选择、广告的创意制作、广告效果评估、公共关系的内涵、公共关系的实施、公共关系的工具选择、公共关系的效果评估。

教学重点

促销组合与促销的基本策略、人员推销的基本策略、销售促进的方案实施、广告媒体的选择、广告的创意制作、公共关系的实施、公共关系的工具选择。

教学难点

促销组合与促销的基本策略、人员推销的基本策略、销售促进的方案实施、销售促进的效果测定、广告的创意制作、广告效果评估、公共关系的实施、公共关系的效果评估等理论和实际操作。

第一节 促销与促销组合

常言说，“好酒不怕巷子深”，这是强调产品应讲究质量。现代营销理论认为，“好酒还怕巷子深，好货还须好吆喝”。现代营销不仅仅局限于开发出一个好产品，制定出一个吸引人的价格，并把它推销给顾客。企业还必须与顾客沟通，而且这种沟通不应该是随随便便的，企业必须选择恰当的沟通方式和方法。

一、促销的含义与作用

（一）促销的含义

“Promotion”一词来源于拉丁语，意思是“向前运动”。促销是指企业通过人员推销或非人员推销的方式，向目标顾客传递商品或劳务的存在及其性能、特征等信息，帮助消费者认识商品或劳务所带给购买者的利益，从而引起消费者的兴趣，激发消费者的购买欲望及购买行为的活动。简言之，促销就是指销售者向消费者或用户传播产品积极信息的一系列宣传、报道和说服的活动。

威廉·斯坦顿研究认为：在不完全竞争的条件下，“一个公司利用促销来帮助区别其产品、说服其购买者，并把更多的信息引入购买决策过程。用经济学术语来说，促销的基本目的是改变一个公司的产品的需求（收入）曲线的形状。通过运用促销，一个公司有希望在任何一定价格的条件下，增加某种产品的销售量。它还希望促销会影响产品的需求弹性。其目的在于：当价格提高时使需求无弹性，当价格降低时使需求有弹性。换言之，企业管理当局希望：当价格上升时，需求数量下降很少，而当价格下降时，销售却大大增加”。由此可见，促销的目的在于通过信息沟通，帮助消费者认识产品的特点和性能，引起他们的注意和兴趣，以改变其态度和行为，激发购买欲望和行为，扩大销售。

促销的基本方式可分为人员促销（也称直接促销或推式促销）和非人员促销（也称间接促销或拉式促销）两大类，如图 11－1 所示。

- 促销的基本方式
  - 推式促销——人员促销
  - 拉式促销——非人员促销
    - 广告
    - 销售促进
    - 公共关系

图 11－1　促销的基本方式

（二）促销的作用

促销活动的实质就是促进产品销售，是借传递商品或服务的存在及其性能、特征等信息，帮助消费者认识产品（或服务）能够给他们的利益，激发消费者的购买欲望。促销在企业营销活动中起着重要作用。

1. 传递信息，提供情报

整个营销过程是商流、物流和信息流的有机结合过程，而信息流是商流和物流的先导，促销的实质就是通过传递信息，一方面将企业商品或服务的性能、特点、用途以及服务等信息传递给消费者，以此诱导消费者对产品或服务产生欲望并采取购买行为；另一方面及时了解消费者反馈的有关产品价格、质量和服务的信息，密切生产、销售和消费者之间的关系，加强分销渠道各环节间的协作，加速商品流通。

2. 诱导需求，扩大销售

促销的落脚点就是诱导需求，突出产品特点的信息，甚至可以制造需求，延长产品的市场寿命等，最终激发消费者的需求欲望，变潜在需求为现实需求，从而扩大产品的销售。

3. 突出特点，强化优势

当市场竞争激烈时，企业可以通过促销宣传，突出产品的特点，使消费者了解本企业产品在哪些方面优于同类产品，认识到购买本企业产品所带来的利益较大，从而促使消费者偏爱本企业的产品，加强企业在市场竞争中的优势。

4. 提高声誉，稳定销售

企业的形象和声誉是企业的无形资产。促销可以提高企业声誉，美化企业形象，培养顾客对企业品牌的忠诚度，进而稳定企业的市场占有率，达到稳定销售的目的。

企业要达到上述目的，不仅要通过人员促销和非人员促销，而且要使促销策略与营销组合的其他因素协调配合，形成一个整体营销的战略。因此，企业营销的任务并不仅仅在于从事具体的促销活动，更重要的是在于确定促销目的、制定促销策略，并且使促销策略同产品策略、价格策略和渠道策略互相配合，形成整体营销战略。

二、促销的信息沟通

（一）促销的信息沟通

促销本质上是一种通知、说服和沟通活动，沟通者有意识地安排信息、选择渠道媒介，以便对特定沟通对象的行为与态度进行有效的影响。这种沟通说服有几种途径：一是雄辩式说服，讲话人首先以其人格博得听众的信赖感，再激起听众的情感以取得信任，列举鲜明的证据诱发需求。二是宣传式说服，最早是以组织(如教会、政府、政党、企业)为主体来获得别人的支持。用语言、文字、气氛和事件等来争取支持者。现在企业的建筑式样、最高管理人员的办公室布置、产品的设计、推销员的个性等，通过公共关系人员，借助新事件，制造一种新的气氛，进行宣传沟通。三是交涉式说服。指一方的交涉代表与另一方的代表相互进行拉锯式谈判，以取胜对方，企业在市场营销活动中常用的是劝诱策略。

各种说服方式的目的都在于沟通。多年来形成的沟通模式由九个要素构成，其中两个要素表示沟通的主要参与者——发送者和接受者，另两个表示沟通的主要工具——信息和媒体，还有四个表示沟通的主要职能——编码、解码、反应和反馈，最后一个要素表示系统中噪音。

发送者的任务就是把他的信息传递给接受者。但人们每天授受的信息达几百条，除必须注意的信息外，还存在大量的无用信息。要使信息有效，发送者的译出程序必须与接受者的译进程序相匹配。发送者的信息必须为接受者所熟悉。发送者与接受者的经验领域相交部分越多，信息越可能有效。信息的译出、译进需要信息沟通者灵活选择媒体并进行有效的传播。对沟通者的挑战是要设计一种免除四周干扰而能赢得注意的信息。

(二)信息沟通的确定

(1)确定目标接受者。营销信息的传播者必须从一开始就要有明确的目标视听接受者，目标视听接受者可能是企业产品的潜在购买者、目前使用者、决策者或影响者。这类接受者可能是个人、小组、特殊公众或一般公众。

(2)决定传播目标。目标视听接受者一般要经历认知、感情和行为反应过程，最终的反应是购买，营销信息传播者必须确定寻求什么样的反应，并知道如何把目标视听接受者从他们目前所处的位置推向更高的准备购买阶段。

(3)设计传播信息。确定信息需要从信息内容、信息结构、信息格式和信息源四个方面进行合理设计，以使信息能引起注意、提起兴趣、唤起欲望、导致行动(即 AIDA 模式)。

(4)选择传播渠道。信息传播者必须选择有效的信息沟通渠道来传递信息。信息沟通渠道有两大类，即人员的和非人员的信息沟通渠道。人员的信息沟通渠道包括两个及以上的人相互之间进行信息沟通。非人员信息沟通渠道就是传递信息无须人员接触或信息反馈的媒介。它们包括大众性的和有选择的媒体、气氛和事件。

(5)编制促销预算。百货业巨头约翰·沃纳梅克说："我认为我的广告费的一半是浪费的，但我不知道是哪一半。"这充分说明企业面临的最困难的营销决策之一是在促销方面应投入多少费用。

(6)决定促销组合。促销有商业广告、销售促进、直接营销、公关促销和人员推销这五种通用的促销工具，也可以说有"推"的策略和"拉"的策略，而且这些促销工具之间具有可替代性。为了更好地协调各营销部门中的营销职能，市场营销者必须对促销工具进行有效的选择和组合。

(7)衡量促销成果。促销计划贯彻执行后，信息传播者必须衡量它对目标视听接受者的影响，掌握和了解市场上有多少人知道和试用此产品，以及在此过程中的满足情况。信息沟通方案需要提高对品牌的满意程度。

(8)营销沟通一体化的组织和管理。在市场经济已发生巨大变化的前提下，大众市场的非整体性已发展到微型市场的多元化趋势，顾客的复杂性日益增加，企业信赖一种或两种沟通工具来完成它们的沟通目标已不合时宜。名目繁多的通信工具、信息和视听接受者加强生理和一体化,使其产生更多的信息一致性和巨大的销售影响,并使其保持前后一贯性、适时性和有较高的成本效益。

三、促销组合与促销的基本策略

(一)促销组合的概念

促销组合是指企业根据产品的特点和营销目标,综合各种影响因素,对各种促销方式的选择、搭配及运用,即企业在市场营销过程中有目的、有计划地把人员推销、广告、销售促进和公共关系等促销形式结合起来,综合运用,形成一个完整的优化促销策略。

企业要正确地进行促销组合,就必须要了解各种方式的优缺点。只有这样,才能根据产品的特点和经营目标,结合各种促销方式优点,适当地选择、编配和运用各种促销方式,使它们发挥整体功效。

(二)影响促销组合制定的因素

1. 促销目标

在企业营销的不同阶段,随着市场营销活动的不断变化,会有不同的促销目标。相同的促销工具在实现不同的促销目标上,其成本效益会有所不同。在促进购买者对企业及其产品的了解方面,广告的成本效益最好,人员推销居于其次。但购买者对企业及其产品的信任,在很大程度上受人员推销的影响,其次才是广告。因此,进行促销组合策略的制定,要符合企业的促销目标,根据不同的促销目标,采用不同的促销组合策略。

2. 产品因素

由于被推销的产品的类型、性质不同,消费者或用户的购买行为和购买习惯也不同,因而,企业所采取的促销组合也会有所差异。一般来说,消费品更多使用广告宣传作为主要促销手段;而生产资料则更多地采用人员推销的方式。至于销售促进和公共关系,无论对消费者还是生产资料市场的作用都处于较为次要的地位。

由于产品所处的生命周期的阶段不同,促销目标也应有一定的差异,因此在促销组合的选择和编配上也要有相应的变化。在投入期,产品刚刚面市,鲜为人知,企业应加强广告宣传,提高潜在消费者对产品的知晓度。同时,配合销售促进、人员推销等方法刺激消费者购买。在成长期,产品虽然畅销,但竞争者不断出现,此时广告虽然还是主要促销形式,但内容应放在宣传产品的优势上,同时再辅以人员推销,有条件的企业还可以配合销售促进和公共关系的运用,使老主顾形成对产品和企业的偏爱,并使新顾客涌现。在成熟期,消费者需求趋向饱和,销售量开始下降,竞争日益激烈,一般仍以广告为主要促销手段,配合适当的销售促进,并利用公共关系突出企业声誉,提升企业形象,显示产品魅力,以稳定和扩大市场。产品进入衰退期,企业应以销售促进为主,辅之以提示性广告,此阶段的促销费用不宜过多,以免得不偿失。

3. 促销费用

企业在选择促销组合时,还应考虑两个主要问题:一是促销预算费用;二是预算费用在各促销方式上的分配。也就是说,综合分析各种促销方式的费用与效益,以尽可能低的促销费用取得尽可能高的促销收益。在预算费用小的情况下,企业往往很难制定出满意的促销组合策略。然而,最佳的促销组合并不一定费用最高。企业应全面衡量、综合比较,使费用发挥最大的效用。

4. 市场特点

针对目标市场的性质、规模和类型不同,企业应采用不同的促销组合。对于规模小且相对集中的市场，应突出人员推销策略的优势；而对于范围广且分散的市场，则应多采用广告。对文化水平高且富裕的消费者，应多采用广告和公共关系的促销方式；反之，则应多利用销售促进和人员推销。生活资料消费品市场主要用广告宣传，而生产资料工业品市场则应以人员推销为主。另外，市场供求的变化，也会影响到促销组合。

（三）促销的基本策略

不同的促销组合形成不同的促销策略。美国市场营销学家菲利普·科特勒认为：企业促销的基本策略一般分为推式策略和拉式策略两种。

1. 从上而下式策略（推式策略）

推式策略中以人员推销为主，辅之以中间商销售促进，兼顾消费者的销售促进。把商品推向市场的促销策略，其目的是说服中间商与消费者购买企业产品，并层层渗透，最后到达消费者手中。实行推式策略，要求推销人员针对不同商品、不同对象采用不同的推销方法。

（1）产品推销人员携带样品或者产品目录走访顾客，进行送货推销、巡回推销或访问销售。

（2）建立、健全产品销售网点，扩大销售。

（3）通过售前、售中和售后服务促进销售。

（4）举办产品技术应用讲座，并进行实物推销。

2. 从下而上式策略（拉式策略）

拉式策略以广告促销为拳头产品，通过创意新、高投入、大规模的广告轰炸，直接诱发消费者的购买欲望，由消费者向零售商、零售商向批发商、批发商向制造商求购，由下至上，层层拉动购买。

（1）通过广告宣传促进销售。

（2）组织产品展销会、订货会促进销售。

（3）通过代销、试销等方式促进销售。

（4）通过创立名牌、树立信誉，增强消费者对产品和企业的信任，来促进产品销售。

第二节　人员推销

人员推销是一种最古老的促销方式，同时也是一种最常用、经久不衰的促销手段。任何企业开展营销活动都离不开人员推销。当然，现代营销理论赋予人员推销以更新的方式和内涵。

一、人员推销及其特点

（一）人员推销的概念

人员推销（personal selling）又称派员推销和直接推销，是指企业运用推销人员直接向顾客推销商品和服务的一种促销活动。在人员推销活动中，推销人员、推销对象和推销品是三个基本要素。其中前两者是推销活动的主体，后者是推销活动的客体。通过推销人员与推销对象之间的接触、洽谈，将推销品推销给推销对象，从而达成交易，实现既销售了商品，又满足顾客需求的目的。

人员推销是一种传统的促销方式，也是现代企业经常运用的最重要的促销手段之一，它具有与其他促销形式不同的特点。

（二）人员推销的特点

1. 推销目的的双重性

一是指激发需求与市场调研相结合，通过推销商品诱导顾客消费，并在推销的同时了解消费需求、市场信息等，提高决策水平。二是指推销商品与提供服务相结合。就此而言，一方面，推销人员施展各种推销技巧，目的是推销商品。另一方面，推销人员与顾客直接接触，为顾客解决实际问题，满足顾客需求。双重目的相互联系，相辅相成。推销人员只有做好顾客的参谋，更好地实现满足顾客需求这一目的，才有利于诱发顾客的购买欲望，促成购买，使商品推销效果达到最大化。

2. 信息传递的双向性

人员推销作为一种信息传递形式，具有双向性。在人员推销过程中，一方面，推销人员通过向顾客宣传介绍推销品的有关信息，如产品的质量、功能、使用、安装、维修、技术服务、价格以及同类产品竞争者的有关情况等，来达到招徕顾客、促进产品销售的目的。另一方面，推销人员通过与顾客接触，能及时了解顾客对本企业产品或推销品的评价；通过观察和有意识地调查研究，及时反馈市场销售信息，为企业制定合理的营销策略提供依据。

3. 友谊协作的长期性

销售人员既代表着企业利益，同时也代表着顾客利益，他们都知道，满足顾客需要是保证销售达成的关键。在人员推销过程中，通过面对面地看货、议价与交谈，不仅有利于销售人员根据顾客的态度及时发现问题，进行解释和协调，抓住有利时机促成顾客购买行为，同时，推销人员与顾客直接见面、长期接触，可以促使买卖双方建立友谊，密切企业与顾客之间的关系，易于使顾客对企业产品产生偏爱，从而建立起长期友谊协作关系，稳定产品销售。

4. 直接洽谈的灵活性

由于推销人员在访问推销过程中可以亲眼观察到顾客对推销陈述和推销方法的反应，根据不同顾客的特点和反应，有针对性地调整自己的工作思路与方法，迎合顾客的观念，诱导顾客购买；同时，还可以及时发现、答复和解决顾客提出的问题，消除顾客的疑虑和不满情绪。

5. 商品销售的感知性

对于专业性很强也很复杂的商品，如工业品等，仅靠一般的广告宣传无法促使潜在顾客购买，企业只有派出训练有素的推销员为顾客展示、操作商品，并解答其疑难问题，才能达成销售。所以，人员推销经常用于竞争激烈的场合，也适用于推销那些价格昂贵、性能复杂的商品。

人员推销也有其弱点：一是支出较大，成本较高。由于每个推销人员直接接触的顾客有限，销售面窄，特别是在市场范围较大的情况下，人员推销的开支较多，这就增大了产品销售成本，一定程度上减弱了产品的竞争力。二是对推销人员的要求较高。人员推销的效果直接决定于推销人员素质的高低，并且随着科学技术的发展，新产品层出不穷，对推销人员的素质要求越来越高。要求推销人员必须熟悉新产品的特点、功能、使用、保养和维修等知识与技能。要培养和选择出理想的胜任其职的推销人员比较困难，而且耗费也很大。

二、销售队伍的设计

(一)销售队伍的设计

各公司为获得顾客的订单而互相竞争。它们必须充分运用其销售队伍，在适当的时间以适当的方式访问恰当的顾客。

(1)销售代表与顾客一对一。一名销售代表亲自或通过电话和潜在顾客或现在顾客交谈。

(2)销售代表对购买者群体。一名销售代表向客户采购组介绍产品。

(3)销售小组对购买者群体。一个销售小组(由公司职员、销售代表和销售工程师组成)向一个客户采购组展示并介绍产品。

(4)推销会议。销售代表和公司参谋人员同一个或几个顾客讨论存在的问题和相互合作的机会。

(5)推销研讨会。公司一组人员向买主单位的技术人员讲述有关产品技术的发展状况。

(二)销售队伍的类别分工

1. 按区域分工

按区域分工是指根据推销员的工作能力分配其所管辖的地域。这是一种常用的分工方法,它可以使推销员与顾客建立深厚的联系,并巩固已开发的市场。产品类别较少的企业可以采用这种方法。

2. 按产品类别分工

按产品类别分工是指按照企业产品的不同种类划分分工类别,让不同推销员从事不同产品的推销。这种方法便于推销员熟练地针对某种产品采用特殊的推销技巧进行推销活动。生产多种产品且产品在技术上有较大差别的企业可以采用这种方法。

3. 按用户类型分工

按用户类型分工是指按照产品使用者的不同来分配销售员的工作。这种方法便于推销员根据顾客的特点进行有针对性的推销。生产某单一类型产品且用户不同的企业可以采用这种方法。

(三)销售队伍的规模

推销员的数量往往决定着推销的力量,而推销力量往往又决定着企业的销售额,但是,推销人员的增加又会增加推销费用。所以,要确定适宜的推销员规模。推销员规模一般由工作负荷量法来确定。计算公式为:

$$S=[(C\times V\times L)+(C^{*}\times V^{*}\times L^{*})]/T$$

其中,S 为所需销售人员数量;C 为企业现有顾客的数量;V 为每年现有顾客平均访问次数;L 为现有顾客每次访问的时间;C^{*} 为潜在顾客的数量;V^{*} 为潜在顾客每年访问次数;L^{*} 为潜在顾客每次访问时间;T 为每个推销员的全年有效访问时间,是推销员每年工作时间的70%。

三、推销员的管理

(一)推销人员的招聘

招聘推销人员一般来说要经过初审、面试、测试和体检四个步骤。

1. 初审

企业发出招聘推销员的信息后,得到应聘者响应,企业对他(她)们的初审工作就开始了。初审可分为三个阶段:第一阶段,应聘者填写应聘书和履历表,企业销售部门通过应聘书和履历表获得对应聘者的第一印象;第二阶段,企业对应聘者进行资格审查,从中筛选出一部分适合在本企业做推销员的人,并邀请其来单独进行进一步考察的初始会面;第三阶段,应聘者填写职业申请表,职业申请表既可以简要地反映应聘者的基本情况,也可以要求应聘者回答一些履历表中不可能反映出来的具体问题。

2. 面试

面试通常由销售经理和部门主管负责,与应聘人员面对面地进行,但有时也会邀请其他部门的主管或上层人员参加。面试可进行一次,也可进行多次。通过面试,可以直观而综合地考察应聘者,特别是考察其思维反应的敏捷性,以及应聘者的行为、举目、交际、礼仪、修养、知识和才干等。面试时,考聘人要公正,尽量不带任何主观偏见,否则会使面试流于形式而起不到真正挑选人才的作用。

3. 测试

许多企业在选聘推销员的过程中,常常对应聘者进行智力、心理、能力、兴趣等方面的测试,测试结果可作为最终对应聘者的一项评判指标,但测试绝不是选聘推销员的唯一方式。

4. 体检

推销员的工作十分艰苦,需要长期地奔波劳碌,没有健康强壮的体格将难以胜任。因此,体检是招聘推销员的必要步骤。体检通常由企业指定的医院进行,以避免和减少出现体检不规范、不准确或作弊等现象。体检合格才能成为销售部门的推销员。

(二)推销员的培训

1. 培训的内容

推销员培训的内容包括推销技术、销售管理业务和经营知识三大部分。

(1)推销技术培训。

准顾客研究:认识购买者的类型和购买心理反映过程,掌握寻找准顾客以及进行客户管理的方法。

推销洽谈技术:进行访问如何约见,初次访问如何自我介绍,处理异议时应对的技巧和方法,以及再度访问时必须把握的原则和尺度。

产品知识:了解产品的性能、品质、成本和价格,产品生产过程和技术特性以及竞争企业和产品的状况,并据此预测准顾客异议的内容。

销售业务:如何签订合同,做出交货期的保证,提供销售服务的种类和执行商定的服务,也包括销售统计、财务管理的程序以及业务往来函电写作等。

推销计划:如何进行时间安排,提高效率,进行推销和分析推销过程。

(2)销售管理业务培训。

销售管理业务培训旨在令推销员了解企业的推销政策、销售组织、销售计划和推销员管理的制度要求,并要求推销员掌握一定的销售管理理论、预测技术和销售实绩分析方法。

(3)经营知识培训。

经营知识培训是要求推销员了解销售与其他部门的关系,了解产品研究、资金管理与分析、经营战略与决策等内容,并具备一定的市场学、经济学、管理学和社会学的基本理论知识。

2. 培训的方法

企业培训推销员的目的是为了进行有效的推销,从而增加销售额和满足顾客的需要。因此,培训方法的选择是围绕这一目的而进行的,企业可以根据自身的经营规模、财力和市场发展状况采用不同的培训方法。

(三)推销人员的监督

企业对新销售代表并不只是分配一个推销区域、给予报酬、进行训练这样简单,还要对他们进行监督。通过监督,使销售人员更好地完成工作。

(四)推销人员的评价与激励

1. 推销人员的评价

销售队伍的报告及其他报告和观察结果,为评价推销人员的工作表现提供了原始资料。推销人员评价有这样几个好处:首先,能让企业管理层制定并明确公布衡量推销员工作好坏的标准;其次,促使管理人员收集足够的推销员的资料信息;再次,通过评价来调动推销人员的积极性、主动性和创造性。对推销人员的评价主要包括绩效评定、绩效比较、素养评估及顾客满意度评价等。

2. 推销人员的激励

企业为了激发推销员的潜能,获得销售的成功,需要对推销人员进行激励。其方式有为推销员提供晋升机会、主管人员对推销员的鼓励、对推销员个别突出表现的奖励、公布推销业绩、进行销售竞赛以及对推销员不当行为的批评和惩罚等。

(五)推销员的报酬

1. 单纯薪金制

单纯薪金制是最简单的计酬方法,是指推销员按一定的工作时间(一日、一周、一月、一年)领取一定数量的报酬。这一方法的特点是以工作时间作为计酬的基础,而与实际工作的绩效没有直接的联系。其优点是简单、易行,便于管理和进行人员调配,且有利于培养推销员对企业的归属感和忠诚度,对推销员来说可获得稳定的收入。其最大的缺点是对推销员的额外贡献、突出努力视而不见,很难刺激他们开展创造性的推销活动,极易形成"大锅饭"的局面。

2. 单纯佣金制

单纯佣金制是企业根据推销员的工作效率来支付报酬的方式,一般以个人完成推销额的百分比来计算其所得收入。佣金制与薪金制显著不同,它对推销员有较强的刺激性,由于报酬与销售额直接挂钩,有利于提高推销员的积极性,也易于控制销售成本。其主要缺点是:给推销员造成很大的心理压力和不安全感,不利于培养推销人员对企业的忠诚度,在销售不景气时容易流失优秀推销人员;而且,佣金制的结果往往令推销员只注意眼前销售量,而忽视企业的长远利益,不利于企业经营战略的实施。

3. 薪金加佣金(奖金)制

薪金加佣金制是指在支付薪金的同时,附加佣金或完成一定销售额后超额销售部分的提成奖金,以刺激推销人员更好地工作。这种报酬形式试图利用薪金制与佣金制两种报酬方法的优点,同时将两者的不足降至最低。此外,其灵活程度也较高,可通过提高或降低佣金率来控制销售。使用此法时,通常底薪比单纯薪金法低,佣金也比单纯佣金法低,但两者结合后能让推销员有机会获得高于平均薪金的收入。

四、人员推销的基本策略

在人员推销活动中,一般采用以下三种策略。

(一)试探性策略

它也称为"刺激—反应"策略。这种策略是在不了解顾客的情况下,推销人员运用刺激性手段引发顾客产生购买欲望的策略。推销人员事先设计好能引起顾客兴趣、刺激顾客购买欲望的推销语言,通过渗透性交谈进行刺激,在交谈中观察顾客的反应,然后根据其反应采取相应的对策,并进一步刺激,再观察反应,以了解顾客的真实需要,诱导购买动机,引导产生购买行为。

(二)针对性策略

这是指推销人员在基本了解顾客某些情况的前提下,有针对性地对顾客进行宣传、介绍,以引起顾客的兴趣和好感,从而达到成交的目的。因推销人员常常在事前已根据顾客的有关情况设计好推销语言,这与医生对患者诊断后开处方类似,故又称为针对性策略为"配方—成交”策略。

(三)诱导性策略

这是指推销人员运用能激起顾客某种需求的说服方法,诱发引导顾客产生购买行为。这种策略是一种创造性推销策略,它对推销人员要求较高,要求推销人员能因势利导,诱发、唤起顾客的需求;并能不失时机地宣传介绍和推荐产品,以满足顾客对产品的需求。因此,从这个意义上说,诱导性策略也可以称为“诱发—满足”策略。

第三节 销售促进

销售促进是企业短时期内经常实施的一种促销方式,尤其是零售企业中,几乎所有的促销活动都是销售促进方式。这种方式既可以针对最终消费者,也可以针对中间商,还可以针对本企业的销售人员。

一、销售促进及其特点

(一)销售促进的概念

销售促进(sales promotion),又称营业推广,是批发企业运用除人员推销、广告和公共关系以外的各种短期诱因,鼓励消费者和中间商购买、经销或代理企业产品或服务的促销活动。

(二)销售促进的特点

1. 针对性强,方式灵活多样

销售促进的对象是与产品直接相关的消费者、经销商以及推销人员,通过一系列强有力的宣传推广和提供优惠条件,来调动相关人员的积极性,促成交易行为;销售促进方式可根据商品性能、顾客心理和市场情况作出及时的调整,从而具有强烈的吸引力,并引起相关人员的关注,激发他们的欲望,迅速地收到促销效果。

2. 临时性和非正规性

人员推销、广告和公共关系者是常规性的促销方式,而销售促进对顾客和推销人员则具有暂时和特殊的促进作用,多数销售促进方式是非正规性和经营性的,只能是一种补充方式。使用销售促进方式促销,往往需要与其他促销方式配合使用才能达到较好的促销效果。

3. 攻势过强,易引起顾客反感

销售促进活动伴随着各种优惠条件和强大的宣传攻势,这虽有利于企业尽快地批量推销商品,获得短期经济效益,但攻势过强,易使顾客产生逆反心理,往往会引起顾客对产品质量、价格产生怀疑,从而有损于产品和企业形象。因此,企业在开展销售促进活动时,要注意选择恰当的方式和时机。

二、销售促进的工具选择

(一)营业宣传推广

营业宣传推广从某种角度上讲类似于广告宣传,但它又是实现直接销售的有效手段。

1. 营业场所的装饰与布置

销售促进人员根据顾客的购买心理与特点,设计出使顾客赏心悦目、心情舒畅的购物环境,来吸引顾客。

2. 样品陈列及橱窗布置

样品陈列是推销商品的最好示范，能诱导消费者的购买行为；橱窗布置也是无声的商品广告，能刺激顾客的购买欲望。

3. 商品试验

商品试验是检验商品质量、消除顾客疑虑、赢得顾客偏爱的重要手段。

4. 提供咨询服务

为顾客提供信息，传播商品知识，解决顾客疑难问题，从而使顾客坚定购买信心。

(二)营业销售推广

销售促进是刺激和鼓励成交的重要手段，它包括针对消费者、针对中间商和针对销售人员的销售促进三种类型，如图 11—2 所示。

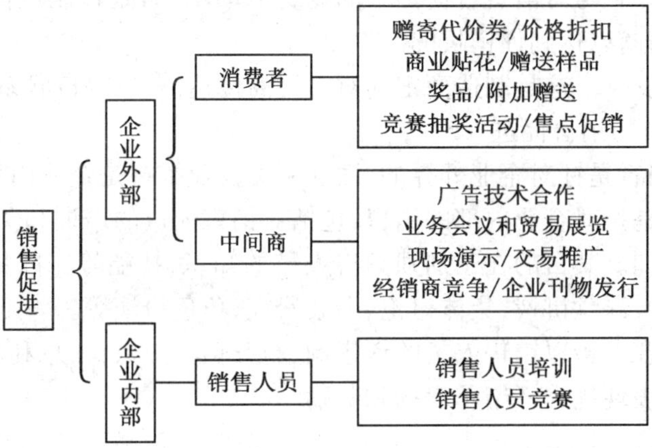

图 11—2　销售促进的类型

1. 针对消费者的销售促进

这类促销活动的对象是最终购买者，因此是最直接的促销方式，使用频率也很高。使用这种方式可以留住老顾客、吸引新顾客以及动员顾客购买新产品或更新设备，引导顾客改变购买习惯，或培养顾客对本企业的偏爱等。

(1)赠寄代价券。它是指向顾客用邮寄、在商品包装中附信息或广告等形式附赠小面额的代价券，持券人可凭借代价券在购买某种商品时得到优惠。

(2)价格折扣。它是指直接采用降价或折扣的方式招徕顾客，包括廉价包装和降价招贴。

(3)商业贴花。它是指消费者每购买单位就可以获得一张贴花，若筹集到一定数量的贴花，就可以换取这种商品或其他奖品。

(4)赠送样品。这是以实物赠送给消费者，使产品能为消费者所了解并接受的方法。

(5)奖品。它包括两种类型：一种是顾客用购买凭证(如发票)去换取奖品；另一种是在消费者购物时，将奖品与产品一起包装，交到他们手中。

(6)附加赠送。它是指按消费者购买商品金额比例附加赠送同类商品。

(7)竞赛抽奖活动。它是指通过竞赛或抽奖活动，将奖品发给优胜者，吸引消费者。

(8)售点促销，又叫 POP 广告。它是指放置于店面的广告物，例如放在架子上的小卡片、小册子，或竖在门口的大型宣传物件，或悬挂在天花板上的标语等。

2. 针对中间商的销售促进

把产品卖给消费者的是中间商，所以对于制造商而言，提高中间商的积极性，也是非常必要的。

(1)广告技术合作。它是指通过合作和协助方式,赢得中间商的好感,促使他们更好地推销企业产品。如与中间商联合做广告,提供详细的产品技术宣传资料,帮助中间商培训销售技术人员,以及帮助中间商建立有效的管理制度,协助店面装潢设计等。

(2)业务会议和贸易展览。它是指邀请中间商参加定期举办的行业年会、技术交流会、产品展销会等,以此传递产品信息,加强双向沟通。

(3)现场演示。它是指制造商安排中间商对企业产品进行特殊的现场表演或示范及提供咨询服务,表演者由制造商培训过的代表担任,他们代表制造商形象。

(4)交易推广。它是指通过折扣或赠品形式来促进中间商的合作。

(5)中间商竞赛。它与对消费者促销中的竞赛活动不同,是指制度商采用现金、实物或旅游等形式来刺激中间商以达到促销目的。

(6)企业刊物的发行。这是制造商定期对中间商传达信息、保持联系的一种有效做法。

3. 针对销售人员的销售促进

上面两大类促销者是针对企业外界的,而这一类营业销售是企业内部的促销,其目的是培养员工的意识,而不是指对企业内部的销售,包括对销售人员的培训和奖励。

(1)销售人员培训。其目的在于加强销售人员的知识、技能等。以集体培训方式来说,典型的做法有以下几种:课堂讲授、集体讨论、个案研究、角色扮演等。

(2)销售人员竞赛。指以销售人员的销售额、新开拓客户数目、总利润额等作为评比指标,开展销售竞赛,对于表现优秀者给予表扬和奖励。

三、销售促进的方案实施

(一)制定销售促进方案

销售促进工具很多,企业在具体应用时不是选择一种,而是往往仔细分析多种因素,选择多种方案,组成销售促进方案的有机组合体。

(1)刺激规模。刺激规模的大小必须结合目标市场的数量、规模及内在结构,并根据推广收入与刺激费用之间的效应关系来确定。

(2)参与者的条件。刺激物可向每个人或经过挑选的团体提供。针对顾客或经销商的具体特点,应当优选那些积极参与并易产生最佳推广效果的刺激对象。

(3)推广的持续时间。推广时间过短,会使一部分顾客来不及购买;如果持续时间过长,则失去刺激购买的某些作用,导致顾客和经销商的逆反心理。研究发现,理想的促销持续时间约为每季度使用三周时间,其时间长度约为平均购买周期的长度。

(4)分发的途径。常规途径有三种,即包装分送、商店分发和邮寄广告。企业应根据其普及面和费用合理选择。

(5)推广时机。推广时机选择好,能起到事半功倍的效果;时机选择不当,则达不到促销效果。推广时机的选择尤为重要,企业应综合分析产品的寿命周期、市场竞争态势、购买心理以及消费者收入水平等有利时机,确定销售促进方案,并付诸实施。

(6)推广总预算。这是制定推广方案应考虑的重要因素。促销预算可以通过两种方式编制:一种是从基层做起,营销人员根据所选用的各种促销办法来估计它们的总费用。促销成本是由管理成本(印刷费、邮费和促销活动费)加刺激成本(赠奖或减价成本,包括回收率)乘以在这种交易中售出的预期单位数量而组成的。另一种是按习惯比例来确定各项促销预算占总促销预算的比率。经营多品牌的企业应将其销售促进预算在不同品牌的促销预算之间进行协调,并且要考虑产品生命周期的各个阶段和竞争者促销预算的影响,以取得尽可能大的收益。虽然不是所有的销售活动都能事先计划,但是协调却可以节省费用,例如,一次邮寄多种赠券给消费者,就可以节省邮寄及其他相关费用。

(二)销售促进方案的实施

(1)预试销售促进方案。虽然销售促进方案是在经验基础上制订的,但仍应经过预试以求明确以下问题:所选工具是否恰当?刺激规模是否最佳?实施方法效果如何?面对消费者的预试可邀请消费者对几种不同方案做出评价或评分,也可在有限的地区范围内进行试用性测试等。

(2)实施和控制销售促进方案。对每一项销售促进方案应该确定其实施和控制计划,实施计划必须包括前置时间和销售延续时间。前置时间是开始实施这种方案前所必需的准备时间。销售延续时间是指从开始实施优惠办法起,到大约95%的采用此优惠办法的商品已经在消费者手里为止的时间,这取决于实施这一方案持续时间的长短。

四、销售促进的效果测定

推广效果的测定是销售促进活动的重要内容,准确测定有利于企业总结经验教训,对指导未来的销售促进具有重大意义。

(一)阶段比较法

阶段比较法是把促销前、促销中和促销后的数据进行比较,从中分析销售促进产生的效果。假设某企业在促销前有6%的市场占有率;在促销期间,上升到10%;促销结束后又跌到5%;过些时间又回升到7%,并长期地拥有7%的市场占有率。一般而言,如果销售促进活动能将竞争对手的顾客拉过来试一下较优的产品并使这些顾客永久地转换过来,那么这项促销是十分有效的。

(二)跟踪调查法

跟踪调查法即对参加推广活动的顾客或经销商的推广效果和影响,进行跟踪调查与访问。

在许多情况下,销售促进效果可能并不令人满意。通常会出现下面两种不同的情况:第一种情况,品牌占有率在促销期间上升至10%,促销后跌至2%,经过一段时间后又回升到6%。促销仅仅改变了需求的时间,并没有改变总需求。第二种情况,品牌占有率在促销时间只上升很少或没有改变,促销期一过就回落,且停留在比原来更低的水平上。这表明该品牌基本处于衰退趋势,促销只能使衰退减缓,但并不能从根本上扭转衰退趋势。

【同步案例 11-1】

常见促销工具解析——折价促销

所谓折价促销,是指通过降低商品价格,以优待顾客的方式促进销售。有人认为此种促销方式可以提高消费者对商品的关注程度,在促进销售方面极为有效。它对短期销量的提升具有立竿见影之效,因此也常是被商家运用的促销手段。当然也有一些人认为,折价促销会对商品品牌产生极大的杀伤力,会给商家的利润及长期目标造成负面影响。

两种说法无所谓对与错,这关键是个人经验不同产生的说法。让我们来看一下关于折价促销的实际运用。

案例1:

某商场在新品上市时推出一项折价促销:在促销活动期间,凡是在该商场购买商品,一律享受8折起优惠。

案例点评：

1. 直接折价最易引起消费者的注意，能有效促进他们的购买，相对于比较繁琐的促销让利更能说服消费者。消费者需要实实在在的实惠。

2. 对于一些消费者关注度不高的商品效果并不明显。

3. 由于现在科技进步了，产品同质化比较严重，促销手段雷同，促销效果主要还是依赖品牌的知名度及美誉度来拉动。如果品牌知名度及美誉度不高，哪怕你是最低的价格，消费者也同样不敢购买你的商品。

4. 折价促销还要注意时机的把握。如在销售淡季，购买者本就需求不高，相应还要承担成本问题。如果企业不能合理策划，极有可能会做得虎头蛇尾。

案例2：

凡在本专卖店选购某款商品，可以68元的优惠价购买原价148元的商品，而且另加30元便可获得会员卡一张。

案例点评：

1. 这就是一种与其他营销工具组合应用的双重促销方式，消费者除了购买时能够享受折价的优惠外，还能稍加一点费用便可获得会员卡一张。

2. 商场采取这种方式的目的，除了加大促销力度外，也可利用机会收集消费者资料，便于展开数据库营销，同时也增加了新客源。

3. 在这个促销中，由于折扣比较大，吸引了很多顾客到店消费，给人一种价格比较低廉的形象。虽然商场损失了部分利润，但拉动了其他商品的销量，挽回了绝大部分的利润损失。

案例来源：http://www.meihua.info/a/36056。

第四节　商业广告

广告是由明确的主办人通过各种付费媒体进行的各种非人员的或单方面的推销沟通形式，是企业极有说服力的促销工具。广告策略是企业在广告活动中为取得更好的效果而采取的行动方案和对策，包括广告目标、广告信息、广告媒体选择、广告设计及效果测评等内容。

一、广告的含义及作用

(一)广告的定义

“广告”二字，从中文字面上理解是“广而告之”，在西方“广告”一词则源于拉丁语(advertere)，作“诱导”、“注意”解，后演化成为英语中的advertising(广告活动)和advertisement(广告宣传品或广告物)。作为一种熟悉的事物，人人都可以对它指点评说，可是，又很难把广告的定义本质把握准确，这是广告的有趣又复杂之处。

广告指法人、公民和其他经济组织，为推销商品、服务或观念，通过各种媒介和形式向公众发布的有关信息。大众传播媒介刊播的经济信息和各种服务信息，报道商品、服务的经营者、提供者，凡收取费用或报酬的，均视为广告。

(二)广告的作用

有位大公司的总裁曾说：“人们是否喜欢广告，这并不是一个问题。广告是我们生活和现实社会中不可缺少的组成部分，他们喜欢不喜欢，都已毫无意义。”这句话道出了广告在现代经济生活中的重要性。它可以从市场、企业、消费者三个层次进行分析。

1. 从市场看，广告是传播市场商品信息的主要工具

市场的一般定义是指买卖双方相互联系、相互作用的总表现。那么，买卖双方是如何相互联系、相互作用的呢？二者的沟通是通过商品流通来实现的。商品流通由三部分组成：商品交易流通、商品货物流通和商品信息流通。信息流是开拓市场的先锋。当今世界具有传播商品信息功能的行业或渠道很多，最主要的就是广告信息渠道。

2. 从企业层看，广告是企业竞争的有力武器

广告主如何利用广告这尊大炮轰开市场之门？

第一，利用庞大的广告预算开支，多投入多产出。“没有广告就没有市场，没有广告就没有名牌”已成为企业家的共识。

第二，利用广告策划制作，吸引受众，以尽可能少的投入获取尽可能大的产出。

第三，利用广告策略，树立企业文化。

3. 从消费层看，广告可以引导消费，刺激消费，甚至创造需求

广告充实了人类的消费能力，也创造了追求较好生活水平的欲望。它为我们及家人建立了一个改善衣、食、住、行的目标，也促进了个人向上奋发的意志和更努力的生产。广告使这些极丰硕的成果同时实现。没有一种活动能有这样的神奇力量。

4. 广告还起着美化环境、教育人们的作用

广告也是一种艺术，好的广告能给人以美的享受，能美化市容，美化环境。同时，广告内容设计得当，有利于树立消费者的道德观、人生观及优良的社会风尚。

二、广告媒体的选择

(一)广告媒体的种类

1. 印刷品广告

(1)报纸广告。世界上最早的报纸是中国汉代的“邸报”，距今已有 1 800 年历史。8 世纪唐朝开元年间，长安出版的用纸张印刷的《开元杂报》比欧洲最早用纸张印刷的德国《时代报》早 800 多年。报纸广告的优势是：覆盖面宽，读者稳定，传递灵活迅速，新闻性、可读性、知识性、指导性和记录性显著，白纸黑字便于保存，可以多次传播信息，制作成本低廉等。报纸广告的局限是它以新闻为主，广告版面不可能居突出地位，广告有效时间短，日报只有一天甚至只有半天的生命力。广告的设计、制作较为简单粗糙，广告照片，图画运用极少，大多只用不同的字体编排，四周加上花线就算完事，不是“一长条”（一通栏）就是一块“豆腐干”(半通栏或三分之一通栏)，千人一面，呆板单调，广告用语也模式化。

(2)杂志广告。杂志广告是指利用杂志的封面、封底、内页、插页为媒体刊登的广告。世界上最早的杂志是德国《观察周刊》，创于 1590 年。杂志广告的优势是：阅读有效时间长，便于长期保存，内容专业性较强，有独特的、固定的读者群，如妇女杂志、体育杂志、医药保健杂志、电子杂志、汽车摩托车杂志、家用电器杂志等，有利于有的放矢地刊登相对应的商品广告。同时杂志广告也有其局限性：周期较长，不利于快速传播，由于截稿日期比报纸早，杂志广告的时间性、季节性不够鲜明。

2. 电子媒体广告

它包括电视广告、电影广告、电台广播广告、电子显示大屏幕广告、幻灯机广告、扩音机广告等。

(1)电视广告。电视广告是指利用电视为媒体传播放映的广告。电视广告可以说是所有广告媒体中的"大哥大",它起源较晚,但发展迅速。电视广告的优势很明显。它收视率高,插于精彩节目的中间,观众为了收看电视节目愿意接受广告,虽然带有强制性,但观众一般可以接受。著名广告人大卫·欧格威曾说:"如果给我1小时的时间做电视广告,我可以卖掉世界上所有的商品。"它的局限性也很明显,主要是电视广告制作成本高,电视播放收费高,而且瞬间消失,使企业通过电视做广告的费用很高,小型企业无力问津。

(2)广播广告。广播广告是指利用无线电或有线广播为媒体播送传导的广告。由于广播广告传收同步,听众容易收听到最快最新的商品信息,而且它每天重播频率高,速度快,空间大,广告制作费也低。广播广告的局限性是只有信息的听觉刺激,而没有视觉刺激,而据估计,人的信息来源60%以上来自视觉,而且广播广告的频段频道相对不太固定,需要经常调寻,也妨碍了商品信息的传播。

3. 户外广告

它主要包括路牌广告(或称广告牌,是户外广告的主要形式,除在铁皮、木板、铁板等耐用材料上绘制、张贴外,还包括广告柱、广告商亭、公路上的拱形广告牌等)、霓虹灯广告和灯箱广告、交通车厢广告、招贴广告(或称海报)、旗帜广告、气球广告等。

4. 邮寄广告

邮寄广告是广告主采用邮寄售货的方式,供应给消费者或用户广告中所推销的商品。它包括商品目录、商品说明书、宣传小册子、明信片、挂历广告,以及样本、通知函、征订单、订货卡、定期或不定期的业务通讯等。邮寄广告是广告媒体中最灵活的一种,也是最不稳定的一种。

5. POP广告

它是英文Point of Purchasing Advertising的缩写形式,译为售点广告,即售货点和购物场所的广告。世界各国广告业都把POP视为一切购物场所(商场、百货公司、超级市场、零售店、专卖店、专业商店等)场内场外所做广告的总和。

6. 其他广告

其他广告指除以上五种广告以外的媒体广告,如馈赠广告、赞助广告、体育广告,以及包装纸广告、购物袋广告、火柴盒广告、手提包广告等。

(二)广告媒体的选择

(1)产品因素。如果是技术性复杂的机械产品,宜用样本广告,它可以较详细地说明产品性能或用实物展示;一般消费品可用视听广告媒体。

(2)消费者媒体习惯。如针对工程技术人员的广告,应选择专业杂志为媒体,推销玩具和化妆品等最好的媒体是电视。

(3)销售范围。广告宣传的范围要和商品推销的范围一致。

(4)广告媒体的知名度和影响力。它包括发行量、信誉、频率和覆盖地区等。

(5)广告主的经济承受能力。即广告的成本费用。

三、广告的创意制作

广告创意是广告设计制作者在酝酿广告设计时的构想。广告设计制作者根据广告主的要求,在详尽的市场调查后,经过精心思考和策划,最后完成一个商品、劳务、企业形象的综合广告方案。

广告创意就其内容而言可包括两类：一是战术型广告创意，指在已定的商场上，紧紧盯着目标，将产品的品牌迅速留在顾客心中，并得到有利地位；二是战略型广告创意，指找出可能的市场，确定广告目标和对象，提出切实可行的促销活动计划。

国际广告协会对创意新颖的广告有五点要求：能体现愉快的感觉；能体现创新进步的精神；能解决某一实际问题；有明确的承诺；有潜力。

(一)广告创意设计的构思

广告创意设计的构思要突出真、简、奇、美，以攻心为上，杜绝“小和尚念经”式广告创意的构思。创意设计很艰苦。例如，1979 年可口可乐集团要求为其代理了 24 年广告业务的麦伊广告公司重新换个广告主题，该广告公司立即把派驻全球各地机构、富有创造力的主管全部召回纽约，经过反复激烈的讨论，最后才浓缩出一个主题，其创意是“喝一口，笑一笑”(Have a coke and a smile)。

(二)广告创意的媒体运用

广告创意不仅是文案设计，还包括广告宣传所使用的媒体设计。如何运用各种媒体的特点来为广告服务，同样显露创意本领。××电风扇的创意设计是利用 POP 广告媒体，把电风扇放在大商场的橱窗，旁边醒目地写着：“从××年×月×日起昼夜连续运转。请你计算一下，至今已连续运转了多少小时?”独特的构思引起了好奇心和关注。

(三)广告创意的语言艺术

语言艺术不仅包括对本国语言的运用，还包括产品的商标名称和进入国外市场的译名。可口可乐(CocaCola)打入中国市场时，拟用四个谐音的汉字来称呼这种不含酒精的西方饮料，开始选译的是“蝌蚪嚼蜡”，又是动物又是蜡烛，使其无人问津，后转用“可口可乐”，美味可口，开心快乐，从此销路大增。

四、广告效果评估

广告效果的评估就是指运用科学的方法来测评所做广告的效益。广告效益包括三方面：一是广告的经济效益，指广告促进商品或服务销售的程度和企业的产值、利税等经济指标增长的幅度；二是广告的心理效益，指消费者对所做广告的心理认同程度和购买意向、购买频率；三是广告的社会效益，指广告是否符合社会公德，是否寓教于销。

广告效果的测定方法有很多种，可按不同的标准分类。

(一)根据广告发布时间的分类

1. 预审法

它是广告制作完成以后，在媒体发布以前所进行的广告效果测定和相应分析。具体可通过模拟销售检验、消费者试用、邮寄检验、仪器检验等手段进行广告效果测定。

2. 复审法

这是广告发布以后，为了分析广告效果，调整广告策略而进行的测量广告效果的方法。具体可通过售后检验、调查检验、回忆检验等手段进行广告效果测定。

(二)根据具体操作工具的分类

可分为统计法、实验法、历史法、评分法、邮寄法、问答法、机械法、采访法、媒体组合法等许许多多的具体操作手段。

第五节 公共关系

公共关系是社会组织有目的、有计划地运用传播手段、协调公众关系、影响舆论、塑造组织形象的一种管理活动。公共关系与广告、销售促进都有传递信息的功能,但各自的侧重点不同。广告侧重于直接地对产品进行宣传,公共关系侧重于对企业形象宣传;销售促进着眼于短期利益,公共关系着眼于长远利益。公共关系在营销中的地位日益提高。

一、公共关系的内涵

(一)公共关系的概念

公共关系(public relation)也称公众关系,是指企业在从事市场营销活动中正确处理企业与社会公众的关系,以便树立企业的良好形象,从而促进产品销售的一种活动。其构成要素包括主体(企业)、客体(公众,包括企业的内、外部公众)和媒体(即负责传播的广播、电视、报纸、杂志等)。

(二)公共关系的性质

公共关系是一种社会关系,但又不同于一般的社会关系,也不同于人际关系。公共关系是树立企业形象的重要手段。

公共关系通过企业与社会各界的联系,理顺各种渠道,建立互相信赖和真诚合作的关系。公共关系以一定的利益关系为基础,决定了主客双方必须要有诚意,平等互利,并且要协调、兼顾企业利益和社会利益。如果企业只顾眼前利益,而忽视公众利益和社会长远利益,就难以形成良好的公众关系,也难以表现出企业良好的信誉和形象。企业还通过营销公关活动,协调沟通全方位的关系,对企业经营管理和市场营销起到排忧解难的润滑剂作用。

(三)公共关系的目标

公共关系的目标是为企业广结良缘,在社会公众中创造良好的企业形象和社会声誉。企业立足于自身的雄厚实力和良好的素质,展现自身的产品形象和服务形象,不断扩大市场占有率。良好的形象和声誉是企业最有生命力的表现,也是企业公关的真正目的,并最终形成企业的无形财富。企业每次的营销公关活动都应确定具体目标,运用公共关系促销手段,利用一切可能利用的方式和途径巧妙构思,经新闻媒体宣传,让社会公众了解企业及其产品,使企业在社会上享有较高的声誉、树立起良好的形象。

(四)公共关系的特征

(1)公共关系注重长期效应。公共关系的主要目标是树立企业的良好形象,创造良好的社会关系环境。要达到这个目标不是短时间内所能奏效的,因此要立足长远,坚持不懈地运用各种公共关系策略,强化消费者对企业的积极认识。

(2)公共关系注重双向沟通。公共关系工作的对象是各种社会关系,包括企业内部和外部的各种关系。要建立良好的内外部关系,就必须与公众之间进行真情传播与沟通。

(3)公共关系的传播手段不是直接宣传产品信息,而是通过积极参与各种社会活动,宣传企业的经营宗旨,扩大企业的知名度,加深社会各界对企业的了解和信任,从而达到促进销售的目的。

二、公共关系的实施

(一)确定公关目标

(1)建立知晓度。公共关系可利用媒体来讲述一些情节，以吸引人们对产品、服务、人员、组织或构思的注意力。

(2)建立可信度。公共关系可通过社论性的报道来传播信息以增加可信度。

(3)刺激销售队伍和经销商。公共关系对于刺激销售队伍和经销商的热诚非常有用。在新产品投放市场之前先以公共宣传方式披露，从而便于帮助销售队伍将产品推销给零售商。

(4)降低促销成本。公共关系的成本比直接邮寄和广告的成本要低得多，促销预算少的企业，运用公共关系反而能深入人心。

(二)选择公共题材

促销部门必须确定企业产品有何重大新闻可供报道。从新闻媒体上发表的事件来看，一般重大新闻很容易被新闻媒介刊登出来，但企业有分量的重要新闻并不多，不一定都能被采用。所以，公关人员应与新闻编辑多加强联系，加深了解，提高企业新闻的采用率。

如果企业可供报道的事件不够充分，促销部门就应该发动几起有新闻价值的事件，即想办法创造新闻。如举行周年庆典、展览会、时装表演、捐赠仪式、学术讨论会、记者招待会和邀请名人演讲等。

三、公共关系的工具选择

(一)新闻

公关人员找出一些对公司有利的新闻来宣传自己的企业或产品，以提高自身的知名度和美誉度。在利用新闻作为工具时，要求公关人员做到以下几个方面：善于发掘有利于公司、产品或人员的新闻素材；公关人员应熟悉新闻界想要何种题材；应恰当把握题材和时机，创造并发挥最高效益；公关人员必须致力于开发与新闻界的关系，并掌握多种媒体渠道。

(二)演说

演说也能起到提高公司和产品知名度的作用，是创造产品或公司通过媒体向公众报道的大好机会。公司领导人员必须圆满地答复新闻媒体提出的问题，或在行业协会上做演讲，或在交易会上讲话，以塑造公司形象。

(三)事件

公关人员在营销的过程中可以利用特殊事件来引起公众注意，借以扩大公司的影响。

(四)公益活动

借助于公益活动，一个公司很容易树立自身的形象，赢得公众对公司的好感，达到名利双收的效果。例如，宝洁公司和出版商联合举行的一次“残奥会”募捐活动。出版商邮寄了产品折扣券作为捐赠，宝洁公司也给“残奥会”捐赠了购物折扣券。

(五)出版刊物

出版刊物是代表企业形象及传递重要信息的文件，是公司与目标市场长期沟通的桥梁。现在很多单位都利用内部刊物或外部刊物来宣传自身的形象。

(六)免费电话服务

企业可开设热线服务电话或800免费服务电话，免费向人们提供咨询或服务。

（七）特别活动

特别活动主要包括新闻发布会、大型的开幕式、焰火展示、热气球升空、多媒体展示、展览会等。

【同步案例 11－2】

汽车品牌如何挽回失去的信任

原来只是一场微不足道的汽车刮擦事故，却把一个曾经的天之骄子推向了千夫所指的风口浪尖。虽然事件已过去半月有余，但引发的轩然大波还在酝酿。这个频繁制造麻烦的“金宝贝儿”，从被捧在手心，到一下子掉落在地上，其偶像形象一时成了反面教材。在媒体对他无证驾驶的口诛笔伐之下，隐身背后的北京现代也浮出了水面，成为众矢之的。谁曾想一个没有驾证的奥运冠军竟然会成为北京现代汽车的代言人？

当然孙杨并不是第一个没有驾照代言汽车品牌的明星。这些年，国内汽车企业对请明星代言不亦乐乎，其中也有不少都躺着中枪了。四年前，一汽轿车马自达品牌新车睿翼还未上市，就看上了美国“游泳宠儿”菲尔普斯，可惜的是，代言协议墨迹未干，菲尔普斯却身陷“吸毒门”。可怜的马自达睿翼被自己的代言人活生生泼了一盆脏水，出师未捷便身先死矣。此外，还有三菱帕杰罗的代言人在广州车展前夕的试驾会上撞死了人……

汽车品牌代言人频频出事，明星作为品牌的代言人在企业心目中大打折扣，对企业公关形象的传播也不甚理想。“水能载舟亦能覆舟”，代言人和品牌的关系就如同不可分离的水和舟，代言人的个人形象的好坏决定了产生的是正能量还是“副作用”。企业的公关形象和代言人的个人形象密不可分，俗话说“舍得孩子才能套得住狼”，关键是要找对一个“好孩子”，不然只是花大价钱买个“坏形象”。企业选择品牌代言人也要三思而后行，甚至要对代言人的过去、现在和未来都有所拿捏，以保万无一失。

很多汽车企业舍得烧钱找明星做代言，看中的无非是他们的名气。一旦代言人出现负面新闻，企业的品牌形象也将难以幸免，严重的话还将会陷入公关危机之中。如果企业掌控不好代言人这把舵，一旦城门失火，殃及了池鱼，产生的破坏力就如同它的影响力一样巨大，这样的话，被代言的品牌也就得不偿失了。尤其是面对公关危机，急于把自己从事件中摘清，把责任一股脑儿全推到代言人身上，实为不明智之举。

无论是作为一个汽车品牌还是代言人本身，公关形象的重要性都是不言而喻的，而将两者真正紧密联系在一起的，不是利益而是责任，是对彼此的信任。品牌和代言人之间，应该有意识地关注并自觉维护彼此的公众形象，只有这样，品牌和代言人才能成为彼此的垫脚石而不是绊脚石，同时两者之间的这层公关关系才能长久地维持下去。

案例来源：http://www.meihua.info/a/59866＃comment。

四、公共关系的效果评估

由于公共关系通常与其他促销工具一起使用，测定公共关系的效果较困难。如果公共关系使用在其他促销工具行动之前，则其使用效果较容易衡量。

（一）展露度

展露度是计算宣传报道出现在媒体上的展露次数。它是衡量公共宣传效益最简单的方法，但这种衡量方法并不是十分令人满意。它不能确切知道触及信息的净人数，因为接触信息媒介物的人有重复交叉的情况存在。

(二)知名度

知名度是由公关宣传活动而引起的消费者在产品的知名度、理解、态度方面的变化(考虑了其他促销工具的影响之后)。例如,美国土豆协会获悉,同意“土豆具有丰富的维生素和矿物质”的人数由宣传前的36%上升到宣传活动结束后的67%。成功的宣传活动,使消费者对产品的理解有了较大的突破。

(三)销售额和利润贡献

美国营销协会估计公共关系的贡献可增加销售额的15%。因为,公共关系通常是与其他促销工具配合使用,具体测定方法可参照广告效果测定的方法。

案例分析

××超市感恩节促销活动方案

一、活动目的

为了提升××(超市)商城在港城的企业形象,促进港城消费以及××(超市)商城的消费额,扩大××(超市)商城在港城中的潜在人均消费水平,特制定××(超市)商城促销方案。

二、活动对象

1. 潜在消费人群
2. 盲目跟随消费人群
3. 想花小钱买好东西的人群
4. 不懂得享受的消费人群

三、活动氛围营造

1. 商城中的唱歌比较好的工作人员进行现场歌唱。
2. 商城中工作人员现场走秀表演
3. 实惠产品现场展示
4. 聘请专业街舞人士现场表演(需要资金不是太多,可考虑)

四、活动安排

1. 活动安排

(1)11月23日上午8:00播放《金蛇狂舞》等各种欢快音乐;

(2)8:20,管乐队到位,奏乐《迎宾曲》、《友谊天长地久》等歌曲;

(3)8:50,消费者到场,活动正式开始。

2. 仪式安排

(1)商城(超市)主门门口安排4～6名礼仪接待小姐;

(2)主持人介绍本次促销活动的一些实惠产品以及本次活动所展示的目的;

(3)请商城总经理致辞;

(4)请消费者参观购买商品;

(5)商城门口燃放鞭炮、礼花炮,放飞升空小气球,放音乐,管乐队奏乐。

3. 现场布置

(1)上午7:30之前全部布置到位;8:00,礼花炮、祝贺花篮、升空气球等全部到位。

(2)条幅内容以感恩节为主体内容,如:

①××超市感恩节真情回馈广大消费者!!!

②××超市感恩促销活动全面启动!!!

③××超市感恩回馈,真情奉献!!!

④×超市感恩购物送大礼!!!
⑤感恩的心感谢您——×××超市感恩特别行动!!!
(3)现场产品展示。
(4)注意事项。
①现场工作人员礼仪端正、服装整洁、工作纪律严谨,保持微笑;
②主管(店长)要不定期巡场检查,对现场突发事件工作人员所不能解决的事情给予适当的解决;
③超市内非产品销售区域,告知“我们今天做促销”,并指明本产品销售位置;收款台、出入口是必经之地,是重点告知区域。

五、活动主题

活动主题为“感恩购物送关爱,真情回馈抽大奖”。

六、活动内容

值此感恩节来临之际,××(超市)商城特举办大型“感恩购物送关爱,真情回馈抽大奖”主题活动。具体活动内容如下:

1. 活动启动时间:2010年11月23日上午9:00
(1)为消费者送祝福、送薯条、麻花等。
(2)凡本年度会员消费满5 000元以上送精美礼品一份。
(3)凡在感恩节当天购买烤鸭者,大礼送不停。
(4)我为特价狂。商场中的商品都出现特价。
(5)真情感谢顾客,感恩延续消费。

2. 活动细则
活动期间在××(超市)商城购物的消费者,凡购物累计超过198元(包括198元),(超市)商城将有精美礼品赠送。消费者持有超市收银机所开具的购买清单到××(超市)商城服务台兑换奖券。
兑换规则:以198元为基数,对应的倍数兑换对应的奖券(如:购物消费1 000元,则换取5张兑奖券)

3. 活动说明
为了保证本次活动的真实、有效,凡是参与本次活动的消费者,都必须提供真实的个人信息。

4. 抽奖安排
11月23日下午14:30进行现场大奖抽奖开奖活动。
消费者在当日下午14:20之前,将兑换的抽奖券的副券投入抽奖箱,14:30进行现场抽奖。
奖项设置:
一等奖1名:奖品价值1 000元。
二等奖2名:奖品价值500元。
三等奖5名:奖品价值300元。
四等奖10名:奖品价值100元。

5. 活动要求
①市场部于11月21日前印制“DM宣传单”5 000份,用于终端宣传。
②市场部于11月21日前制作兑奖券10 000张(可根据商城消费者人流量印刷DM单)。
③商城(超市)的工作人员在销售商品时必须向消费者开出本次活动的购买清单,以便于消费者兑换奖券。
④前台工作人员凭顾客出具的购物清单为消费者兑换奖券。
⑤前台工作人员每日下班前,对留存的购买清单进行汇总、核对,并上交财务部。
⑥财务部根据留存的购物清单进行核算汇总。
⑦本次活动结束后,财务部处理回收的兑奖券,综合营业额。
⑧其他部门配合维护现场秩序(由部门领导人负责)。

七、活动的宣传发动

1. 在××(超市)明显位置用移动展示墙告知顾客具体内容

2. 通过 DM 单发放、宣传海报张贴,确保通知到终端消费群体

3. 电视台宣传 2 天

八、活动费用预算

1. DM 宣传单 5 000 份,500 元,0.1 元/张

2. 兑奖券 10 000 张,1 000 元

3. 本次活动费用:1 500 元(不包括奖品发放、喷绘写真、电视媒体)

九、活动结束

(1)活动结束后召开××(超市)商城总结会,总结此次活动的成功之处和不足的地方以及所吸取的教训,提出改良意见,以利于下一次××(超市)商城的促销活动完满进行。

(2)对促销活动中岗位职责、培训资料、准备工作安排表、话术等做进一步修改完善,为下次活动做好经验积累,并完成对相关人员的工作效绩考评和奖罚。

案例来源:作者根据相关资料编辑、整理。

【思考问题】

以上为××超市感恩节促销活动方案,请对其促销活动内容进行评价,并提出改进的建议或对策。

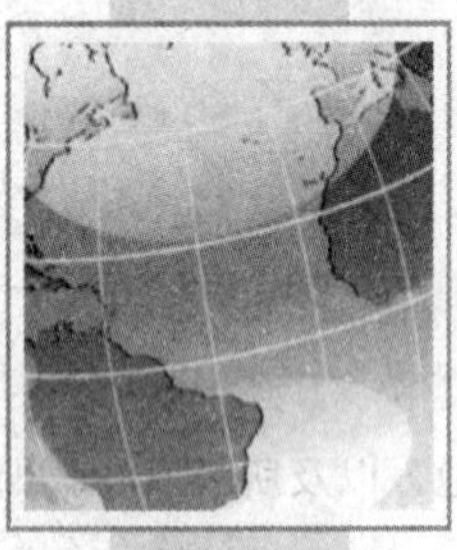

第十二章 营销管理

教学要点

营销部门的演变、市场营销部门的组织形式、市场营销部门与其他部门的关系、市场营销计划的形式和内容、市场营销计划的实施、年度计划控制、盈利能力控制、效率控制、战略控制、营销管理的实质是需求管理、需求管理的任务。

教学重点

市场营销部门的组织形式、市场营销计划的实施、年度计划控制、盈利能力控制、效率控制、战略控制、需求管理的任务。

教学难点

市场营销计划的实施、年度计划控制、盈利能力控制、效率控制、战略控制、需求管理的任务等理论和实际操作。

第一节　市场营销组织

“组织”就人而言，是指按一定的宗旨和系统建立的集体。市场营销组织是为了实现企业的目标，制订和实施市场营销计划的职能部门。本节着重讨论营销部门的演变过程、现代企业营销部门的组织形式、市场营销部门和其他部门的关系这三个问题。

一、营销部门的演变

现代企业的市场营销部门，是随着市场营销观念的发展，长期演变而形成的产物。其发展过程至少可划分为五个阶段。

（一）简单销售部门

20 世纪 30 年代以前，西方企业以生产观念作为指导思想，其内部的市场营销组织大多属于这种形式。一般来说，每个企业几乎都是从财务、生产、推销和会计四大基本职能部门发展起来的：财务部门管理资金筹措，生产部门管理产品制造，推销部门管理产品销售，会计部门管理往来账务、计算成本。此时，推销部门通常有一个副总经理，负责管理推销人员，促使他们销售更多的产品；由于推销的需要兼管若干市场调研和广告促销工作。推销部门的任务是销售生产部门生产出来的产品：生产什么就销售什么；生产多少就销售多少。产品的生产、库存管理等完全由生产部门决定；推销部门对产品的种类、规格、数量等问题，几乎没有发言权。一个简单的销售部门如图 12－1 所示。

（二）销售部门兼有营销功能

20 世纪 30 年代以后，市场竞争日趋激烈。大多数企业开始以推销观念为指导思想，需要一些经常性的市场调研、广告和其他促销活动。这时主管销售的副总经理就需要聘请一些专

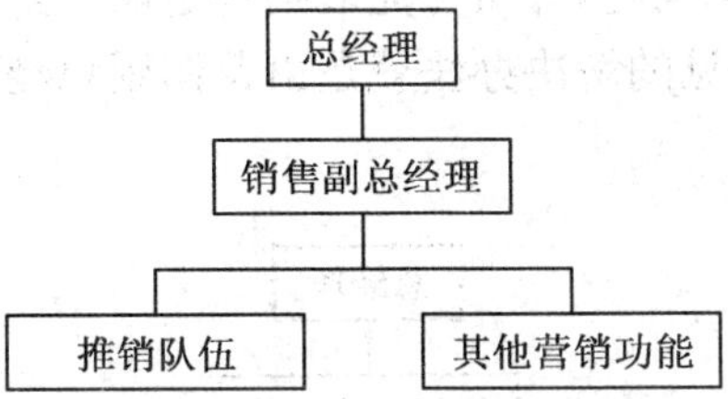

图 12—1　第一阶段

家来执行这些功能。销售副总经理除了继续领导推销队伍外，还可以聘请一名营销主任，负责对非销售功能的规划与管理，如图 12—2 所示。

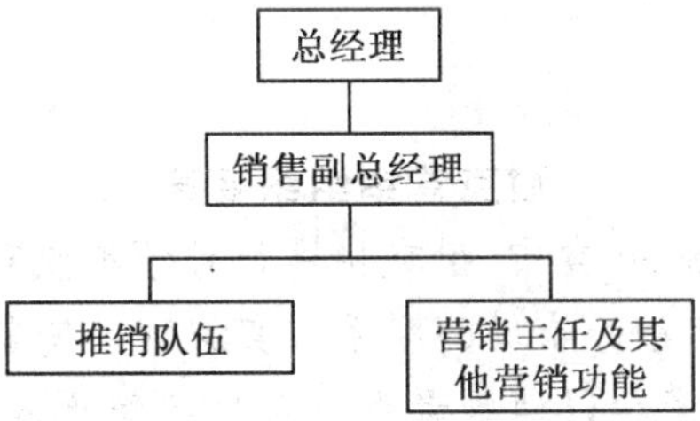

图 12—2　第二阶段

(三)独立的营销部门

随着企业业务的进一步扩大，原来作为辅助性职能的市场营销的工作，诸如市场营销调研、新产品开发、广告和销售促进、顾客服务等的重要性相对于销售来说日益增加。市场营销成为一个相对独立的职能。作为市场营销主管的市场营销副总经理，同负责推销工作的副总经理一样，直接由总经理领导；推销和市场营销成为平行的职能。在具体的工作中，两个职能及其部门之间需要密切的配合，如图 12—3 所示。

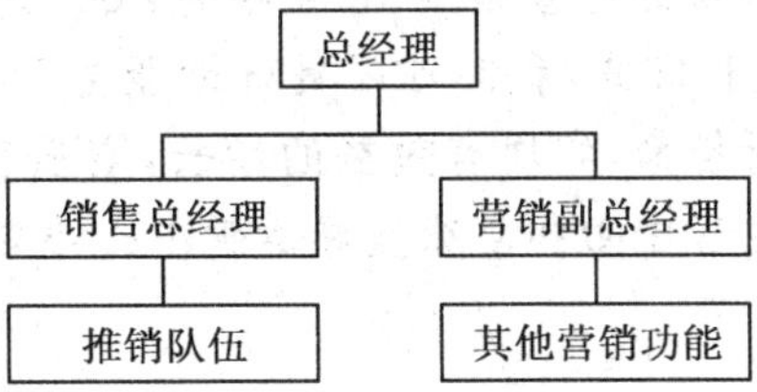

图 12—3　第三阶段

(四)现代市场营销部门

虽然销售部门和市场营销部门的工作目标应是一致的，但是这种并列的组织结构使它们之间出现了新的矛盾。销售部门往往以短期目标为导向，致力于完成当年的销售任务，因而不甘愿销售队伍在营销组合中的重要性有所降低；而营销部门一般以长期目标为导向，致力于安排能满足顾客长期需要的合适产品和营销策略，因而营销部门往往要求得到更多的预算。营销经理的任务是确定市场机会，制订营销战略和计划。销售人员的职能是执行这些计划。营销者依赖于营销调研，努力确定和了解细分市场，花费时间在计划上，从长计议；其目标是产品利润与获得市场份额。销售者则不同，依赖于实际经验，努力了解每位购买者，花费时间在面对面的推销上，从短期利益考虑问题，并努力完成销售定额。这种矛盾实际上是经营思想上销售观念和营销观念的矛盾。常见的解决办法就是由营销副总经理统一领导销售部门和营销部门，如图 12—4 所示。

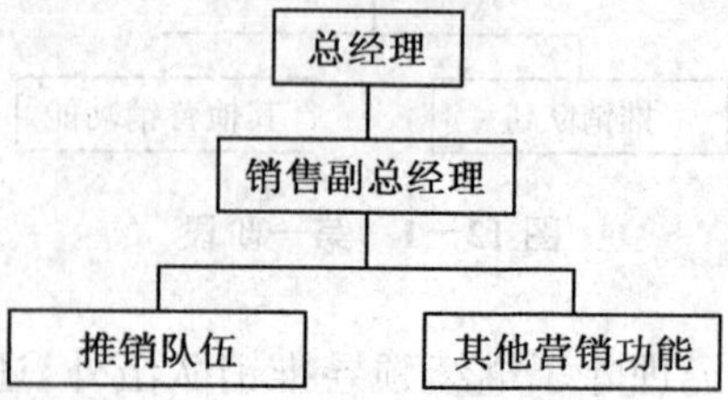

图 12—4　第四/五阶段

【同步案例 12—1】

耐克营销组织变革

耐克品牌总裁 Charlie Denson 宣布，耐克将进行营销组织和管理变革，以强化耐克品牌与新兴市场、核心产品以及消费者细分市场的联系。实施这一变革，使耐克从以品牌创新为支撑的产品驱动型商业模式逐步转变为以消费者为中心的组织形式，通过对关键细分市场的全球品类管理，实现有效益的快速增长。Charlie Denson 认为，这是一个消费者掌握权力的时代，任何一个公司都必须转向以消费者为中心。这种以消费者为中心的模式已经开始发挥作用，比如在耐克的专卖店现已经有耐克＋iPod 的销售组合，以满足追求时尚的青年消费者。

为此，耐克强化了四个地区运营中心，新设立了五个核心产品运营中心。四个地区运营中心是美国、欧洲、亚太、中东及非洲。五个核心产品运营中心是：跑步运动、足球、篮球、男士训练、女士健康。这是一个矩阵式的管理，目标是把企业的资源向关键区域、核心产品集中，从而抓住企业最大的市场机会。与传统的矩阵管理不同，关键是要实现跨地区、跨部门的协同。实际上，耐克公司已经有成功的经验，正是采用这种协同矩阵的管理方式，耐克公司组建了一支专门的队伍，将公司足球用品市场的经营额从 1994 年的4 000万美元扩大到如今的 10 多亿美元。Charlie Denson 说：通过这种方式，我们可以更好地服务于运动员，更好地加深与消费者的联系，更好地扩大我们的市场份额，实现有效益的增长，增强我们的全球竞争力。比如中国的篮球运动市场，就由亚太区运营中心和全球篮球运营中心协同开拓。

（五）现代营销企业

一个企业即使已设立了现代营销部门，也不一定就是一个按现代营销观念办事的现代营销企业。现代市场营销企业取决于企业所有的管理人员，甚至每一位员工对待市场营销职能的态度。只有所有的管理人员和每一位员工都认识到，企业一切部门和每一个人的工作都是"为顾客服务"，"市场营销"不仅是一个职能、一个部门的称谓，而且是一个企业的经营哲学，这个企业才算成了一个"以顾客为中心"的现代市场营销企业。

二、市场营销部门的组织形式

现代企业的市场营销部门有各种组织形式。所有的营销组织都必须与市场营销活动功能、地理地域、产品和顾客市场相适应。因此营销组织的基本形式有以下几种。

(一)功能型组织

这是最常见、最普通的营销部门组织形式。它由各种营销功能专家组成,他们分别对营销副总经理负责,营销副总经理负责协调他们的活动。这种组织里有五种专家:营销服务经理、广告与促销经理、销售经理、营销调研经理和新产品经理。此外,还可以根据需要增加其他专家,如顾客服务经理、营销规划经理和实体分配经理,其形式如图 12—5 所示。

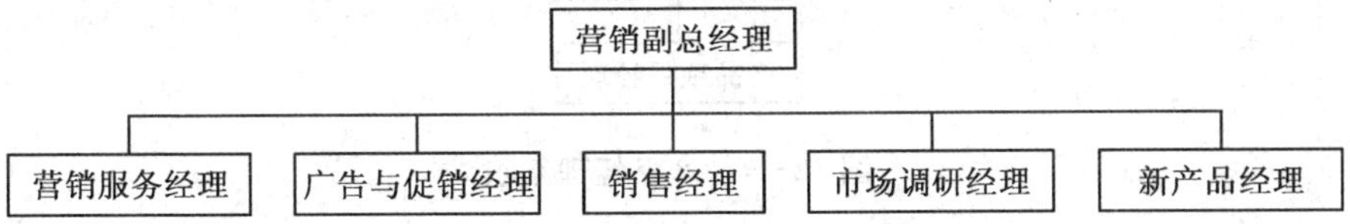

图 12—5　职能型组织

按照营销功能设置的营销组织的主要优点是管理层次少,组织协调方便,易于管理。比较适合于产品品种少或销售地区集中的企业。但随着企业产品品种的增多和市场的扩大,这种组织形式的不足之处就显露出来了。第一,由于没有人对某个产品或某个市场负完全责任,因而所制订的营销规划中可能遗漏不被职能专业人员重视的产品或市场;第二,各职能专业群体为了争取更多的预算和更重要的地位而使营销副总经理经常面临如何协调的难题。

(二)地区型组织

业务设及全国甚至更大范围的企业,可以按照地理区域安排和组织其市场销售力量。这类企业除了设置职能部门经理外,还可按照地理区域范围大小,分层次地设置地理区域性经理,层层负责,如图 12—6 所示。

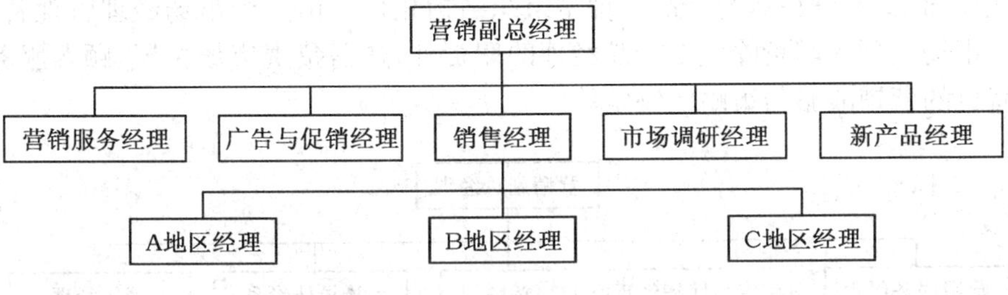

图 12—6　地区型组织

图 12—6 所示组织表示所有营销职能由营销副总经理统一领导;地区经理将掌握一切关于该地区市场环境的情报,为在该地区打开企业产品销路制订各期计划,并负责贯彻实行。随着销售地区扩大,每一地区经理下还可以分出新层次。这种组织形式的优点是构成一个分布全国的销售网络(如果企业产品的销售地区扩大到国外,则覆盖全球的销售网络的设置可以此类推),而且销售网络自上而下逐步扩大,使较高层面主管人员有更多的时间管理其直接下属,使形成的网络在管理上较为严密和有效。划分地区层次时,必须既有利于扩大产品销售又有利于企业的统一管理。

(三)产品(品牌)管理型组织

生产多种类或多品牌产品的企业通常按产品或品牌建立市场营销组织。通常在一名产品经理的领导下,按每类产品(品牌)分设一名经理,再按每种具体品种设一名经理,分层管理,如图 12—7 所示。

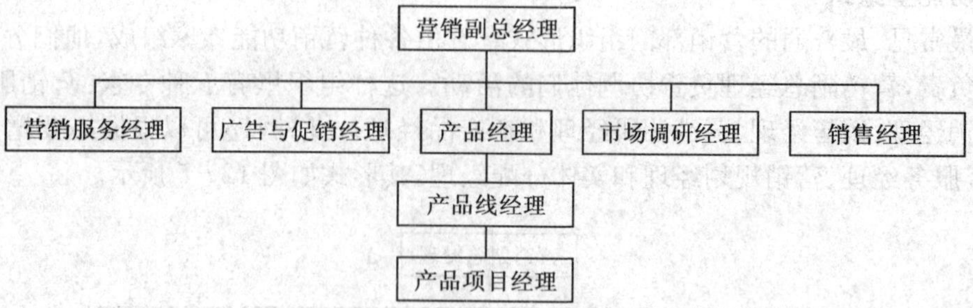

图 12—7　产品经理组织

产品经理的任务是制订产品营销计划，监督计划的实施，检查计划执行的结果，并纠正实施中的偏差。这个任务可以具体化为如下六项内容：

(1)制定产品长期的和竞争的策略；

(2)制订年度营销计划并进行销售预测；

(3)与广告代理商和商品经销商共同草拟广告文稿、广告纲要和广告活动；

(4)激励销售人员和经销商对产品产生兴趣并给予支持；

(5)收集有关产品的性能、顾客与经销商的态度以及新的问题与机会等情报；

(6)提出产品改进意见，以迎合经常变化的市场需求。

(四)市场管理型组织形式

很多企业将一条产品线出售给不同类型的市场。例如，一家钢铁公司可以将钢材出售给铁路、建筑、机械制造、家具、公用事业等多种行业的用户。这时可以采用市场管理型组织。这种组织形式如图 12—8 所示，与产品管理型组织结构相似。由一个市场经理管理若干个细分市场经理。市场经理的职责除包括产品经理的职责外，还需负责市场拓展、顾客服务、不同市场的独具特色的营销战略与策略的制定等。

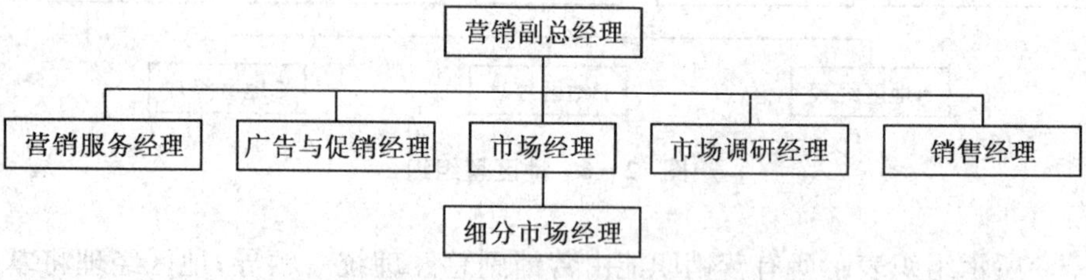

图 12—8　市场管理型组织

(五)产品/市场型组织

生产多种产品并向多个市场销售产品的企业，既不适合采用产品管理型组织形式，也不能选用市场管理型组织形式。这时，最合适的选择只能是把产品管理型和市场管理型这两种组织形式结合起来，同时设置产品经理和市场经理，形成一种矩阵组织形式，图12—9为杜邦化学公司的市场营销部门采用的矩阵组织形式。

在这一组织中，产品经理负责产品的销售利润和计划，寻找产品的更多用途；市场经理则负责开发现有和潜在的市场，着眼于市场的长期需求，而不是推销某种具体产品。这种组织主要是用于多角化经营的企业。存在的问题是费用高、矛盾多、权责界限不清。例如，销售队伍

市场经理

产品经理	市场A	市场B	市场C	市场D
产品a				
产品b				
产品c				
产品d				

图 12—9　产品/市场型组织

应该如何设置？是按产品还是按市场来组织销售队伍？等等。

第二节　市场营销计划

制订和实施市场营销计划，是市场营销组织的基本任务。市场营销计划也称品牌计划，是关于某个具体产品、品牌如何进行市场营销的安排和要求。它的重点是产品与市场，是在某个市场实现产品目标的市场营销战略的具体化。所以，市场营销计划是指导、协调市场营销活动的主要依据。

一、市场营销计划的形式和内容

市场营销计划包括几个部分。各部分的内容因具体要求不同，详细程度也不相同。

(一)提要

提要是市场营销计划的开端。这里要对主要的市场营销目标和有关建议简短地给出概述。提要是整个市场营销计划的精神所在。

市场营销计划通常需要提交上级主管部门或有关人员审核。由于主管部门不一定有充足的时间阅读全文，因此可以通过提要把计划的中心描述出来，便于主管部门迅速了解、掌握计划的要求。如果上级主管或有关人员需要仔细推敲计划，可查阅计划书中的有关部分。所以在形式上，最好在提要的后面，附列整个计划的目标；同时，在提要的有关内容中，用括号注明在计划书中的相应页码。

(二)背景或现状

这一部分提供与市场、产品、竞争、分销以及现实环境有关的背景资料：

(1)市场形势。描述市场的基本情况，包括市场规模与增长(以单位或金额计算)，分析过去几年的总量、总额，不同地区或细分市场的销售；提供消费者或用户在需求、观念及购买行为方面的动态和趋势。

(2)产品情况。过去几年中有关产品的销售、价格、利润及差额方面的资料。

(3)竞争形势。指出主要竞争者，分析他们的规模、目标、市场占有率、产品质量、市场营销战略和策略、战术，以及任何有助于了解其意图、行为的资料。

(4)分销情况。它指各条分销渠道的销售情况，各条渠道的相对重要性及其变化。不仅要说明各个经销商以及他们经营能力的变化，还要分析对他们进行激励所需的投入、费用和交易条件。

(5)宏观环境。阐述影响该产品(品牌)市场营销的宏观环境有关因素，它们的现状及未来变化的趋势。

(三)分析

通过分析现状,围绕产品找出主要的机会和威胁、优势与弱点,以及面临的问题:

(1)通过机会与威胁分析,阐述来自外部的能够左右企业未来的因素,以便考虑可以采取的行动。对所有机会和威胁,要有时间顺序,并分出轻重缓急,使更重要、更紧迫的项目能受到应有的关注。

(2)通过优势与弱点分析,说明企业资源、能力方面的基本特征。优势是企业用于开发机会、对付威胁所具备的内部因素,弱点是企业因此必须改进、完善的某些内部条件。

(3)通过问题分析,将机会与威胁、优势与弱点相结合,用来确定计划中必须强调、突出的主要方面。在这些方面进行决策,对这些问题做出决定,以此帮助企业形成有关市场营销的目标、战略和战术。

(四)目标

明确问题之后,需要做出与目标有关的选择,用以制定战略。目标包括两大方面,即财务目标和市场营销目标。例如,希望该产品获得30%的投资利润,若干纯利润或销售收入;因此,该产品的销售利润必须达到26%,市场占有率由13%提高到20%,扩大10%的销售网点,企业以及品牌的知名度由15%提高到30%等。

必须注意的是,目标不能只是概念化。应当尽量以数量表达,转化为便于衡量的指标。

(五)战略

目标可以通过多种途径实现。比如说,实现一定的利润目标,可以薄利多销,也可以厚利精销。通过分析、权衡利弊,不仅要为有关产品或品牌找出主要的市场营销战略,做出基本选择,还要对战略加以详细说明。

市场营销战略主要由三个部分组成。可以文字表述,也可列表说明:

(1)目标市场战略。阐明企业及其品牌、产品准备进入的细分市场。不同的细分市场在顾客偏好、对市场营销行为的反应、盈利潜力,以及企业能够或者愿意满足其需求的程度等方面各有特点,所以企业需要在精心选择的目标市场上,慎重地分配其市场营销资源和能力。

(2)市场营销组合战略。对选定的细分市场,分别制定包括产品、价格、分销和促销等因素在内的一体化战略。通常,在针对目标市场发展市场营销组合时,会有多种不同的方案可供选择。因此要辨明主次,从中选优。

(3)市场营销预算。阐明执行有关市场营销战略所需的、适量的费用,用途和理由。在制定战略的过程中,市场营销部门的一项重要工作是与其他有关部门、人员讨论、协商,争取理解、支持与合作。例如,采购部门、研究与开发部门以及生产部门、财务部门沟通,了解、确认他们执行计划有什么问题与困难,能否解决以及打算如何解决;哪些方面可以做得更好。由于缺乏沟通,常常使得部门之间、计划人员与操作人员之间产生矛盾,导致战略与计划不能落实,成为一纸空文。

(六)战术

战略必须具体化,形成整套的战术或具体行动。也就是说,要进一步从做什么、何时做、花费多少成本以及达到什么要求等方面,全盘考虑市场营销战略实施过程中涉及的各个因素、每个环节以及所有内容。可以把具体的战术或行动描述出来,标明日期、活动费用和责任人,使整个战术行动方案一目了然,便于执行和控制。

（七）损益预测

决定目标、战略和战术以后，可以编制一份类似损益报告的辅助预算。在预算书的收入栏列出预计的单位销售数量，平均净价；在支出栏列出分成细目的生产成本、储运成本以及各种市场营销费用。收入与支出的差额，就是预计的盈利。经上级主管同意之后，它将成为有关部门、有关环节安排和进行采购、生产、人力资源以及市场营销管理的依据。

（八）控制

这是市场营销计划的最后一部分，主要说明如何针对计划的执行过程、进度进行管理。常用的做法是把目标、预算按月或季度分开，便于上级主管及时了解各个阶段的销售实绩，掌握未能完成任务的部门、环节，分析原因，并要求作出解释和提出改进措施。

在有些市场营销计划的控制部分，还包括针对意外事件的应急计划。应急计划扼要地列举可能发生的各种不利情况、发生的概率和危害程度、应当采取的预防措施和必须准备的善后措施。制订和附列应急计划，目的是事先考虑可能出现的重大危机和可能产生的各种困难。

【同步案例 12－2】

500 强企业成功的序曲是科学的营销计划

俄罗斯的 Vist 电脑公司、中国的上海家化（Shanghai Jahwa）和菲律宾的快乐蜂食品公司（Jollibee Foods）分别在与康柏（Compaq）和百事（Pepsi）这样的大型跨国公司竞争中捍卫了自己的领地。这不得不让人佩服。成功的业绩背后是什么？需要哪些方面的工作来达成？根据公司发展的实际和具体运作手段看，市场成功的操作秘诀在于：业绩成长的序曲——如何制定科学、规范严谨、周密的公司年度市场营销计划。年度市场营销计划包括十大重点，即经营环境、年度目标、销量、销售组织、机构人员编制、地区销售系统、经销商奖励与控制、价格策略、销售工作重点步骤、服务支持行动。大凡成功的企业，都在这些方面作了科学、合理、规范、周密的计划。

二、市场营销计划的实施

在市场营销过程中，把市场营销计划转化为市场营销业绩的“中介”因素，是市场营销计划的实施。如果不能实施，再好的计划也只是“纸上谈兵”。

营销计划实施是指为实现战略目标而把市场营销计划转变为营销行动的过程。实施包括日复一日、月复一月地有效贯彻营销计划的活动。营销计划提出的问题是：什么是市场营销活动和为什么要进行营销活动，而市场营销实施问的是：谁、何时、何地以及怎样。

营销实施是一个艰巨而复杂的过程。研究表明，战略目标之所以未能实现，可能是由于战略本身有问题，也可能是由于正确的战略没有得到有效实施的问题。

（一）计划实施过程中的问题与原因

在市场营销计划的实施过程中，会出现这样、那样的问题，以至于好的市场营销战略、策略、战术并不能带来同样好的业绩。原因主要有以下几个方面。

1. 计划脱离实际

企业的营销战略和营销计划是由高级管理层制订的，实施则主要依靠基层的操作人员——管理人员和销售人员。专业计划人员和基层操作人员之间常常缺乏必要的沟通和协调，导致下列问题的出现。

（1）专业计划人员只考虑总体战略而忽视过程和实施中的细节，结果使营销计划过于笼统和流于形式。

(2)专业计划人员往往不了解实施过程中的具体问题,计划难免脱离实际。

(3)专业计划人员和基层操作人员之间缺乏必要的沟通与协调,基层操作人员不能完全理解需要他们贯彻的营销战略和营销计划内涵,致使基层操作人员在执行过程中经常遇到困难。

(4)由于计划脱离实际,导致专业计划人员与基层操作人员相互对立和不信任。

因此,不能仅仅依靠专业计划人员制订计划。基层人员可能比专业计划人员更了解实际,将他们纳入计划管理过程,更有利于市场营销计划的实施。

2. 长期目标和短期目标相矛盾

营销计划通常着眼于企业的长期目标,企业对于具体实施计划的市场营销人员,通常又是根据他们短期的工作绩效,如销售量、市场占有率或利润率等指标,进行评估和奖励。因此,市场营销人员不得不选择短期行为。例如,一家企业新产品开发之所以半途夭折,原因很可能就是市场营销人员追求眼前效益和个人奖金,将资源主要投放到现有的成熟产品中去了。要克服这种长期目标和短期目标之间的矛盾,企业必须采取适当措施设法求得两者的协调。

3. 因循守旧的惰性

一般来说,企业当前的营销活动往往是为了实现既定的战略目标。新的战略、新的计划如果不符合企业的传统和习惯,就容易受到抵制。新旧战略之间的差异越大,实施新战略中遇到的阻力可能也就越大。要想实施与旧战略截然不同的新战略,常常需要打破企业传统的组织结构和运行流程。例如,为了实施老产品开辟新市场的计划,就必须创建一个新的营销组织机构。

4. 缺乏具体明确的行动方案

有些营销战略和营销计划之所以失败,是因为管理者没有进一步确立具体明确的行动方案,缺乏一个能使企业内部各有关部门、环节协调一致企业的决策者和营销管理人员必须制订详尽的执行方案,规定和协调各部门的活动,编制详细周密的执行时间表,明确各部门经理的职责。只有这样,企业营销战略和营销计划的执行才能有保障。

(二)营销计划实施过程

成功的市场营销实施,取决于企业能否将行动方案、组织结构、决策和奖励制度、人力资源和企业文化这五大要素组合出一个能支持企业战略的、结合紧密的方案。

1. 设计行动方案

成功的实施需要一个详细的、把所有人和活动聚集到一起的行动方案。方案必须明确市场营销计划中的关键性环节、措施和任务,并将任务和责任分配到个人或小组。方案还应该包含具体的时间表,即每一项行动的确切时间。

2. 调整组织结构

在市场营销计划的实施过程中,组织结构起着决定性的作用。它把计划实施的任务分配给具体的部门和人员,规定明确的职权界限和信息沟通路线,协调企业内部的各项决策和行动。组织结构应当与计划的任务相一致,同企业自身的特点、环境相适应。也就是说,必须根据企业战略、市场营销计划的需要,适时改变、完善组织结构。一项重要的研究发现,成功的企业喜欢采用简单、灵活的结构,使他们能够迅速地适应不断变化的条件。

3. 设计决策和报酬制度

企业的决策和奖励制度,既指导计划、预算、补偿等其他活动的操作程序,也影响着市场营销的实施。例如,如果企业以短期利润成果奖励经理,他们就不会有多少积极性去实现长期市场建设目标。

4. 开发人力资源

营销计划最终是由企业内部的人员来实施的，所以人力资源的开发至关重要。这涉及人员的考核、选拔、安置、培训和激励等问题。在考核选拔管理人员时，要研究是从企业内部提拔还是从外部招聘更有利；在安置人员时，要注意将适当的工作分配给适当的人，做到人尽其才；为了激励员工的积极性，必须建立完善的工资、福利和奖惩制度。

此外，企业还必须决定行政管理人员、业务管理人员和一线人员之间的比例。

应当指出的是，不同的战略要求具有不同性格和能力的管理者。"拓展型"战略要求具有创业和冒险精神的有魄力的人员去完成；"维持型"战略要求管理人员具备组织和管理方面的才能；而"紧缩型"战略则需要寻找精打细算的管理者来执行。

有效的实施须要仔细制订人力资源计划。在企业的各个层次，都必须配备具有所需技能、动力和个人魅力的人员。

5. 建设企业文化

要想实施取得成功，企业的营销战略还必须和企业文化相适合。企业文化是指企业人员共享的价值和信仰体系，即企业的集体特性和意义。最近一项对美国最成功企业的研究发现，这些企业都围绕着强有力的、以市场为导向的任务建立了企业文化。

企业文化是指企业组织在长期经营活动中逐步形成的价值观念、行为规范、群体意识、传统习惯和作风等精神财富与企业在创造物质财富过程中文化精华的总和。企业文化作为一个系统，大体包括三个层次：一是观念文化，主要包括企业价值观、经营思想、职业道德、企业精神、传统习惯等，它是企业文化的灵魂和核心；二是制度与行为文化，即渗透在企业经营过程中的文化精华；三是物质文化，又称为外显文化，它是以企业产品和设施为载体的文化。每一个企业都有自己的文化。作为现代营销企业，其企业文化应以下面三个方面为重点：一是在观念文化方面，企业应把"为消费者服务"作为核心价值观念；二是在制度行为文化方面，企业应把营销服务文化作为重点；三是在物质文化方面，企业应把商品文化和营销环境文化作为重点。

第三节　市场营销控制

市场营销部门的工作是计划、实施和控制市场营销活动。由于在市场营销计划执行过程中会出现许多意料之外的事情，所以市场营销部门必须连续不断地监督和控制各项市场营销活动。营销控制对于保证公司高效率和高效益地运转是十分必要的。所谓市场营销控制，就是在市场营销计划的实施过程中，由市场营销管理部门对偏离市场营销计划的行为加以限制和纠正，对部门间的不协调、不平衡加以调节，使全部市场营销活动向着预定目标进行。营销控制远不是一个简单的过程。市场营销控制有以下四种主要类型：年度计划控制、盈利能力控制、效率控制和战略控制。

一、年度计划控制

所谓年度计划控制，是指企业在本年度内采取控制步骤，检查实际绩效与计划之间是否有偏差，并采取改进措施，以确保市场营销计划的实现与完成的过程。年度计划控制的目的在于，保证公司实现它在年度计划中所制定的销售、利润以及其他目标。年度计划控制的中心是目标管理，包括四个步骤。第一，管理层必须在年度计划中建立月份或者季度目标作为水准基点。第二，管理层必须监视在市场上的执行成绩。第三，管理层必须对任何严重的偏离行为的原因作出判断。第四，企业管理层必须采取改正行动，以便弥合其目标和执行实绩之间的缺口。这可能要求改变行动方案，甚至改变目标本身。

检查年度营销计划实施情况的方法主要有以下五种：销售分析、市场份额分析、市场营销费用—销售额分析、财务分析、顾客满意度追踪。

(一)销售分析

销售分析是指测量和评价实际销售额与目标销售额的关系，具体方法有以下两种。

1. 销售差异分析

这种方式用于测量不同因素对销售绩效的不同作用。例如，假设年度计划要求第一季度销售 4 000 件产品，每件为 1 元，即销售额为 4 000 元。在该季度结束时，只销售了3 000件，每件为 0.8 元，即实际销售额为 2 400 元。那么，这个季度实际销售绩效差异为1 600元，占预期销售额的 40%。这个差额中有多少是因降价造成的？有多少是因销售数量的降低而造成的？可用以下计算来回答。

由于价格下降所造成的差异＝(1－0.8)×3 000＝600(元)，占 37.5%。

由于数量下降所造成的差异＝1×(4 000－3 000)＝1 000(元)，占 62.5%。

结论：几乎有 2/3 的销售差额是由于未能实现预期的销售数量所造成。由于销售数量通常较价格容易控制，因此企业应该仔细检查没有达到预期销售量目标的原因。

2. 微观销售分析

微观销售分析也许能对上述问题作出答复。微观销售分析这种方法可以分别从产品、销售地区等有关方面来检查未能达到预期销售量的原因。假设企业在三个地区销售，其预期销售量分别是 1 500 个单位、500 单位和 2 000 单位，总数为 4 000 单位。实际销售量分别是 1 400 单位、525 单位和 1 075 单位。这样，就预期销售量而言，第一个地区只完成 93%，而第二个地区超额完成 5%，第三个地区有 46%未完成。第三个地区是造成困境的主要原因。营销副总经理可以对地区三进行检查，分析潜在原因：该地区的销售代表工作不努力有私人问题？有重要竞争者进入该地区？该地区国民生产总值下降？

(二)市场份额分析

企业的销售情况无法揭示：和竞争者相比，本公司做得如何。假设一个公司的销售额上升了，这可能是由于经济条件改善了，所有的公司都从中得到了好处；或者是由于与竞争者相比，公司的执行情况改善了。为此，必须继续分析其市场份额，即市场占有率，如果企业的市场占有率升高，则表明它比竞争者跑得快；如果下降，则说明它落后于竞争者。

营销经理必须仔细地通过产品线、顾客类型、地区或其他有关方面来分析市场份额的变动。分析的第一步是要确定运用哪种市场份额衡量标准。一般来说，有如下四种不同的衡量标准。

1. 全部市场占有率

全部市场占有率用企业的销售额占全行业销售额的百分比来表示。使用这种测量方法必须作两项决策：①决定用销售量还是销售金额来表示市场占有率。用销售量表示的市场份额的任何变化都反映了竞争企业之间在商品销售量方面的变化，而以销售金额表示的市场份额的变动则反映了销售量和价格的综合性变化。②正确认定行业的范围，即明确本行业所应包括的产品市场等。

2. 服务市场份额

这是指企业销售额占其所服务市场的总体销售额的百分比。企业所服务的市场是指所有能够并愿意购买企业产品的购买者。企业的服务市场占有率往往要大于它的总体市场占有率。一个企业能够获取100%的服务市场,但只能在市场中占有一个相对较小的份额。

3. 相对(三个最大竞争者的)市场占有率

这是指企业的销售额占三个最强大的竞争者总销售额的百分比。例如,某企业有30%的市场占有率,其最大的三个竞争者的市场占有率分别为20%、10%、10%,则该企业的相对市场占有率是30/40=75%。如果4个公司中,每个公司的市场份额都为25%,则每个公司的相对市场份额都是33%。相对市场占有率高于33%,即被认为是实力较强的公司。

4. 相对(最大竞争者的)市场占有率

这是指以企业销售额相对最大竞争者的销售额的百分比来表示。相对市场占有率超过100%,表明该企业是市场的领先者;相对市场占有率等于100%,表明企业与市场领先者不分上下;相对市场占有率的上升,表示企业已赢得了最大竞争者的部分市场。

了解企业市场占有率之后,尚需正确解释市场占有率变动的原因。企业可从产品类型、顾客类型、地区以及其他方面来考察市场占有率的变动情况。一种有效的分析市场份额变动的方法是从顾客渗透率、顾客忠诚度、顾客选择性以及价格选择性四个因素来分析。这样,全部市场占有率可用下列公式表示:

全部市场占有率=顾客渗透率×顾客忠诚度×顾客选择性×价格选择性

其中,顾客渗透率是指所有向本企业购买某产品的顾客占该产品所有顾客的百分比。顾客忠诚度是指顾客从本企业购买的产品数量与他们从其他提供同类产品的供应商处购买数量的百分比。顾客选择性是指本企业一般顾客的购买量相对于其他企业一般顾客的购买量的百分比。价格选择性是指企业平均价格同所有其他企业平均价格的百分比。

现在假设该公司以金额表示的市场占有率在这一时期下降了,全部市场占有率公式提供了四种可能的解释:公司失去了某些顾客(较低的顾客渗透率);现有顾客从该公司购买较少一部分他们所需的供应品(较低的顾客忠诚度);该公司所留下的顾客规模较小(较低的顾客选择性);该公司价格与竞争者相比已下滑(较低的价格选择性)。

(三)市场营销费用——销售额分析

年度计划控制要求保证公司在实现其销售目标时,没有过多的支出。这里要看的关键的百分比是市场营销费用与销售额的比率。它包括五种费用对销售额的比率:推销队伍与销售额之比;广告费用与销售额之比;促销费用与销售额之比;市场调查费用与销售额之比;销售管理费用与销售额之比。例如,某公司的这一比例为30%,它包括销售队伍对销售额之比为15%;广告对销售额之比为5%;促销对销售额之比为6%;营销调研对销售额之比为1%;销售管理费用对销售额之比为3%。市场营销管理人员的工作就是密切注意这些比率,以发现是否有任何比例失去控制。当一项费用对销售额比率失去控制时,必须认真查找问题的原因。

(四)财务分析

市场营销费用率应放在企业总体财务分析框架中进行分析,以决定企业如何花钱、把钱花在何处。尤其是利用财务分析来寻找提高利润的战略,而不是仅仅限于制定如何扩大销售的战略。

(五)顾客态度追踪

年度计划控制所采用的衡量标准大多是以财务分析和数量分析为特征的,即它们基本上是定量分析。定量分析虽然重要,但并不充分,因为它们没有对市场营销的发展变化进行定性分析。为此，企业需要建立一套系统来追踪其顾客、经销商以及其他市场营销系统参与者的态度。如果发现顾客对本企业和产品的态度发生了变化，企业管理者就能较早地采取行动、争取主动。企业一般主要利用以下系统来追踪顾客的态度。

1. 抱怨和建议系统

企业对顾客的书面或口头抱怨应该进行记录、分析，并作出适当的反应。对不同的抱怨应该分别归类做成卡片。较严重的和经常发生的抱怨应及早予以注意。企业只有鼓励顾客提出批评和建议，使顾客经常有机会发表意见，才有可能收集到顾客对其产品和服务反映的完整资料。

2. 固定顾客样本

有些企业建立由一定代表性的顾客组成的固定顾客样本，定期地由企业通过电话访问或邮寄问卷了解其态度。这种做法有时比抱怨和建议系统更能了解顾客态度的变化及其分布范围。

3. 顾客调查

企业可定期让一组随机顾客回答一组标准化问题的调查问卷，其中包括职员态度、服务质量等。通过对这些问卷的分析，企业可及时发现问题并予以纠正。

二、盈利能力控制

除了年度计划控制之外，企业还需要运用盈利能力控制来测定不同产品、不同销售区域、不同顾客群体、不同渠道以及不同订货规模的盈利能力。由盈利能力控制所获取的信息有助于管理人员决定各种产品或市场营销活动是扩展、减少还是取消。

在这里通过下述例子来说明营销盈利率分析的各个步骤。

例如，某自行车厂的营销经理要测算一下在不同地区销售其自行车的获利能力。该厂的销售地区主要为东北、华北和西北，其总销售收入、成本、净利润如表 12—1 所示。

表 12—1 单位：万元

销售收入	6 000
销售成本	4 000
毛利	2 000
费用：	1 500
工资	800
杂项	700
净利润	500

第一步，将费用开支分摊到各项职能上。假定费用主要发生在人员推销、广告和包装运输部门，将工资费用和杂项开支分配在三项营销活动中，如表 12—2 所示。

表 12—2 单位：万元

科目	总额	推销	广告	包装运送
工资	800	500	100	200
杂项	700	400	100	200
合计	1 500	900	200	400

第二步，再将各职能性费用按不同地区的费用支出进行分配，如表 12－3 所示。

表 12－3

单位：万元

地　区	总　额	推销费用	广告费用	包装运输费用
东北	480	200	80	200
华北	480	300	80	100
西北	540	400	40	100
合计	1 500	900	200	400

第三步，根据各地区销售额和费用支付额，编制各地区销售/支出损益表，如表 12－4 所示。直观地看统计结果，似乎应放弃西北地区，甚至还有华北地区，而集中全力于东北地区的地区营销。但这个结论也可能下得过于草率，应考虑以下问题：上述三个地区的市场潜力怎样？本企业的市场占有率及竞争对手情况怎样？三个地区市场在全国市场中的影响如何？企业对上述三个地区的市场营销策略是否适宜？

表 12－4

单位：万元

科　　目	东北地区	华北地区	西北地区
销售额	4 000	1 500	500
销售成本	2 667	1 000	333
销售毛利	1 333	500	167
费　用			
推销费	200	300	400
广告费	80	80	40
包装运输费	200	100	100
总费用	480	480	540
净利润（或损失）	853	20	－373

根据对上述问题的回答，企业可在下述对策中进行选择：(1)对西北、华北地区减少推销人员推销次数，相对增加广告次数，假定这不会对该地区销售有太大的影响。(2)减少对西北地区、华北地区访问客户的数量，有选择地向人口集中的城市和订货量较大的批发商店推销，以提高推销的成功率，降低推销费用。(3)鼓励较大额度的订单，尤其对西北、华北地区，可给予优惠的数量折扣。(4)按兵不动，此对策假定当前的市场营销策略十分适宜，西北、华北地区市场销售额正在逐渐上升，预期前景良好，而东北市场纯利虽高，但本企业产品市场占有率已很高，发展潜力不大，因此，企业进一步发展的关键在于新地区市场的开发。(5)不放弃任何一个地区，但减少各地区中效益差的局部地域。(6)暂时放弃或缩减在西北地区的营销努力，集中力量在华北地区，以取得更大的进展。

三、效率控制

假如由盈利能力分析显示出企业关于某一产品、地区或市场所得的利润很差，那么就需要为这些业绩不佳的营销实体寻找管理销售队伍、广告、销售促进及分销等活动的更有效的方法。

(一)销售队伍效率

企业各地区的销售经理都应该掌握本地区销售队伍效率的几个关键指标:①每个销售人员每天平均的销售访问次数;②每次访问平均所需的时间;③每次推销访问的平均收入;④每次推销访问的平均成本;⑤每次推销访问的招待成本;⑥每百次销售访问的订货单百分比;⑦每一期新的顾客数;⑧每一期丧失的顾客数;⑨销售队伍成本占总成本的百分比。企业可以从以上分析中发现一些非常重要的问题,例如,销售代表每天的访问次数是否太少,每次访问所花时间是否太多,是否招待花费太多,每百次访问中是否签订了足够的订单,是否增加了足够多的新顾客并且保留住原有的顾客。

(二)广告效率

虽然要衡量企业从广告支出中获得多少好处不容易,但是营销经理至少要掌握以下统计资料:①每一种媒体类型、每一种媒体工具接触1 000人所花费的广告成本;②顾客对每一种媒体工具注意、联想和阅读的百分比;③顾客对广告内容和效果的意见;④广告前后对产品态度的衡量;⑤受广告刺激而引起的访问次数。管理当局可以采取一系列步骤来改进广告效率,做好产品定位、明确广告目标、预试广告信息、利用电脑指导选择广告媒体、购买较好的媒体以及广告事后测验等工作。

(三)促销效率

为了改善销售促进的效率,企业管理部门应该对每一次销售活动及其成本和对销售的影响做记录,注意做好以下统计:①优惠销售所占的百分比;②每一元销售额中所包含的陈列成本;③赠券收回的百分比;④一次示范表演引起的询问次数。企业还应观察不同销售促进手段的效果,并使用最有效的促销手段。

(四)分销效率

分销效率主要是用来对企业存货水准、仓库位置及运输方式进行分析和改进,以达到最佳配置并寻找最佳运输方式和途径。也就是说,企业营销主管应该调查研究分销经济性。例如分销网点的市场覆盖面,销售渠道中的各级和各类成员——经销商、制造商代表、经纪人和代理商——发挥的作用和潜力,分销系统的结构、布局以及改进方案,存货控制、仓库位置和运输方式的效果等。

四、战略控制

企业的市场营销战略是指企业根据自己的市场营销目标,在特定的环境中按照总体的策划过程所拟定的可能采用的一连串行动方案。但是市场营销环境变化很快,往往会使企业制定的目标、策略、方案失去作用。因此,在企业市场营销战略实施过程中必然会出现战略控制问题。战略控制是指对整体营销效果进行全面评价,以确保企业目标、政策、战略和计划与市场营销环境相适应的过程。营销战略控制有两种工具可以利用,即营销效益等级评定和营销审计。

(一)市场营销效益等级评定

一个公司或事业部的营销效益可以从营销导向的五种主要属性的不同程度上反映出来:顾客宗旨、整体营销组织、充分的营销信息、营销战略导向和工作效率。每一种属性都能加以衡量。以上述五种属性为基础编制营销效益等级评定表(参见表12—5)。该表由部门的营销经理或其他经理填写，最后综合评定。

表 12—5　　营销效益等级评核表（每个问题选一个答案）

顾客哲学

A. 企业管理层是否认识到根据其所选市场的需要和欲望设计公司业务的重要性？
0. 企业管理层主要考虑如何把现有产品或新产品出售给任何愿意购买的人。
1. 企业管理层考虑为范围广泛的市场和服务提供同等效率的服务。
2. 企业管理层考虑为其所选市场的需要和欲望服务，这些市场都是在慎重分析市场长期成长率以及公司的潜在利润以后而选定的。

B. 企业管理层有否为不同的细分市场开发不同的产品和制订不同的营销计划？
0. 没有。
1. 做了一些工作。
2. 做得相当好。

C. 企业管理层在规划其业务活动时是不是着眼于整合营销系统观点（供应商、渠道、竞争者、顾客、环境）？
0. 不是。企业管理层只是致力于向其当前的顾客出售和提供服务。
1. 有一点。企业管理层尽管将大量的精力集中在向当前的顾客出售商品和提供服务方面，但是也从长远观点考虑了它的渠道。
2. 是的。企业管理层从整合营销系统观点出发，了解到由于系统中某个部分的变化可能给公司带来的各种威胁和机会。

整合营销组织

D. 对于各重要的营销功能是否有高层的营销整合和控制？
0. 没有。销售和其他营销功能没有高层次的整合协调，并有一些非生产性的摩擦。
1. 有一点。各个重要的营销职能部门有形式上的整合和控制，但是缺乏令人满意的合作和协调。
2. 是。各重要营销职能部门被高度有效地整合在一起。

E. 营销企业管理层是否有效地和市场研究、制造、采购、实体分配以及财务等部门的企业管理层进行合作？
0. 否。人们抱怨说，营销部门向其他部门提出的要求和需要的费用是不合理的。
1. 还可以，尽管各部门一般都倾向于维护本部门利益，他们之间的关系还是融洽的。
2. 是。各部门能有效地进行合作，并且能从全局考虑，从公司的最高利益出发来解决问题。

F. 新产品制作过程是如何组织的？
0. 这一制度未明确规定，管理不善。
1. 这一制度形式上是存在的，但是缺乏有经验的人员。
2. 这一制度结构完善，配备专业人员。

充分的营销信息

G. 最近一次研究顾客、采购影响、渠道和竞争者的营销调研是何时进行的？
0. 若干年以前。
1. 一两年前。
2. 最近。

H. 企业管理层对于不同的细分市场、顾客、地区、产品、渠道和订单的潜在销售量和利润的了解程度如何？
0. 一无所知。
1. 略有所知。
2. 了如指掌。

I. 在衡量不同营销支出的成本效益方面采取了什么措施？
0. 很少或者没有措施。
1. 有一些措施。
2. 大量措施。

战略导向

J. 正规营销计划工作的程度如何？
0. 企业管理层很少或者没有正规的营销计划工作。
1. 企业管理层制订一个年度营销计划。
2. 企业管理层制订一个详细的年度营销计划，并精心制订一个每年更新的长期计划。

K. 现有营销战略的质量如何？
0. 现有战略不明。
1. 现有战略明确，但只是代表传统战略的延续。
2. 现有战略明确，富有创新性，根据充足，合情合理。

续表

L. 有关意外事件的考虑和计划做得如何？
0. 企业管理层很少考虑或者不考虑意外事件。
1. 企业管理层尽管没有正式的意外事件应对计划，但是对于意外事件有一定的考虑。
2. 企业管理层正式辨认作重要的意外事件，制订了应对意外事件的计划。

工作效率

M. 在传播和贯彻最高管理层的营销思想方面做得如何？
0. 很差。
1. 一般。
2. 很成功。

N. 企业管理层是否有效地利用了各种营销资源？
0. 否。相对于所要完成的工作来说，营销资源是不足的。
1. 做了一些。营销资源足够，但是没有得到最充分的利用。
2. 是。营销资源充足，并且对他们进行了有效的部署。

O. 企业管理层在对眼前变化作出迅速有效的反应方面是否显示出良好的能力？
0. 否。销售和市场信息不很及时，企业管理层的反应比较迟钝。
1. 有一点。企业管理层一般可以获得现时的销售和市场信息，但是反应快慢不一。
2. 是。企业管理层建立了若干制度，用以收集最新信息，并能及时作出反应。

总得分

这一量表可按下述方式运用。对每一个问题选择一个适当的答案。然后，把各题的分数加起来，总分应该在 0～30 分之间。下列分数分别表示不同水平的营销效益：

0～5＝无	16～20＝良	6～10＝差
21～25＝很好	11～15＝普通	26～30＝优秀

(二)市场营销审计

通过利用营销效益等级评核，找出营销薄弱点的公司和事业部，应该着手进行一次更彻底的研究，即营销审计。所谓市场营销审计，是对一个企业或一个业务单位的市场营销环境、目标、策略、组织、方法、程序和业务等，进行综合的、系统的、独立的和定期的核查，其目的在于决定问题的范围和机会，提出行动计划的建议，提高企业的市场营销绩效。

1. 市场营销审计的特点

(1)全面性。市场营销审计覆盖一个企业全部主要的市场营销活动，不单单是少数有问题的活动。如果它仅仅涉及销售队伍或定价，或者是某些其他的营销活动，那么，它便是一种功能性审计。

(2)系统性。市场营销审计包括一系列有次序的诊断步骤。包括诊断组织的营销环境、内部营销制度和各种具体营销活动。然后在诊断的基础上制订调整行动计划，包括短期计划和长期计划，以提高组织的整体营销效益。

(3)独立性。市场营销审计可通过六种途径来执行：自我审计、交叉审计、上级部门审计、企业审计办公室审计、企业项目小组审计、外部审计。一般而言，最好的审计大多来自外界经验丰富的顾问，这些人通常具有必要的客观性和独立性，有许多行业经验，对本行业颇为熟悉，同时可以集中时间和注意力从事审计活动。

(4)定期性。典型的市场营销审计只是在销售衰退、销售人员士气低落，或者企业发现了其他一些问题之后才进行的。然而，恰恰是因为企业没有在处于顺境的时候就对营销运作情况开展调查，才会导致现在面临危机。定期的营销审计不仅可使遇到困难的企业找出问题所在，而且使运转正常的企业受益。

2. 营销审计的程序

营销审计的第一步是公司高级职员和营销审计人员共同拟定有关审计目标、涉及面、深度、资料来源、报告形式和审计时间安排的协议。应该精心准备一份详细的计划，包括会见何人、询问什么问题、接触的时间和地点等，这样就能使审计所花的时间和成本最小化。第二步是收集资料。营销审计的基本准则是，不能仅仅靠公司经理收集情况和意见，还必须访问顾客、经销商和其他外界人士。当资料收集结束后，营销审计人员要提出发现的主要问题以及解决问题的建议。

3. 市场营销审计的内容

市场营销审计内容由检查评价企业营销形势的六个主要组成部分构成。主要审计问题见表 12－6。

表 12－6　　市场营销审计的构成内容

第一部分　市场营销环境审计

宏观环境

A. 人口环境

1. 人口环境中有哪些主要的发展变化和趋势会成为公司的机会和威胁？
2. 为适应这些发展企业采取了什么行动来对这些发展趋势作出反应？

B. 经济环境

1. 在收入、价格、储蓄、信贷方面有哪些主要发展变化会影响企业？
2. 企业采取什么行动来对这些发展趋势作出反应？

C. 自然环境

1. 对企业所需要的自然资源和能源的成本及可得性的前景如何？
2. 就企业在环境污染与资源保护中的作用而言，企业的关注重心放在什么方面？采取了什么措施？

D. 技术环境

1. 在产品生产技术和加工技术方面出现了哪些主要变化？企业在这些技术方面的地位如何？
2. 哪些主要的同类替代品可以取代该产品？

E. 政治

1. 哪些法律将影响营销战略和战术？
2. 在污染控制、就业机会均等、产品安全广告、价格控制等领域发生了哪些影响企业营销战略的事件？

F. 文化

1. 公众对企业及企业产品的态度如何？
2. 消费者生活方式和价值观的哪些变化会影响企业？

任务环境

A. 市场

1. 在市场规模、市场增长率、地理分销和盈利方面有哪些变化？
2. 有哪些主要的细分市场？

B. 顾客

1. 顾客的需求及购买过程是什么？顾客和潜在顾客如何评价企业及其竞争者的信誉、产品质量、服务、销售人员和价格？
2. 不同的细分市场是如何作出购买决策的？

C. 竞争者

1. 谁是主要的竞争者？他们的目标和战略、优势和劣势以及他们的规模和市场份额如何？
2. 有哪些趋势将影响未来的竞争和产品的替代品？

D. 分销和经销商

1. 将产品送达顾客的主要渠道有哪些？
2. 不同渠道的效率及增长潜力如何？

E. 供应商

1. 生产的主要资源供应前景如何？

续表

2. 供应商的销售模式存在哪些变化趋势？

F. 辅助机构和营销公司

1. 运输服务、仓储设施成本及可获得性的前景如何？

2. 企业的广告代理机构及市场营销调研公司的效率如何？

H. 公众

1. 对于企业而言，哪些公众代表了企业的某种特定的机会，哪些代表了问题？

2. 企业对每类公众采取了什么有效的措施？

第二部分　营销战略审计

A. 企业使命

1. 企业的使命是否用市场导向的术语阐述清楚了？

2. 企业的使命是否可行？

B. 营销目标与目的

1. 企业总目标及市场营销目标是否已阐述清楚，以便指导营销计划和执行实绩的衡量？

2. 市场营销目标与企业的竞争地位、资源与机会是否相称？

C. 策略

1. 为实现市场营销目标，管理部门是否制定了明确的市场营销策略？这个策略是否令人信服？它与产品生命周期阶段、竞争者策略及经济状况是否相称？

2. 企业是否使用了最好的细分市场的细分方法？是否有清楚的、准确的标准来评定细分市场？对每个目标市场是否进行了精确的轮廓勾画？

3. 企业是否对目标市场进行了有效的市场定位，并确定了有效的市场营销组合？资源是否恰当地分配给市场营销组合中的各个主要成分？

4. 为实现市场营销目标，是否有足够的资源预算？

第三部分　营销组织审计

A. 正式结构

1. 市场营销经理是否有足够的责任和权力来负责影响顾客满意程度的企业活动？

2. 市场营销活动是否按功能、产品、细分市场、最终用户和地区进行组织？

B. 功能效率

1. 在营销部门和销售部门之间是否保持良好的沟通和工作关系？

2. 产品管理制度是否有效工作？产品经理是否有能力规划利润？还是只能规划销售量？

3. 有无其他市场营销群体需要更多的培训、激励、监督及评价？

C. 相互关系

在营销组织部门与生产、研发、采购、财务、会计和法律等部门之间有什么应注意的问题？

第四部分　市场营销制度审计

A. 市场营销信息系统

1. 关于顾客、批发商、经销商、竞争对手、供应商和各类公众方面，市场营销信息系统是否能产生精确、充足、及时反映市场发展变化的信息？

2. 企业的决策者们是否要求进行足够的市场调研？他们是否利用调研结果？

3. 企业是否会采取最好的方法进行市场预测和销售预测？

B. 市场营销规划系统

1. 市场营销规划系统是否构思严密、使用有效？

2. 市场营销规划系统能否预测销售目标和销售定额？

3. 市场营销人员是否拥有决策支持系统？

续表

C. 营销控制系统

1. 控制程序是否足以保证年度诸目标的实现?

2. 企业管理层是否定期分析产品、市场、销售地区和分销渠道的盈利情况?

3. 是否定期检查营销成本和生产能力?

D. 新产品开发系统

1. 企业是否很好地组织了收集、形成和筛选新产品构思的工作?

2. 企业在开发一个新的产品构思前,是否进行了足够的理论研究及业务分析?

3. 企业在推出新产品前,是否进行了充分的产品和市场测试?

第五部分　市场营销效率审计

A. 盈利率分析

1. 企业不同的产品、市场、地区及分销渠道的盈利能力如何?

2. 企业是否应该进入、扩展、收缩或退出某些细分市场? 其长期的和短期的利润结果如何?

B. 成本效益分析

哪些营销活动看起来花费过多? 能否采取一些降低成本的措施?

第六部分　营销功能审计

A. 产品

1. 产品线目标是什么? 这些目标是否合理? 现有产品线是否满足这些目标?

2. 产品线应向上、向下还是上下延伸或收缩?

3. 哪些产品应该逐步淘汰? 哪些产品应该增加?

4. 买主对于本企业和竞争对手产品质量、特点、式样、品牌等方面的知识和态度如何? 产品战略的哪些方面需要进一步改进?

B. 价格

1. 价格目录、政策、策略和程序是什么? 企业在多大程度上按成本、需要、竞争情况来定价?

2. 顾客是否认为企业产品的价格与产品所提供的价值相当?

3. 管理部门对价格需求弹性、经验曲线影响以及竞争者的价格和定价政策了解多少?

4. 价格政策在多大程度上与批发商、经销商、供应商的需求及政策法规相一致?

C. 分销

1. 分销的目标和策略是什么?

2. 是否有足够的市场覆盖面和服务?

3. 分销商、经销商、厂商代表、经纪人、代理商和其他渠道的效率如何?

4. 企业是否应考虑改变自己的分销渠道?

D. 广告、销售促进和公共关系

1. 企业的广告目标是什么? 这些目标合理吗?

2. 广告上是否花费了适当的费用?

3. 广告主题和广告政策是否有效? 顾客和公众是如何看待广告的?

4. 是否合理地选择了广告媒体?

5. 企业内部是否有足够的广告工作人员?

6. 是否有足够的销售促进预算? 是否有效而充分地利用了销售促进工具,诸如样品、展示、销售竞赛等?

7. 公共关系部门的工作人员是否胜任? 是否具有创造力?

E. 销售人员

1. 销售人员的目标是什么?

2. 销售队伍的规模是否足以实现企业的目标?

续表

3. 销售人员是否按照正确的专业化原则进行组织(如按地区、市场、产品)？有无足够的(或太多的)销售经理来指导地区销售代表？
4. 销售人员的工资水平和结构是否提供充分的激励作用和奖励作用？
5. 销售人员是否显示了高水平的士气、能力和努力？
6. 确定销售定额和评价绩效的程序是否完全？
7. 企业的销售人员与竞争对手的销售人员相比有何不同？

第四节 市场需求管理

营销管理是为了实现组织目标，对旨在创造、建立和保持与目标市场之间的有益交换和联系而设计的方案所作的分析、计划、实施和控制。因此营销管理涉及需求管理，管理需求又会涉及管理顾客关系。

一、营销管理的实质是需求管理

一些人认为营销管理就是指为企业的当前产量找到足够的买主，然而这种观点太狭隘了。企业对其产品有某种理想的需求水平，但是随时都有可能出现没有需求、充分需求、不规则需求或过量需求的情况。因此营销部门必须找到解决这些不同需求状况的方法。营销管理部门不但要负责寻找和增加需求，而且还要负责改变甚至减少需求。

例如，电力公司有时很难满足用电高峰期的需求。在这种需求过旺的情况下，市场营销的任务是暂时或永久地减少需求。减少需求的目的不是破坏需求，而只是减少或转移需求。所以，营销管理部门以帮助企业达到自己目标的方式来寻找办法影响需求的水平、时机和构成。因此，营销管理实质是需求管理。

二、需求管理的任务

下面是八种典型的不同需求状况及其相应的任务。

(一)负需求

这是指绝大多数人不喜欢甚至花费一定代价也要回避某种产品，如高胆固醇食品的需求状况；素食主义者对所有肉类有负需求；有些顾客对坐飞机有畏惧心理，也产生负需求。对于负需求，营销管理的任务是“改变市场营销”，即分析市场为什么不喜欢这种产品，通过重新设计产品，降低价格和更积极促销的营销方案，改变市场的信念和态度，将负需求转变为正需求。

(二)无需求

这是指目标市场对产品毫无兴趣或漠不关心，既无正需求也无负需求的状况。对某些陌生的新产品或新的服务项目，消费者因不了解而没有需求；或者是非生活必需的装饰品、赏玩品等，消费者在没有见到它们以前是不会产生需求的。因此营销的任务是，设法引起消费者的兴趣，刺激需求，使无需求变为正需求，即实行刺激性营销。

【同步案例 12－3】

把梳子卖给和尚

有一个营销经理想考考他的手下，就给他们出了一道题，把梳子卖给和尚。

第一个人

第一个人出了门就骂:“什么狗经理,和尚都没有头发,还卖什么梳子!”然后找了个酒馆喝起了闷酒,又睡了一觉,回去告诉经理:“和尚没有头发,梳子无法卖!”经理微微一笑,心想:“和尚没有头发还需要你告诉我?”

第二个人

第二个人来到了一个寺庙,找到了和尚,对和尚说:“我想卖给你一把梳子。”和尚说:“我没用。”那人就把经理布置的任务说了一遍,说:“如果卖不出去我就会失业,您要发发慈悲啊!”于是和尚就买了1把。

第三个人

第三个人也来到了一个寺庙卖梳子,和尚说:“真的不需要。”那人在庙里转了转,问和尚:“拜佛是不是要心诚?”和尚说:“是的。”又问:“心诚是不是需要心存敬意?”和尚说:“要敬。”那人说:“您看,很多香客从很远的地方来到这里,他们十分虔诚,但是却风尘仆仆、蓬头垢面,如何对佛敬?如果庙里买些梳子给这些香客,让他们把头发梳整齐了,再把脸洗干净了,不就是对佛的尊敬吗?”和尚听后觉得有理,就买了10把。

第四个人

第四个人也来到一个寺庙卖梳子,和尚说:“真的不需要。”那人对和尚说:“如果庙里备些梳子作为礼物送给香客,既实惠又有意义,香火会更旺的。”和尚想了想,觉得有道理,就买了100把。

第五个人

第五个人也来到一个寺庙卖梳子,和尚说:“真的不需要。”那人对和尚说:“您是得道高僧,书法甚是有造诣,如果把您的字刻在梳子上,刻些“平安梳”、“积善梳”送给香客,是不是既弘扬了佛法,又弘扬了书法?”老和尚微微一笑:“善哉!”就买了1 000把梳子。

第六个人

第六个人也来到一个寺庙卖梳子,和尚说:“真的不需要。”那个人对和尚说了一番话,卖出了1万把梳子。那人说了些什么呢?他告诉和尚:“梳子是善男信女的必备之物,经常被女香客带在身上,如果大师能为梳子开光,成为她们的护身符,既能积善行善,又能保佑平安,很多香客还能为自己的亲朋好友请上一把保佑平安,这样的话,弘扬佛法,扬我寺院之名,岂不是天大善事,大师岂有不做之理?”大师双手合十:“阿弥陀佛,善哉!善哉!施主有这番美意,老衲岂能不从?”就这样,寺院买了1万把梳子,取名“积善梳”、“平安梳”,由大师亲自为香客开光,竟十分兴隆。当然,开光所捐的善款也不菲啊!

(三)潜在需求

这是指现有产品或劳务尚不能满足的、隐而不现的需求状况,如人们对无害香烟、节能汽车、癌症特效药等的需求。在潜伏需求情况下,营销管理的任务就是致力于市场营销研究和新产品开发,有效地满足这些需求。

(四)下降需求

这是指市场对一个或几个产品的需求呈下降趋势的情况。营销管理者要分析需求衰退的原因,决定能否通过开辟新的目标市场、改进产品特色,或采用更有效的促销手段来重新刺激需求,扭转其下降趋势。

(五)规则需求

这是指市场对某些产品(服务)的需求在不同季节、不同日期,甚至一天的不同钟点呈现出很大波动的状况。旅游业、宾馆、公园、交通运输、博物馆等服务需求就是不规则需求。市场营销管理的任务就是通过灵活定价、大力促销及其他刺激手段来改变需求的时间模式，努力使供应和需求在时间上协调一致。

（六）充分需求

这是指某种产品或服务的需求水平和时间与预期相一致的需求状况。这种状况不会静止不变，常常由于两种因素的影响而变化：一是消费者偏好和兴趣的改变，二是同行业者的竞争。因此，营销管理的任务是密切注视消费者偏好的变化和竞争状况，经常测量顾客满意程度，不断提高产品质量，设法保持现有的需求水平。

（七）过量需求

这是指某种产品（服务）的市场需求超过企业所能供给或愿意供给水平的需求状况。这可能是由于暂时性的缺货，也可能是由于产品长期受到欢迎所致。对此类需求，营销管理的任务是实施“低营销”，比如通过提高价格、合理分销产品、减少服务和促销手段，长期地或暂时地降低市场对某种产品或服务的需求。

（八）有害需求

这是指市场对某些有害物品或服务如烟、酒、毒品、黄色电影和书刊等的需求。此类需求对消费者、社会公众或供应者有害无益。对此类需求，营销管理的任务就是“反市场营销”，宣传其危害性，劝说消费者放弃这种爱好和需求。对烟、酒等商品，大幅度提高价格，以减少购买机会；对毒品、黄色书刊，则应杜绝生产经营，采取适当措施来消灭需求。

针对上述各种情况，营销管理者通过调研、计划、实施与控制等步骤来完成这些任务。

案例分析

失败的营销控制？

“饥饿销售法”是广本对本田雅阁的营销策划，我们不难看出本田雅阁在“细分市场、制订目标、产品定位”的战略与“营销组合”的战术上是成功的：雅阁的细分市场是国内轿车市场竞争最不充分的中高档轿车市场；雅阁的制订目标和产品定位也非常准确；垂直换代的最新款式产品和雅阁已经在国内形成良好的口碑；而比上一代直降几万元的价格更使其成为 2003 年中高档轿车的价格标杆；雅阁最早在国内推广的 4S 专卖店使其销售通路极具优势；垂直换代并大举降价的行为让媒体和消费者成为其免费的推广工具。因此，无论是从战略上还是从战术上，本田雅阁的“饥饿销售法”都是成功的营销策划。

广本针对雅阁出现的加价销售，曾多次在媒体上公开表示，绝对不允许雅阁的 4S 品牌专卖店进行加价销售，一旦发现有 4S 品牌专卖店存在加价销售现象，将对其进行严惩。而事实上，只有少数消费者按照厂家制定的销售价格买到了雅阁轿车，更多的消费者面对的是 4S 品牌专卖店有价无车的尴尬局面。与雅阁 4S 品牌专卖店无车可卖形成鲜明对比的是，在车贩子的车库里却存满了“待价而沽”、等待消费者来挨宰的雅阁轿车。根据雅阁的销售渠道，这些车贩子是拿不到雅阁轿车的。显然，雅阁的销售渠道或者说通路出现了问题，“饥饿营销法”的营销策划在执行中走样了，而更关键的是，广本的营销控制失控了，没有对营销执行过程进行很好的监控和评估，并根据评估结果采取避免加价销售的有力措施。所以，加价销售是本田雅阁失败的营销执行案例，也是失败的营销控制案例。

【思考问题】

你认为本田雅阁的加价销售是失败的营销控制案例吗？为什么？

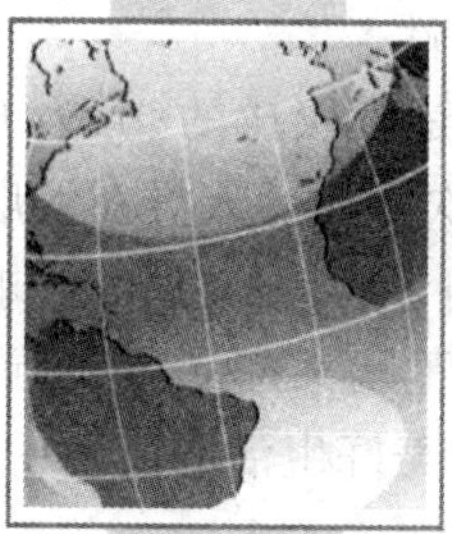

第十三章 营销新概念

教学要点

服务营销、绿色营销、关系营销、网络营销、诚信营销、营销道德。

教学重点

服务过程的管理、绿色营销的实施、关系营销的实施、网络营销的运作方式、诚信营销的实践、营销道德问题的规范。

教学难点

服务过程的管理、绿色营销的实施、关系营销的实施、网络营销的运作方式、诚信营销等理论和实际操作。

第一节 服务营销

当今世界科学技术发展非常快。企业为了自身的发展，在产品开发方面不断地推陈出新，每一项高新技术都会很快应用于生产过程中，产品质量的竞争已经到了白热化的程度。在同类产品中，消费者已经很难在产品质量方面对产品进行区别和挑选。人们现在越来越多地关注购买产品时给自己带来的各种利益，这就是服务，因此，现代企业越来越重视服务营销。

一、服务营销的起源与发展

服务营销产生于 20 世纪 60 年代。1966 年，美国的拉斯摩教授首先提出了将无形服务同有形实体产品进行区分，并以非传统的方法研究服务的市场营销问题。1974 年他的第一部论述服务市场营销的专著面世，标志着服务市场营销学的产生。从此人们开始认识服务在产品价值链上的重要地位和作用，并在不同的领域和不同的层次对服务营销进行了深入的研究与探索，取得了丰硕的成果，使服务营销成为市场营销学的主要分支之一。

最早给服务下定义的是美国市场营销学会(AMA)：服务是指用于出售或者是同产品连在一起进行出售的活动、利益或满足感。很显然，这个定义并没有反映出服务的本质特征，没有将有形产品与无形服务相区别。尽管这一定义在很长时间内被采用，但随着人们对服务本质的不断研究，并获取新的认识，学者们又从不同的角度给服务提出不同的定义。目前，被学术界普通公认的关于服务的定义是由美国学者菲利普·科特勒提出的：服务是一方能够向另一方提供的本质上无形的任何行动或利益，并且不会导致任何所有权的产生。它的产生可能与某种物质相联系，也可能毫无联系。这一定义比较全面地反映了服务的内涵与本质。

二、服务营销的特点

(一)服务产品营销的特点

服务是无形产品，它与有形产品有着明显的不同，因而，服务产品营销与有形产品营销相比，有其自身的特点，主要表现为以下几个方面：

(1)营销对象复杂。针对同样的服务产品，不同的消费者的购买动机和购买目的是不同的。因为他们可能来自不同的社会阶层，每个人的生活方式有较大的差异性。

(2)具有较大的需求弹性。马斯洛需求层次理论指出，人的需求结构是多层次的(分为五个层次)，人的需求随着社会的进步和个人生活环境的改变而不断向高层次变化。人类在低层次上的生理和安全上的需求，可以通过有形产品来满足。但是，对高层次上的精神文化的需求仅仅依靠有形产品是远远不够的，现代人在追求生活质量时，更多的是注重购买产品(无形或有形)时所获得的利益，这就是对服务的需求。社会向前发展，人们在追求美好生活的过程中，对服务的需求会不断提高。需求弹性是服务行业研究的永恒课题。

(3)营销方式的单一性。有形产品可以有经销、代销和直销等多种营销方式，无形产品则没有这些方式。服务过程是在产品的生产与消费的同一时点发生的。服务的这一特点决定了服务营销方式只能是单一的，即生产者与消费者面对面地、直接地营销方式。如顾客不与理发师直接接触，就不能享受到理发师给他带来的理发服务。服务营销方式的单一性使得服务产品的生产者不可能同时在多个市场上出售自己的产品。

(二)服务市场及其特点

服务是一种与实体产品有着本质区别的特殊商品。其特殊性表现为以下几方面：

(1)产品的无形性。这是服务产品最显著的特点。在购买有形产品之前，人们可通过自己的感官感受得到，可以用手去摸，用眼睛去看，甚至可以试用，但服务却不行，医生为病人提供的医疗服务其结果是无法预料的，当然也更不能随意去试。服务的特质及组成服务的元素往往是无形的，很难凭借触摸或肉眼去感受它的存在，甚至在许多情况下，服务后所享受的利益也很难被察觉，要等一段时间后才能感觉到利益的存在。

(2)生产与消费的同时性。生产与消费的同时性是指服务的生产过程与消费过程同时进行，二者在时间上不可分离。这一点与有形产品是截然不同的。有形产品被制造出来后，先储存，通过多重中间商分销，然后才到达消费者手中消费，其生产过程与消费过程是分离的。服务人员向顾客提供服务之时，也正是顾客消费、享用服务的过程。既然服务是一个过程或一系列活动，因而产品的生产者和消费者都必须直接参与，并发生相关的联系。若消费者不参与服务的生产过程，也就不能享受服务。从某种意义上讲，消费者实际上是服务产品的一部分，或者说是服务产品的载体。

(3)服务品质的差异性。服务品质的差异性是指服务的构成成分及其质量水平经常变化，很难界定一个统一的标准。一方面，由于服务人员自身因素(如心理状态)的影响，即使由同一服务人员所提供的服务也可能会有不同的水准；另一方面，由于顾客直接参与服务的生产与消费过程，因此顾客的自身因素(如知识水平、兴趣和爱好等)对服务的质量与效果也会产生直接的影响。

(4)服务的不可储存性。服务的不可储存性是指服务不能像有形产品那样，可以储存起来，以备未来使用，而必须是即刻生产、即刻使用，否则就会造成不可弥补的损失(如车船的空位等)。不过，这种损失不像有形产品那样明显，它仅表现为机会的丧失和折旧的发生。正是服务产品的无形性和不可储存性决定了服务产品的固定成本一般都是很小的。

(5)产品所有权的无转让性。产品所有权的无转让性是指在服务的生产和消费过程中不涉及任何东西的所有权的转移。服务在交易过程结束后便消失了，消费者所拥有的对服务消费的权利并未因服务交易的结束而产生像一般商品交换那样获得具体的有形产品。换句话讲,消费者在整个的消费服务过程中只拥有对服务产品的消费权或使用权,并未获得所有权,因为服务产品的所有权是无法转让的。例如,汽车租赁公司向某顾客提供汽车租赁服务,向顾客提供的是汽车的使用权,而不是所有权,否则它就是一家汽车销售公司了。

三、服务市场的基本范畴

服务市场是指提供劳务和服务场所及设施,不涉及或甚少涉及物质产品的交换形式。传统的服务市场主要是指旅社、照相、饮食和服务性手工业所形成的为生活提供服务的经营场所或领域。现代服务市场所涉及的行业范围比传统服务市场要宽广得多,它不仅包括了现代服务业的各行各业,还包括物质产品交换过程中的服务活动,主要有以下方面。

(1)金融服务业,如银行、保险、信托等。

(2)公用事业,如供水、供电、供气、电话、电信和交通运输等。

(3)个人服务业,如理发、美容、照相、洗染、修补、旅游、医疗保健、音乐、电影、电视、文艺和殡仪服务等。

(4)企业服务,如情报资料、技术咨询、广告业务和设备租赁等。

(5)教育慈善事业,如宗教及其他非营利性组织所提供的服务、体育、卫生、社会福利等。

(6)各种修理服务,如家用电器及各类设备的修理等。

(7)社会公共需要服务部门,如国际性组织、社会团体等。

(8)其他各种专业性或特殊性的服务行业,如专业清洁公司等。

四、我国目前的服务消费趋势

(一)服务消费在消费结构中的比例在增加

国家统计局公布资料显示,城镇居民恩格尔系数已由20世纪80年代的57%下降为2013年的35%。这表明在城市居民的平均消费支出中,物质性消费支出在下降,而精神性消费支出呈现上升的趋势。尤其是我国东部沿海地区,家庭生活基本上都达到了小康水平,在物质需求得到了充分满足后,人们更多将眼光注视在精神享受方面,追求一种高品位的美好生活。在信息传递方面,为了节省时间,更为了听到亲人的声音,电话基本上代替了书信,因而电话费用将是个人或家庭的一笔固定支出。现代的工作是以快节奏、高效率为基本特征,下班之后,再进行那些繁琐的家务劳动,会使自己的身心得不到充分的调节和休息,请上一个钟点工为自己提供家政服务已是司空见惯的事情。两天的周末是休闲、娱乐和外出旅游的黄金时间。这些都属于服务消费之列。随着人们生活水平的进一步提高,可以预见,人们需求多样化的特点更加明显,用于服务消费的比例会不断增加。

(二)服务消费领域的多元化

服务已经不仅仅局限于在购买商品过程中所享受的各种利益,也不只是停留在传统的服务业所提供的服务项目上,而是扩大到社会各个领域和个人生活的各个方面,包括社会文化教育、人际交往、政治与法律、科学技术、社会组织系统等,其中很多都是全新的领域。居民居住享受物业管理公司提供的社区服务;大学生享受公寓管理服务;各类企业则可享受人才市场和政府技术部门提供的咨询服务等。总之,生活中任何一个"不满意"都可能产生一个或多个为解决这样的"不满意"而提供的服务产品。

(三)服务消费品不断地推陈出新

与有形产品需要不断开发一样,服务产品也需要不断创新。创新的源泉来自消费者的需求。确切地讲，每一种需求都是服务产品的潜在市场。需求在变化，服务产品也应不断地推陈出新。银行卡、IC卡极大地方便顾客的现金交易行为；因特网真正满足了人们“秀才不出门，全知天下事”的意愿；电信业分时计费服务带给消费者更多的利益；无线通信的普及加快了人们信息的沟通，并促进了商务活动的开展。

（四）名牌服务意识增强

服务业发展之快，服务产品层出不穷，给人以目不暇接之感。尽管国家出台有《消费者权益保护法》等相关法规，但由于在实施过程中缺乏规范的管理，服务市场秩序还没有完全进入良性循环，欺诈性行为时有发生。产品没有说明书或者说明书内容不真实，服务没有明确标准和价格，更有甚者，强行提供高价格、低标准的服务，扰乱了服务市场的秩序，损害了消费者利益。现在人们更多地愿意到那些服务规范、信誉好的服务企业进行消费。

五、服务过程管理

服务过程管理是运用现代化的管理手段和管理技术，对服务产品的整体实行标准化和目标化的管理。

（一）服务过程的分类

围绕实体产品的生产或销售服务，一般按过程分类。

1. 售前服务

它指在商品出售前企业或商家为顾客提供的各种服务，包括以下内容：调查用户的市场需求，根据需求并结合企业自身条件设计适销对路的产品，提供品种齐全、花色多样、价廉物美的商品满足顾客的需求；选择合适的广告宣传媒体，向顾客传播商品信息，使顾客了解产品的基本性能；组织好货源，及时供应市场，满足需求；搞好商品的陈列、拆零和分装等工作，方便顾客购买；预约服务；向顾客提供必要的产品技术资料、图纸和光盘等。

2. 售中服务

它指在商品销售过程中企业或商家为顾客提供的各种服务。这其中服务的内容有很多种：分析顾客心理，了解顾客需求，提出合理的购买建议；提供优良的购物环境，为顾客提供方便购买的各种条件，缩短顾客等候购买的时间；耐心而真实地向顾客介绍产品的性能、解释各种技术问题、做好性能展示和功能实验，让顾客用得放心；包装服务；支付方式服务等。

3. 售后服务

它指在商品出售后由企业向顾客提供的各种服务。主要内容是：保修期内的“三包”服务（包退、包换和包修）；保修期外的维修与提供零配件供应的服务；提供技术指导（人员操作培训）和商品咨询服务；商品使用情况质量跟踪服务等。一般来说，商品的价值越高，技术性越强，需要提供的售后服务就越多，服务的难度系数也越大。搞好售后服务是消费者买得放心、用得舒心的基本前提。

（二）服务项目

服务项目（服务内容）视企业的条件和商品的特点而定。主要有送货服务、样品服务、调剂服务、退换服务、安装服务、修理服务、加工服务、租赁服务、咨询服务、包装服务、银行信贷服务等。不同的商品需要提供的服务项目是不相同的。一般的日常用品不需要送货服务和银行信贷服务，但需要样品服务、退换服务、加工服务或咨询服务等。例如，在商场购买的长裤，其裤长是不固定的，但商场可以根据购买者的身高和提出的要求，提供加工服务。限于篇幅原因，在此仅介绍以下三种较重要的具有代表性的服务项目。

1. 送货服务

送货服务是企业或商家把顾客所购买的商品免费送至顾客约定地点的服务。通常下列情况需要提供送货服务：①电话订购的商品；②用户急需的商品；③一次性购买量大的商品；④体积大、笨重而不方便携带的商品；⑤老弱病残等行动不便者所购买的商品等。

2. 安装服务

安装服务是指企业为用户购买的耐用消费品和机械设备提供的免费装配加工服务。这类服务主要适合于那些价格高、技术复杂的产品，如空调、防盗门等，因为这些产品一般要经过装配加工调试后才能使用。企业应根据具体情况，在销售现场或上门为顾客提供安装和调试服务。

3. 咨询服务

咨询服务是指企业为解答顾客购买和使用商品过程中遇到的疑难问题而提供的服务。主要是向顾客介绍商品的性能、原料、用途、使用方法、副作用等知识，介绍商品的产地与厂家的基本情况，讲解商品的生产技术问题、商品的鉴别方法、商品的保养与故障的简单排除方法等。通常，企业都设有咨询电话或咨询服务站。

(三)服务过程管理

这里所说的服务过程管理主要是针对实体产品销售过程中的服务而进行的管理。不同的销售方式各有其特点，因而管理方式、重点和要求不完全相同。以企业自销为例，其服务管理过程包括验收生产提供的产品、产品的储存、运输，分析用户的需求量、品种、规格及空间分布，进行售后服务等环节的管理。售前服务管理的重点是所提供产品的品种、规格、型号、质量、价格等是否适销对路，调查用户对本产品的认知程度，测试广告宣传等促销形式的沟通效果是否达到了预期目的。售中服务管理的重点是对人员、环境、促销措施、服务方式、服务项目等方面进行管理。售后服务管理的重点是对产品包修、包退、包换、送货上门、专访用户、使用指导、售后信息的整理与向生产、技术部门进行信息反馈等方面进行管理。现代化的管理手段和管理技术非常多，其中目标管理和标准化管理在现代企业管理中已经有了广泛的应用。

第二节　绿色营销

绿色营销指的是企业在充分满足消费需求、争取适度利润和发展水平的同时，注重自然生态平衡，减少环境污染，保护和节约自然资源，维护人类社会长远利益及其长久发展，将环境保护视为企业生存和发展的条件和机会的一种新型营销观念和活动。

一、绿色营销的特点

(一)营销的目标从最大限度地刺激消费转为追求可持续消费

绿色营销要求在可持续消费的前提下实施营销活动，即营销的目标应在追求充分满足消费者需求的同时，提高消费的质量，减少物质消费的数量，降低人类资源的耗费程度，使消费达到可持续增长的要求。

(二)营销服务的对象从消费者扩展到消费者和社会

在绿色营销中，企业在满足消费者需要的同时，其行为还必须符合环境保护的要求，符合社会合理、有序发展的要求。当消费者的需求与社会的需求相冲突时，企业的营销不能损害社会的利益，而应妥善处理好这一矛盾，协调好两者的关系。

(三)顾客的性质发生重大变化

传统营销仅仅把人看作是消费者,其研究的出发点是如何通过营销活动及时满足其消费需要;而绿色营销研究的是如何通过企业的营销活动满足人的物质和精神等多方面的需要,研究如何从毫无约束的消费物质资源转向保护自然资源。

(四)需要的含义大大发展

传统营销所指的需要是消费者单一的欲望或需要。而绿色营销认为,人的需要和欲望是多样性的,其中某些需要和欲望可能是相互冲突的。绿色营销追求的是满足消费者一系列可能是相互冲突的欲望或需要。

(五)对顾客满足进行重新定义

传统营销所指的满足集中于产品和服务在被消费时得到满足,而绿色营销要求达到的满足,不仅在产品被消费时,而且还包括提供产品时和产品被消费后。

(六)企业文化发生本质变化

在传统营销条件下,企业文化在本质上是竞争文化。在绿色营销概念下,企业实施绿色文化,即要求企业更多地注重人的导向、人的价值。企业应把竞争对手更多地看做伙伴,尤其是环境保护的合作伙伴。

(七)为整体营销管理增加了新的内容

整体营销管理指企业应以实现顾客满足为出发点,管理营销和整个企业。在绿色营销概念下,企业在整体营销中必须考虑绿色产品与包装、产品生产和营销过程中的污染和废弃物,考虑原料和能源的节约,考虑企业的外部环境以及供应商的环境业绩对企业的影响,并以此实施企业的整体管理。

二、绿色营销的兴起

(一)绿色需求的拉动

所谓绿色产品,狭义上是指不含任何化学添加剂的纯天然食品或天然植物制品;广义上指生产使用及处理过程中符合环保要求、对环境无害或危害极小,且有利于资源再生和回收利用的产品。

人们对绿色产品需求的增长缘于:一是回归自然、返璞归真是其中的原动力;二是由于环保意识的加强所导致的消费趋向;三是人类需求层次攀升的结果,珍惜生命、追求高质量的生活逐渐代替只求生存的消费目标;四是现代科技的快速发展和消费者购买能力的不断增强,使人类的追求与期望成为可能。

(二)受到法律环境的约束

企业在其生产经营过程中,必然会受到当地政府及有关部门的政策、法律、条例的管制和约束,特别是受到环境标志制度的影响,使得企业不得不实行绿色营销。

环境标志也称为绿色标志、生态标志,它是由政府管理部门或民间组织按严格的程序和环境标准颁发给生产者,印在产品包装上,以向消费者表明该产品或服务从研制开发到生产使用直至回收利用的整个过程均符合生态和环境保护要求。环境制度体现了一种正确的管理思想,是一种可持续发展的思维,同时也是一种有效的管理手段。

(三)绿色效益的驱使

随着人们环境保护知识了解的越来越多,消费者逐步认识到:绿色产品是一种优质的、短缺的商品。在经济条件许可的情况下,出于健康的考虑和环境保护的意识,绿色产品普遍地受到消费者的欢迎和青睐，其市场价格通常要高于一般商品的价格。

（四）提高企业形象和拓展市场的客观需要

近年来，许多国家特别是发达国家，为了保护本国市场、限制别国商品的进入，构筑起一种新型的非关税壁垒——绿色壁垒。一些国家规定，对无环境标志（即绿色标志）的产品，在进口时要在质量和价格方面予以限制，甚至拒绝进口。

三、绿色营销的实施

绿色营销的实施是一个系统工程，需要政府、企业与消费者的协同作用，也需要广泛的国际性合作。

（一）政府、企业与个人的协同

1. 政府方面

（1）政府要树立可持续发展战略观念。可持续发展战略是指社会经济发展必须同自然环境及社会环境相联系，使经济建设与资源环境相协调，使人口增长与社会生产力发展相适应，以保证实现社会良性循环的发展，据此，政府应确定环保是基本国策的战略思想；确立经济与生态协调发展的战略思想。

（2）政府要根据国情，参照国际惯例，不断完善环保法规，对现行的环保法进行修改，制定保护自然环境的法律法规。

（3）政府要制定绿色政策体系，诸如环境保护政策、绿色市场培育政策、资金及税收支持政策、土地使用政策等。

2. 企业方面

（1）企业要树立绿色营销观念。

（2）制定绿色营销战略。从全球绿色营销观念出发，协调环境、社会、企业的利益；制定出绿色营销战略。它必须既有利于自然环境良性循环发展，又有利于满足消费者的现实及未来的绿色需求，从长远看，还要考虑企业合理的“绿色盈利”。

（3）进行绿色营销策略整合，即考虑绿色消费者的需求与支付能力，从整体上设计与开发绿色产品，实施绿色产品定价、绿色产品广告宣传及绿色产品的分销。

3. 消费者方面

消费者要自觉树立环境观念及绿色消费观念，推动企业绿色营销的实施以及促进政府绿色法规的制定、完善及执行。

只有发挥政府、企业及消费者在发展绿色营销中的协调作用，才能促进我国企业绿色营销迅速、健康的发展。

（二）实行广泛的国际合作

由于自然环境的恶化是全球性的，如全球增温、臭氧层受破坏、生物种类的灭绝、水源及空气污染等，因此，需要各国政府进行广泛合作，从全球及宏观方面保证企业绿色营销的开展，具体措施包括：开展国际性合作；信息和其他资源的整合；制定国际性立法来保护全球环境；教育人们为创造一个可持续发展的环境作出贡献；利用科技来解决全球环保问题。

第三节　关系营销

关系营销，是把营销活动看成是企业与消费者、供应商、分销商、竞争者、政府机构及其他公众发生互动作用的过程，其核心是建立和发展与这些公众的良好关系。

一、关系营销的特征

(一)双向沟通

在关系营销中，沟通应该是双向而非单向的。只有通过广泛的信息交流和信息共享，才可能使企业赢得各个利益相关者的支持与合作。

(二)合作

一般而言，关系有两种基本状态，即对立和合作。只有通过合作才能实现协同，因此合作是“双赢”的基础。

(三)双赢

关系营销旨在通过合作增加关系各方的利益，而不是通过损害其中一方或多方的利益来增加其他各方的利益。

(四)亲密

关系能否得到稳定和发展，情感因素也起着重要作用。因此关系营销不只是要实现物质利益的互惠，还必须让参与各方能从关系中获得情感的需求满足。

(五)控制

关系营销要求建立专门的部门，用以跟踪顾客、分销商、供应商及营销系统中其他参与者的态度，由此了解关系的动态变化，及时采取措施消除关系中的不稳定因素和不利于各方利益共同增长因素。此外，通过有效的信息反馈，也有利于企业及时改进产品和服务，更好地满足市场的需求。

二、关系营销的实施

(一)顾客关系营销的实施

这里的顾客泛指购买和使用本企业产品和服务的个人、机构，具体包括使用本企业产品和接受本企业服务的消费者、分销商、政府、社会团体等。

1. 设立顾客关系管理机构

建立专门从事顾客关系管理机构，选派业务能力强的人担任该部门总经理，下设若干客户经理。客户经理负责一个或若干个主要客户。客户经理的职责是制订长期和年度的客户关系营销计划，制定沟通策略，定期提交报告，落实企业向客户提供的各项利益，处理可能发生的问题，维持同客户的良好业务关系。

2. 个人联系

个人联系即通过营销人员与顾客的密切交流，增进友情、强化关系。例如，有的市场营销经理经常邀请客户的主管经理参加各种娱乐活动，如滑冰、野炊、打保龄球、观赏歌舞等，双方关系逐步密切；有的营销人员记住主要顾客及其配偶、孩子的生日，并在生日当天赠送鲜花或礼品以示祝贺等。

3. 频繁营销

频繁营销规划也称为老主顾营销规划，指设计规划向经常购买或大量购买的顾客提供奖励。奖励的形式有折扣、赠送商品、奖品等。通过长期的、相互影响的、增加价值的关系，确定、保持和增加来自最佳顾客的产出。

4. 俱乐部营销规划

俱乐部营销规划指建立顾客俱乐部，吸收购买一定数量产品或支付会费的顾客成为会员。

5. 顾客化营销

顾客化营销也称为定制营销，是根据每个顾客的不同需求制造产品并开展相应的营销活动。其优越性是通过提供特色产品、优异质量和超值服务满足顾客需求，提高顾客忠诚度。

6. 数据库营销

顾客数据库指与顾客有关的各种数据资料。数据库营销指建立、维持和使用顾客数据库以进行交流和交易的过程。数据库营销是一种借助先进技术实现的"一对一"营销，可看作顾客化营销的特殊形式。数据库中的数据包括现实顾客和潜在顾客的一般信息、交易信息、促销信息、产品信息等。数据库维护是数据库营销的关键要素，企业必须经常检查数据的有效性并及时更新。

7. 退出管理

"退出"指顾客不再购买企业的产品或服务，终止与企业的业务关系。退出管理指分析顾客退出的原因，相应改进产品和服务以减少顾客退出。退出管理可参考以下步骤：

(1)测定顾客流失率。

(2)找出顾客流失的原因。按照退出的原因可将退出者分为：价格退出者、产品退出者、服务退出者、市场退出者、技术退出者、政治退出者。企业可绘制顾客流失率分布图，显示不同原因的退出比例。

(3)测算流失顾客造成的企业利润损失。流失单个顾客造成的企业利润损失等于该顾客的终身价值，即终身持续购买为企业带来的利润。流失一群顾客所造成的企业利润损失更应仔细计算。

(4)确定降低流失率所需的费用。如果这笔费用低于所损失的利润，就值得支出。

(5)采取留住顾客的措施。造成顾客退出的某些原因可能与企业无关，如顾客离开该地区等，对于由于企业或竞争者的原因而造成的顾客退出，则应引起警惕，采取相应的措施扭转局面。

(二)内部关系营销的实施

企业的内部关系是指企业组织机构内部各组成元素之间的相互关系。内部市场营销是关系营销的重要组成部分，也是传统营销所忽视的部分。

1. 重视与员工的关系

人乃企业之本，企业应切实关心员工的利益，培养员工的自豪感，增强企业的向心力和凝聚力。同时，员工是贯彻营销策略的最直接的一个环节。员工对企业、对营销策略的态度如何，直接关系到营销的成败。

(1)重视员工的利益。一方面必须关心员工的物质利益，根据企业的利润与员工的努力程度，逐步提升员工对其报酬、福利以及自我实现的满足程度。在市场经济条件下，留住人才最重要的因素是要有一个颇有竞争力的薪酬。精神激励也是一个重要的方面，也就是说，应关心、引导并充分满足员工的精神需求。

(2)重视对员工的培育。企业应该在招聘时让员工清楚地知道自己在企业中的定位，同时也明白进入企业后的发展方向。具体的做法是可以设立事业发展辅导服务中心，专为员工提供各种有关事业发展的讲座、录像带和书籍。

(3)重视与员工的沟通。企业应通过各种方式，及时让员工了解企业的经营状况，并且把员工的意见与建议迅速地反馈给相应的部门，以作为决策的依据。为了培养忠诚的员工，企业要通过对员工实行教育，使他们了解企业的使命、价值观、经营管理思想与优良传统，认识企业的文化，从而增强员工的凝聚力与向心力。企业在制定政策、制度和管理措施时，应多方面采纳意见；实施时，企业应通过收集员工委员会或员工个人的反馈意见、与辞职员工的谈话来评估这些措施。

(4)让员工参与管理。参与管理指企业方案的拟订执行，由员工与管理层共同参与。一方面，为员工提供自我表现的机会，极大激发他们的创造力；另一方面，可以及早发现企业经营管理的意见分歧与执行障碍，从而提高企业的运作效率。企业应认识到，要让员工更有效地工作，必须赋予他们相对独立、自主的权利。

2. 重视部门间的关系

一个部门和其他部门共同进行的活动很可能会影响企业的成本行为和经营差别化，从而带来竞争优势，原因是：①部门的整合可以节约成本；②相互联系可以使相关部门的信息得以共享；③提高活动的效率。

(三)竞争者关系营销的实施

在现代市场条件下，企业与竞争者对手之间的关系不应该是一方吃掉一方，而应寻求共同利益，形成相互适应、相互协调、共同发展的和谐关系。关系营销理论注重于同竞争对手建立良好关系，谋求共同发展。

1. 竞争者的关系协调

(1)公平竞争。公平竞争不仅是一个行业繁荣发展的基础，也是协调竞争者之间关系的基本规范。作为不同的利益主体，为了避免被行业淘汰，企业与竞争者之间极有可能发生激烈的冲突和严重的对抗情绪等，但这种矛盾只能通过增强自身实力来解决，通过正当的、合法的、道德的手段去参与竞争，赶超竞争对手，只有这样，自身才会获得长远的发展。

(2)互相学习。互通有无、互相支持、互相学习能提高自己的竞争实力。管理经验、营销方法、财务流程等都是学习的内容。学习方不仅包括同行业，也包括外行业。学习竞争者的经验一般是有偿的，可以把自己的顾客介绍给对方，支持或援助竞争对手的某一事业或活动等。需要注意的是，在学习的同时，应该合理控制信息流动，保护自身的竞争优势，防止对方得到我方应予以保护的关键信息。

(3)相互沟通。现代企业之间要求得长足的发展，搞自我封闭是不行的，必须要加强与竞争者之间的沟通。这种沟通可以是正式的，也可以是非正式的。例如，企业之间的互相参观学习、互访，也可以组织联谊活动，在企业的高层管理者与职员之间建立友好的私人关系。

2. 竞争中的合作关系

企业必须具有强烈的竞争意识，认清其所面临的竞争对手及竞争威胁，但同时也必须要认识到合作的必要性和合作的价值，研究不同的竞争者与本企业之间的各种关系，并努力创造条件，发展并建立与他们的各种合作关系，在竞争过程中合作。

(1)确立合作伙伴。合作的首要条件是真诚，双方要诚心相待，否则不但达不到合作的良好效果，反而削减双方的实力。双方应明确合作的原因与目的，这样在合作的过程中就能"采其长，补己短"，最终实现企业的战略目标。除此之外，在合作时对对方要有尽可能详细的了解，如对方合作的目的、对方的资金状况、对方的信用记录等。

(2)合作的类型。按照合作的主体划分，有行业竞争性合作、地缘性合作和规模经济性合作。

行业竞争性合作是指一个或两个以上同行业企业共同组建一个作业中心，担负某一功能环节，各企业共同负担成本和风险，共同分享利益。企业对行业竞争首先要有一个准确的认识，既要充分认识到同行之间存在着直接的竞争关系，也要认识到本行业在同其他行业的竞争过程中具有共同的利益。另外，同行业内部的竞争要限定在适度的范围之内，避免过度竞争。

这里的地缘性主要指"商业中心"。对于处于商业中心内的商业企业，应该采取正确的地缘性竞争战略。第一，企业要充分认识商业区域竞争的客观性和意义。第二，处于同一个商业区域内的企业，应尽量采取错位竞争的策略。第三，同一中心内的企业要共同认识本区域所处的地理位置，分析商圈的大小，认清本区域的竞争优势和特点，协调行动，通过联合行动、互补经营等形式，形成区域的特色，扩大区域的功能和营销能力。第四，树立整个区域的整体形象。

规模经济是一个重要的经济概念，对商业企业同样具有重要意义。一个商业企业是否具备必要的经济规模，往往在很大程度上影响其竞争力。为了形成必要的经济规模、求得规模效益，企业可以通过自我扩张的方式，也可以通过企业购并的资产重组方式。合作竞争还可以有其他的战略，比如规避风险性联合战略、互补性联合战略等。

(3)建立恰当的关系。由于联盟伙伴之间往往存在着既合作又竞争的双重关系，双方应对联合与合作的具体过程和结果进行谨慎细心的谈判，摒弃偏见，求大同，存小异，增强信任。

3. 合作中的竞争关系

合作关系是竞争者关系的重要组成部分，可以充分利用对方的优势弥补自己的短处，推动竞争双方的发展。但企业在合作过程中应意识到，合作并非全部，合作中仍要加强自身的竞争实力。

(1)在合作过程中，企业要清醒地认识所面临的竞争环境，认清所面对的各种不同的竞争力量以及自身的竞争实力，合作中不失自主性。

(2)在合作过程中，一方面对于协议所要求的内容要诚心的合作，另一方面要合理控制信息流动，保护自身的竞争优势，防止对方得到我方应予以保护的关键信息，做出有损我方的行为。

(3)多数的联盟协议规定，参与联盟的企业不得与联盟涉及的领域发生直接竞争，因此在签署这个协议时务必谨慎从事，因为双方企业的战略地位在将来可能会发生巨大变化，与联盟发生冲突是双方所不愿看见的。联盟双方所拥有的技术应当进行适当保护，否则，就有可能被其中一方用于私自目的，甚至于被用来与主要竞争对手成立另一个联盟。

(四)供应商关系营销的实施

供应商是指那些向企业提供各类产品以供企业进行生产或者销售活动的各经济单位。供应商关系营销就是要在精心挑选供应商的基础上，与供应商建立长期紧密合作和互惠互利的关系，在产品开发、产品质量、制造、后勤、营销等方面进行全面的沟通与合作。

1. 建立供应商关系

重点是如何物色供应商，企业可重点考察供应商的技术实力、生产规模、管理水平、人才优势、商业信誉、质量保证、价格让渡及企业文化，同时还要分析供应商在其所在的行业中的竞争地位、市场占有率、发展战略等，并根据自己对原料或配件需求的特点来选择优秀的供应商。对同一类产品的供应商选择在数量上要合适。

2. 维持供应商关系

企业应有计划、有组织地制定和推行供应商关系政策，并详细确立与政策一致的供应商关系目标和计划方案，从内部开始做出改善供应商的努力。企业必须与供应商进行有效的双向沟通，相互交流，促进了解。可采取的方法有个别交流、互访活动、定期或不定期召开供应商会议等。

3. 与供应商共同发展

在正常情况下，企业能够从供应商那里获得较多好处，但要考虑到在非正常情况下的问题，如过度的价格竞争、行业结构的改变等，供应商处在逆境之时，企业要尽可能给供应商以支持，如资金支持、技术援助等，帮助供应商渡过难关。

(五)影响者关系营销的实施

企业的影响者包括政府、企业所在地的社区及新闻媒体、公共事业等其他的一些公众团体，他们对企业的生存和发展有着重要的影响。

1. 实行公司形象识别战略，塑造企业形象

公司形象识别战略是通过对企业的精神特征、行为表现、外部标识等，组成整体形象的诸多因素的具体设计，把企业的整体形象推向社会，并努力使公众认识、认可企业的整体形象。

2. 积极与政府部门沟通

首先，企业要了解各级政府部门机构设置，各部门机构的权力、职能、工作范围和运作程序，对企业业务主管部门的情况进行重点了解和掌握，并与政府主管部门及其人员建立和保持良好的关系；其次，要及时了解国家的方针政策、法律法规，分析政策的变动原因和趋势，向企业提供领导有用的决策资料。同时，企业应积极参与政府管理部门的各项活动，听取政府对企业的评价和看法。并积极主动地向有关部门汇报，提出建设性意见，协助政府及时调整在政策制定和实行过程中的问题，达到相互了解、互相支持。

3. 做一个为社区公众所接受、爱戴的“好公民”

社区是否接受企业，取决于企业是否给社区带来利益和企业与社区公众关系的和谐程度。因此，企业应了解社区的政治、经济、文化各方面的情况，与社区团体建立和保持良好的关系，主动向社区公众通报企业的情况，并表达向社区的发展做出贡献的良好愿望。同时，要将这良好的愿望付诸行动，如维护和美化社区的环境，安置下岗工人就业，资助失学儿童，资助教育、文化、福利、体育等公益事业，维护社会治安，通过企业带动社区经济的发展。

【同步案例 13-1】

乔·吉拉德是美国历史上的汽车推销大王，他把成交看作是推销的开始。他在与客户成交之后，并不是把他们置于脑后，而是继续关心他们，并恰当地表示出来。他每月要给自己的1万多名客户每人寄去一张贺卡。一月份祝贺新年，二月份纪念华盛顿诞辰日，三月份祝贺圣帕特里克日……凡是在他那里买过汽车的人都会收到他的贺卡。正因为他没有忘记自己的客户，客户才不会忘记他。

乔·吉拉德在销售过程中总结出了著名的“250定律”。他认为在每位客户的背后，都大约站着250个人，这是与他关系比较亲近的人：同事、邻居、亲戚、朋友。如果一位推销员在年初的一个星期里见到50个人，其中只要有2个客户对他的态度感到不愉快，到了年底，由于连锁效应就可能有5 000个人不愿意和这位推销员打交道。因此，在销售过程中不能得罪任何一个客户，得罪一个客户就等于得罪了250个客户。反过来讲，如果你赢得了一个客户的口碑，就等于赢得了250个客户。

第四节　网络营销

网络营销作为一种新型营销方式，它在实现企业最终目的——通过满足消费者需求进而

满足企业自身的需求(即获得利润)上——与传统的营销并无二致。所不同的是,在网络营销中,营销者可充分运用十分发达、畅通的通信网络技术为企业的营销目标服务,国际互联网和商业在线服务成为强有力的营销工具。

一、网络营销的概念与特征

网络营销是指企业为实现营销目标,借助通信、网络和数字交互式媒体开展营销活动的营销方式。

(一)市场全球化

互联网在全球范围内的迅速崛起给企业带来新的商机,使企业商业活动向着区域化、全国化、国际化、全球化发展,使企业面临着一个更广阔、更具有选择性的全球市场。

(二)产品个性化

传统的营销产品是用规模生产而满足顾客的一般需求,顾客的个别需求却往往得不到满足。网络营销能够对顾客的个别需求做出一对一的反应,生产出富有个性的产品以满足顾客的个别需求。

(三)价格公开化

顾客可通过网络对所需的商品进行更大范围的比较和选择,这样将大大提高价格的透明度,使价格竞争更加剧烈。

(四)渠道直接化

由于厂商通过网络直接与顾客进行联系,商品可直接从厂商到顾客手中,大大缩短了商品流通过程,使销售渠道更加直接化,加速了商品流、资金流、信息流,因此大大降低了中间商的作用。

(五)服务大众化

企业通过网络一天 24 小时、每周 7 天永不停止地为顾客服务。对于每一个顾客,无论其规模大小,无论位于世界的哪一个角落,只要联网都可享受到全方位的服务。

(六)交易虚拟化

在网上,企业是虚拟的,商场是虚拟的,商品也是虚拟的。在网上看起来很大的一家企业可能只有几个人,甚至就是一家"皮包企业";看起来很漂亮的商品可能是假冒伪劣产品,甚至根本就不存在;在网上支付的也是虚拟的电子货币。

二、网络营销的运作方式

网络营销作为在互联网上进行营销活动,它的基本营销目的和营销工具是一致的,只不过在实施和操作过程中与传统方式有着很大区别。

(一)网上市场调查

主要利用互联网的交互式信息沟通渠道来实施调查活动。它包括直接在网上通过问卷进行调查,还可以通过网络来收集市场调查中需要的一些二手资料。利用网上调查工具,可以提高调查效率和调查效果。互联网作为信息交流渠道,是一个信息海洋,因此在利用互联网进行市场调查时,重点是如何利用有效工具和手段实施调查和收集整理资料,获得想要的资料信息和分析出有用的信息。

(二)网上消费者行为分析

互联网作为信息沟通工具,正成为许多兴趣、爱好趋同的群体聚集交流的地方,并且形成一个特征鲜明的网上虚拟社区，了解这些虚拟社区的群体特征和偏好是网上消费者行为分析的关键。

（三）网络营销策略制定

不同企业在市场中处于不同地位，在采取网络营销实现企业营销目标时，必须采取与企业相适应的营销策略，因为网络营销虽然是非常有效的营销工具，但企业实施网络营销时是需要进行投入的和有风险的。同时企业在制定网络营销策略时，还应该考虑到产品周期对网络营销策略制定的影响。

（四）网上产品和服务策略

网络作为信息有效的沟通渠道，它可以成为一些无形产品如软件和远程服务的载体，改变了传统产品的营销策略特别是渠道的选择。作为网上产品和服务营销，必须结合网络特点重新考虑产品的设计、开发、包装和品牌的传统产品策略。

（五）网上价格营销策略

网络作为信息交流和传播工具，从诞生开始实行的是自由、平等和信息免费的策略，因此网上市场的价格策略大多采取免费或者低价策略。因此，制定网上价格营销策略时，必须考虑到互联网对企业定价影响和互联网本身独特的免费思想。

（六）网上渠道选择与直销

基于互联网的网上直销模式，改变了传统渠道中的多层次的选择和管理与控制问题，最大限度地降低渠道中的营销费用。

（七）网上促销与网络广告

互联网作为一种双向沟通渠道，最大优势是可以实现沟通双方突破时空限制直接进行交流，而且简单、高效和费用低廉。因此，在网上开展促销活动是最有效的沟通渠道，但开展网上促销活动必须遵循网上的一些信息交流与沟通规则，特别是遵守一些虚拟社区的礼仪。网络广告作为最重要的促销工具，主要仰赖互联网的第四媒体的功能。网络广告作为在第四类媒体发布的广告，具有传统的报纸、杂志、广播和电视等传统媒体发布广告无法比拟的优势，即网络广告具有交互性和直接性。

（八）网络营销管理与控制

网络营销作为在互联网上开展的营销活动，必将面临许多传统营销活动无法碰到的新问题，如网络产品质量保证问题、消费者隐私保护问题以及信息安全与保护问题等。这些问题都是网络营销必须重视和进行有效控制的问题，否则网络营销效果会适得其反，甚至会产生很大的负面效应，这是由于网络信息传播速度非常快，而且网民对所反感问题的反应比较强烈和迅速。

【同步案例 13－2】

小米手机

小米最新公布的数据显示，其在 2013 年上半年的手机销量几乎相当于 2012 年全年的销量，而营收较上年同期的 9.574 6 亿美元增长了一倍多。

小米手机在本质上是一个电子商务的平台，而其电商系统的本质是对用户需求的把握。据了解，小米在米聊论坛建成了一个“荣誉开发组”，从几万人的论坛中抽出一批活跃度相当高的用户，大概 200～300 人，他们会和小米内部同步拿到软件更新的版本。最后，内部和外部的人一起同步测试，发现问题随时修改。这样一来，小米就很好地借助了外力，把复杂的测试环节很好地解决了。同时，通过 MIUI 论坛、微博、微信等进行营销，对发烧友级别的用户单点突破，成功实现口碑营销，避免了电视广告、路牌广告等“烧钱”式营销。

消息称，截至 2013 年 5 月底，小米的微信账号已经有 106 万粉丝，属于企业微信账号中的超级大号。小米自己开发了微信操作后台，通过微信联系的米粉极大地提升了对小米的品牌忠诚度。“我们是把微信服务当成一个产品来运营的。”小米分管营销的副总裁黎万强表示。

小米手机每周会有一次开放购买活动，每次活动的时候就会在官网上放微信的推广链接以及微信二维码。据了解，通过官网发展粉丝效果非常好，最多的时候一天可以发展 3 万～4 万个粉丝。

第五节　诚信营销与营销道德

我国素以诚信著称。在我国古代，作为称重计量工具的杆秤为 16 两制，用 16 颗星在秤杆上标示。其中，北斗 7 星、南斗 6 星，外加福、禄、寿 3 星。将星标在秤杆之上，用以比喻买卖公平，不缺斤短两。若少人一两谓损福，少人二两谓伤禄，少人三两则要短寿。这种简单的外化警示，可以说是古人对“诚信为本”理念最质朴的诠释。“人无信不立，店无信莫开。”在中国这个有着五千年灿烂文化的国家里，礼、义、仁、智、信历来被看作是中华民族的传统美德。我们本应将诚信操守发扬光大，然而无论是银广厦的黑幕，还是“蓝田神话”的破灭，一系列的大案要案暴露出中国的经济生活正面临着诚信危机，一些企业已走到信用崩溃的边缘。

一、诚信营销的重要性

“市以诚为本，诚以信为基”，在当今这个经济飞速发展的社会，市场经济就是信用经济、市场竞争就是公平竞争。如果把作为市场主体的企业比喻成“舟”，那市场就是“水”，载舟或覆舟，根本在于信用。因此，企业若失去了诚信，也就关闭了通往市场的大门。随着市场经济的深入发展，商业运作已进入到一个微利的时代。不少企业哀叹：“企业难办，产品难销，生意难做，日子难过。”在这样的市场环境中，企业要做大、做强，就必须树立自己的诚信形象。

诚信营销是企业发展的必由之路。温州经济刚起步的时候，曾经出现过一段时期的造假现象，主要集中在鞋类方面，那时曾有人把温州鞋称为“礼拜鞋”，意思是穿一个礼拜就坏了。温州货一度在全国上下成为了假冒伪劣的代名词。但这一现象并未持续很久，很多企业转入了正规经营，纷纷在重塑形象、锻造品牌上狠下功夫。通过制度建设、行业监督、自我监督、自我约束，温州已构建起了工商业诚信体系，并涌现出一批全国知名的品牌。凭借诚信的金字招牌，如今的温州基本摆脱了原来“草根”的一面，并迅速兴起了服装、鞋革、电器、打火机、制笔、阀门、纽扣等几大核心产业群，这足以说明社会对诚信企业的认可。

（一）诚信营销离不开规则

现实生活中，诚信已演变成一种规则。人们坐火车通常会提前半小时到达候车室，而乘飞机则多会提前 1～2 个小时抵达候机大厅，原因何在？是怕迟到。火车、飞机到点就开，不会因某个人的迟到而延长出发时间，因此如若不能按时前来，也就是说不守规则，不讲信用那就搭乘不上。这正印证了中国那句古话：“无规矩不成方圆。”若加以引申，规则其实就是宏观营销环境，诸如政治、法律、政策、人文、地理、科技等因素对企业的影响是不可估量的。加入 WTO 后，中国面对的是一个更加激烈，但也是更加规范和和平的竞争环境，中国企业要适应这样的大环境，就要学会规则化生存，遵守竞争规则。

(二)诚信营销是企业发展的核心竞争力

西方将信用管理称作"最能使企业产生直接效益的管理措施",作为企业立足市场的通行证,诚信铸就了企业的核心竞争力。企业是资源的集合,企业的资源一旦具有了稀缺性且难以模仿,也就具有了竞争力的价值。正如国际著名咨询公司麦肯锡的专家所认为的那样,难以复制并能为企业带来竞争优势的有形或无形资产是创造竞争优势的关键资源。在企业的资源集合中,处于伦理层面的诚信以其所具有的独特的不可模仿性成为了企业的核心竞争力。伴随着经济全球化和网络化的进程,企业之间竞争已非单纯的产品竞争、资本竞争,取而代之的是品牌、信誉这些无形资产的竞争。

从产品经营到资本经营,再到信誉经营,这既是经济发展规律的客观要求,更是企业经营境界不断提升的必然结果。诚信作为企业信誉的基石,它构成了企业宝贵的精神财富和价值资源。诚信营销是企业发展的核心竞争力。有了它,企业在无形中降低了交易成本,赢得了长久不衰的市场认同。

消费者靠品牌识别商品,而品牌又与信誉休戚相关。于是,"信誉—品牌—利润"三位一体,构铸成商业运营的"金三角"。企业要对产品质量做到精益求精,对服务质量完美追求,对顾客保持高度的责任感,来赢得顾客的高度满意和忠诚,并与之建立起一种和谐的关系。只要做到"信誉—品牌—利润"三位一体,企业自然财源广进。

(三)诚信营销是品牌的根

当前一些企业虽已明确意识到品牌的重要性,但在品牌建设的过程中,认识不足,操作过于简单化,以为多做广告、多赞助几次公益活动,增加公众曝光率,就是品牌建设。这是一种相当片面的做法。消费者对品牌的直接感受,体现在品牌商品的质量、品种、款型、色彩、包装、卖场、服务、传播等多方面,这就要求品牌应从战略高度系统地将企业的品牌策划、品牌设计、品牌管理、品牌营销、品牌传播等都围绕诚信营销这一核心来建设。如果企业把诚信营销作为支撑品牌和制度的一个基础来构建,一定会改变在公众中的形象。

诚信营销并不是指营销活动本身,而是指营销活动开展的思想观念。要打造一个卓越品牌,就必须跳出"我们销售的是产品"这个旧框架。对此,海尔公司的回答是"我们首先卖信誉,其次卖产品";雅芳公司的回答是"在工厂里,我们生产产品,在广告里,我们出售希望"。而同仁堂这一国药的旗帜,历经300多年锤炼铸造经久不衰,它不但表现其配方独特、药到病除的美誉,背后还有着中国传统文化的深刻烙印。同仁堂的古训"修合无人见,存心有天知","炮制虽繁必不敢省人工,品味虽贵必不敢减物力",传承了中国人诚与信的优秀传统,济世养生,为民除病,充分体现了中国儒家文化"仁"和"义"精神。

二、诚信营销的实践

资本积累是为企业蓄势,若想获取持续性的领先地位,企业还需要在战略上整合市场,在战术上讲究策略,贯彻诚信原则。

企业的资金有限,不可能满足所有消费者的全部需求,加之市场供求关系、竞争状况、用户状况的变动,企业要想保持竞争优势,取得高于竞争对手的收益,就要整合市场。整合市场最注重的是交易关系的持久和稳定,而这种持久和稳定是建立在长期信赖和互惠基础上的。以信用为基础的双边交易,要求企业必须从追求自身利益最大化转向互惠关系的最大化,并在营销战略和策略中贯彻诚信原则。

(一)完美的产品和服务是诚信营销的基石

企业的诚信不是来自自我表白，而是在与广大消费者的接触沟通中体现出来的。一些企业经过百般努力创造出品牌，而产品却昙花一现，关键就在于忽视了内部的积累。消费者是通过产品的质量(有形的物质实体和无形的服务)来体验企业的诚信观的。如果产品质量低，就会有更多的维修、退换事件发生，也就需要更多的服务人员，增加更多的成本支出。因此，高质量是高经济效益的保证，也是企业获取竞争优势的源泉。

在技术日新月异、新产品层出不穷的今天，消费者选择、购买产品，选择的是现在，购买的是未来。因此，服务质量高低也会给企业的业绩带来显著的影响。例如，IBM公司，该公司最大的特点，也是其最大的优势，就是为客户提供完美的服务。公司专门挑选表现优异的业务人员担任为期3年的服务主管。在整整3年时间里，他们承担的工作只有一项，就是对客户的抱怨或疑难问题必须在24小时之内予以解决。对有些重大疑难问题，公司甚至从世界各地调集精兵强将来诊断处理。定期的回访，根据顾客意见或建议进行设备、服务的改进，以及不断提高服务质量。由此可见，保证服务质量实际上就是向消费者承诺，该产品在向消费者提供基本需求的功能的基础上，产品的外延价值可以使其获得更大程度的满足。这样就会提高顾客忠诚度，从而提高市场占有率，巩固企业的市场地位，获得超额利润。因此，在产品质量中贯彻诚信原则，可以为企业带来长期、稳定的经济利益。

(二)真诚沟通与传播是诚信营销的关键

从经营角度讲，如果企业销售能力差，客户就会被其他企业夺走，企业失去了客户，也就失去了利润。因此，为了扩大产品影响面，企业常常会使用促销手段，其中不乏虚假促销。那些为了在短期之内建立起市场份额的优势而采取的诸如制作虚假广告以欺骗手段诱导消费者购买、贬低竞争对手、混淆商品和服务的来源之类的虚假促销策略，使企业随着对市场占有率的过度追求，而最终陷入了诚信危机的误区。作为沉没成本，促销费用投入后如果产品质量达不到消费者的预期水平，损害了消费者的利益，该项费用就无法收回。所以，一个产权明晰的企业必然要提高质量，以各种途径收回这项投资。这就要求企业将广告、公共关系、大型公众活动、销售推广、包装设计、企业形象识别系统等手段进行一体化的运用，以消费者为导向，进行基于信用的“立体传播”。

(三)渠道畅通是诚信营销的催化剂

企业具备了知名度、美誉度和忠诚度，也就打开了产品的销路，但要实现正常的销售还离不了渠道管理的畅通，因此企业不仅要与消费者搞好关系，还要与分销商建立长期良好的合作关系。美国一家公司和国内一家企业签订合同，共同生产一种化工产品。该企业与外商签订了一份生产工艺保密协议，但是，随后这家企业一位其本人并没在该协议上签字的重要经理辞了职，利用外商的有关技术创办了公司，并以比该外商更低的售价销往国外。于是，该外商一纸诉状，原本的分销协议因一方的失信而寿终正寝。由此可见，良好的合作关系不仅需要协议的保证，更需要用诚信来维持。

当市场日益成熟起来之后，市场的选择功能和淘汰功能也随之增大：微利取代暴利，消费者主权取代生产者主权，买方取代卖方，企业只有在社会的认同和需要下，才能寻求到自己的发展空间，而那些因缺乏诚信而得不到民众承认的企业和企业家，最终将会淘汰出局。企业在市场浪潮中航行，诚信营销定会为企业保驾护航。

(四)完善的诚信机制是诚信营销的保证

诚信营销应当立制先行，形成“有制必依、执制必严、违制必究”的企业内部诚信营销环境，具体体现在以下方面：

（1）诚信服务规范。要求企业各个部门以职业道德规范为基础，进一步明确本企业各个岗位、各项工作的特点和性质，制定行之有效的对内、对外诚信服务规范，明确具体的法律责任与行政责任，将其纳入企业综合管理体系之中，以便于实际工作中的“依制治信”。

（2）诚信监督机制。诚信监督是诚信的培养与保持必不可少的环节，企业进行诚信监督是为了促使企业诚信由他控最终走向自控。在此过程中，企业应明确由谁来监督、怎样监督、监督什么，并将其系统化、规范化，形成比较完善的监督制度，督促企业全体员工认真予以贯彻执行。

（3）诚信评价机制。对于企业诚信的评价，可供采取的措施有：组织专门评价机构，聘请专业评审员，定期进行审核评估或召开员工座谈会征求其意见等。

（4）诚信奖惩机制。企业应以制度法规为依据，将遵守诚信服务规范和标准的好坏，与员工的提升、晋级、奖励等切身利益挂钩，建立责任明确、赏罚分明的诚信奖励，失信惩罚的双重机制。对服务规范的员工进行适当奖励，使其得到企业内员工的广泛认同；而对那些服务不规范、信誉低、在服务工作中弄虚作假的员工，要给予严厉的惩罚，以致逐出企业，净化企业环境。

（5）信用公开机制。诚信营销体系的运行需要好的信用系统，信用系统内部应贯彻信用公开原则，增强顾客守信意识，培育和形成市场需求，因此企业信用应具有较高的对内透明度，随时让员工了解企业做出的每项承诺，达到规避企业失信风险，达到树立诚信口碑的目的。

三、营销道德问题及其表现

20 世纪 60 年代，国外的学者开始研究企业道德问题，其重点是研究企业市场营销中的道德问题。从国外的研究文献看，20 世纪 70 年代，大量的道德研究都集中于市场营销的某一方面，如假冒伪劣产品、虚假广告等，与此同时，开始关注企业的社会责任以及社会营销，并且试图对市场营销者的行为和信念进行测量；20 世纪 80 年代，商业道德开始引入工商管理，企业也开始设立相应的道德机构和制定相应的道德规章；自 20 世纪 90 年代以来，营销道德研究开始国际化，内容也越来越广泛，营销道德开始关注人民的健康和环境问题，如臭氧问题、全球变暖问题。可见，营销道德已经成为国外企业道德研究的一个重点。

企业营销道德问题的涉及面很广，它贯穿于企业营销活动的全过程，即从营销调研开始，到针对目标市场的选择，制定产品策略、定价策略、分销策略、促销策略等。判断某一营销行为是否符合道德，在很多情况下也并不像人们想象的那么容易。判断营销道德的主要理论有：功利论、道义论和相对主义论。

营销道德问题主要表现在以下方面：在收集和使用消费者个人信息过程中违反道德；发布虚假、不健康甚至违法商业信息违反道德；营销方法违反道德；交易的欺诈行为违反道德等。

四、营销道德问题的规范

企业必须认识到，不道德的营销行为所能带来的利益只是暂时的，自觉遵守道德规范，树立自己在消费者和社会公众心目中的良好形象，才是企业发展的长远之计。

（一）宏观上需要法律规范和舆论监督

1. 法律规范

市场经济本身就是一种法治经济，要规范营销中的不道德行为，特别是影响市场经济发展的道德问题，单靠道德本身的自我约束力量是不够的，还必须把一些具有共性的、重要的道德问题上升为法律问题，用法律来进行规范。如对待隐私权问题，特别对未成年人（小于 13 岁）

的隐私权问题，国外已经把它上升为法律问题（如美国的《儿童在线隐私保护法》），用法律来加以保护，以实现对消费者和整个社会利益的维护。

从法律的角度来看，对道德问题的规范可以从两个层次进行：一是把道德问题上升为行业规章制度或者地方性的法规，这是用法律进行规范的第一步，操作起来比较容易实现；二是把道德问题上升为全国性的法律，这是用法律规范的最好的办法，它具有权威性。

当然，仅仅是把营销的道德问题上升为法律问题还是不够的，因为法律规范的关键不只是制定法律，更重要的是法律的执行问题。

2. 舆论监督

在顾客就是上帝的时代，舆论监督对于减少营销中的不道德行为具有十分重要的意义。传统中的舆论监督主要是新闻舆论监督，但消费者是没有主动权和自由来实施自己的舆论监督的。互联网给广大网络消费者带来了话语权，消费者第一次可以自由地发表自己的意见并且让它进行广泛的传播。正是网络的这种特性，我们可以用它对营销中的不道德行为进行舆论监督。这可以从三方面入手：

第一，充分利用网络新闻舆论监督。新闻舆论在当今信息沟通极为发达的情况下，有十分重要的作用。现在网络新闻已经成为一块新的新闻阵地，很多消费者已经习惯于从网络上获取新闻。因此，营销道德要特别注重利用好网络媒体的新闻舆论监督。

第二，充分利用消费者舆论监督。网络时代，网络既为消费者的选择提供了更加广泛的范围，同时又为消费者的舆论监督提供了广阔的天地，如 BBS 就是很好的发表监督舆论的场所。只有广大消费者都积极地行动起来，去抵制市场营销中的不道德行为，整个营销不道德行为才能得以抑制。在利用网络发挥消费者舆论监督时，要求消费者自己也要注意自己的道德水平，不能让网络消费者监督成为不讲道德的人利用的地方。

第三，充分利用行业协会的监督。行业协会在发挥管理作用的同时，也有监督的作用，可以对行业内的企业起到很好的监督作用。

（二）中观上需要行业协会的管理

从市场经济比较发达的国家来看，行业协会不但已普遍成为各个国家行业信息的集散地，而且成为各种行业技术标准、游戏规则、道德规范的制定者，甚至是国家制定产业政策的主要参谋和建议者。网络营销道德问题的规范也必须充分发挥行业协会的管理作用，主要体现在三个方面：

第一，及时发现营销中的道德问题。营销过程中，一些新的道德问题也会不断出现。行业协会可以充分发挥其信息集中的优势，及时发现营销中的道德问题，并且对未来的道德问题做出预测和预警，把它作为行业道德纳入行业道德标准中。

第二，制定统一的行业职业道德标准，对市场营销活动加以规范。如美国的市场营销协会（AMA）制定了营销道德规范，对营销的一系列行为从道德上加以规范。

第三，发挥道德教育的作用。行业协会是行业成员的聚集地，行业协会的道德规范和各种会议都是行业成员很好的学习机会，行业协会可以发挥其道德教育作用。

（三）微观上需要企业自律

总的来说，在解决营销道德问题上，企业自律是根本。在实践中，企业在营销中，除了在产品策略、价格策略、促销策略和分销策略等方面做好自律外，还应该考虑到在保护消费者隐私权、商业信息发布等方面做好自律工作。具体来说，可以从以下三方面着手：

第一，树立全员道德意识。教育全体员工树立道德意识是解决营销道德问题所必需的。

例如，有的公司明确提出“先做人，后做事”，引导广大的员工从思想上树立道德意识。

第二，建立营销道德规章制度。建立道德规章制度有两个方面的含义。一方面是把道德纳入到日常的规章制度中。国外的一些公司已经把道德规章制度纳入公司的日常管理规章制度之中，对于这些公司的员工来说，进行道德自律有了自己的依据。另一方面是建立预防营销道德的保障制度，防范消费者遭遇道德风险。

第三，严格实施道德规章制度。制定了道德规章制度并不等于就已经有很好的道德，关键还是看在实际行动中如何实施道德规章制度。国外一些公司已经成立了专门的道德执行机构来负责道德的实施。可以说，公司在实施道德规章的过程中起着十分关键的作用，主要是要做到奖惩分明。因为公司鼓励的行为，就是大家都愿意遵守的行为。如果公司虽然提出道德规范，但具体到行为时，特别是道德行为和公司的利益相冲突的时候，却对道德行为不予以鼓励，这实际是对道德规范的否定。

案例分析

耐克公司的绿色营销

从 2005 年开始，耐克特别设计了一个强调可持续环保概念的运动鞋系列——The Considered。这个系列的产品都不使用人造鞋材，可以尽可能地减少运输过程中需要消耗的能量，降低对气候变化的影响。例如，与耐克的典型产品相比，在生产过程中的溶剂使用减少了 80%以上；各式鲜艳夺目的产品颜色也都来源于植物染料，传递宛如赤足的舒适感；鞋面和鞋带用的是纤维和聚酯；尽量减少使用有毒的粘胶；鞋的外底也用到了“让旧鞋用起来”活动中生产出来的研磨橡胶产品。

2007 年第三代 The Considered 产品更关注喜欢到户外去寻找乐趣的年轻一代。“水猫”是一款水鞋，虽然把使用材料量降低到了最小限度，但仍然保持了适当的对脚后跟、脚踝和脚趾的支持和保护；“倾盆大雨”也是一款水鞋，它比许多传统鞋的鞋层都少，鞋面只是单薄的网眼层，整双鞋采用了“锁定在一起”加工手法，自然减少了对有毒粘胶的依赖。

所有这些活动让耐克的品牌形象不但有了积极、进取等元素，而且得到了环保人士的青睐。调查显示，耐克被消费者认为是最环保的运动产品品牌。

每年全球都会有数百万双运动鞋被遗弃在路上，或者被以别的什么方式处理掉。这不仅仅是巨大的浪费，而且这些不可降解的产品还会对环境造成污染。这些旧鞋中还有一些有价值的材料，只要发挥想象，在天才的工程师手里它们就可以变废为宝，从而实现可持续的环保理想。耐克很快推出了“让旧鞋用起来”活动——用最创新的方法和先进的回收技术创建高质量的运动场地，到现在已发展成为耐克一项长期的环境保护社区项目。

截至 2007 年 6 月，耐克已经回收了超过 2 000 万双各种品牌的旧运动鞋，在全球捐赠了超过 170 个运动场地，包括 250 个社区的“让我玩”投资项目的运动场地，打造社区，促进积极的社会变化。这些正体现了耐克曾经声明过的两个目标：扫除浪费和促进年轻一代多参加运动从而提高生活质量。

“让旧鞋用起来”活动已扩展到了许多国家，耐克的这一项目吸引了众多媒体的关注，使其成为运动产业产品回收的典范。2006 年，耐克荣获 G-ForSE 环境大奖。在塑造积极健康生活方式的同时，耐克还赢得了绿色的美誉。

【思考问题】

1. 案例中耐克公司的绿色营销体现在哪些方面？
2. 耐克公司的绿色营销给我们哪些启示？

参考文献

1. 菲利普·科特勒:《营销管理》(第十版),中国人民大学出版社 2001 年版。
2. 菲利普·科特勒:《营销管理》,上海人民出版社 2000 年版。
3. 迈克尔·J. 贝克:《市场营销百科》,辽宁教育出版社 1998 年版。
4. 迈克尔·R. 钦科陶:《营销管理》,机械工业出版社 2002 年版。
5. 庄贵军:《营销策划》,清华大学出版社 2005 年版。
6. 乔尔·埃文斯:《市场营销教程》,华夏出版社 2001 年版。
7. 迈克尔·津科特:《国际市场营销学》,电子工业出版社 2004 年版。
8. 郭国庆:《市场营销学通论》,中国人民大学出版社 2000 年版。
9. 吴健安:《市场营销学》,高等教育出版社 2000 年版。
10. 晁钢令:《市场营销学教程》,上海财经大学出版社 1999 年版。
11. 江林、张险峰、任锡源:《现代市场营销管理》,电子工业出版社 2002 年版。
12. 拉尔夫·W. 杰克逊、罗伯特·D. 希里奇:《销售管理》,中国人民大学出版社 2001 年版。
13. 邢以群:《管理学》,浙江大学出版社 2000 年版。
14. 方光罗:《市场营销概论》,东北财经大学出版社 2002 年版。
15. 纪宝成:《市场营销学教程》,中国人民大学出版社 2002 年版。
16. 吴健安:《市场营销学》,高等教育出版社 2000 年版。
17. 甘碧群:《市场营销学》,武汉大学出版社 2001 年版。
18. 何永祺:《市场营销学》,东北财经大学出版社 2003 年版。
19. 叶万春:《市场营销学》,武汉理工大学出版社 2001 年版。
20. 黄金火、邱华、吴怀涛:《市场营销学》(第二版),华中科技大学出版社 2005 年版。